ちくま学芸文庫

監督 小津安二郎

〔増補決定版〕

蓮實重彥

筑摩書房

厚田雄春氏に

――讃嘆と感謝の念をこめて

二十年後に、ふたたび

ここに『監督 小津安二郎〔増補決定版〕』として読まれようとしているのは、一九八三年に刊行された『監督 小津安二郎』に三章を書き加えることで成立した書物である。

IからVIIまでの七つの章からなり、それに序章と終章とがそえられていた原著は、このたび書かれた「憤ること」、「笑うこと」、「驚くこと」の三章をそれぞれVIII、IX、Xとすることで、全十章からなる新たな書物へと変貌したことになる。執筆時期が二十年の歳月によってへだてられているIからVIIまでとVIIIからXまでとの間にいささかの文体上の違いが認められるのは事実であるにせよ、『監督 小津安二郎〔増補決定版〕』の十章はあくまで一貫した言葉の流れをかたちづくっている。原著の序章と終章とをほぼそのままのかたちで維持したのは、すべての言葉が、小津的なるものと小津的「作品」とのずれを画面を通して明らかにするという同じ姿勢で書かれたものであるからにほかならない。

『監督 小津安二郎』は、フランス語、韓国語に翻訳され、その一部は英語へも移されており、国内外に多くの読者を獲得した幸福な書物だったということができる。そこに書かれていたことで訂正を要する数少ない細部は、刊行以後に、一九二〇年代の後半に撮られた『和製喧嘩友達』と『突貫小僧』のプリントが9.5ミリのパテベビー版で発見され(※)、現存する小津の作品のフィルモグラフィーに加わったという点につきている。したがって完全に近いかたちで見ることのできる作品の本数は、「三十四本」から「三十六本」へと修正されねばなるまいが、その喜ばしい変化は序章に反映されていない。〔増補決定版〕の著者にとって、一九八三年に書かれた序章にこめられた執筆の意図はいささかも変化していないからである。同じ理由によって、原著の言葉は、序章、終章、IからⅦまで、ごく一部を除いて、ほとんど加筆訂正されることなく〔増補決定版〕におさめられた。参考文献に関しては、重要な書物が何冊か追加されることになろうが、それは巻末に列挙される。

『監督 小津安二郎』に新たな章を書き加えたいという意志はその刊行直後からきざしていたが、それは、一九八九年に上梓された厚田雄春さんとの共著『小津安二郎物語』(筑摩書房)で、部分的に達成されていたといえる。小津の死から二十年後の一時期をこの希有な撮影監督とともに過ごしえた幸運は、一九九二年の厚田さんの他界によって終わりを告げたのだが、改めて厚田雄春さんへの深い敬意と感謝の表明として〔増補決定版〕の執筆が実現するまでに原著の刊行いらい流れた二十年という歳月は、はたして長かったのか短かったのか。それは、奇しくも、小津安二郎の死と、『監督 小津安二郎』の刊行とを隔てる歳月でもあった。『監督 小津安二郎〔増補決定版〕』は、二十年後のさらなる二十年後に書かれた小津安二郎へのオマージュであり、この監督を、過去の映画作家としてではなく、あくまで現在の映画作家としてよみがえらせるための試みである。

二〇〇三年十二月十二日、小津の生誕百年（それは逝去から四十年後をも意味する）を祝って世界が深く頭を垂れるとき、この書物が、映画の歴史にとっての百年が、長くもなければ短くもない時間であることを改めて意識する契機になってくれればと願っている。

二〇〇三年夏

著者

（※）『突貫小僧』のパテベビー版については、より長いヴァージョン（十九分）が二〇一六年に再発見されている。

目次

監督 小津安二郎

〔増補決定版〕

à Chantal

序章　遊戯の規則

小津的なもの

誰もが小津を知っている。ある種の振舞い、ある種の言葉遣い、ある種の視線に接して、人は思わず小津的だとつぶやく。その気軽な断定は、たえず小津を意識しているわけではない人間さえをも、容易に納得させてしまう。なるほど、これはまったくもって小津的というほかはない状況だ。そう口にしながら、相手の表情に敵意のない微笑が浮ぶのを目にするとき、誰もがほっと安心する。小津的とは、そんな安心を無言で共有しうる風土なのかもしれない。いずれにせよ、それが気づまりな沈黙へと人を導いたり、収拾不能な破局へとつき落すことはきわめてまれである。

こうした場合、人はいつでもできごとの中間に自分を見出す。事件が不意に発生したり、思いもかけぬ結末を迎えたりする瞬間には、誰も小津を思い出したりはしない。事態が決定的に変化しないことがわかっているときだけに、小津的なものが想起されるのだ。その意味でなら、小津的とは、無償の円滑剤のようなものだといえるかもしれない。すべてが円滑に推移しているときに限って、そのリズムに同調すべく、小津的な状況が姿を見せるることになるからである。

「そうかね、そんなものかね」

「そうよ、そうなのよ」

「ふーむ、やっぱりそうかい」

そしてこんな堂々めぐりが不条理な言葉の迷路へと人を閉じこめる以前に、小津的なものはあっさり姿を消してしまっている。つまり、それは、いつでもやめられるゲーム、危険を伴うことのない楽しい遊戯のようなものなのだろう。あるいは、悪意を欠き、残酷さとは無縁の悪戯といってもよい。あらゆる瞬間に小津を意識しているわけでもないのに、誰もが小津を知っていると信じて疑わないのは、小津的な状況なるもののそうした無害な性格による。実際、それが無闇と人をせきたてたり、いたずらに混乱を招きよせたりすることなど、まずありえないだろう。だから、日本人であれば誰でもその遊戯の楽しみ方を心得ていて、何の不思議もあるまい。

だが、はたしてそうか。小津的なものとして知られる状況のかたわらに、小津安二郎の作品を据えてみると、事態はいささか異質の展開を示すもののようにみえる。なるほどそのフィルムのほとんどは、ルノワール的な意味での『ゲームの規則』を総題とするにふさわしい細部を豊富に含んでいる。昭和の初期から三十年代にいたる世相と、風俗と、感性といったものの変遷が、みずからを構築しつつある瞬間に崩壊の予兆を感知しながら形成されていった市民生活のさまざまな相貌を介して描かれている小津の作品には、いかにして大学を卒業するか、いかにして就職するか、いかにして結婚するか、いかにして転任するか、いかにして子供を育てるか、いかにして老年を準備するか、いかにして死者を葬るかといったもろもろの規則が、日常的な反復と儀式的特権性との程よい配合によって、範例集のごとく示されている。ある歴史的な一時期を小津と共有しえたものなら、そうした一連の挿話の中に、自分の身に起ったこととほぼ同等のできごとを読みとることができよう。また、日本人であるなら、いまは失われていながらも、体験的な類推によってそれが何を意味するかを容易に読みとりうる風俗や儀式をそこに見出すに違いない。あまりにも身近であったが故に、その体系や機能を意識化しえなかった細部が、小津を見ることで新たな意味作用を帯びるにいたるといったこともあるだろう。なかには、進んでそれに加担することをためらわずにはいられなかったことが苦々しく思い起されるような遊戯も含まれてはいよう。にもかかわらず、そうした規則を身体が憶えこんでしまっていたこともまた事実なのである。何とか回避しようとしながらも逃れがたい遊戯の規則としても、小津的なものはあったわけだ。戦後の、とりわけ『晩春』以降の作品は、たえず多くの観客を獲得していながら、なお一部に、それを無視することで反撥を表明する者たちが存在した理由もそこにある。また、そうした規則だけでは遊戯が統御しえなくなった段階に、日本の市民生活が入りかけていた時期と小津の晩年とがかさなりあっていたことも事実だろう。

とはいえ、小津安二郎の作品の総体が『ゲームの規則』にふさわしいとしたら、それは、そこに描かれている事物や存在の表情が、昭和という歴史的一時期における日本の市民階級が体験した家族の形成と崩壊という現象を忠実に反映しているという理由からではない。というより、その形成と崩壊の過程で重要な役割を演じた戦争は間接的な影しか落していないのだから、むしろそこには肝腎な規則が一つ欠け落ちているというべきかもしれない。だが、いずれにせよ、一篇の虚構にほかならぬ映画の中に反映している現実の断片を拾い集めながら、そこに市民生活の範例集を読みとろうとすることが問題なのではない。だいいち小津は、とても日本とは思えない抽象的な舞台装置の中で、ハリウッド映画から抜け出して来たとしか見えぬ衣裳をまとった男女が演じる犯罪活劇を何本か撮ってさえいる。題名からして人が小津的なものとして知っている遊戯にはおさまりがつかぬ『非常線の女』や『その夜の妻』は、いったい、どんな規則を教えてくれるというのか。そこにわれわれが何らかの規則を読みとるとしたら、それは、昭和の市民生活を律している儀式的体系とはまったく異質のものであるだろう。

胸もとに拳銃をかまえる『非常線の女』の田中絹代や『その夜の妻』の八雲恵美子を見ながらピストルの撃ち方を学んだ女性がいなかったように、人が映画から学ぶものは画面に描かれているものではない。また、画面の背後にあると想定される作者の精神を学ぶのでもない。視線に可能なことは、せいぜい画面を見ることでしかあるまい。ところで人は、画面を見ることによって何を学ぶか。見ることがどれほど困難であるか、というより、瞳がどれほど見ることを回避し、それによって画面を抹殺しているかということを学ぶのである。

誰もが小津を知っており、何の危険もともなわぬ遊戯として小津的な状況を生きうると確信しているのは、誰も小津安二郎の作品を見てなどいないからだ。小津的なものとは、瞳が画面を抹殺した後ではじめて可能となる映画とは無縁の遊戯にすぎない。小津安二郎の映画を現実に見つつある瞬間、人は、断じて小津的な遊戯を楽しむことなどできないだろう。というのも、小津安二郎の映画のどの一篇をとってみても、それは小津的なものに決して似てはいないからである。にもかかわらず多くの者が小津の映画を小津的だと思うのは、瞳が画面を見ることを回避しているからにほかならない。小津を見ることで学びうる唯一の規則は、小津安二郎の映画が、小津的なものには決してかさなりあうことがないという規則であり、遊戯とは、不断に距離をつめたり拡げたりするそのずれの運動に身をまかすことなのである。神話と現実とのずれといいかえてもよかろうこの遊戯は、きわめて市民的なものというべきだ。市民的の一語をブルジョワ的と呼べば事態はさらに明瞭となろうが、現実に見ているはずの画面を抹殺しながら神話と戯れることの快楽は、それ自体としてはきわめて歴史的な姿勢であろう。小津的なものという解読板に小津の映画を従属させている限り、いつでも安心していられるからだ。見ることによって、見ている瞳はいかなる変化を蒙る気遣いもない。それが抹殺の快楽というブルジョワ的な美徳にほかならぬ。そのとき小津的なものも無傷で温存され、小津安二郎の映画とのずれさえが意識にのぼらない。人はあくまでできごとの中間に保護されている自分を確信することができる。かくして、いたるところで変化が回避されるという次第だ。こうして変化を回避する方法を、人類はその生誕とともに知ったわけではない。それは過去一世紀ほどのうちに形成されたきわめて歴史的な美徳である。ここでは、そうした美徳と小津安二郎との関係を論じてみたい。

二十年後

わたくしは、いま、小津安二郎の映画を現実に見ているわけではない。だから、どちらかといえば小津的なものの側に立って小津安二郎の映画について書こうとしている。だが、できることなら、可能な限りずれの中に身を置いて書き進めたいと思う。というのも、現実に画面を見つつある瞬間に、小津安二郎の映画は、多くの人が言及するその単調な反復性にもかかわらず、瞳に、たえず変容せよと語りかけてくるからだ。いつも同じ地点に立っていては、そのつど画面を見失うしかない残酷とも呼べる運動性が、不断に更新させる現在としてそこに生なましく生きられている。動かずにいることの中の運動といったらいいか、静止しているかに見えるその画面には、いつでも複数の要素の厳しい葛藤が生きられていて、あるときは瞳を切りさき、またあるときは視線を途方に暮れさせもする。小津的なものが存在を安堵させ、弛緩した瞬間へと導くことはあっても、小津の映画は不断の緊張を瞳に強いずにはおかない。その作品を見ているかぎり、人は決してできごとの中間に快くとどまるわけにはいかないだろう。一篇のフィルムには確実に始まりがありおわりがあって、画面は、そのつど更新される現在として生きられるものだからである。だからこの遊戯は、どこまでも真剣に演じられねばならないだろう。真剣にというのは、あらかじめ準備された規則に従ってではなく、演じることそのものが遊戯の規則を露呈させるようなやり方で、ということだ。

不幸なことに、小津安二郎の撮ったすべての映画がわれわれの手元に残されているわけではない。いま、完全なかたちで、あるいはかなりの部分まで完全に近いかたちで見ることができるのは、昭和四年に作られた『若き日』から三十七年の遺作『秋刀魚の味』までのうちの三十六本に過ぎない。そこでこれから、この残された作品の画面に何が具体的に見えるか、そしてそのイメージが、見るもののフィルム的感性をどのように刺激するかを論じてみたい。つまり、現実のフィルム体験として生きうる限りの小津安二郎の作品について語ってみたいと思う。この論考の直接的な対象は、だからあくまで可視的な画面である。一瞬ごとにスクリーンに形成されては消滅するイメージを生きながら、そのことが見るものの存在をいかに動揺させ、変化へと誘うかを論じてみたいのだ。作者の伝記的な事実は、それ故、ここではとりあえず語られないだろう。また、シナリオだけが残されている作品についての言及が最小限にとどまらざるをえない理由もそこにある。

小津のトーキー第一作『一人息子』の撮られた年に生まれ、『晩春』によって小津の世界を知った世代に属する著者は、小津安二郎を論じるにはふさわしからぬ人物かもしれない。その処女作『懺悔の刃』も知らずして、どうして小津が語りえようかとする視点も当然あるだろう。事実、現存しない二十本近くの作品については、まったく語る資格を持っていないことが、著者をいささか居心地の悪い思いへと導く。だがそのことは、たんにこの書物の著者の個人的な不幸にとどまらず、映画史的な不幸ともいうべきものだ。われわれは、小津のように優れて例外的な監督の作品さえ、その半数近くを後世に伝ええないほど貧しい文化的な環境に暮しているのである。この書物は、いわばその貧しさの証言なのだ。著者としては、消滅したと思われていた作品が不意にどこかで発見されることによって、この書物を書き改めねばならぬ事態の到来することこそを願っている。

いま、その唐突な出現を夢みているのは、『美人哀愁』である。小津の作品としては最も長いということだけで、その不在を嫉妬せずにはいられないからだ。同時代の多くの証人がこれを失敗作と断じているが、そうした証言は信頼しないというのがこの書物の一貫した姿勢である。その意味で、この作品に主演された井上雪子氏からお話をうかがう機会を持ちえたのは、望外の倖せであった。また、『淑女は何を忘れたか』いらいほとんどの作品の撮影を担当され、故茂原英雄につづいて小津の「目」となられた厚田雄春氏とお逢い出来た幸福を何と表現すべきか、その言葉を知らない。この書物に何らかの積極的な意義があるとしたら、それはお二人のインタヴューを採録しえたことにつきているといえる。あとはただ、井上、厚田両氏からお話をうかがった時の興奮にふさわしい言葉がこれに続くことを祈るのみである。

だがそれにしても、と、いま思い起す。一九六三年十二月、個人的な事情から日本を離れ、一年半近くほとんど映画を見ずに過すという禁欲的な生活をおのれに課していたわたくしは、夕方になると新聞を求めに外出し、冬でも枯れることのない芝生に蔽われた起伏の多い公園を散歩し、陽の差すこともなく終ろうとする一日の寒さで冷えきった鉄製のベンチに腰をおろすという日課に忠実に、水鳥が戯れる池のかたわらに坐って紙面に視線を落した。不意に、故知れぬ胸騒ぎに襲われ、最終ページに躍っている活字を何とか一つの文章として読みとろうとする。途方もなく重大なことがらが起りつつあるという気配にせきたてられて、素直には頭に入ってこない情報を無理にも整理してみると、日本の映画作家小津の死という記事がそこに浮きあがってくる。湿った地面からせりあがる冷たさが、あたりの空気をいっそうひえびえとしたものにする。小津が死んだ。たったそれだけの事実を伝えるアルファベット文字が、このときほど無器用な記号に思えたこともまたとない。それはまるで、義務を果しているだけのことで、その綴りはあらゆる感傷を排していた。これではいけない、これではいけないとつぶやきながら、遺作となった作品の題名さえ日本語で口にしえない自分の身をひたすら恥じることしかできなかった。

しかし、このことは、すでに別の機会に書いた。小津は、いかにも不自然な不意撃ちとしてわたくしから奪われてしまったのである。『監督 小津安二郎』は、奪われた小津をとり戻すための試みにほかなるまい。それを実現するのに、二十年近い時間が流れたことをどう評価すべきかは知らない。だが、いずれにせよ、八一年一月のフィルムセンターにおける小津作品の特集上映がなければ、この実現がさらに遅れただろうことだけは間違いない。そのパンフレットの冒頭のページに短い小津論執筆の機会を与えられたことが、きわめて刺激的な契機となってこの書物の完成を支えてくれたのである。

その間、小津安二郎をめぐるいくつかの書物が、言葉を組織してゆくうえでの刺激となった。とりわけ『小津安二郎―人と仕事―』にこの書物は多くを負っている。また、佐藤忠男『小津安二郎の芸術』(上下)とドナルド・リチー『小津安二郎の美学』の二冊は、それに対する部分的な批判を書きつらねることにはなろうが、たえず執筆中の著者によって意識されていた書物である。ほかに引用される書物や論文のリストは、巻末にかかげられるだろう。だが、くり返すが、これから語られてゆくものは、小津安二郎の映画なのだ。『監督 小津安二郎』が夢みる唯一のことがらは、それが数多く存在することを希望する読者が、読了する以前に、小津を見たいという欲望に煽られ、そのまま映画館に向って走りだすか、あるいは、小津が上映されていないことを許しがたい不当な事態と断じ、故のない憤りに身を震わせることをおいてはほかにない。

I　否定すること

欠如と否定的言辞

小津安二郎にはしばしば否定的な言辞がつきまとう。日本の映画的環境をながらく支配していた晩年の小津に対する消極的な評価はいうにおよばず、限りない讃嘆の念を綴った近年の積極的な評価の場合であろうと、そこにはごく自然に、否定形におかれた動詞がまぎれこんでしまう。あたかも、欠如によって小津の映画的な特質が語りうるものと信じているかのように、人はひたすら否定文を羅列してゆく。事態は、批評史の過去と現在を通じて、世の東西を問わず、一貫して変るところがない。だがそれにしても、否定的な言辞の連鎖によって一人の作家を肯定するとは、どういうことなのか。

たとえば小津の映画ではキャメラが動かないと誰もが涼しい顔で口にする。低い位置に据えられたキャメラの位置も変らない、移動撮影がほとんどない、俯瞰は例外的にしか用いられない。こうした技法的な側面を語る言葉に含まれている動詞の否定形は、これまたごく自然に、描かれた世界の単調な表情を指摘する文章へとひきつがれる。小津にあっては、愛情の激しい葛藤が描かれない。物語の展開は起伏にとぼしい。舞台が一定の家庭に限定されたまま、社会的な拡がりを示さない。このあといくらも列挙しうるだろうこうした否定的な言辞が、ながらく小津的な単調さという神話をかたちづくっていたことは記憶にあたらしい。晩年の小津安二郎が蒙った批判のほとんどは、歴史の歩みが影を落すことすらしない個人的な趣味の世界に彼が閉じこもってしまったことに向けられていたのである。戦後の日本がくぐりぬけねばならなかった社会的変動を生なましく生きつつあると確信する者たちにとって、それは自然さを欠いた、ほとんど抽象的といってよい伝統的な美意識への回帰としか映らなかった。キャメラ技巧の単調さ、物語のテンポの緩慢さ、劇的なできごとの不在、社会的な批判精神の希薄さ、といったいくつもの否定的な評価が、小津を映画的な言説のもっとも尖鋭な部分から、不断に遠ざけていたのである。すくなくとも、ある時期までは、小津を語ることが、映画の現在を生きるものにふさわしい身振りだなどと信じられることはなかった。

いまや、事態はいささか変化しつつあるかにみえる。ここ十年来、世界が、知られざる偉大な映画作家としての小津安二郎を発見してゆくにつれ、日本における小津の評価にもある種の肯定的な側面が認められてきている。だが、そうした風潮は必ずしも手放しで喜びうるものとはいえない。というのも、いまなお人は、小津を否定文の連鎖によってしか語りえずにいるからである。今日、にわかに高まりつつある国際的な小津安二郎再評価の動きの中には、明らかに、伝統への回帰という保守的な姿勢がいくばくか反映しているのもたしかである。実際、改めて東洋的なものに視線を注ぐといった文化の世界的な傾向に同調しつつ、小津への興味を示すといった姿勢がまったくみられぬでもない。だが、いまここであえて小津安二郎を論じようとするわれわれは、そうした風潮にはいっさい共感を示すことなく、ごく慎しい身振りで、小津を映画の現在にかさねあわせてみたいと思う。それには、小津安二郎を、肯定的な言辞によって肯定しなければならないだろう。その肯定的な肯定は、欠如によってその作品を定義する否定的な言辞が特権的な作家として賞揚することになる小津安二郎からその神話的な例外性を奪い、むしろ映画そのものを、その非＝人称的な環境の構造と限界とをきわだたせつつ、肯定する身振りとならなければなるまい。小津が天才的な映画作家であったか否かは、実はどうでもいいことなのだ。問題は、小津の相対的な偉大さを映画史的な視点から確信しあうことではない。そのフィルムの表層に推移する光と影とに視線を送りながら、映画が何でありえ、また同時に何でありえないかを、「フィルム体験」の場で生なましく触知することが重要なのである。

いうまでもなく、小津安二郎を頑固な伝統主義者だとする視点は、充分に成立しうる。彼は、ある点ではまぎれもなく保守的である。それはまた、これまでにみた否定的な言辞のもたらす必然的な結論ともいえるものだろう。事実、彼は、しばしば変化よりも一貫性を求めた。「豆腐屋にトンカツを作れというのは無理だよ」というある批評家に向けての彼自身の弁明が、その結論をさらに強固にしているかにみえる。また彼も、みずからをトンカツ屋になる資質を欠いた存在と自覚し、豆腐屋としての自覚の中に意図的に閉じこもる仕草を生涯演じつづけたといえよう。だから、否定的な言辞が小津につきまとって離れようとしないのもまた当然である。それは、意識された一つの選択なのだ。

ところで、すでに述べたように、こんにちの小津再評価の機運は、彼の意識的な選択に対して向けられた見る側の姿勢の変化として姿を見せているものであり、その限りにおいて、事態は本質的に変ってはいないというべきだろう。否定的な評価を支えていた欠如による定義と否定的言辞の羅列とが、時代とともにそっくりそのまま積極的な肯定へと移行してしまっただけなのである。単調さと理解されていたものが、こんどは作家的一貫性として賞讃され、欠如と思われたものが、フォルムの厳格な統一性として顕揚される。だが、そうだとしたら、ここで単調さを露呈しているのは小津の作品ではなく、むしろ小津を見ているわれわれの瞳そのものではないか。欠如の言葉で語るべきは小津の作品ではなく、むしろ小津を見ている瞳そのものがそなえてはいない肯定的な資質なのではないか。われわれは、いまここで確信することができる。小津の作品よりも小津をめぐる映画的言説の方がはるかに単調であり、小津の作品よりも小津を見ている瞳の方がはるかに多くのものを欠いているのだ。だから、ここに始められようとしている小津安二郎論は、小津の作品を豊かに肯定する試みでなければならない。だが現実には、小津を豊かに肯定することは決して容易なことではない。たしかに、欠如が小津安二郎の映画のそここに指摘しうるからである。

映画的な文体

たとえば、西欧的な精神には理解しがたいものと思われていた小津を、偉大な映画作家として世界に容認させることに少からず貢献したドナルド・リチーは、その『小津安二郎の美学――映画のなかの日本』の冒頭に、次のような言葉を書き記している。

そういうわけで、小津作品は非常に少ないものでできている。一つのテーマ、若干のストーリー、少数のパターン。技術も、前に述べたように非常に限られている。つまり、不変のカメラ・アングル、移動しないカメラ、映画的句読法の限られた使用。同様に、彼の作品の構造……はほとんど不変である。小津のスタイルに一定の制限がある以上、彼の諸作品が互いに似かよっているとしても驚くにはあたらない。実際、これほど完全に一貫した〝作品〟を見せる芸術家はまれであり、映画においても、小津はこの点でかけがえのない監督である。(山本喜久男訳、フィルムアート社、二八頁、傍点引用者)

だがそれにしても、決して長くはないこの引用文に含まれる否定形におかれた動詞の数はどうだろう。少ない、少数、限られている、移動しない、不変、等々、しばしば小津安二郎に対する批判の文章に含まれていた語彙が、ここにそのまま踏襲されている。そしてそのすべてが、ここでは彼をかけがえのない監督だと断ずるための前提となっているのである。もちろん、こうした指摘は、現象的にみればどれひとつとして間違ってはいない。小津の映画を一篇でもみたことのある人間なら、これを事実としてたやすく容認しうるだろう。彼の初期の作品に親しんでいるものなら、こうした傾向がはじめから認められるわけではなく、ある時期から顕著になったものであることを知っている。こんにち、われわれがほぼ完全なかたちで見ることのできるもっとも古い作品『若き日』は、一九二九年に撮られた彼の第八作にすぎず、二七年の処女作『懺悔の刃』以後の七作は失われているのだが、それでも『若き日』には移動撮影もあれば、俯瞰のパンもあり、低い位置からの固定ショットさえまだ特徴的な使われかたをしていない。流れてしまった一本のスキーを追って、雪の斜面で演じられる斎藤達雄のバスター・キートンばりの追跡シーンまで含まれているのだから、晩年の小津の映画を知っている者にとっては、これはごくありきたりな普通の映画だとさえ思えるだろう。そこで人びとは、いつごろから移動が少なくなり、どの作品からロー・アングルの体系的な使用が確立し、パンや溶明＝溶暗の消滅はどのあたりに位置づけうるかといったリストの作成に精を出すことになる。小津は、その成熟の過程で多くのものを切り捨て、その禁欲的な単調さに徹することで、厳格で均整のとれたフィルム的宇宙を構築することに成功したのだと彼らはいう。

明らかにドナルド・リチーの論述をふまえながら、「小津が省いたものによってではなく、彼の不断の刈りこみのあとに残ったものによって、小津のスタイルの特質を明らかにする」という目的を持った『聖なる映画――小津／ブレッソン／ドライヤー』のポール・

シュレイダーは、次のように書くことで、小津的な禁欲という主題を提起する。

小津のスタイルは、彼がどれほど技術を抑制したか、そしてどんな技術を使わなくなったかを明らかにすることによって、定義が可能になる。（山本喜久男訳、フィルムアート社、四六頁、傍点引用者）

なるほどこれは、「映画における超越論的スタイル」という副題を持った『聖なる映画』の著者にふさわしい姿勢だといえるだろう。不断の自己抑制によって小津は小津自身を確立したという視点は、しかし、われわれのとるべき視点とは異質のものである。というのも、こうした視点は必然的に純粋な小津と不純な小津、あるいは完成された小津と不完全な小津という対立的な図式を引きだし、結局のところ、その一方ばかりが真の小津安二郎として選択されてしまうからである。不純な小津を排除し純粋な小津のみを小津安二郎として選択することは、われわれが夢みる豊かな肯定という身振りからすれば、容認しがたいものだとさえいえる。矛盾や対立を視界から斥けることで得られるものは、一つの抽象でしかなかろう。こうした姿勢がゆきつくさきは、結局、晩年の小津を一つの完成図と想定し、初期や中期の作品を完璧さに接近するための、必須ではあったがおおむね無視することの可能な過渡的な段階として、そこに二義的な価値しか認めようとはしない傲慢さである。だがそれにしてもそれが「フィルム体験」を介して生きられたものであれ「文章体験」を介して生きられたものであれ、一つの作家的な生涯というものが、不純と純粋、未完成と完成といった対立によって計測されうるものであろうか。生きるとは、ついに完成される瞬間を持つことなく不断に更新される現在、つまりは決して均衡には達しえない存在の積極的な矛盾そのものではないのか。もしかりに、複数の異質な要素が統一されぬままに戯れあうことを容認しがたいというのであれば、リチー氏やシュレイダー氏の口にするスタイルとは、ほとんど抽象に近い動かぬ図式に還元されてしまうほかはない。だが、誰もが映画館という空間で体験しうるように、抽象的な図式は何ものをも生産しない。動く画であるところの映画には、それがほとんど抽象的と思われるほどの画面構成を持ったショットであろうと、たやすく均衡には達しがたい細部が同時的に共存しており、それが同じ画面の他の細部なり、他の画面の細部なりと遥かに響応しあうことで、見るものの映画的な感性を刺激しつづけるのだ。この共存というか混在の可能性が絶たれたとき、映画は文字通り死ぬ。だから否定的な言辞をつらねながら不在と欠如とによって小津安二郎を定義することは、その作品から動く画としての生なましい生命を奪うことになるだろう。われわれの存在を動かすことができるものは、不断の現在を生きる生産的な「記号」である。そしてそれは、欠如によっては定義しえない過剰ななにものかである。たしかに多くのものを切り捨てはしたが、しかし小津の映画がわれわれを感動させるのは決してその欠如によってでもなければ、削除によって残されたものによってでもない。ここで始められようとしている小津安二郎論は、それ故、過剰を介して書かれなければならない。それには、否定的な言辞によってではなく、肯定的な言辞によって書かれることが必要なのだ。

記号と肯定

生産的な「記号」であることをおのれに禁じた対象、それを人はしばしば骨董品の比喩で呼ぶ。だがわれわれは、小津をそうした審美的な嗜好品として語ることをさしひかえたいと思う。抑制が口にさるべきは、小津の作品についてではなく、むしろ、それをめぐる大かたの映画的言説についてなのである。

だが、ここで誤解を避けるべくひとこと書きそえておくなら、先述の二人の論者が小津を骨董品として愛好しているなどと主張するつもりはまるでない。彼らもまた、生産的な「記号」としての小津に間違いなく動かされていると思う。にもかかわらず、その言説が、彼らの感動を裏切ったかたちで展開されてしまうという点を問題にしているのだ。もっともこれは、リチー氏やシュレイダー氏の小津論に限ったことがらではない。映画をめぐって書きつがれるほとんどの言葉は、おおむね骨董品の描写に終っているのである。それはとりわけ、一人の作家のスタイル、つまりは映画的な文体を語る場合に露呈されることになる限界だといってよい。スタイルとは、恒常不変の形式としてしか語りえないからである。不動の秩序に近づけば近づくほど顕揚されるというのが、映画的文体というものなのだ。

たとえばドナルド・リチーは、小津の作品の恒常不変な秩序の中に、「もののあわれ」

という日本的な生活倫理のごく自然なあらわれを指摘する。それは、ある種の諦念から発した「受容の哲学」を共有する人物たちの支えあう、変容を欠いた世界だといいうるものだろう。もっともリチー氏は、そうした世界にも「つねに現在の情況」が反映し、また、そこに「多様で変化する人間性」が描きあげられている点に小津の特質があると指摘しうる繊細さを持ち合わせてはいる。だが、それでいながらも、彼は、暗黒街を舞台とした初期のギャング映画『非常線の女』を、その題材の異質性ゆえにであろうか、ほとんど問題にしてはいない。一人のギャングとその情婦との不運な恋愛劇は、おそらくリチー氏にとって小津的な世界にはふさわしからぬ異質な作品として排除されてしまったのだろう。だが、『非常線の女』は、のちに触れる機会もあろうが、ほぼ同じ時期に撮られたハワード・ホークスの『暗黒街の顔役』、ジャン・ルノワールの『十字路の夜』、ややのちになるがフリッツ・ラングの『暗黒街の弾痕』などとともに、世界映画史が持ちえたもっとも美しい犯罪メロドラマの一つである。否定的な言辞をつらねつつ小津を定義しようとすれば、こうした傑作までが否定されてしまうのだ。

ポール・シュレイダーが『非常線の女』について語っていないのは、おそらく彼がこの無声映画の傑作を見ていないからであって、そこに深い理由はないだろう。もっともシュレイダー氏の関心は、「深い、矛盾する感情を受け入れることができ、またその感情を、一体化された永遠的な、超越論的なものの表現へと変えることができるような形式」として小津の若干の静止状態にある画面を通して、映画の超越論的なスタイルについて語ることにあるので、扱われる作品は、戦後の、とりわけ『晩春』以後の後期の傑作に限られている。だから、かりに彼がそれを見ていたにしても、その論旨にはおさまりがつかないだろうし、また、「小津の映画制作のすべての様相」が、「日常的なものの厳格な抑制」のもとにおかれているというその前提は、恒常不変の形式として映画的な文体を語らざるをえないものの限界を、あらかじめ露呈してもいるだろう。それ故、彼もまたリチー氏のごとく、次のように書くことで、結果的には骨董品の描写に陥らざるをえないのだ。

小津作品では、様式化はほとんど完璧である。すべてのショットは同じ高さで撮影されており、すべての構図は静的であり、すべての会話は単調であり、どの表情もみな穏やかであり、編集はカットだけの直進的なものであり、次にどんなショットがくるか予想できる。一つ一つの行為のあいだには関連がなく、どの出来事も次の出来事のきっかけとなることがない。（前掲書、七四頁）

この引用文に否定形に置かれた動詞がまぎれこんでいないのは、ここでのシュレイダー氏が、小津の不断の削除と抑制とによって斥けられた多くの不純な要素のあとに残されたものだけを、純粋な小津作品として語っているからだ。それ故、これは肯定的な肯定ではなく、明らかに否定的な肯定なのである。もちろんわれわれは、『風の中の牝雞』で佐野周二が田中絹代を階段から突き落す場面を持ち出して、この否定的肯定すらが多くの矛盾を含むものだと批判したりはすまい。恒常不変な形式を指摘するには、例外的な細部を排除せざるをえないことを充分に承知しているからである。ただ、恒常的な要素と例外的な要素との対立をとりあげることじたいが、小津の骨董化に貢献してしまう以上、その対立関係をもそっくり肯定することで小津を語りたいと思うだけである。というのも、シュレイダー氏の言葉に従って小津を定義することは、結局のところ、それを単調さと呼んで批判したかつての日本の批評家たちの視点とさして異質のものとはいえないからだ。誰もが、小津の形式の中に同じものをみていながら、あるときまで創意の涸渇ぶりと断じられていたものが、独特な世界観の表現に通じる貴重な姿勢として評価されはじめたというのであれば、こうした事態は、ただ時代の変化を証拠だてるのみである。つまり、欠如と否定的な言辞によって定義される小津的な世界に対して、二つの対照的な価値が下され、戦後と呼ばれる歴史的な一時期が曖昧に遠ざかって行ったいま、かつて批判の対象であったものが徐々に再評価され、その再評価に、異質の文化圏に属するが故に相対的に非＝歴史的な姿勢をとることが可能な外国人が深く貢献したというだけのはなしになってしまう。それは、同じ一つの「記号」に対する読み方が変ったということである。われわれは、その変った読み方にいま一つ別の読み方をつけ加えようとは思わない。そうではなく「記号」としての小津安二郎そのものを変化させなければならない。そのために、「記号」を形成しているより多くの要素を、つまりはその複数の表情を捉えてみたいと思う。読み方の変化は、時間軸にそったかたちでしか進行しない。だが「記号」の表情の変化は、同時的に演じられる時間を越えた戯れだ。混在し共存する複数の表情を同じ一つの身振りで肯定すること。そのとき「記号」は、言葉の真の意味で生産的となり、人を動かす。読み方の変化に一つの意義が認められるとするなら、この生産的な運動に同調しうるときばかりである。たとえば「小津作品における空間と説話」と題された詳細な小津研究を著したクリスティン・トンプソンとデヴィッド・ボードウェルは、「現代的で革新的な作品としてもっとも実り多い読み方ができる」対象として小津を想定しているかぎりにおいて、様式的完璧性といった視点の分析とは異なる位置に立っているように思われる。読み方そのものの変革を可能にする作品という視点には、明らかに、分析対象としての小津が果しうる創造的な役割に対する自覚が感じられはする。だが、その現代性と革新性とは、あくまでも対比による差異の強調の上に築かれているという意味で、真に肯定的な言説とはなりがたい。論者たちは、ロシアのフォルマリズムが提起した《偏差》《差違》の概念によって、小津が「古典的ハリウッド映画」のパラダイムに対して保っている距離を計測しようとしているのである。

古典的な映画のパラダイムという背景に対照して見ると、小津作品の現代性は説話的な因果関係の優越性に挑戦する特殊な空間的工夫を使うことにかかわってくる。(『ユリイカ』〈特集＝小津安二郎〉一九八一年六月号、青土社、一四〇頁)

この引用文には一つの否定的な言辞も含まれていないが、差異をきわだたせるという作業そのものが内包する否定性の批判こそが今日の思想的な課題であるときに、われわれはこの種の立場に同調することはできない。問題は、パラダイムからの偏差の測定という否定的な身振りから小津を解放することにあるからだ。もちろん、比較を原理的に排除することは無意味だし、またトンプソンとボードウェルの研究は、その範囲内ではいくつかの創見を提示しえてもいる。だが、われわれにとって小津が刺激的なのは、その作品がたんに一時代の映画的コードの諸体系におさまりがつかないからではなく、それにもまして、映画という表現形式の限界そのものを露呈せしめるかたちで撮られているからにほかならない。たえず映画そのものの不可能性と向きあっているが故に、小津は現代的で革新的なのだ。「記号」の生産性とは、映画が映画でなくなる瞬間をその生の条件として生きつつあるものにのみ可能な事態にほかならない。われわれが小津に執着するのは、その作品が同時代のパラダイムから大きく逸脱しているからではなく、ときとして、ほとんど映画ではなくなることがあるからにほかならない。

年齢と味覚

ところで、これまで書かれた小津安二郎論の多くに共通する限界は、小津の作品を異質の複数の要素の同時的共存の場として捉えようとはしない点から来ている。だからそこでの問題は、トンカツを作らない豆腐屋を肯定するか否定するかという単調な一点に還元されてしまうほかはなかったのだ。だがそれにしても、小津がトンカツと豆腐という二語を口にした瞬間、すでに共存と混在の主題がわれわれの映画的な感性を少なからず動揺させていはしなかったか。

いうまでもなく、トンカツと豆腐という味覚的な対立関係は、小津にとっては無償の比喩形象をかたちづくるものではない。味覚が彼の映画の重要な主題論的な細部を構成していることは、初期の無声映画から晩年の傑作まで小津の映画を見続けてきたものにとっては、改めて強調するまでもない事実だからである。彼の遺作が『秋刀魚の味』という題名を持ち、また戦時中に構想されて戦後になってからいくぶん不自然なかたちで完成された『お茶漬の味』が存在するように、味覚は、『晩春』や『麦秋』などの季節感を示す語彙とともに、とりわけ後期の作品の題名として選ばれることの多かったものである。料亭や茶の間の食卓がなければ、小津の物語は始まることも終ることもできないほどだ。食べることの説話論的な機能はのちに詳しく検討することになろうが、ここで作者たる小津自身の口から洩れたトンカツと豆腐の二語の対立関係にたち戻るなら、そこには、しつこいもの／さっぱりしたもの、高価で料亭的なもの／安価で家庭的なものという日本の食事文化の持つ対立関係がごく素直に反映していることを認めねばなるまい。また、年齢を重ねるにつれて、小津の嗜好が濃厚で儀式的なものより、むしろ素朴で日常的な味覚に親しみをおぼえるにいたったという点も、確かな事実だろう。死の直前になると、「僕は豆腐屋だから豆腐しか作らない」とむしろ誇らしげに宣言し、動物の肉に衣をつけて油で揚げた料理と、生のまま食卓に供しうる植物性の蛋白質の白く歯ごたえのない料理との間に、はっきりした一つの審美的な選択を行ってさえいる。また、未完のまま残された脚本の題名が『大根と人参』であったことを思い起してみるなら、動物的なもの／植物的なものといった二項に還元しうる味覚的な対立関係が演じている役割の重要さは、誰にでも納得しうるだろう。

だが、こうした味覚的な比喩は、その多くが批判的なものであった晩年の批評家たちに対する小津の防禦的な姿勢が捏造した、いささか抽象的な概念であるように思う。少くとも、小津自身が口にした言葉をもとに、その現実の作品群を、トンカツ作りを放棄した豆腐屋の職人仕事だと信じこむのはあまりに素朴すぎるというべきだろう。わが国の芸術家が老年とともに達すべき理想的な境地としての枯れた姿などをそこに想像することはさしひかえねばならない。豆腐屋に徹することで枯淡の域に達しうるほど、映画という形式はのんびりした表現ジャンルではない。それは、何よりもまず、肉体的な作業であり、豆腐ばかりを喰っている人間にはとても監督などつとまるものではないのである。それに、ごく具体的にいって、小津の映画にあって、豆腐が特権的な料理であったことなどありはしないと断言することができる。

なるほど『秋日和』の登場人物の一人は、年をとるに従って、ヒジキ、人参、椎茸、切干し、豆腐、油揚げといったものが喰べたくなってならないと口にしてはいる。だが、いかにも嘘をつけといった口調で、それにビフテキとトンカツもそうだろうとその仲間がまぜっかえすとき、彼は正体見られたかといったように苦笑する。このやりとりは中村伸郎と北竜二との間でかわされるのだが、彼らが大学時代にあこがれをいだいた、いまは未亡人となっている原節子は、そんな会話にはおかまいなしに娘の司葉子をつれてトンカツを食べにゆき、ああおなかいっぱいと満足げに微笑みさえする。こうした場面が示しているのは、小津的世界が、決して日常的な素朴さと儀式的な濃厚さとの二者択一に終る単純な世界ではないということだ。大学や旧制高校時代の同級生が集まる小料理屋のテーブルには、ウイスキーと日本酒の徳利とが並んでいるし、それにビールの壜までが加わっている。肉を中心とした西洋料理と野菜を中心とした和食とが、たがいに排斥しあうことなく豊かに共存してさえいるのである。小津にあって特徴的なのは、むしろこうした混在現象とも呼ぶべきものにほかならない。にもかかわらず、作中人物の一人が、ヒジキや切干しや豆腐が喰べたくなるといった味覚の変化を口にしたりするのは、自分が娘を結婚させるほどの年齢に達していることを無理にも納得しようとして、世間でよく口にされるきまり文句を鸚鵡がえしにつぶやいているだけのことなのだ。親しい旧友は、その台詞が嘘であることを体験的に知っている。そしてわれわれもまた、それが小津の本心ではないことを体験的に知っているはずである。つまり、ヒジキだの切干しだの豆腐だのは、食物への嗜好と年齢とをめぐる紋切型の対応関係を強調する言葉に過ぎないのだ。その意味で、小津の登場人物たちは、あたかもフローベールの『紋切型辞典』の項目でも読みあげるような機械的な単調さで、千篇一律の通り相場を台詞として口にすべく宿命づけられた存在だといえよう。

たとえば出勤前のあわただしい朝食の光景で始まる『麦秋』にも、これに似た紋切型の台詞のやりとりがみられる。それは、久しぶりに故郷から出てくる親類の老人をもてなすには、どんな料理を作ればよいかをめぐってかわされる台詞である。一家の主婦たる三宅邦子に向って、菅井一郎は、特別の料理は必要なかろうが、本当は、オカラみたいなものが好きなんだと口にする。これは、いうまでもなく紋切型の通念にほかならない。すると、食事中のまだ小学校にもあがっていない次男が、ぼく、オカラ大好きと宣言して、食事への嗜好と年齢とをめぐる紋切型の通念を一挙に崩壊させてしまう。次男の台詞は食卓のまわりの家族の笑いを誘うが、ここで重要なのは、オカラが豆腐と深い関係があるといったことではない。そうではなく、老年にふさわしい料理と思われたものが幼児の大好物であったことから明らかになる、ある種の共存というか並置の関係が問題なのだ。適齢期の娘を持つ『秋日和』の父親が豆腐もトンカツも食べ、『麦秋』の老人と少年とが同じ料理を好むといった細部は、小津自身の告白をもとにしてその作品を豆腐屋の職人芸と信じ込むことの愚かしさをわれわれに示している。見逃してならないのは、ここで異質な要素がたがいに排斥しあうことなく、むしろ共存しあっているという点である。そうした現象を介して、はじめて小津を肯定的に語ることが可能となる。

並置と共存

並置、あるいは共存とも呼びうるこの小津的な現象は、家族という枠組を越えて、教師とその教え子との関係の上にまできわめて象徴的な反映を与えている。小津にあっては、社会的な地位としても、また知識の伝授と人格の薫陶という職務からしても対立しあい、世代的に異質な領域に住まっているはずの両者が、しばしば同じ水準で共存しあうことになるからだ。

たとえば田舎の中学校の教師とその生徒たちとは、『東京の合唱』の後半、不況下の東京でめぐりあう。かつて教える側にあった斎藤達雄も教わる側にあった岡田時彦も、ともに首府での生活の困難を前にしてたじろぐ。これと同じ関係は、『父ありき』の父親の笠智衆とその子の佐野周二との間にも認められるし、『一人息子』の教師の笠智衆とその教え子の日守新一の関係も同様である。初期のサラリーマンものにあって何とも奇妙なことは、生徒の方が東京の大学に進んで就職するばかりではなく、なぜか教師の方までが赴任地を離れ、首府で新たな職につくことが多いという点である。田舎の中学に残っていつまでも教師を続ける人間がおらず、あたかも教え子たちがたどった道を模倣するかのように、転職してまで東京に出てくるという人物設定の中に、小津的な並置=共存の主題の第一の側面が顔をのぞかせている。もちろん、時代の社会的な状況を反映して、教師も生徒たちも、自分にふさわしい職を得ることははなはだ困難である。こうした人物設定は遺作となった『秋刀魚の味』にまでうけつがれているが、ここでの地位は、両者の間で明らかに逆転しており、落ちぶれたかつての教師を、いまはそれなりの職業的な安定を得ている生徒たちが久方ぶりに慰労するというところに重点がおかれている。それ故、状況は『東京の合唱』や『父ありき』といささか違っているのだが、実は、ここにも並置＝共存の新たな側面が姿を見せているのである。

旧師を囲んでのクラス会という主題は『父ありき』にも認められるきわめて小津的な場面を構成しているが、『秋刀魚の味』で特徴的なのは、それが、恩師を思うかつての中学生たちの心情が美しい師弟愛の物語として強調されているわけではないということだ。それなりの社会的な地位におさまっている『秋刀魚の味』の初老の男たちは、「鱧」という字は知っていながらその料理を食べたことのない旧師に対して、残酷なとまではいわぬまでも、ほとんどそれに近い憐みの情を隠そうとはしないかなり冷ややかな反応を示す。『秋刀魚の味』と題されながらそこで具体的な料理として食卓に供される唯一の魚が「鱧」だという点も興味深いが、ほとんど前後不覚に陥るほどに酔ってしまった旧師の東野英治郎を送って行ったさきが、娘が女手ひとつで切りまわしている場末のラーメン屋であったという点にわれわれは注目しなければならぬ。というのも、このとき、教え子たちと同様に東京に出て来た田舎教師のほとんどが、しがない料理屋を開業しているという事実が明らかになるからである。『秋刀魚の味』の東野英治郎が中華そば屋であったように、『一人息子』の笠智衆はトンカツ屋となり、『東京の合唱』の斎藤達雄はカレーライス屋となっている。もちろん、豆腐屋になったものなど誰もいはしない。しかも、小津自身が比喩的ながら絶対に作るまいと宣言したトンカツで生計を立てる元教師が、店先に堂々との

（上）『一人息子』　もと中学教師（笠智衆）が開くトンカツ屋の店先ののぼり。
（下）『秋日和』　礼服を着て集い、夜の料亭での食事をする人々。

ぼりまでたてて客を待っているのだ。いずれにせよ、そこには、作者の味覚的な嗜好が選択するはずのさっぱりしたものの範疇に入る料理は一つもない。だがそれにしても、かつての中学校教師たちは、あらかじめしめしあわせてでもいたように、どうしてみんながみんな一品料理屋を開業したりするのだろうか。

ここですぐさま指摘しうる事実は、カレーライス屋、トンカツ屋、中華そば屋といったものが、いずれも家庭料理の日常的な反復性と料亭での宴会の例外的な儀式性の中間に位置し、あまり豊かではない勤め人たちの気軽な昼食を提供する場であるという点である。小津安二郎の作品の劇的な舞台装置は、のちに詳しく検討する機会を持つように、家庭の茶の間と料亭の座敷とを特権的な空間として持ち、そこに集い寄りそこから離れて行く者たちが劇的とは呼びがたい静かな葛藤を演じたてることになるのだが、そうした意味からすれば、サラリーマンたちに気軽な昼食を提供するカレーライス屋といったものは、いっとき通過するだけの地点であって、定着の場ではない。定着することなく通過する地点という点で、こうした小料理屋は、小津にあっての中学校ときわめて類似した環境を構成することになる。だから、かつて教師として中学生たちを東京へと送り出した者たちが、こんどは、知識ではなく手軽な料理によって、都会の若いサラリーマンたちにいっときの満腹感を与える職業についているのだ。教えることと食べさせること。このまったく異質な身振りを通して、教師たちは若者に対して同じ役割を演じているのである。つまり、田舎中学の教師であったものが都会で選びとった新たな職業は、一見したところ異質なものに映りながら、ほとんど同じ役がらにほかならぬのだ。ここに、小津における並置＝共存の主題のもっとも顕著なあらわれを認めることができる。

その点をめぐっていかにも象徴的だと思われるのは、『東京の合唱』であろう。いささか書生っぽい正義感から上役にたてついて職を失った若いサラリーマンの岡田時彦は、家族に隠して就職運動を続けるうちに旧師の斎藤達雄にめぐりあい、開業したばかりのそのカレーライス屋の商売を手伝い、やがて旧師の紹介で得た地方の中学教師となるべく東京を離れてゆく。ここで、カレーライス屋の食堂が中学に似た通過地点となっていることに注目しよう。しかも、その通過地点で演じられる旧師の役割もまた、同じものである。ここで見落してはならないのは、物語の冒頭において立場を異にしていた教師と生徒といった関係が、次第に両者を距てていた境界線を曖昧にしてゆき、首都の食堂で一つに融合してしまうといった事態であろう。つまり、かつては教えるもの、教えられるものであった斎藤達雄と岡田時彦とが、ともに安サラリーマンたちに気軽な昼食を提供することで生活を支えあう。そして、その同じ身振りの共有が、こんどは失業中の岡田時彦を田舎教師に仕立ててあげることになるのである。かくして食堂は、一人のサラリーマンにとっても、ごく貴重な通過点を形成していたことが明らかにされる。

だが、ここで重要なのは、斎藤達雄が田舎の中学でも東京の食堂でも若者に対して同じ役割を演じているということではない。役割の一貫性という誰の目にも明らかな特徴にもまして、異質で対立しあうものを排斥することなく一つに融合させてしまうという総合的な力がこうした細部にみなぎっているという点が重要なのだ。それはつまり、「豆腐屋にトンカツを作れというのは無理だよ」と宣言し、「僕は豆腐屋だから豆腐しか作らない」と語ってもいる小津安二郎の撮る映画が、現実には豆腐とトンカツとの対立関係を越えた、より豊かな表情をそなえていることをわれわれに示しているということである。越えるという単語が引きずっている弁証法的な響きを避ける意味で、むしろ対立が消滅するといいなおすべきかもしれぬこの相互滲透的な現象こそが、小津を特徴づけるものなのだ。中学の田舎教師と東京の安食堂の主人とがともに肯定される共存の場、われわれはこうした融合の運動をたどりながら小津安二郎を肯定したいと思う。対立が融合へと向う運動、それが真の意味での小津の物語だ。この物語を、個々の作品の画面の連鎖を支える物語と混同しないために、説話論的な構造と呼ぶことにしよう。そしてその構造が、一貫した持続として物語を異質の領域へと移動させる意義深い細部を主題と呼んでみたい。小津の作品世界は、並置と共存という主題が織りあげる錯綜した戯れの場からなっている。ここでは、すべてが互いに肯定しあいながら豊かな融合を生きる。そしてその融合が、具体的なできごととして触知可能となったとき、説話論的な持続が生なましいリズムを刻む。小津安二郎の作品が、静的な原理に従属することなく、もっぱらフィルムの運動として見るものの映画的な感性に迫ってくるのはそうしたときである。われわれは、そのとき、映画によって文字通り動かされるのだ。説話論的な構造と主題論的な体系の豊かな語らいによって動かされたものだけが、小津安二郎を欠如と否定的な言辞による定義から解放することができる。解放こそ、映画をめぐるあらゆる言説がかかえこむべき義務にほかならない。

食物と聴覚的記号

誰もが知っている小津のあの低い位置に置かれたキャメラは、食卓に並べられた食器の中味をわれわれの視界に浮きあがらせることはほとんどない。その意味で、料理は小津の画面から視覚的に排除されているといってよい。登場人物たちの箸の動きはほとんど抽象的ともいうべきもので、いま、何が食べられているかを瞳で確認しうることはまれでさえある。食卓とは、食事の場というより会話の場としてスクリーンに示されることがほとんどなのだ。会話もまた、言葉の内容の伝達と受容というより、たびかさなる視線の交錯として示され、何が語られているかといった点より、もっぱら食卓を囲む人物たちの位置関係の把握に視線が集中してしまう。日常的な茶の間の夕飯にあっても、いくぶんか儀式的な料亭での会食にあっても事情はかわらない。観客が小津的な人物たちの食べつつある料理が何であるかを知ることになるのは、『秋刀魚の味』の旧師が口にする「鱧」の一語がそうであるように、視覚的な情報以外の記号によってであるにすぎない。『麦秋』の原節子が兄の笠智衆夫妻と小料理屋の座敷で会食するとき嫂の三宅邦子の口から、ご飯の炊き具合が申し分なく何ともおいしいといった台詞が洩れる。この言葉は、台所から解放された主婦が料理屋の客となったことで得られる快感を的確に表現しつつ、戦後日本の女性の地位の向上をめぐっての議論を軽くはぐらかす意味がそこにこめられてもいるのだが、キャメラは食卓を囲む三人の男女の背後に据えられたままなので、そのよく炊けた料理屋のご飯を賞味する彼女の表情を正面から捉えたアップなど一つとして挿入されてはいない。また、彼らはそこで天麩羅を食べているのだが、それとて会話を通じて知らされるのみであり、三宅邦子の何げない台詞から、運ばれてきた料理が「蝦蛄」だと聞かされても、そのイメージはほとんど画面に示されはしないだろう。聴覚的な情報にくらべて、料理をめぐる視覚的な情報はいたって希薄なのである。同じ映画で、食事に遅れた原節子が、廊下の奥の台所でひとり椅子に腰かけ残りもので夕食をとる場面でも、事情は変らない。廊下のこちら側から彼女の姿を捉えるショットが示された後に、こんどは正面にまわったキャメラが、食卓の皿から口もとへと箸を運ぶ彼女を視界に浮きあがらせはするが、ここでの情報もまたほとんど視覚的なものとはいいがたい。というのも、原節子がご飯茶碗を口に近づけるときわれわれにゆだねられるものは、おそらくお茶漬を食べ終ろうとしているのであろう、あのサラサラという音響ばかりだからである。それ故、ここでの彼女の身振りはきわめて抽象的なものだ。『お茶漬の味』の佐分利信の食事も、その下品な音だけが強調されている。

にもかかわらず、食事は、初期のサイレント映画から晩年の傑作にいたるまで、きわめて重要な主題論的な体系をかたちづくっている。食事というより食べることの主題ともいうべきものが、小津の作品の説話論的な構造と深く連繋しながら、物語の展開を支えているのである。主要な小津的主題をかたちづくる「食べること」は、必ずしも食べるものが画面に示されることを必要としてはいない。たとえば、『麦秋』の杉村春子が、原節子から息子と結婚する意志のあることを聞かされて、いきなり相好を崩してアンパンを食べないかと誘うとき、人はアンパンの一語に深く感動する。それは、思いもかけぬ喜びにいくぶんかとり乱した杉村の内面を直截に伝える言葉だからでもあるが、それ以上に、小津の作品における「食べること」の主題論的な拡がりの豊かさに、われわれが不意撃ちされるからでもある。家庭から遠く離れた土地へと旅立たねばならぬ結婚を承諾することと、その承諾に有頂天になる一人の寡婦の喜びとが、いかにも子供じみたアンパンの一語で語られることとは、途方もないとりあわせであるかにみえて、実は主題論的な必然でもあることを改めて思い知らされるのだ。しかも、実際にアンパンが食べられるわけではないこの挿話を契機として、原節子は両親にも兄にも自分の選択の正当性を主張する女に変貌しているのだから、この主題には説話論的な機能もこめられていたことが明らかになる。執拗に自我を主張するといったあつかましさを獲得したわけではないが、この挿話を境として、家族全員が彼女に示す表情に微妙な変化が認められるのである。まさかと思っていたのに、

No.
S. No. 94 C. No. 9
Subject.
Pan. foll.
Date. a.m p.m
Weather. Light. タ
F. 35
Shutter. 100
Filter.
Disk. C
Lens. 2
Distance. 64
Film.

No.
S. No. 94 C. No. 10
Subject.
Pan. foll.
Date. a.m p.m
Weather. Light. タ
F. 35
Shutter. 100
Filter.
Disk. B
Lens. 2
Distance. 72
Film.

ともに『お茶漬の味』の撮影記録。食事をする木暮実千代と佐分利信の顔が、画面の上でほぼ同じになるように、キャメラと被写体との距離が異なっている。

一番大切なことを誰にも相談せずにきめてしまった妹に対して、兄は怒り、両親はひたすら嘆息する。一瞬、呆気にとられた嫂は、しかし義妹の決定を何とか理解しようとする。こうして、家族の全構成員が彼女に対する姿勢の違いをきわだたせることになるのだが、彼女の結婚への意志の固さに戸惑うのはなにも肉親たちばかりではない。戦争で死んだ次男の友達である二本柳寛との結婚に踏み切る原節子の振舞いに驚かされるのは、まずわれわれ観客なのだ。その驚きは、どう考えてみても不可解だといった激しいものではないが、物語の流れの中に、その心理的な必然がほとんど語られてはいないからである。なるほど、彼女自身の口から、平凡だが頼りがいのありそうな人を身近に発見したからだといった説明がなされていないわけではないし、またそんな説明をいかにも小津的だとつい納得しないでもないのだが、北鎌倉からの通勤仲間でもある女房に死なれたこの子持ちの男性に対する彼女の姿勢の変化が何を契機としているのか、それを心理的にさぐろうとするとき、その必然性を示す物語的な細部はやはり思いつかないのである。そして、いくぶんうわずった杉村春子の言葉ばかりが、アンパンという、場違いな一語の響きとともに思い起されてくる。食べられることのなかったアンパンが、その聴覚的な唐突さによって説話論的な持続をたち切り、秋田へと転任する二本柳寛のもとへと原節子を出発させ、菅井一郎と東山千栄子の老夫婦を故郷の大和へと引きこもらせ、長男の笠智衆を大学病院から北鎌倉の開業医への道を歩ませるのだから、決定的であったのはあくまでアンパンの一語だ。つまり、「食べること」という決して視覚的ではない主題の不意の介入が説話論的な持続を変容せしめたのである。

問題はアンパンの一語ではなく、親子三代が同居する大家族が解体されて核家族化するという戦後日本の社会的な現実がここに反映しているまでだという反論がありうるかもしれない。そしてその反論は、ある意味でもっともなことであるだろう。戦後の、とりわけ『晩春』以後の作品には、その当時、社会に進行しつつあった家庭の崩壊という現象が色濃く反映している。だが、そうした現実の象徴的な表現としてあるには、小津の作品にはあまりに多くの場違いな細部が描かれすぎている。そして、社会的な現実の反映という点のみから小津を論じる場合、その場違いな細部のほとんどは、アンパンの一語とともに、フィルムから排除されてしまうだろう。それにとどまらず、『晩春』以前の作品もまた、完璧さにいたる途中の過渡的な試みとして、二義的な評価しか与えられないだろう。

われわれがそうした姿勢に反対であることはすでに述べた通りだ。社会的な現実の反映を認めることに決してさからいはしないが、そのことで作品の豊かな表情を抑制することには反対なのだ。そして、家庭の崩壊といった視点からすれば明らかに過剰と思われる細部をも肯定するために、主題論的な体系という概念を導入したのである。概念といっても、主題はあくまで具体的な画面の中に、あるいは視覚的な、あるいは聴覚的な情報として触知可能なあらわれを見せているものだ。映画にあって論じられねばならぬのは、フィルムの表層に刻みつけられているこの触知可能なものの痕跡である。それ故、いま問題となっているアンパンがまぎれもない主題であるという事実を、小津作品のさまざまな細部にさぐってみたいと思う。

食べること＝食べないこと

無声時代の傑作の一つ『生れてはみたけれど』に、郊外の新興住宅地の空き地で遊び戯れる悪戯小僧たちを捉えた一場面がある。子供たちは、相手に胸の前で指を組みあわせられるとただちに地面に倒れなければならないという何やら秘教的な遊戯にふけっているのだが、彼らの動きにつれてキャメラがゆるやかに横移動するとき、そんな少年たちの一人の背中に、腹の具合が悪いのでおやつを与えないで下さいといった意味の大きな板切れか厚紙のようなものがくくりつけられているのを認める者は、近所の家庭の主婦たちに向けられたこの子の母親の配慮に思わず口もとがほころぶ。この微笑ましい光景は、昭和十年代に郊外電車の沿線で少年時代を過したものにとっては、当時の母親と子供との関係の正確な反映であるといくばくかの郷愁とともに証言することができる。山手線のターミナル駅から首都の周縁部分へと私鉄が延びてゆき、山の手とも下町とも異る歴史を持たぬ核家族が郊外に定着しはじめた一時期にあっては、下校後の子供たちの遊びを介してのみ交渉を持つことになる主婦たちにとって、この種のコミュニケーションは確実に存在したのである。もちろん、背中の紙切れに書かれた文字が、無声映画ならではのギャグともなっているわけだが、仲間の家に無断でたちより、やたらなおやつをたべてはならないというのが郊外の母親たちのしつけの根幹にあったのはまぎれもない事実であり、その意味で、この光景は東京という都市の歴史の貴重な資料となりうるものだとさえいえる。

だが、ここで着目すべきは、そうしたかたちで認められる社会的な現実の作品への侵入ぶりばかりではない。物語の筋の上からすれば無視することも可能なこの滑稽な細部が、作品の構造からするときわめて重要な説話論的な機能を演じているのである。いうまでもなく、この微笑を誘う点景的な挿話は、サラリーマンの悲哀を綴った『生れてはみたけれど』に、「食べること」の主題を導入している。すでに小鳥の卵を食べるか食べないかをめぐって、近所の悪戯小僧たちの勢力関係の微妙な推移が演じられていることで、「食べること」は滑稽な主題として提示されているのだが、「食べること」というより、むしろ食べないこととすべきかもしれぬこの主題は、上司に媚び諂うしかない会社勤めの父親を目撃してしまった幼い二人の落胆ぶりと、それが徐々にやるかたのない腹立たしさに変ってゆくさまを、ハンガー・ストライキという思いがけない手段で表現するにいたるという説話論的な必然を正当化するものだ。道化じみた身振りまで演じて重役にとりいろうとするサラリーマンの惨めさという一般的な社会風潮は、ここで食べないという主題を介してはじめて生なましく具体化されているのである。頑として食事をとろうとしない二人の兄弟が、たがいにそっくり同じ動作を演じながら不満を爆発させ、父親の斎藤達雄に折檻されてもあやまろうとせず、組んづほぐれつの乱闘をくりひろげる場面は悲痛でもあり滑稽でもある。泣きながら寝入ってしまった子供たちと父親とが翌朝になってから和解するとき、それは食事を食べることによって表現される。父親と二人の息子が庭先に並んで腰をおろし、黙って食事をとる場面は感動的である。だがその感動は、父子の和解がサラリーマンの無力さを浮き上らせるが故に感動的であるのではない。「食べること」の主題が具体的な画面によって物語を支えていることに、見る者は心を動かされるのだ。この作品の説話論的な持続は、明らかに食べること、あるいは食べないことの主題をめぐって分節化されているのである。

内部から外部へ

だが、『生れてはみたけれど』は、われわれに「食べること」の主題の重要さを納得させるにとどまらず、この主題が、並置＝共存の主題と深くかかわりを持っていることを改めて思い出させてもくれる。「食べること」は、たんに説話論的な構造として小津の作品を支える重要な要素を演じるばかりでなく、主題論的な体系にあっても、対立し排除しあうと思われる異質な細部を和解させうる特殊な磁力をみなぎらせているのだ。

対立しあう異質な要素、それはこの場合、外部と内部という二つの空間である。食べることを介して、戸外と室内とが不意に通底するという点に、小津的「作品」の空間構造の一つの特徴が認められるのである。それは、外部と内部との通底、もしくは融合というより、その空間的関係の不均衡化とすべきかもしれない。室内で食べられるべき食事が、突発事故に似たできごとによって戸外で食べられることになるという状況が、しばしば描かれているからである。すでに触れた間食を禁ずる母親の言葉が、背中に結びつけられた紙切れの上の文字として、悪童どもの跳梁する原っぱの場面に登場することが奇妙なおかしさをかもしていたことを思い起すまでもなく、小津にあっては、かなりの頻度で「食べること」の主題が説話論的な空間を唐突なやり方で戸外に引きずり出す。『生れてはみたけれど』の二人の兄弟も、待ち伏せする餓鬼大将を恐れて校門をくぐることを回避し、両親には内緒で野原に出かけてゆき、開けた草原に腰をおろすと、木々の茂みを背景として弁当箱をひろげる。この野外での食事の光景は途方もなく美しい。たんに美しいばかりか、通りがかった酒屋の小僧をつかまえてつたないアリバイ工作の試みをするあたりの場違いなおかしさは、さまざまなギャグの連鎖とともに、ジャン・ルノワールやジョン・フォードの三〇年代の作品の最良の瞬間を彷彿とさせるほど、のどかで屈託がない。教室で食べられるために用意されたはずの弁当箱が、その目的とはもっとも遠い原っぱで食べられるとき、作品の説話論的な持続はこの上なく豊かなゆったりとしたリズムを刻み、その空間の相貌もことのほかこまやかなものになる。これは、青空のもとで食事をすることがたやすく想像させがちな解放感の的確な表現である以上に、説話論的な持続と主題論的な体系との甘美な同調ぶりの上に築かれた純粋に映画的な解放そのものである。「食べること」の主題が、思いがけぬやり方で、しかも説話論的な必然として、外部と内部との関係を逆転させ、その対立を曖昧にしてしまっていることからくる小津的「作品」独特のありえない時空の出現に、われわれのフィルム的な感性が動揺させられるのである。

『生れてはみたけれど』の戦後版ともいうべき『お早よう』は、とうぜんのことながら物語の筋立てにかなりの違いが認められるが、「食べること」の主題と外部と内部の逆転という空間的な構造だけはそっくり受けつがれている。テレヴィジョンの受像器を買ってもらえないことから二人の兄弟が父親に反抗するという題材には明らかに時代が反映しているが、多くのヴァリエーションをともなっているとはいえ、少年たちが戸外で食事をするという点は、前作とまったく変らない。男の子の兄弟が父親の振舞いに不満で家出同然に家庭から逃亡するという挿話は『麦秋』にも描かれているが、『お早よう』の場合は、両親に口をきかないという戦術に出た結果、学校に支払うべき給食費のことをジェスチャーで示そうとしてわかってもらえず、二人しておひつをかかえたまま川べりの草原に出かけてゆく。親が作った弁当ではなく、台所にあった容器ごと米の飯を持ち出すという点で、戸外に置かれた食べものが示す場違いな印象は、より徹底化されたものになっている。テレヴィを買ってもらえない腹いせに家出をした少年たちが夜になってつれ戻されると茶の間に受像器が置かれているという筋立ての他愛のなさには、人を感動させるものはなに一つ含まれてはいない。ここで感動的なのは、物語ではなくあくまで空間の表情なのだ。台所か茶の間にふさわしいおひつが子供たちにかかえられて戸外に持ち出される瞬間から、幾何学的なまでに類似した新興住宅の家並みと高い堤防とで切りとられてほとんど見えなかった空が大きく画面に侵入する。というのも、ここでの兄弟は堤防に腰をおろして食事をすることになるからだ。低い位置に置かれたキャメラが、その澄んだ拡がりをなおいっそう強調することになるだろう。そして、遠くの橋の上を行きかう自動車が、これまでこの作品に欠けていた深い奥行きをきわだたせる。

だが、弁当を戸外に持ち出すのは、サラリーマンものの悪戯小僧ばかりではない。しばしば失敗作と断じられる戦争直後の『風の中の牝雞』では、一人の娼婦が川沿いの空き地に腰をおろして昼食をとる。それは、妻が、自分の復員前に子供の入院費を得ようと身を売ったというその売春宿で佐野周二が出会った娼婦である。売春宿に一日中とじこもっているのはいやだから、この河原へきて弁当をひろげることにしているのだという。この場面と『生れてはみたけれど』との対応関係は誰の目にも明らかである。事実『小津安二郎の芸術』の佐藤忠男は次のように指摘している。

弁当を持った娼婦が連れ込み宿からエスケープして空地でそれを食べる、というアイデアは、明らかに、かつての「生れてはみたけれど」の主人公の小学生たちが学校をエスケープして野原で弁当を食べる場面のバリエーションである。そしてそこにも、かつてはユーモアであり得たおなじアイデアが、連れ込み宿に一日中はいたくないという娼婦の苦渋の表現に転化していることの悲痛さがある。つまり、野原で弁当を食べるということの、素朴な健康さと、彼女が娼婦であり、それを恥じているということの間に生じるアイロニーこそが、おそらくは小津の言いたかったことのすべてなのである。(朝日新聞社、(下)一一二頁)

佐藤氏も正しく指摘しているとおり、事態は明らかに逆転している。ここで弁当を戸外に持ち出すのはもはや無邪気な子供ではなく汚れを知ってしまった娘である。また弁当といっても、それは何やら粗末な粉で焼いた自家製のパンのようなものだ。貧しさから病身の家族を養うために身を売る娼婦と、妻の貞操に疑いを持つ復員兵の語らいという劇的な状況は一層の深刻さをこの場面に刻みつけている。だが、敗戦直後の社会的な荒廃の反映という点からすれば、ここでの人物設定はいかにもありきたりである。この作品で描かれたものを「日本人の精神の純潔の喪失」と捉える佐藤氏は、「小津はたぶん、こう言いたかっただけなのだ」と書き、次のように続ける。

敗戦によって、すべての日本人は精神の純潔を失なった。あるいは娼婦の如きものになった。しかし、たとえ娼婦となっても、野原で弁当を食べる素朴さだけは保持しようではないか。（同書、一二二―一二三頁）

これを「じつに平凡な教訓にすぎない」と意識しつつも、「しかし、なんというこころやさしいメッセージであろう」と結ぶ佐藤氏は、こうした「平凡」で「いくらかは反動的でさえもある」教訓にもかかわらず、この作品と同時代の作家たちが、「これほどの悲痛な思いをこめて、われわれの失った何かについての苦渋と悲嘆を描き得ていただろうか」と問いながら、この映画への愛着を語っている。

われわれもまた『風の中の牝雞』を、『晩春』以降の後期の作風と異っているという理由で小津的な世界から排除しようとは思わない。それぱかりか、彼の作品系列の中でももっとも重要な作品の一つだとさえ思う。だがその理由は、純潔を失っても「野原で弁当を食べる素朴さだけは保持しよう」という、小津の「平凡」だが「こころやさしいメッセージ」に共感するからではない。だいいち、そうしたことを作者が主張したかったかどうかさえ明らかではないし、野原で食事をするという設定を、作品の説話論的な持続とも主題論的な体系とも無関係に、つまりは抽象的な水準で誰もが想像しうる比喩に還元してしまうことは慎しまねばなるまい。『風の中の牝雞』の重要さは、社会的な現実の作品への反映と、その反映ぶりを心理的に解釈した場合に想像させがちな作者の思想といったものを超えて、作品の説話論的な持続と主題論的な体系とが、あるのっぴきならない関係をとり結んでいる点にある。つまり、一人の薄倖な娼婦が曖昧宿を逃れて野原で粗末なパンをかじるから感動的なのではなく、こうした状況を戸外に設定することしかできない小津の、みずからの作品世界への忠実さこそが感動的なのだ。ここには、「食べること」の主題にとどまらず、並んで腰をおろすことというのちにその小津的な重要さに触れることになる主題もが姿を見せており、そうした主題群が、それにさきだつ娼家の狭い座敷と、自宅の階段の上の部屋という二つの内部空間で演じられる、気づまりで、また暴力的な場面を物語的に分節化しているという点に、小津的な「作品」の生なましい表情が露呈しているのである。ここにあって、内部空間と外部空間とが「食べること」を介して激しく交わっているという事実が重要なのだ。実際、野原でパンをかじる娼婦との語らいに心なごむ思いをしたかにみえた佐野周二は、その夜、妻の田中絹代を階段から突き落す。挿話の連鎖のうえで隣接しあったこの外部と内部との暴力的ともみえる葛藤が、容易に納得しうる作者の思想といったもの以上に、ある過激な不可解さを見るものに与える。子供の病気のために一度だけ身を売り、しかもそのことを隠さず夫に告白した田中絹代が、娼婦に向ってやさしい言葉をかけたりもする夫の佐野周二から、どうしてことのほかせせこましい階段という空間を突き落されねばならないのか。この劇的状況を説明するものは、心理ではない。小津的「作品」の、説話論的な構造と主題論的な体系との必然的な連繋という視点からそれは説明さるべきものである。そしてそのとき、小津的な「作品」は、ことによったら小津自身が本気で演じていたかもしれない教訓といったものを超えるのだ。「平凡」でもあり「こころやさしい」ものでもあるという作者のメッセージを送りとどけるよりも以前に、野原での娼婦の昼食の場面は『生れてはみたけれど』の原っぱや『お早よう』の河原といったさまざまなイメージへと向けて拡がりだし、「食べること」をめぐる主題の小津的な豊かさをわれわれに改めて思い起させるのである。おそらく、『風の中の牝雞』の階段の場面の感動には、それとは別の映画的記憶が働いている。佐藤氏は、この作品の着想を志賀直哉の『暗夜行路』に求めており、そこには確かに妻を走り始めた電車からつき落すエピソードが語られているが、むしろ小津がシンガポールで見た『風と共に去りぬ』のヴィヴィアン・リーの階段転落のシーンからそれは来ているはずだ。そして、感動的なのは、太平洋戦争直前に作られたハリウッドの豪華超大作のイメージが、戦後日本のあまりにも貧しい家庭環境に反映してしまっているという点なのである。

外部から内部へ

「食べること」の主題は、ただ内部空間を外部へと向けておし拡げるばかりではなく、外部を内部へと招きよせる機能をも演じている。それが明らかにする事実は、「食べること」にあって重要なのが、たんに食べることそのものにあるのではないという点である。食べることを通じて、存在と存在とを結びつけている距離があるいは長く、あるいは短くなることで、物語が新たな段階にさしかかるのだ。『風の中の牝雞』の場合、それが激情という要素を物語に導入した点はいまみたとおりである。したがって、作中人物の食欲とか、習慣的な反復性としての食事の描写とは異質のものとしてある「食べること」の主題は、一つの説話論的な儀式のようなものだといってよい。ものを食べている人物の身振りがしばしば抽象的であるのは、そのためなのだ。

こうした「食べること」の儀式性をもっともみごとに表現しながら、しかも外部を内部へと招きよせる主題論的な機能を演じているのは、『落第はしたけれど』の下宿生たちが、夜中に喫茶店の娘に出前を頼む場面だろう。電話などという便利な通信器機がどこにも存在したわけではない時代のこと故、下宿の二階で試験勉強をする大学生たちは、向かいのベーカリーの看板娘の田中絹代を競技用のピストルの音で街路まで招きよせる。なにしろサイレント映画なので、この音響的なギャグは、それだけでは充分な効果は発揮しない。それに続いて、彼らは人文字を影絵のように障子に映し、かなりの距離にいる田中絹代に「パン」の二字を視覚的に伝達する。この二つのギャグの組み合わせがいかにも滑稽な笑いを誘うのだが、この点にはのちにより詳しく触れることにもなるだろう。ここで問題は、空腹をみたすという「食べること」への欲求が、それを充足させるために費される儀式めいたいくつもの身振りによって中心から追いたてられ、結局は、人気者の喫茶店の娘を下宿の二階まで招きよせることの口実にしか過ぎなかったように思われてしまうという点である。彼女が出現した瞬間に活気を帯びる室内の華やいだ雰囲気は、パンをよこせと泣きわめく下宿の子供の登場によって混乱しながらも、男ばかりのむさくるしい内部空間に女性という艶やかな外部を導入することに成功している。田中絹代は、わけても好意をいだいている落第生の斎藤達雄にそっと角砂糖の包みをさし出すのだが、「食べること」を介して内部空間へと侵入する外部は、ここにあっては、その大がかりな無償の儀式性を通して、この喫茶店の看板娘と落第生との心の距離を一挙に近づける説話論的な機能をも演じているのである。やがて、落第が確実となったとき、斎藤達雄は、彼女のベーカリーの菓子パンをいくつも無意識のうちにほおばり続けることになるだろう。

だが、「食べること」を介して外部が内部へと侵入するとき、この主題がいつでも微笑ましい情況を物語に導き入れるとは限らない。たとえば『一人息子』の日守新一が上京した母親に食べさせる夜鳴きそばの挿話は、知らぬまに嫁を迎えて赤ん坊までこさえ、夜間中学の教師で貧しく暮している子供への失望を隠し切れないでいる飯田蝶子の心を、東京から決定的に引き離す場面に登場する。ながらく音声を回避してきた小津安二郎が、それまで彼の作品のほとんど全部の撮影監督であった茂原英雄の開発した方式によるトーキー第一作として撮った『一人息子』はかなり暗い題材の映画であるが、その暗さを誇張するかのように、若夫婦の借家の裏にチャルメラの音が響く。茂原英雄が録音に徹し、厚田雄春がまだ助手でしかなかったこの映画は、杉本正次郎が撮影を担当したという意味でかなり異色の作品といってよかろうが、キャメラは、戸外に支那ソバを買いに出る日守新一の姿を追って、いくつもの夜景を描き出している。ここでも、「食べること」の主題が外部を内部へと招きよせているには違いないが、しかし、どうです、なかなかうまいもんでしょうという彼の台詞に黙って応じる飯田蝶子の表情には、深い失望が刻みこまれている。母親と息子との距離は、この外部から導入された夜鳴きそばによって、誰の目にも明らかなかたちで拡がってしまうのだ。だから、「食べること」は、ここでは失意と諦念とが形象化される説話論的な儀式にほかならぬのである。だがそれにしても、これほど食欲とは無縁の食事の場面を、映画は持っているであろうか。この挿話の悲痛さは、財布の底にほとんど金が残っていないが故に支那そばで母親を歓待せざるをえない息子の不甲斐なさそのものからくるのではない。貧しさが余儀なくさせる侘しげな食事の光景を浮びあがらせる心象風景以上に、外部と内部との通底という主題論的な体系が、人の心を引き離すという説話論的な構造と深く連繫しあっているが故に悲痛なのである。チャルメラの音を聞きつけた日守新一が妻を促して買いに行かせるのではなく、みずからが闇に包まれた戸外へと出かけてゆき、呼びとめた屋台から支那そばのどんぶりを持ち帰るとき、彼は、ほとんど無意識のうちに、母親の期待への裏切りを告白しているかのようだ。近所に空き地をひかえ、都会とは呼べそうもないほどに侘しい露地の夜景そのものが、おそらくは当時流行しはじめたばかりのものであろう即席の夜食を持ち帰るさきの借家の侘しさを、主題論的に告げているのである。ここに描かれている外部と内部との関係が、この場面に、侘しく気づまりな食事という劇的な状況を見るものに心理的に納得させる以上の、説話論的な必然性を与えているのだ。

この挿話は、食べものが外部から内部へと持ちこまれるという点で明らかに『落第はしたけれど』のパンの出前の場面と通じあっている。だが、内部と外部との関係が正確に逆転しているが故に、『風の中の牝雞』の娼婦が野原で食べる昼食の場面とも通じあっているのだ。その二つの挿話にあって、悲痛さは、まぎれもなく食べものが空間的に移動することから来ている。問題は、あくまで内部と外部との関係にあり、たんなる状況の悲痛さだけではないのである。外部から内部へ、あるいは内部から外部へと食べものが移動するとき、そこに何ごとかが起るのであり、その何ごとかが、悲痛であったり滑稽であったりするというのが、小津安二郎の説話論的な特質と呼ぶべきものなのだ。その場合、空間の表情そのものはさほど重要ではない。問題なのは、家庭での食事の習慣的な反復性とも、料亭での会食の例外的な儀式性とも違う第三の食事が小津的「作品」の主題論的な体系の根幹に認められるという事実である。そして、食べものが外部へと移動するときは昼間であり、内部へと移動するときは夜だという一貫性が認められるが、そのとき、存在たちを結びつけている心的な距離が拡がるか狭まるかは一定していない。ただし、人間関係は、食べものの移動後はきまって異質のものとなっているのだ。

こうした特徴を確かめることができたいま、『麦秋』で原節子が持ち帰った高価なショート・ケーキの演ずる説話論的な意味が明らかになるだろう。この洋菓子が内部に煽りたてる反応は、『落第はしたけれど』の場合に似て滑稽なものである。子供たちが寝静まってしまってから茶の間に運ばれるこのショート・ケーキは、まずそれが予想を超えて高価なものであったが故に、主婦たる三宅邦子の食欲を奪う。そこに、夫の笠智衆の同僚の二本柳寛が姿を見せ、彼が勤務さきの病院に泊らざるをえない事情があったことを告げ、茶の間にすわりこんで、三宅邦子の分までショート・ケーキに手をつけようとする。そこに尿意を催した長男がねぼけまなこで廊下を通りかかるので、大人たちはケーキののった皿をそしらぬ顔でテーブルの下に隠し、不自然な沈黙に入る。この子が父親に激しく反抗する姿を目にしているだけに、観客も思わず息をのむ。長男は、結局、大人たちの芝居の意味を解さぬままに姿を消すのだが、このあたりの呼吸は絶妙であり、喜劇作家としての小津の面目躍如たるものがある。だが、ここで注目すべきは、大人たちが子供の目からケーキを隠すという関係の逆転ぶりからくる滑稽さばかりではない。一家の財布をあずかる三宅邦子がその高価さ故に食欲を失ってしまったのだとも知らず、残された二つ目のケーキを食べたそうにする二本柳寛の、その事情をとり違えた身振りもおかしいのだが、夜中に外部から運びこまれた食べものを食べるという小津的な主題が、ここで、このテーブルのまわりに坐っている人間たちの関係に一つの変化を導入しようとしているという点にこそ注目しなければならない。ここで二本柳が無邪気な執着を示すショート・ケーキが、彼と原節子との結婚を遥かに予告しているのである。もちろん、それは、彼らの愛の心理的な原因なのではない。だが、ここで食べることの主題が、やがてやや唐突に結婚に踏み切ることになるだろう原節子と二本柳寛の関係を説話論的に予言しているのだ。もちろん、当事者たちの誰ひとりとしてその予言に気づいてはいない。心理的にいうなら、戦死した兄が話題になるニコライ堂附近の喫茶店に原節子と二本柳寛が向かいあって腰をおろす場面の方が、遥かに予言に近いといいうるだろう。一つの不在が二人を特権的に結びつけている。そして、壁にかかった額の風景画に二人が同時に視線を向けるショットでふと会話が途切れるとき、その予言はほとんど顕在的なものとなりさえする。だが、それは「見ること」の主題につらなるものであり、外部から運びこまれたショート・ケーキが、ほかならぬ二本柳を招きよせているという点は、小津にあっては明らかに一つの意味を持つ。事実、劇的な状況はまったく異っているが、ここでの原節子は、それと意識することなく、『落第はしたけれど』における斎藤達雄に対する田中絹代とほとんど同じ役割を演じている。また、ちょっとした誤解からショート・ケーキを二皿も平らげようとする二本柳寛も、出前のパンのほかに紙に包んだ角砂糖をうけとる斎藤達雄と同じ身振りを演じている。そこ

（上）『父ありき』　かつての同僚（坂本武）の家で娘（水戸光子）に出会い、息子の嫁にと考える笠智衆。
（下）『麦秋』　子供の出現に先だちケーキを食べる大人たち。（スチール）

に、大人たちの深夜の会食を不意撃ちする子供が登場するという点も、二十年余りの歳月を距てて撮られた二作品に共通している。だがそれは『麦秋』のショート・ケーキの場面で、小津安二郎が『落第はしたけれど』のあの夜の喫茶店の娘の出前の挿話を意識的に再現しようとしたことを意味しはしない。昭和初年の不況時代の大学生風俗と、敗戦後の日本がようやく復興しはじめた一時期の家族的環境の描写という題材の違いにもかかわらず、「食べること」の主題が外部と内部とを通底せしめ、同時にそこにくり拡げられる儀式的な仕草が、人間たちの関係に一つの変化を導入しているという共通点が認められる事実を、ただ事実として指摘しておきたいだけのはなしである。

それが内部へと向うものであれ外部を目ざすものであれ、こうした一連の挿話にあっては明らかに食べるものがその空間的な位置を移動している。また、その移動は、作中人物たちのあり方を確実に変化させている。こうした事物の移動と存在の変化とは、キャメラが動かないにもかかわらず、また筋立ての単純さにもかかわらず、小津的「作品」に豊かな表情と運動感覚とを導き入れる。技術的な領域に限ってみても、こうした場面にあっては、ロケーションとスタジオのセットでの撮影とをごく自然に調和させる機能を演じている。そしてその事実は、初期のサイレント映画から後期の傑作にいたるまで一貫して認められるものなのだ。そのとき、「食べること」は、食べることそのものとしてありながら、同時に、「食べること」とは異質の説話論的な事件として「作品」に変化や運動を導き入れる。われわれが小津安二郎をその映画的な文体という視点からのみ語るのを避けてきたのは、いわゆるスタイルなるものが、この変化や運動をわれわれが触知することをさまたげているからだ。欠如と不在によって小津を定義しようとすると、説話論的な構造と主題論的な体系との戯れに向けらるべき視線が奪われてしまい、食べることはあくまで食べることでしかなくなってしまう。「食べること」そのものは決して映画的な感性を動揺させはしない。それが同時に「食べること」ならざるものとして起っているときに、われわれは深く動かされるのだ。映画を見るとは、同じ一つのフィルム断片の上に共存しているこの二つのものを、同時に触知することにほかならない。同時に共存しあうその二つのものが、三つ、四つと複数化されてゆくとき、スクリーンには豊かな意味作用の磁場が形成される。そこでは、主題論的な体系と説話論的な構造とが無方向に戯れあい、画面の連鎖を一つの物語に還元することをさまたげているのだ。つまり、「食べること」が食べることならざる多くのものと親しく微笑をかわしあい、たがいに排斥しあうことなく相手を肯定しあう画面がそこにつくりあげられるのである。小津安二郎の美しさは、こうした複数の物語の共存ぶりの中にこそ認めらるべきものだ。そこで無方向に交錯しあう意味作用の戯れを生なましく触知しうる映画的な感性は、小津安二郎の特質を断じて否定的な言辞のつらなりによって定義することをしないだろう。小津にあって、「食べること」は悲痛でもあれば滑稽でもあり、映画的空間を外部へと向けておし拡げもすれば、内部へと収縮させることもあり、そのことで人びとを結びつけもすれば、また引き離しもするのだ。そのとき連繋しあう主題論的な体系と説話論的な構造とは挿話の連鎖の上に決定的な変化を導入しはするが、その運動の方向はたえず開かれていて、画面を一つの意味に従属させることはないだろう。そのような変化と運動をはらんだ映画を、われわれは自由な映画と呼ぶ。小津安二郎の映画が美しいのは、何よりもまず、それが自由な映画であるからだ。この自由を、肯定しなければならぬ。

Ⅲ 着換えること

衣裳の物語

小津安二郎の映画は、同時に共存しあう複数の物語がそのつど織りあげては解きほぐしてゆく説話論的な網状組織である。後期の作品で単調に反復されているかにみえる娘の結婚だの、父親の悲哀だの、家族の崩壊だのといった題材は、この説話論的な網状組織にさまざまな刺激を波及させるための一つの契機にすぎない。契機と書いたが、小津自身がそうした口実としての物語を信じてなどいなかったと主張したいからそういうのではない。事実、作者はそれを無視したり否定したりはしていない。単調に反復されるこうした題材は、主題論的な共鳴作用を導き出すためにはなくてはならぬ要素である。ただ、複数の物語の中に特権的な物語がひそんでいて、その進展を有効に支えるべく他の物語が利用されるといった関係はそこには存在していない。あらゆる物語が、同じ資格で作品に加担しているのである。その関係は、あくまで同時的な共存なのだ。問題は、娘の結婚と父親の悲哀といった題材が、一篇の映画的な虚構の枠を越えたかたちで誰にでも納得しうる物語をかたちづくっているのに対して、「食べること」の主題は、あくまで小津的「作品」の内部でのみ物語たりうるものなのであり、その点で、小津の映画的な特質をより鮮明なかたちで示すものといいうるだろう。

ところで、「食べること」の主題とともに小津の説話論的な持続を支えるものとして、われわれはすぐさま「着換えること」の主題を思い起さずにはいられない。とりわけ後期の作品にあっては、男たちがモーニング・コートを身にまとい、女たちが黒の紋付きの和服を着る瞬間と、彼らが普段着を羽織っている瞬間との力学的な葛藤ともいうべきものが、挿話の連鎖を分節化するという現象がはっきり認められるのだ。その典型的な例は、法事で始まり結婚式で終る『秋日和』であろうが、こうした儀式的な衣裳と日常的な衣裳とがたがいに親しい会話を交わし、微笑しあい、豊かな調和を生きることで、説話論的な網状組織に微妙な震動を波及させるとき、小津の画面はもっともあでやかな艶を帯びることになる。作中人物の一人が娘の結婚といった言葉をふと口にするとき、われわれは、ああまたかといくぶん話の単調さにげんなりしながらも、またいっぽうで、その話題にかかわりを持つすべての人間たちが、どんな過程をへることで晴れ着をまとう状況に到達するか、その瞬間のみを息をつめて見まもることになる。つまり観客にとっては、娘の結婚という題材が、着換えることの物語として示されているのである。そのとき見るものが耐えることになる宙吊りの時空は、日常的な身振りの緩慢なつみかさねでしかないかにみえる画面の背後に、儀式的な衣裳と普段着との戯れが煽りたてるサスペンスを張りめぐらせることになるだろう。それとなく娘の年齢が話題になった瞬間から、ハレの時間とケの時間との不可視の葛藤というか、その相互滲透のドラマが、衣裳を介して、慎しくはあっても着実に組織されてゆくのだ。そして、儀式的な衣裳と日常的な衣裳との間で演じられる戯れが、物語の見せかけの単調さにもかかわらず、小津の作品に豊かな主題論的な拡がりと複雑な説話論的な分節化とを与えることになるだろう。「着換えること」もまた、変化と運動とを物語に導入するのだ。その意味で、小津の映画は言葉の真の意味での衣裳の物語、つまりは充実したコスチューム・プレイなのである。しかもそこでの衣裳は、顕在的な物語としての娘の結婚という物語をよりよく語ろうとするための有効で効果的な細部にとどまるものではない。というのも、ここで重要なのは、衣裳そのものではなく、「着換えること」という身振りが説話論的な網状組織に波及させる主題論的な震動だからである。

人は、しばしば小津の小道具や舞台装置について語る。そしてそこに簡潔性、幾何学的直線性といったものを指摘しがちである。だが、あれほど多くの場面で登場人物たちに衣裳を脱がせたり着換えさせたりしていた小津安二郎における衣裳の役割については、あまり言及されることがなかった。しかし、改めて彼の作品を見直してみるまでもなく、衣裳が、小津の個人的な審美観の表現にはとてもおさまりがつかぬダイナミックな要素を物語に導入していることを見落してはなるまい。それが、夫から妻に手渡され、あるいは畳の上に放りだされ、さらにたたまれたり鴨居にかけられたり、あるときは質屋にあずけられ、かと思うと戸棚からとり出されたりして、ありとあらゆる身振りや仕草を操作する動的な契機となっていることは誰の目にも明らかだ。これは、初期から後期までの小津の物語を特徴づける一貫した画面を構成している。しかも、その一貫性は、小津の作家的宇宙の秩序をかたちづくる単調な原理としてではなく、それぞれの作品の風土に応じた豊かな運動性をあたりに波及させずにはおかない。そしてそこには、欠如と否定的言辞の羅列とが特権化する小津とは異質の映画作家が浮かびあがってくる。あらゆる可能性を切り捨てることで自己を限定する完全主義者小津安二郎ではなく、朗らかな微笑で外界の事象と戯れ、排除よりは肯定を、限定よりは解放を仕草として演じうるより開かれた小津安二郎の姿が浮かびあがってくる。

たとえば、祖父が口やかましい娘の目から隠れ、孫息子とのんびり戯れながら身仕度を整えて女のもとに出かけてゆく『小早川家の秋』の一場面のみごとな呼吸を思いだしてみるなら、そのいっさいが、普段着を外出着に着換えるという衣裳のドラマとして演じられていることがたちどころに想起されるだろう。ここでは、衣裳は明らかに動的な説話論的機能を演じている。つまり、家の中から外に出るためにくぐりぬけるべき儀式的な一過程なのである。しかもそこには、父と娘、祖父と孫息子、男と女という関係が複雑に交錯しあっている。また、いい年をした家長が児戯に等しい思いつきでその欲望を達成しようという、大人と子供との奇妙な共存ぶりも認められる。そして何よりもまず、着ていた衣裳を脱ぎ、新たな衣裳を身にまとうという身振りが、時折り奥の廊下を通過する娘の視線を逃れながら、一貫した動きとしてではなく、断片化された仕草のつみ重ねとして示されているのだ。見るものを引伸ばされた微笑へと誘うこの光景には、欠如も、否定的な言辞もいっさい介入することはなく、ただひたすら朗らかな細部が、しなやかな共存の渦をかたちづくっている。そして、移動撮影も、パンも、溶明＝溶暗もなく、ただロー・アングルの固定画面だけからなっているにもかかわらず、ここでは、説話論的な持続と主題論的な体系との緊密な連繫が、作品にしなやかな運動をもたらしているのだ。

だが、ここでの重要な点は、そうしたことの指摘につきるのではない。涙ぐましい努力によって着換えに成功した中村鴈治郎は、結局のところ、そうして家を抜けでることによって、家族全員にモーニングと紋付きの和服を着させることになるという物語上の統一性こそ、見落してはならぬ点なのだ。喪服姿で勢揃いした一家の男女がゆっくり橋を渡ってゆく最後の場面は、小津的な主題体系にあっては、故人となった家長が演じたあの遊戯的な着換えの光景と正確に対応しあっているのである。なるほど小津の作品では、死は唐突に訪れる。だが、その登場人物たちは、決して唐突にモーニングや黒の紋付きを着たりはしない。衣裳の主題が、説話論的な持続の推移とともに、儀式的な衣服をまとうべき瞬間を、緩慢に、だが着実に準備していたのである。小津の物語が、ハレの時間とケの時間との相互滲透の上に築かれているというのは、そうしたことがらにほかならない。だからわれわれは、たとえば、『東京物語』の笠智衆と東山千栄子の老夫婦が、尾道へ帰る途中で立ちよった息子の大坂志郎の下宿でくつろぐ場面で、その背後の窓の向うに洗濯された野球のユニフォームが吊りさがっているのを見て、ある胸騒ぎを覚えずにはいられない。ごく風俗的な小道具として見過ごすこともできようこの遊戯的な衣服は、小津の主題体系の中では、見るものを明らかに衣裳へ、着換えへと誘わずにはおかぬものだからである。事実それからほんのしばらくして、老母が急病で倒れたという知らせがもたらされる。そのとき、東京の長男と妹の間でどんな会話が交わされたかは、誰もが記憶しているだろう。まだ母親が死んだわけでもないのに、山村聰は、杉村春子に、モーニングを鞄につめて出発すべきかどうかとたずねるのだ。結局のところ、あらゆる登場人物が喪服を着て尾道に集結しなければならない事態が到来する。まだ年齢的に若く独身の大坂志郎は、そのとき、モーニングではなくグレイの背広を身にまとって葬儀に参列することになる。喪服の上に反映しているこうした社会的な身分の差は、いうまでもなく、彼の下宿の軒先にかかっていた野球のユニフォームと正確に対応するものだ。そして、彼だけが、読経の続く寺の本堂を抜けだし、縁側に腰をおろして墓石のつらなりに瞳を向けるという例外的な役を演じうるのも、小津の衣裳の主題体系が導きだすひとつの必然であって、決して物語的に唐突なものではないのである。

衣裳を着換えることをめぐって緊密に連繫しあう説話論的な持続と主題論的な体系とは、とうぜんのことながら、喪服とは異る結婚式の晴れ着の上にもその役割を及ぼしている。たとえば『秋日和』の場合はどうであろうか。故人となった大学時代の親友の娘を、三人の中年男が寄ってたかって結婚させようとするユーモラスなその物語は、『晩春』におけるるやもめの父親と娘という人物設定をそのまま美しい未亡人とその娘に置きかえたもので、『浮草物語』と『浮草』のようなあからさまな再映画化とはいえないが、ここでの長い着換えの場面を演ずるのは、もちろん未亡人の原節子ではなく、友人の一人である中村伸郎だ。彼は、小津的な人物にふさわしく、帰宅するなり、妻の三宅邦子に鞄を手渡し、居間の中央に立ったまま着ているものを一つひとつ脱いでゆく。妻との間で交わされるのは、亡き親友の娘にふさわしい婿選びの話題である。だが、『小早川家の秋』の場合のように、ここでの着換えも多くの要素によって中断されてはかばかしく進行しない。まず、腹がへった何かくわせろという息子の登場が、衣裳とはまったく異質な小津的な主題を導入させる。また、夫と喧嘩してとびだしてきた長女の湯あがり姿が廊下からあらわれ父親をげんなりさせる。また妻は妻で、美しい未亡人への夫の関心をあれこれからかい、学生時代の彼の行状を追及する。結局のところ、中村伸郎は普段着をまとう暇もないままテーブルのはしにしゃがみこんでしまう。風呂は熱すぎてすぐには入れそうもない。やれやれといった具合に廊下の暗がりへと消えてゆくステテコ姿の父親の背後から、息子が大袈裟なボクシングの身振りでノックアウトパンチをくらわせる。

この場面にも、多くの異質な要素が複雑に交錯しあっているのは誰の目にも明らかだろう。それは、小津の物語が、決して一つの単純な原理に還元されえないことを証拠だてている。また、ついに着換えに成功した中村鴈治郎とは対照的に、下着姿のまま家族一同から見捨てられてしまう中村伸郎は、なかなか結婚に踏み切ろうとしない親友の娘の心境を、雄弁に予告しているといえるだろう。この映画の登場人物の全員が晴れ着をまとい、花嫁衣裳の司葉子に視線を注ぐ瞬間は、さまざまな迂回や曲折によって、どこまでも引き伸ばされてゆくのである。その説話論的な持続の停滞ぶりを、この着換えの中断が主題論的に示しているということ。そうした事実を観客の一人ひとりが自分の目で確かめることによって、われわれは、小津安二郎を、否定的言辞を列挙することで結論づけられる偉大なる欠如の作家という定義から解放しうるように思う。事実、その作中人物の誰かが着換えをはじめる瞬間に、人は、小津安二郎の作品がいかに多くの説話論的な要素の交錯と豊かな主題論的なふくらみからなりたっているかを、素肌で触知することができる。食べることがそうであったように、ここでも人は、「着換えること」で近づきあい、また別れてゆくのだ。

以上の考察が明らかにしているのは、「食べること」の主題が、必ずしも料亭での儀式的な会食と茶の間での日常的な食事のみからなってはおらず、いわばその中間に、食べものが空間を移動するという第二の形態が存在し、それこそがもっとも豊かなかたちで主題論的な体系と説話論的な構造との戯れを組織していたように、コスチューム・プレイとしての衣裳の物語がこの上なく艶やかな画面におさまるのも、礼服と普段着との葛藤といった単純な二元論を越えたときなのだという点である。『小早川家の秋』の場合も『秋日和』の場合も、着換える身振りは衆人環視のもとでなされる。中村鴈治郎も中村伸郎も、着換えのために身を隠すべき空間を持たない。それ故に前者には微笑ましいサスペンスが、後者にはいくぶんかの同情を誘う滑稽感が漂っているのだ。こうした喜劇的な効果は、いうまでもなく日本家屋の構造と家庭生活の習慣から来ているものだが、この着換えることの主題がいつでも滑稽なものだとは限らない。『彼岸花』にも『秋日和』とほとんど同じ着換えの光景が認められるが、冒頭の結婚式の帰りと、友人の娘の働いているバーに立寄っての帰りと二度くり返されるここでの着換えは、佐分利信の脱ぎすてる洋服を手ぎわよくたたんでゆく田中絹代の存在にもかかわらず、それが表現しているのはむしろ苛立たしさである。一度目は、見合話に乗ってこない娘の態度への不満が、二度目は、娘の恋人との関係を疑っていることからくる不快感が、佐分利信の着換えの動作をぎこちないものにしているのである。

背広と学生服

ところで「着換えること」の主題は、娘の結婚話を中心に据えた後期の作品にのみ姿をみせているわけではない。すでに初期のサイレント時代から、衣裳は小津的「作品」の重要な説話論的な要素をかたちづくっている。そこでの「着換えること」は、結婚式や葬儀へと直接通じるものではなく、むしろ、就職という、学生生活から社会人へと身分を変えるための儀式として描かれていることが多い。

たとえば『落第はしたけれど』の落第とは、卒業試験に不合格であることのみを意味しはしない。落第とは、何よりもまず、試験に合格した連中との衣裳的な差異として形象化されるものなのだ。合格がきまった者たちが背広に着換えて就職運動をはじめるとき、落第生の斎藤達雄だけが和服のまま下宿の二階にとり残される。きのうまで詰襟の学生服をまとっていた仲間たちが、全員三揃いの背広で身をかため、それぞれソフト帽だのハンチングだのをかぶって勢揃いする姿は壮観である。そんな中で、斎藤達雄ばかりが浮かない顔で沈みこんでおり、着ているものの違いが彼らの身分の違いを残酷に引き出している。だが、ここで興味深いのは、社会人と大学生という身分の違いをそれぞれの衣裳が強調しているといったことではない。『落第はしたけれど』には、その冒頭から衣裳が物語として語られているのだ。そこで濃密な説話論的な機能を演じているのは一枚の何の変哲もないワイシャツである。われわれが卒業試験前夜の下宿で目にすることになる斎藤達雄は、暗記したり本に赤線を引いたりはせずワイシャツにあらかじめ正解を書きこんでいる。すでに触れた喫茶店の娘の出前の挿話が語られるのは、こうしたカンニングに向けての受験勉強の最中のことである。斎藤達雄に角砂糖の包みを与える田中絹代は、そのときすでに、背広姿の彼を想像しながら、ネクタイを編んでプレゼントするつもりだと約束する。だから、この下宿の二階には、「食べること」の主題とともに、すでに「着換えること」の主題が導入されてもいるのだ。

大学の期末試験と受験生の合格作戦という題材はすでに『若き日』で扱われているし、念の入ったカンニングの光景は『青春の夢いまいづこ』にも受けつがれ、初期のサイレント時代の小津にとってはごく親しいものだといえる。だが、『落第はしたけれど』で注目すべき点は、カンニングのためにワイシャツという衣裳が動員されている事実である。その白い生地の上に丹念にペン先を走らせている斎藤達雄の真剣な表情をみると、身にまとうべき衣裳がそれ本来の用途から途方もなく逸脱してゆくさまに思わず微笑んでしまう。だがその翌朝、彼のワイシャツは寝ているうちに洗濯屋へと送られ、それが汚点だらけのままプレスされて戻ってくるのは、試験の不合格がきまってからであるにすぎない。だから、「着換えること」の失敗が斎藤達雄を落第させ、背広を着る機会を彼から奪っているのであり、田中絹代の心づくしのネクタイは宙に迷うことになる。男の落胆ぶりを慰めようと、彼女は背広を着て外出しようではないかと彼を誘う。そこで、彼は女の見ている前で着換えをしなければならない。この着換えが、『落第はしたけれど』のクライマックスを構成する。後期の傑作で中村鴈治郎や中村伸郎、あるいは佐分利信がそうしたように、ここでの斎藤達雄も、ゆっくり時間をかけて和服をぬぎ、背広を身につけ、ネクタイを結ぶ。その姿をながめながら、田中絹代は涙ぐむ。おそらく、こうした画面に心から感動するためには、昭和初期の学生風俗や衣服をめぐる当時の習慣に通じていなければならないだろう。背広を着てネクタイを結ぶことが社会人たることの通過儀礼であった時代の若い恋人たちの姿に、われわれは無媒介的に共感することはできない。にもかかわらず、われわれはこの場面に深い感動をおぼえる。それは、落第生と喫茶店の娘との愛の物語に心を動かされるからではなく、それと同時に語られている衣裳の物語の確かな進展ぶりに、映画的な感性が動揺せざるをえないからである。田中絹代が編んでくれたネクタイを胸元に結ぶことで完成される小津的な「着換えること」の主題は、説話論的な構造とみごとに連鎖しながら、時代の風俗を越えた感動を煽りたてるのである。

いうまでもなく、『落第はしたけれど』の説話論的な持続を支える衣裳の物語は、一篇のフィルムの限界を越えて、小津の他の作品のさまざまな細部との間に意義深い共鳴作用を惹き起す。たとえば、いまはプリントが失われている『春は御婦人から』では、洋服屋が重要な役割を演じ、不完全なかたちでしか残されていない『大学は出たけれど』の巻頭の挿話が、卒業を間近にひかえた大学生の下宿にやってきた仕立屋が、背広の寸法をとる光景であったことをシナリオが教えてくれる。だが、新調の背広姿で会社を訪問しても、職はすぐには見つからない。実は、『落第はしたけれど』で卒業試験に合格し、背広に着換えることのできた連中も全員就職に失敗しているので、背広に着換えることが、そのまま彼らに社会人たる資格を与える儀式となっているわけではない。だから、むなしく新調された三揃いの背広は、小津独特の衣裳の物語をかたちづくるというより、当時の不況からくる就職難といった世相を象徴する細部にすぎないという考えもなりたたぬわけではない。だが、小津的「作品」にあっては、背広を注文しながら職にありつけないという何度もくり返される挿話は、明らかにそれに対応する挿話を持っており、その二つの挿話が対をなすことで一つの主題を形成することが明らかになる。

背広に着換えることに対応する挿話とは、女が着物を手放す挿話である。箪笥にしまっておいた和服を、妻が夫に気づかれぬように質に入れるという振舞いは、これまた家計の逼迫ぶりを象徴するものとして、決して小津に独特な主題をかたちづくるものではなかろう。だが、『東京の合唱』、『一人息子』、『風の中の牝雞』などで婦人ものの衣裳が金に換えられ、急場をしのぐありさまを目にするものは、背広に着換えることと着物を手放すことが、ともに、戦前の小津にあっては金銭と深い関係にあることをすぐさま理解する。衣裳はたんなる装身具ではなく、金銭と交換されうる特権的な対象なのである。その事実は、旅芸人の一座の物語である以上、とうぜん衣裳が重要な役割を演じている『浮草物語』とその戦後版である『浮草』とで、一座が解散するとき、その舞台衣裳を引きとる残酷な古道具屋が姿を見せていることからも明らかだろう。

着換える女

だが、小津における衣裳は、いつでも物語の経済的な側面を強調する細部であるとは限らない。ただ、衣裳を見ているだけでこちらの映画的な感性が動揺するといったことがしばしば起りさえする。別だん派手で豪華な衣裳が登場するわけではないが、人物たちが着ているものを見ただけで、未知の映画的な事件に不意撃ちされたような気がする瞬間が、小津には存在するのだ。そして、小津自身がしばしば失敗作として回想しているような作品の中に、かえってそうした映画的な事件が生起しがちなのである。

たとえば『また逢ふ日まで』の撮影中断を利用して作られたというだけの理由で失敗作とみなされている『青春の夢いまいづこ』の導入部がもたらす快感はどうだろう。ここでも大学生活から就職へと移行する一時期に題材がとられているが、校庭に腰をおろして列をなす角帽で詰襟姿の学生たちを横移動で追っていったキャメラが、その列の先頭で踊り狂っている軽装の応援団員の数人を捉えるショットの素晴らしさ。アメリカのカレッジ・モードそのままのさわやかな衣裳で手足を動かし、友情の視線をかわしあっている若者たちの姿は、サイレント映画で音楽も効果音をもともなっていないが故に、その機械的な仕草の反復が、角帽詰襟の黒々とうずくまった学生群と共存することで、鮮やかな運動感と微笑とをあたりに波及させる。その楽天的な明るさは、彼らが卒業して背広に着換えてからの気づまりな陰鬱さと対照的に描かれているのだが、応援団員たちの軽快なタップダンスは、おそらく、その後の小津の映画にとっても、もはや実現しえない理想像のようなものとして不可視の中心をかたちづくるものだろう。

あるいは小津自身のノートに「調子が出ず難渋する」とのみ記されている『非常線の女』。この限りなく美しい暗黒映画が、その題材と背景の異質さ故に、優れた作家の若気の過ち程度にしか理解されないとしたら、それは何とも残念なことだ。なるほど小津は、警察が介入することになるような犯罪映画は、これを除いて『その夜の妻』しか撮ってはおらず、不良少年たちが活躍する『朗かに歩め』を加えても合計三本しか存在しない。だから、小津が得意とした題材だとはいえないのは確かなのだが、しかし「着換えること」の主題による衣裳の物語としてみた場合、もっとも美しい小津的な瞬間をかたちづくるものだといえる。

すでに述べたように、『非常線の女』は暗黒街を舞台とした恋愛メロドラマだが、衣裳という点からすると、そこには驚くべき着想が含まれている。昼間は丸の内の会社にタイピストとして働きながら、仕事が終るとその清楚な衣裳を派手で煽情的なドレスに着換え、ボクサー崩れの用心棒の岡譲二の情婦として夜の盛り場にくり出してゆき、ギャングたちが出入りするダンスホールに女王として君臨するという田中絹代の役柄は、なるほど後期の小津のイメージからは想像しがたいものであるに違いない。『その夜の妻』や『朗かに歩め』の場合もそうだが、舞台装置の上に読みとれる文字はすべて横文字で統一されており、薄暗い裸電球で照らし出されたボクシング・ジムにダブルの背広で身をかためた岡譲二が出現する瞬間など、ほとんどアメリカ映画そのものを思わせさえする。そうした中で日本的な要素を担っているのは、岡譲二が心惹かれるレコード屋の売り娘の水久保澄子の和服姿と、その弟の不良大学生の三井弘次（秀男）の角帽詰襟姿ばかりである。その着物と学生服がなければ、ほとんど抽象的ともいえる舞台装置は完璧な無国籍性を達成しえたであろうが、小津は、あえて衣裳の上での異質性を画面に残している。それはなにも、彼が日本的な要素の維持にこだわったからではなく、その作品世界は、異質な要素の共存が必須のものだからにすぎない。小津における衣裳の物語は、こうした不均衡の上に豊かな戯れを組織するものなのだ。『非常線の女』の美しさは、目が大きく彫りの深い顔立ちの水久保澄子に和服を着させ、寡黙な表情の演技を要求し、目が細くて可憐な日本娘といった感じの田中絹代に、勝気な情婦の役を演じさせ、ついには拳銃まで握らせるという演技設計上のアンバランスからきているものだ。だがそれにしても、昼間は商事会社の秘書である女が、夜になるとイブニング・ドレスをまとって暗黒街にくり出してゆくという役柄ゆえに、ここでの田中絹代が、着換えることという小津的な主題を如実に体現する女性を演じているというだけのことが、どうしてこれほど感動的なのであろうか。もちろん、ふと心惹かれた女のために最後の一勝負をたくらみ、それに失敗して情婦に援けられて脱出をはかるという題材そのものが感動的だというのではない。われわれの映画的感性の動揺は、着換えることそのものを体現する田中絹代が、まるでラオール・ウォルシュのギャング映画から抜け出してきたような岡譲二の、さあ、俺の腕の中にとびこんでおいでという誘いに全身で応ずる姿からもたらされるものだ。このギャングと情婦との全身的な抱擁を、それが後期の作風からあまりに遠いイメージだという理由で小津をめぐる論考から排除し、そのことで作家的な統一性が維持できるというなら、われわれは喜んでその作家的な統一性を放棄し、岡譲二と田中絹代の抱擁を救い出すことを選びたい。そして、イブニング・ドレスの一端が彼女の右肩から滑り落ち、首筋から胸にかけての素肌がやわらかく露呈される瞬間の感動を肯定したいと思う。だが、「着換えること」の主題とともに語られた衣裳の物語としては、この感動はごく自然なものだし、むしろその一瞬に着目することで、小津的「作品」の豊かな相貌をまさぐることができるのだ。

『非常線の女』の田中絹代は、文字通り着換える女に徹することで見るものを感動させるが、衣裳を変えることそのものを中心に据えた作品はこれにとどまるものではない。むしろ喜劇的側面が強調されている『淑女と髯』にあっても、その物語の軸になっているのは着換えることなのだ。作風からいうなら風俗コメディに分類され、いまでは考えられないようなギャグで皇族を笑いとばしてしまうこの映画は、物語はむしろ口実にすぎず、ナンセンスなギャグを豊富につめこんだ軽い作品であり、その直後に撮った『東京の合唱』や『生れてはみたけれど』でベスト・テンの上位にランクされる小津にしてみれば、上出来の作品とはいえないだろう。その口実としての物語は、顔一面に髯をはやし、和服に袴をはいて角帽をかぶった蛮カラな剣道部の主将が、就職試験のために髯をそり、三揃いの上下を瀟洒に着こなした瞬間からみごとなモダン・ボーイに変身し、女たちの心を捕えてしまうという他愛ないものである。だがここで、蛮カラな青年が見違えるばかりの色男に変身する岡田時彦が、『非常線の女』の田中絹代と同じ主題論的な機能を果たしていることは、誰の目にも明らかだろう。「着換えること」は、それだけでは何をも意味することなく、それがさまざまな他の説話論的な要素と結びつくことによって、『非常線の女』のような犯罪メロドラマにもなれば、『淑女と髯』のような風俗喜劇にもなるのである。「着換えること」は確かに説話論的な持続を分節化しはするが、その方向は一定してはおらず、たえず開かれたままである。それこそ、小津の主題論的な豊かさというものであり、そこにはいかなる否定的な言辞もまぎれこむ余地はない。「着換えること」が問題となるとき、顕在的な物語の連鎖の中に、説話論的な運動への契機をはらんだ創造的な不均衡ともいうべきものが導入されるのである。

たとえば、実直そうな一人のサラリーマンが、病気になった娘の治療代を何とか手に入れようと強盗を働くという『その夜の妻』の物語は、それ自体として感動的なものを何ひとつ含んではいない。にもかかわらず、この作品が深く感動的であるとしたら、そこにもまぎれもなく衣裳の物語が生きられているからだ。題名からもうかがわれるように、『非常線の女』のごとく徹底して夜の映画であるこの犯罪劇は、前半の舞台装置としては丸の内のオフィス街を、後半のそれとしては都心を離れたアパートを持っている。前半では、強盗を働いた岡田時彦が警官の目を盗んでビルの谷間を逃げまわる戸外の夜景が中心となり、刑事に踏み込まれたアパートでの室内劇が後半の中心となっている。調度品のほとんどが日本的な風俗からは遠いこの室内場面で、娘の看病に疲れはてた母親の八雲恵美子の着ている和服だけがわずかに国籍を指示する符牒となっている。この時期の小津によく見られるように、おそらくはオリジナルのものと思われるハリウッド映画のポスターが壁に貼られている。夜遅く、岡田時彦はそんな無国籍的なアパートに逃げかえるのだが、そのポケットからとり出される紙幣が汚れた金であることを彼は妻に向って告白せざるをえない。ベッドに横たわる娘の病状は、今夜がいちばん危険なときだと医師から宣告されている。そのとき、アパートの扉がノックされる。妻は、夫をカーテンの陰にかくまう。

刑事がアパートに登場する瞬間は、こんにち小津的と思われている技法が排除してしまった技法が使われている点で感動的である。まず、ノックされた扉の把手に向けてキャメラが素早い前進移動をみせる。それと同時に、オーヴァーラップで、廊下側からドアをた

ともに『その夜の妻』。刑事が妻（八雲恵美子）の嘘をなじるように、隠れている夫の帽子を彼女にかぶせる。隠し持った拳銃で刑事を武装解除し、胸もとに二丁拳銃をかまえる妻。

たく手のクローズ・アップが示される。この画面が二度繰り返されてから登場する刑事に向って、妻は夫が留守であり、娘が重病であることを告げる。壁のポスターにその名が読めるウォルター・ヒューストンの恰幅のよさにジョージ・バンクロフトの精悍な表情を貸し与えられたような刑事は、目ざとく室内に視線を送り、ご主人が留守なら待たしてもらいましょうと居すわる。そして、妻の嘘をなじるように、テーブルの上に残された岡田時彦のソフト帽をとりあげ、丸髷に結われた彼女の髪の上にそっとのせるのである。

何とも感動的なのはこの瞬間だ。丸髷に和服という典型的な日本の主婦の姿をした八雲恵美子は、そのソフト帽をゆっくりとした身振りでぬぐ。彼女の瞳は、そのとき何ごとかを決意したかのように伏せられる。というより、ほんの一瞬彼女の髪を蔽うソフト帽が、その和服姿との対照によって物語に一つの変容を導入したとしか思えないのである。事実、もの陰に夫の気配を察して胸元のピストルをかまえる刑事の背後から、彼女は隠しておいた拳銃をつきつけて武装解除し、あまつさえ、相手のピストルをも握りしめて、二丁拳銃の姿勢で威嚇するのである。やがて『非常線の女』でも小津は田中絹代にピストルを構えさせるが、『その夜の妻』の素晴らしさは、八雲恵美子が、着物姿で胸元に二丁のピストルを握りしめるという衣裳の不均衡が強調されているからだ。しかも彼女を、娘を看病する女から夫のために闘う女へと変身させる直接の契機となっているのが、ソフト帽を丸髷の上に被るといういま一つの衣裳的な不均衡だったということである。ここでも、衣裳は、まぎれもなく説話論的な機能を演じているのだ。それこそ、運動の契機をはらんだ創造的な不均衡というものにほかならない。だがそれにしても、ほんの一瞬にせよ夫のソフト帽を丸髷の上に被らされる八雲恵美子の場違いな美しさに動揺せざるをえないわれわれは、『勝手にしやがれ』でジーン・セバーグにベルモンドのソフト帽を被せたジャン＝リュック・ゴダールが、この小津の無声映画の傑作をひそかに見ていたのではないかといったありえない空想に思わず捉えられてしまう。いずれにせよ、『その夜の妻』でソフト帽をかぶる八雲恵美子は、『非常線の女』で素肌の肩をみせる田中絹代とともに、初期の小津における衣裳の物語のもっとも美しい瞬間を生きているのだと断言しうる。そこでの衣裳は、明らかに装飾以上の説話論的な役割を演じているのである。

衣裳と別れ

『非常線の女』の田中絹代が典型的な着換える女であり、『淑女と髯』の岡田時彦が典型的な着換える男であったように、小津の登場人物たちはそのほとんどが何らかの意味で衣裳の力学の中に生きている。身にまとうもの、あるいは皮膚の表面を蔽うものという点からすれば、『出来ごころ』の喜八の腕や、『朗かに歩め』の高田稔の手首に彫られていた刺青なども、小津的な衣裳の一つといえるかもしれない。事実、「ナイフの謙」と呼ばれる与太者の高田は、素人娘の川崎弘子への愛情からその刺青を消すことになるのだから、彼もまた着換える男の一人なのである。昭和初期の横浜を思わせる港湾都市を舞台にしたこの犯罪映画は、与太者たちの四人組が演ずるタップダンスのような挨拶をはじめとして、ハイカラな衣裳にみちあふれるコスチューム・プレイと呼ぶべきもので、多くの人間たちが帽子を地面に落し、それを拾って塵をはらったり、相手の服の襟を直してやったりする動作が、作品に句読点的なアクセントを与えている。また、帽子かけに並んだいくつものソフト帽が次々に消えてゆく画面がオフィスの退社時間を示すことにもなったりして、『東京の合唱』での失業中の岡田時彦のソフト帽が、息子の魚すくいの道具に化けてしまう場面のように、頭髪を蔽う装身具としての帽子が、それ本来の用途とは異質の領域へとあふれ出してゆく。こうした帽子の表情の豊かさは『出来ごころ』や『浮草物語』の坂本武の頭にのっていた濡れ手ぬぐいをすぐさま思い起させるし、また暑い季節に特有のこの日本的な習慣は、戦後の『小早川家の秋』の中村鴈治郎にまでうけつがれることになるだろう。なるほど帽子は、成人男子がそれを身につけることをやめてしまった戦後の作品にはあまり重要な説話論的な機能を演じてはいないという意味で、時代とともに小津的な世界から排除される風俗的な要素と考えられもしよう。だが、「着換えること」の主題は、戦前と戦後の作品を通じて一貫して同じ説話論的な機能を演じているのである。

すでに述べたように、戦後の小津的な世界にあっては、娘の結婚と父親の悲哀といった題材が主として描かれることになった結果、そこに露呈する衣裳の力学は、礼服と普段着の葛藤を基盤にすえている。儀式的な衣裳と儀式性を欠いた衣裳との対立といったものが物語を活気づける要素であることも、そのとき記しておいたとおりである。ところが、一九三〇年代のいわゆる喜八ものの中心人物である坂本武と、『晩春』以後の小津的世界の特権的な男性である笠智衆とに、「着換えること」をめぐって同じ悲喜劇が訪れているのだ。それは、男の晴れ着が、昭和十年代から昭和三十年代にいたるまで、和服であろうが洋装であろうが、喜びと悲しみの儀式に共通しているという単調さをふまえた挿話である。

一人息子をかかえて妻にさき立たれた労務者を演ずる『出来ごころ』の坂本武は、身よりのない貧しい娘に出逢い、下町の人間独特の人の良さとそれにちょっぴり残されていた無意識の好色さから、彼女を世話してやろうと思いたつ。彼の淡い恋心は、結局、娘の気持が若くて男前の同僚に傾いていることがわかってはかなくついえさるのだが、しばしばキング・ヴィダーの『チャンプ』の翻案であるといわれるこの作品は、子持ちの寡夫が身寄りのない娘に心惹かれ、彼女の感謝の気持を自分への好意と錯覚してしまうという題材が、同じ年にハリウッドで撮られたラオール・ウォルシュの傑作『バワリイ(阿修羅街)』の方に遥かに似ている。その日本公開が翌年になっているからそこに影響関係は存在しないが、年甲斐もなくめかしこんで娘に対する庇護者的な役を楽しげに演じてみせるウォーレス・ビアリーの役柄は、坂本武の労務者とそっくりである。娘を知り合いの小料理屋で働かせることに成功した坂本武は、病気と偽って工場を休み、彼が持っている最上の衣裳である羽織をまとい、その仕事振りを見に出かける。いつもは鳥打帽にゆかたをまとっているか、下着一枚だけの男が、帯をしめて羽織までまとった姿は、彼の年甲斐もない純情ぶりを示すという物語的な符牒である以上に、ここにも「着換える男」がいたことを改めて納得させてくれる視覚的な細部として感動的である。だが、ときならぬ盛装ぶりに驚く長屋の住人たちは、坂本武の健気な変身に対して、葬式にでも行くのかと真顔でたずねるありさまなのだ。

この滑稽な挿話は、小津の遺作となった『秋刀魚の味』の最後で、より残酷なアイロニーをもって繰り返されている。それは、娘の岩下志麻を嫁にやった夜、モーニング姿のまま笠智衆が立ち寄るバーのマダムの、お葬式ですかという短い台詞を口にする瞬間にほかならない。まあそれに似たようなものだと笠智衆がうなずくとき、マダムの岸田今日子の表情が、どうかすると「死んだかあさんそっくりだ」という理由で彼がこの酒場に通ってくることを知っているわれわれとしては、彼女の不用意な言葉に、小津における衣裳の主題がそっくり含まれていることを理解する。衣裳を換えること、それは小津にあっては別れの儀式なのだ。人は、きまって誰かのために着換える。誰も自分自身のために着換えはしない。それが親しい肉親であれ見も知らぬ他人であれ、ある人のためにいつもとは違うものを身にまとうことによって、小津的な人物たちは、そのある人の旅立ちを祝福する。着換えは、距離をうけいれるという犠牲をみずから背負いこむことにほかならない。どこか女房は、新たな伴侶との生活に、あるいは死の世界にある人は出発する。着換えは、小津にあってに似たところがあるといって身寄りのない娘に親しく世話を焼く『出来ごころ』の坂本武は、せいい一杯に自分自身を着飾ってみることで、彼女を親しい同僚に譲り渡す下準備をしているのだ。後期の作品でしばしば娘の結婚が題材とされているのは、その別れの儀式としての着換えが大がかりに反復されたまでのことである。いずれにせよ、そこには別れという運動が物語に導入されることになる。だがその運動は、必ずしも結婚や葬儀といった儀式にとどまるものではない。小津的な世界に、そうした説話論的な要素を介入させるにとどまらず、その空間的な表情に一つの主題論的な磁力を導入する契機ともなっているのだ。

たとえば、多く娘の結婚を題材とした後期の作品で、父親たちがゆっくり時間をかけて着換えをした場面が、一階の茶の間であったことを思い出してみる。すると、彼らの娘たちの最終的な着換えの儀式である結婚衣裳にふさわしい場が、二階に位置していたことがすぐさま想起されるだろう。むろん娘たちはすでに着換えをすませたかたちで登場するわけだが、父親の着換えの場と娘たちの着換えの場との空間的な対比が、新たな主題を作品に招き入れることになる。「着換えること」の主題と深く連繫したかたちで姿を見せ、作品の説話論的な構造を規定することになるのは、二階と一階とを結ぶ階段の主題である。小津的「作品」には、「食べること」、「着換えること」にとどまらず、階段をのぼることの物語もが語られているのだ。だが、この主題は、これまでのものといくぶん性格を異にするものだといわねばなるまい。というのも、階段は、顕在的なイメージとしてはほとんど登場することがないからである。にもかかわらず、階段をのぼることの主題は重要である。その理由を、詳しく検討してみることにしよう。

階段の存在

後期の小津安二郎における日本家屋の二階の部屋は、宙に浮んだとしかいえない奇妙な空間である。それが東京の麻布にあろうと湘南海岸の北鎌倉にあろうと、またいささか稀なことながら関西の灘のあたりにあろうと、小津的「作品」の主要な舞台装置として設定されているかぎりにおいて、二階は、その廊下も畳の部屋も、空間として文字通り宙に浮んでいる。宙に浮んでいるというのは、一階の居間や茶の間とはまるで異質の説話論的機能によって、地面と接しあう契機を欠落しているかにみえるからだ。調度品や小道具、そして部屋のつくりにみられる趣味の統一という点からすれば、もちろん一階と酷似した空間なのだが、物語の上で演ずる役割が徹底して異っているので、人物が二階の部屋に姿を見せる瞬間、説話論的な持続は奇妙な停滞を体験する。そして人は、その二階という空間が、一階を土台として支えられているというより、自分自身を支えながら建築的な基盤から曖昧に離脱してゆくような印象を持つ。ごく端的にいって、小津的「作品」の二階は一階と結ばれていないのだ。

では、なぜ二階は宙に浮んでいるのか。理由は単純である。階段が存在していないからである。『朗かに歩め』や『その夜の妻』といった初期の小津には確実に存在していた階段が、後期の小津からは姿を消しているのだ。もちろん、家の平面図の上でなら階段は間違いなく存在しているし、またそれがどこに位置すべきものかを画面は雄弁に語ってもいる。何人かが、二階へと通じる階段を昇るとしか思えない仕草で、ふと廊下のはしから姿を消すことがあるからだ。

たとえば『晩春』であれば、階段は間違いなく台所の手前の左手に位置しているはずである。玄関から入ってすぐ右手に折れると、その奥に比較的暗い台所がある。台所に向って左手には、二間続きの日本間がある、そのうちの玄関寄りが茶の間、奥が父の寝室兼書斎となっている。ほとんどの場合、キャメラは書斎の奥から玄関側の庭を正面に捉える構図をつくりあげ、家族の帰宅だの客の来訪といった人物の動きを画面におさめることになる。勤めから帰った笠智衆が着換えをするのもそこだし、彼がひとりで娘の帰りを待つのもまたそこである。来訪者も帰宅者も、とうぜんきまって右側からこの二間続きの空間に登場する。直接台所へ行くものは、庭を背景として画面を右から左へと横切る。こうした空間構造にしたがって、遭遇と別離とがゆるやかに生起してゆくのだ。

小津が選びとるキャメラの位置は、かくして笠智衆一家の間取りを正確に描きあげる。

それと意識することはなくとも、『晩春』を見るものは、この間取りをいかなる曖昧さもなく理解することができる。そして後期の小津的「作品」のほとんどすべてに、これに似た建築構造への厳密な配慮が認めうるのである。『麦秋』の場合、キャメラは一階の二間続きの日本間を中心に人物の動きを描きわけ、とりわけ、冒頭の出勤と登校まえのあわただしい朝食の光景を見ているだけで、菅井一郎と東山千栄子の老夫婦が、原節子の娘とともに二階暮らしの身であることを、すぐさま理解させる。階段は、廊下の奥の台所の手前の右側に位置しているようだし、玄関は、キャメラが庭を背景にして茶の間を捉えれば、画面の右手にあるはずだ。誰もが、この慎しい生活空間と親しく戯れ、そこを自由に歩きまわることが可能だとさえ思う。小津のレアリスムが要求する精緻な装置設計、そして有効なキャメラ・アングルのなせるわざだと人は嘆息する。これは、まるで本物の家のようなのだ。

だが、見るものが享受するこの瞬時の自由な意識も、そこで一つの困難に逢着する。周到に選ばれた画面の連鎖によって馴れなれしく徘徊できるつもりでいたこの家が、いざ二階に昇ろうとする瞬間にいきなり不条理な迷路へと変容してしまうからだ。原節子がふと姿を消したあたりに行ってみると、そこには階段などありはしない。そのあと彼女はたしかに二階の自室に入ってくるのだが、小津のキャメラは、その階段を画面に捉えることが絶対にないからである。原節子は、階段が位置しているはずのかたすみに消えて行ったのだが、それは昇るというより、文字通り姿を消しただけなのだ。彼女は、二階という決して一階とは直結していない宙に浮んだ空間へと、そこから無媒介的に移行してしまったとしか考えられない。『麦秋』の老夫婦にしてもそうである。彼らは、見えてはいない階段へと消えてゆくばかりなのだ。これはかなり不気味なことといってよい。

いうまでもなく、映画は現存を不在によっていくらでも表象する術を心得ている。だから、小津もまた、省略の技法によって、存在している階段を表象したのだと人はいうだろう。事実、そうには違いないのだが、画面における階段の不在は、その頑迷なまでの一貫性によって、まさに不在そのものとして見るものを脅やかす。だがそれにしても、小津は、なぜ、階段がイメージとして自分を主張するみちを奪っているのか。この徹底した不在は、何であるのか。この問いは、おそらく、小津におけるロー・アングルといった問題と同じ程度に映画的感性を惑わす奇妙な事態であろう。どんな理由があって、小津は二階を宙に浮ばせ、一階との直接的な媒介を断ってしまっているのか。われわれはいま、この疑念を晴らすというより、この階段の不在という現実の一貫性を改めて小津的「作品」の細部をめぐって確認しながら、まさに階段の不在によって定義されうる小津の後期という映画的一時期の相貌を明らかにしてみたいと思う。というのも後期の小津安二郎とは、たんに一作家の一時期であるにとどまらず、世界の映画史そのものがそれを前にして戸惑い、途方にくれもする文字通り宙に浮んだ時間にほかならぬからだ。

二十五歳と五十五歳

後期の小津が好んでとりあげた題材の一つが、婚期を迎えた娘を持つ父親の感慨といったものであることはよく知られている。実際、『長屋紳士録』や『風の中の牝雞』で低迷していたとされる復員後の小津がその一作でみごとに復調したといわれる『晩春』から、遺作となった『秋刀魚の味』へといたる十数年間に彼が撮りあげた映画の主要な部分は、娘を嫁に送りだそうとする両親たち、とりわけ初老の父親の心境をいささかの距離をおいて描きつづけていたといってよい。もちろん、父親ばかりが特権化されていたわけではなく、美しい未亡人と結婚前の娘との心の交流を中心に据えた『秋日和』のような作品もあるが、これは、誰もが知るごとく人物配置の上で父親と母親との役割の交換によって可能となった『晩春』のリメイクである。『晩春』そのものが戦時中の『父ありき』の主題と人物設定とを戦後社会に置きかえたものだから、父親と息子、父親と娘、母親と娘という親子の関係をとり換えただけで、三篇のフィルムが出来上ってしまう。小津は、『リオ・ブラボー』に始まる決闘三部作のハワード・ホークスに似た繊細な大胆さで自分自身を模倣し反復する才能に恵まれていたことになる。事実、娘の原節子を前にした笠智衆の役を母親にして、こんどは原節子その人に演じさせてしまうという発想は、『三つ数えろ』のハンフリー・ボガートの役を離婚後のアンナ・カリーナに演じさせた『メイド・イン・USA』のゴダールにおとらぬしたたかなものだといえるだろう。だが戦後の小津がすべてこうした図式の変奏に徹していたわけでないことは、縁談が説話論的機能を発揮しえない

『お早よう』のような小学生の兄弟を中心に据えた作品や、また、『お茶漬の味』や『早春』のごとく、子供のない夫婦の精神的危機を扱った作品によって充分に証明されていよう。さらには、『麦秋』、『東京物語』、『小早川家の秋』などのように、祖父母から孫までの親子三代を基盤とした大家族のホーム・ドラマも存在するが、そうした映画にあっても、娘の縁談は、間違いなく潜在的かつ顕在的な主題となってさえいる。そして、あたかもそうした主題の交響曲的な統合として、『彼岸花』という映画が位置しているのだ。

新婚旅行に出発する幾組もの夫婦を送る見送り客たちでごったがえす東京駅の、駅員たちの会話から始まっている『彼岸花』は、それに続いて小津にはめずらしく披露宴の光景を直接画面におさめたりもして、冒頭からあからさまに結婚の主題が提示されるというかなり奇妙な作品である。奇妙なというのは、あれほど娘の結婚話ばかりを好んで描いた小津の映画に、式とか披露宴が姿をみせることはまれだからである。ほとんどの場合、宴会のシーンは残酷に省略され、式の当日の朝とかその日の夕暮以後の時間に小津の視線は集中している。だから『彼岸花』のはじまりの数分間、人は何か不思議なできごとにでも立ち合ったかのように落ちつきを失ってしまう。だが、小津は観客のそうした当惑にみごとな肩すかしをくらわせてみせるのだ。つまり、冒頭の披露宴で結ばれる二人の男女は、この映画ではほとんど積極的な役を演ずることのない脇役以下の点景にすぎない。物語の主軸をなすものは、ここで来賓として祝辞を述べる佐分利信とその娘の有馬稲子との関係だからである。彼女は、父親の思惑を超えた結婚をして東京を離れる。その結婚式に佐分利信が出席するかどうかで心を痛めるのが母親の田中絹代である。そして結局のところ父親は式に参列することになるのだが、その式の光景も、披露宴の模様も、もちろん画面に描かれることはないだろう。

両親がまだ健在であるこうした娘の結婚話の周辺に、男親だけの娘と女親だけの娘が配置され、その三人が、それぞれ親たちの漠たる夢に反抗する。笠智衆の娘の久我美子は男と同棲してバーにつとめているし、浪花千栄子の娘の山本富士子は母親の努力に抗って、持ちこまれる縁談をことごとくことわってしまう。だから『彼岸花』とは、娘にだし抜かれた親たちの当惑ぶりをめぐるホーム・ドラマといってよいだろう。娘たちはいずれもやや適齢期を過ぎた二十三歳、二十四歳、二十五歳と脚本に指定されているし、佐分利信は五十五歳、笠智衆や浪花千栄子もほぼそれに近い年齢ということになっている。小津的「作品」にあって、この世代的な年齢差は絶対的である。戦前の『東京の合唱』や『生れてはみたけれど』あたりを境として、父親なり母親なりが小学生ぐらいの子供とともに生活するさまを描く映画が、『出来ごころ』、『東京の宿』と続き、その子供たちが成長して旧制中学を卒業するころの年齢に達したとき『浮草物語』や『母を恋はずや』が作られ、親たちの年齢は相対的に壮年化してゆく。そして『一人息子』や『父ありき』に至って、大学を卒業して就職する世代の子供たちと親との関係が描かれるのだが、少くとも親と子供の関係が主題となった映画をみるかぎり、小津は、自分には現実に存在しない想像上の子供たちを、いささかの乱れはあってもほぼ世間の生活誌にみあったリズムで成長させているということができよう。

だが、戦前＝戦中の小津的「作品」の親子の関係が女親や男親と息子を軸に語りつがれているのに反して、後期のそれは、父親＝母親と娘というかたちに置き換えられている。しかも娘は一貫して年をとることなく、ひたすら二十五歳の周辺にとどまり続けているのだ。『晩春』の原節子は二十七歳で、戦時中の生活の厳しさから肺病を患い、婚期を逸しかけていると説明されているし、『麦秋』の彼女も二十八歳だが、他の作品の娘たちの年齢を平均すると、ほぼ二十五歳という数字が得られる。両親の年齢が老齢化して親＝子＝孫の三代が描かれる『麦秋』や『東京物語』あるいは『小早川家の秋』のような大家族的な風土にあっては、兄や姉がすでに独立して一家をかまえているのにまだ独身でいる末の娘がちょうどその年齢にあるという設定となっている。だからこれまで、いささか漠然と後期の小津と呼んできたものは、二十五歳を境として年をとることをやめてしまった娘たちが主要な説話論的な機能を演じている一連の「作品」群だとここで定義しなおすべきかもしれない。つまり、どこまでが初期でどこからが中期かといった穿鑿とは無縁のところに、絶対的な後期の小津が存在しているのだ。それは、あくまで娘の年齢によって定義される。

ところで、親子関係の軸の息子から娘への転換、そして二十五歳という年齢の絶対化といった、ことさら注意してみるまでもなく誰の目にも明瞭な、ごく単調な課題を飽きずに続けてきたのは、小津的「作品」の物語の基本的な人物配置を再認識するためではもちろんない。そうではなく、こうした一連の転換と絶対化とが、フィルム的欲望の形象化の過程にある不可逆な変容を導入している点を、視覚的に触知する必要があると思うからこそ、いささか無償とも思える饒舌を展開せざるをえなかったのである。では、その不可逆的な変容とは何か。いうまでもなく、日本家屋の二階の部屋の奇妙な離脱ぶりである。小津的「作品」に後期の相貌を刻みつける娘たちがほぼ二十五歳でその成長をとめてしまった瞬間から、地面とはたやすく接点を持ちえない階上の空間が、小津的な生活環境を二重化し、その上層部分を宙に浮上させてしまったのである。それまで男の子供たちの成長ぶりを一貫して見据えてきた小津の視線が適齢期の娘の上へと移行したときから、この空間の二重化が日常化される。そしてこの二重の空間は、選別と排除の運動によって宙に浮んだ二階の部屋を特権化するにいたる。だから後期の小津ととりあえず述べてきたものは、この特権化された空間を背負いこんだ映画的環境の、相互模倣による無限反復にほかならぬといえるように思う。では、こうした特権化と二重化によって特徴づけられる小津的「作品」は、そのフィルム的環境の等質性をいかなる事件=できごとによって活気づけることになるか。というより、その見せかけの平穏な表情のうちに、いかなる暴力的な逸脱の契機をはらんでいるのか。

階段、または不可視の壁

いまや事態は明らかになりはじめている。後期の小津を特徴づけるものは、たんにその二階へと通ずる階段の視覚的な不在でもなければ、適齢期の娘の存在という物語的な要素の恒常性でもない。そうではなく、階段を媒介として結ばれることのない二階の部屋が、排除＝選別の機能を発揮することで、作中人物を二つの生活領域に分離させているという事実が、それぞれの映画に小津的「作品」としての相貌をまとわせることになるのである。不在の階段は、階上へと人を導く上昇する通路ではなく、不可視の壁のようなもので、それを水平に通過しえたものだけが宙に浮んだ空間としての二階に自分を見出す特権を手に入れる。そして、いうまでもなく、その特権の所有者は、たえず二十五歳でとどまりつづける未婚の女たちなのだ。

『晩春』の原節子から『秋刀魚の味』の岩下志麻にいたる小津的な娘たちは、画面には映っていない階段という不可視の壁を身軽にくぐりぬけ、地面から離脱した空間へと自分を運んでゆく。『彼岸花』の有馬稲子、『小早川家の秋』の司葉子もそうした女たちの一人だが、彼女らは、それぞれの映画にあって、ほとんどの場合は誰にも見とがめられることのない唐突さで、不意にその異質な空間へと滑りこんでゆく。心持ち上向き加減に、だが決してあからさまに視線を上に向けることはなく、いかにも孤独な足どりで縁側の廊下からふっと姿を消す。不在の階段が位置すべき地点はキャメラからかなり離れた奥の方だし、想像上の階段は廊下と直角に交わるものなので、娘たちは文字通り画面から不意にいなくなってしまう。そして、一瞬、無人の廊下だけが残される。おそらく、いかなる劇的要素の誇張もなしに挿入されるこの無人の廊下に感動することが、後期の小津的「作品」と親しむための第一の関門であるはずだ。後期の小津にあってわれわれを感動させるものは、婚期を逸しそうになった娘へと注ぐ父親たちの、あの笠智衆の台詞まわしそのもののように不器用な愛情の表現でもなければ、また娘を嫁がせた男やもめの肩をおとした姿でもない。そうしたものに深く心を揺さぶられたり腹をたてたりするのは各人の自由だが、小津的「作品」が煽りたてる映画的感性の昂ぶりは、より抽象的であると同時により直接的な、つまりは誰もが間違いなく瞳におさめていながらもたやすく抒情とは折り合いをつけぬが故に見落とされがちなイメージの力からくるものなのだ。後期の小津を千篇一律のホーム・ドラマから救っているものは、表層に露呈したものの輪郭や影の濃淡の戯れが、物語を支える心理的陰影を超えた無媒介的な運動をあたりに波及させるという、フィルム体験の生なましさにほかならない。だからこそ人は、物語的な秩序に埋没することのない不在の階段を、不断の現在として反芻する必要があるのだ。映画を見るという体験は、何よりもまず、視線が親しくまさぐりつつある表層としてのイメージを、そのまったき表層性においてうけとめ、物語の説話論的秩序にとってはたえず過剰なる何ものか、あるいは絶対的な欠落のごときものとしてその現存ぶりに怯えることでなければならない。

ところで、この不在の階段にも、またとり残された無人の廊下にも、象徴的な意味などいささかもこめられていない。それは、比喩的な饒舌に重くたわむことのない簡潔さでひたすら説話論的持続の円滑な維持にのみ貢献している。ときに抽象的ともいえる造形性を誇示することはあっても、小津的「作品」は、あの前衛と呼ばれる修辞的規範の撹乱者がしばしば弄ぶような継起的因果律への反抗などとはまるで無縁の、ごく素直な時間の経過ぶりをフィルムの流れに同調させているのだ。だから見るものは、ついいましがたまで一階の茶の間にいた娘が、廊下のすみで忽然と姿を消してしまったなどとは断じて思わない。事実、それが原節子であろうと岩下志麻であろうと、小津的「作品」の娘たちは、次の画面では奥のきまって開かれている唐紙の脇をすり抜けて二階と思しき彼女の部屋に間違いなく入ってくる。おそらくは、フィルムの長さや画面のコマ数までが周到に計算されたことからくる絶妙な間によって、一階と二階はつながっているのだ。そしてこうした画面の連鎖には何の不思議もないばかりか、ごく自然なものにさえ思える。画面のこちら側、というのか要するに庭を見おろす窓ぎわには、多くの場合、彼女らが学生時代から使っていたらしい勉強机と椅子とが、障子に向って置かれている。ときには、硝子戸ごしに隣の屋根がみえる縁側に一組のソファーが置かれていることもあるが、いずれにせよ、娘たちはこの二階の部屋で動きをとめ、自分自身にかえり、一日を終えるのだ。

だが、小津的「作品」にあって徹底して不可視の相貌におさまっているこの不在の階段は、やはり不思議な細部として映画的感性を乱しにかかる。なぜか。理由は二つある。まず、すでに述べたごとく、一階の廊下でふと物陰に姿を消すのがほとんど適齢期の娘にかぎられているので、階段という目に見えぬ壁の徹底した選別=排除作用が男親や兄弟たちから隔離することになり、その結果として、この宙に浮んだ空間に滑りこんだ娘から、視線の戯れが奪われてしまうということがある。次に、それは第一の理由から導きだされることがらだが、この場に腰を落ちつけた娘は、誰を見ることもなければ誰から見られることもないので、その説話論的な機能をほとんど失ってしまうという事実がある。だから原節子や岩下志麻は、不可視の壁をすりぬける特権によって二階の部屋に滑りこみながら、そこでは何ら劇的な役割を演じてはいないことになる。つまり、廊下のすみでふと姿を消してしまった娘たちは、その存在を希薄なものとするために自分の部屋に入ってくるのだ。とうぜんのことながら、娘たちの存在の希薄化に見あったかたちで二階そのものの説話論的な機能も曖昧化する。もちろん『麦秋』のように、そこには女友達の淡島千景が導き入れられることもあるし、『小早川家の秋』の場合、司葉子の二階の部屋は、義姉の原節子との語らいの場ともなる。だが、異性や両親はそこからは明らかに排除されている。この相関的な希薄化と曖昧化とが、小津的「作品」の構造の上で、二階という空間を地面から離脱せしめ、宙に浮ばせてしまうのだ。にもかかわらず、後期の小津には、二階が厳然として存在している。これはいかにも不思議なことというべきだ。

では、二階は何のためにあるのか。二階という空間にも、またそこに身を落ちつける娘たちにも劇的な要素が託されていないとするなら、彼女たちは、廊下の奥からどうしてあんな思わせぶりな消えかたをするのか。それが、作中人物としての自分の存在を希薄なものとし、同時に舞台装置としての二階を曖昧に宙に漂わせてしまうだけであるなら、彼女らは、なぜ、秘密の通路をすりぬけるといった特権をちらつかせながら、男たちから遠ざかったりするのか。

殺風景な無駄話

後期の小津を特徴づける日本家屋の二階の部屋が、二十五歳前後の娘たちの聖域であることはいまや明らかだ。だが、聖域と呼ばれるには、何と秘密を欠いたのっぺらぼうな空間であることだろう。そこで娘たちは、いささかも変容することはない。不意に放埒な存在となるわけではないし、人目を避けて卑猥な仕草を演じるわけでもない。この宙に浮んだ空間への移行は、物語の上でいかなる驚きの契機をもはらんではいないのだ。だから、聖域ではありながら、男性を排除した結果として女としての性的な側面が誇張されはしないのである。いくら小津安二郎が戦前の人間だとはいえ、また終生を独身ですごし現実に娘の父親ではなかったとはいえ、結婚前の娘の部屋がこれほど殺風景であっていいものだろうか。そこにある装飾はといえば、勉強机とソファーばかりなのだ。

だが、よくいえば簡素とも呼べようこの娘の聖域にも、濃密な説話論的機能がそなわっている事実が徐々に明らかになってくる。というのも、これに似て殺風景な空間が後期の小津に存在しているからである。それは、いうまでもなく、あの五十五歳にさしかかった父親たちが寄り集まる料理屋の座敷である。笠智衆、中村伸郎、佐分利信、北竜二といった、それぞれの作品できまって旧制高校や中学時代の同級生といった役を演じあう初老の男たちが、他愛もない無駄話と想い出を語りあう料亭の日本間、それはいってみれば男の聖域である。選んだ職業も社会的な地位も決して同じではないが、かつて同じ学校で学んだという唯一の口実で結ばれた父親たちは、ほとんどの場合、その聖域で、天下国家を論じたり深刻に世相を憂いたりはしない。仲間しか理解しがたい綽名が秘密の符牒のように飛びかう旧友や恩師のうわさ話とか、弱みを持った誰かをみんなしてからかう子供じみた会話とかがそこで交わされる主要な話題である。

たとえば『彼岸花』の場合は、たがいに子供が何人いるか男か女かといった話から、夫婦間の男女の精力の差が子供の性を決定するのだという通俗的な学説を、会食者の一人ひとりにあてはめながら笑いあうという、そんな無邪気な穿鑿が酒席を活気づけるのだ。この聖域には、もちろん料理屋の女将が出入りを許されているのだが、彼女には、男たちの話題がほとんど理解できない。しばしば料亭の女主人の役を演じる高橋とよは、佐分利信から唐突に子供は何人いるかとたずねられ、三人いると答える。中村伸郎が縁なしの眼鏡を光らせながら、みんな男だろうと追いうちをかける。やや怪訝な面持ちで、しかし愛想笑いは絶やさずに、まあよく御存知だことと驚いてみせる女将に向って、五十五歳の男たちは、そうだろう、そうじゃなくっちゃあおかしいさねと笑う。高橋とよは、その丸くふくれた軀をゆすりながら、なんだか厭ですねえと酒を取りに戻ってゆく。

この挿話は、高橋とよという特徴ある体格の女優をめぐって男たちがくりひろげる小津的なユーモアの実例として貴重なのではもちろんない。そうした一面もないではないが、料亭の座敷という男の聖域で流通している記号が、そこにこめられた意味の他愛のなさにもかかわらず、女性の介入を排しているという事実の確認が重要なのだ。『秋刀魚の味』

で笠智衆と中村伸郎が北竜二と落ち合うはずの小料理屋の女将を演じているのも高橋とよだが、ここでも笠と中村とは、愚にもつかない冗談で彼女を煙にまく。若い女を後妻に迎えた北が、精力を消耗させて死んでしまった、あいつも可哀そうなことをしたなあと男達がうなずきあっていると、高橋は言葉につまって立ちつくしてしまう。そこに、やあ遅くなってごめんごめんと笑いながら北竜二が登場するあたりの呼吸は、小津ならではの一拍ずれたリズムで何ともおかしいが、この映画が小津安二郎の遺作だと意識しながら見なおしてみると、そのおかしさにもどこかすごみが感じられる。いい年をして、困った悪戯小僧ですねえといった調子の高橋の目つきなど存在しないというかのように、男たちはもうその会話の圏域から女将の存在を除外してしまっている。そのありさまは、話題の意図された貧しさこそが男の聖域の特徴だとみんながうなずきあっているかのようだ。女は、そこからは徹底して排除されているのであり、唯一登場を許された女将は、もっぱら入口近くにとり残されたまま、思いのままに翻弄されているのである。

もっとも、『秋刀魚の味』の場合は、北竜二の新妻もこの男の聖域に顔を出す。だが北は、この瞬間、禁忌の侵犯を意識してすっかりとり乱し、妻を伴ってそそくさとその場を去ってしまう。その落ちつきのない退場ぶりが、残された男たちの邪気のない冗談の種を提供するものであることはいうまでもない。そして、いい年をした悪戯小僧の無駄ばなしめいたやりとりの中から、徐々に、作中人物のその後の振舞いや挿話のもつれ具合を統御する言葉が、男たちの聖域の核のようなものをかたちづくりはじめるのだ。というのも、そのときはほとんどまともに扱われることのなかった北竜二の再婚が、中村伸郎の挑発的でシニカルな冗談に笑って応じているだけの笠智衆を、どうかすると死んだ女房に似たところがあるという場末のバーの女将のもとに走らせることになるからである。だから、料理屋の座敷でとりかわされるとりとめもないうわさ話や冗談は、話の本筋とは無縁の大がかりな迂回による説話論的持続の停滞とみえながら、実はかなり深刻な主題が提示される契機ともなっているのだ。

二つの聖域

後期の小津に姿をみせる日本家屋の二階の部屋は、男の聖域としての料理屋の座敷と正確に対応しあった細部である。その事実は、いまや誰の目にも明らかだろう。座敷が、外界からは隔絶されたほとんど抽象的といってよい空間だったように、二階の部屋も、その希薄性と曖昧さによって生活の場から切り離されている。そして、前者が女性の存在を周到に排除することで成立しているように、女たちの聖域もまた男たちの介入を拒絶している。そのそれぞれは、五十五歳の男と二十五歳の女とが、家族という血縁の縦軸を離れて、同世代の同性の仲間と、秘密の符牒めいた記号を投げかけながらとりとめもない時間を過す特権的な空間なのだ。だから、こうした二階の部屋を、原節子や岩下志麻にとっての居間兼寝室と理解するのは、小津的「作品」の特徴的な相貌に対する無感覚の表明でしかないだろう。それは、何よりもまず、女性同士の語らいの場として設定されているのだ。またそのかぎりにおいて、土台となる一階の部屋からは徹底して離脱し、地理的にはどこにあるかが決定しがたい料亭の座敷と無媒介的に接しあってもいるのである。階段が存在しないのは、だから小津的「作品」にとっての説話論的な必然というべきものかもしれない。山田洋次による一連の『男はつらいよ』シリーズの舞台となる柴又の老舗にも二階の部屋があり、その存在感は寅さんがふらりと帰京するごとに濃密なものとなってはゆくが、それはあくまで一階の店舗の延長としての生活空間にすぎず、後期の小津にみられるような周到な説話論的な機能をそなえてはいない。小津的「作品」で人を戸惑わせ怯えさせるものは、劇的な効果がこの上なく希薄でむしろ曖昧とさえいえる細部が、不意に濃密な連繋ぶりによって親しく戯れを演じてしまうことがあるからだ。だから、単調で起伏にとぼしく、むしろ日常世界の凡庸にして希薄な反映としか見えぬところにこそ、真の小津的フィルム体験が生なましく脈動していることを見逃してはならない。

だが、ここで注目すべきは、こうした男の聖域と女の聖域とが、個々の作品の内部で一つひとつ律義に対応しあっているわけではないという点であろう。一篇の映画の中で両者が均等に対応して説話論的持続を支えていることもあれば、作品を閉ざされたフィルム体系として断ち切るその限界を超えて、たがいに親しく響応しあうことで、それぞれの時代背景や物語的な風土を攪乱する役割をはたしていることもある。後期の小津的「作品」とは、この限界を超えた響応によって成立する等質なフィルム的環境のことだ。そこには、物語がおさまる継起的な秩序を無視し、それぞれのフィルムが背負っている歴史的時間性からも離脱して遥かに連帯しあう微笑の網状組織がかたちづくられる。それは自由な水平移動の世界であり、男の聖域と女の聖域とは、そうした網状組織の内部で、たがいに異質な空間を占有しながらも無媒介的に通じあっているのだ。

たとえば『晩春』の二階の部屋は、それが娘の原節子とともにクラスメートの月丘夢路を迎えいれるとき、『秋刀魚の味』の小料理屋の奥座敷と不意に親しい微笑を交わしはじめる。もちろん料理屋の座敷にはしばしば数人の仲間が集い寄り、二階にはふつう二人の女性しか登場しないという違いはあるが、そこでの会話が、他愛もないうわさ話から徐々に異性の問題へと進んでゆくという点は共通している。いうまでもなく、進んでゆくといってもそこには物語上の目だった分節点は認められず、対話はむしろ堂々めぐりに近い循環をかたちづくりさえする。「そうかな」、と一人がいえば、「そうさ、そうさ、そんなもんさ」と相手が反復的に肯定するというあの誰もが知っている小津的会話のリズムがこの上ない自然さで舞台装置と調和するのは、この二つの聖域においてである。そうかしら、と原節子が微笑を絶やさずに口にすると、月丘夢路がそうよ、そんなものよと反復的に肯定する。二階の日本間の籐椅子で向いあった二人のうちで、雄弁なのはきまって訪ねてくる友人の方である。原節子ももちろん快活に会話に加担しはするが、肝心な話になると聴き役にまわり、その「そうかしら」によって相手の断言を肯定するでも否定するでもなく曖昧に宙に吊る。料理屋でそうした役割をはたすのは笠智衆である。ときに冷笑的に、またあるときは自嘲ぎみにものごとを断定するのはきまって中村伸郎であり、笠智衆はといえば、相手の言辞を肯定するでもなく否定するでもなく、ただ語りつつある存在そのものを容認する笑顔だけは絶やさずに、そうかね、そんなものかねと応ずるばかりだ。こうした対応ぶりを示す料亭の座敷での笠智衆は、二階の宙に浮んだ空間の原節子と同様に、同語反復的な説得をくりかえす対話者に異議をとなえたり、自説を主張したりする資質が決定的に欠落しているかのようだ。事実、他者の存在との間にはいかなる葛藤も生じることなく、すべては機械人形のような鸚鵡がえしの相槌と微笑とによって進行するのである。男女それぞれの聖域で交わされるとりとめもない会話は、いつでも結論らしい結論に到達することなく曖昧に宙に吊られる。彼らは、たがいに語る存在であることを確認しあうことだけのために語っているようだ。ある種の人類学者や言語学者は、この種のコミュニケーションを「交話的機能」と呼び、九官鳥などの言葉に特徴的なものだと定義している。つまり意志の伝達以前の模倣的かついくぶん儀式的な会話が交話的なのだが、おそらく、こうした空間での交話的コミュニケーションを好んだあたりに、小津が永らく耐えねばならなかった故のない無視と軽蔑の原因がひそんでいるのかもしれない。

だが、小津の素晴らしさ、とりわけ後期の小津的「作品」のほとんど狂気と接しあった愚鈍の残酷さは、まさしくこの鸚鵡がえしの相槌と微笑の中に存在している。「そうかね」と応じ「そうかしら」とうけこたえる笠智衆と原節子とは、彼らがその希薄で曖昧な相貌のもとに会話に加担することによって、聖域でとり交わされる言葉が、徹底して孤独なモノローグとも弁証法的に展開されるダイアローグとも異質の、新たな現実を獲得するに至るのだ。それは、表面を滑走しつつ自分自身を模倣する、言葉に酷似しながらも、言葉というより、意味内容、つまりシニフィエの側面を極度に希薄化した記号の表層的な戯れである。いわゆる会話として想定されたものを表象することで劇的な有効性を主張する言葉とは違って、ほとんど荒唐無稽な言葉の演技とでもするか、とにかくそれは、ナンセンスをすら超えた言葉の生なましい露呈ぶりなのだ。こうした小津的な荒唐無稽ぶりに比較してみたら、マルクス兄弟のけたたましい傍若無人な振舞いのほうが、何層倍か意味内容に執着する姿勢を示しているとさえいえるだろう。そもそも言葉に、とり違えられたり歪曲されたりもする意味がそなわっているという事実が、何か途方もない虚構だとでも思わずにはいられぬほど、ここでの言葉は、軽々と意味の圏域を離脱して宙に漂っているのだ。たとえば寅さんが何か勘違いをして妙に意気がったりする姿を見て人は笑ったりするが、それはあくまで意味と言葉との偏差に由来するものであり、だからいつものそそっかしさから寅さんが誤解するさまがおかしいのだ。ところで、男女それぞれの聖域における会話には、そもそも誤解したり正解したりする意味がそなわっていないのである。

荒唐無稽な反復

だが、『晩春』の二階の部屋と『秋刀魚の味』の奥座敷との通底ぶりは、聖域で演じられる交話的コミュニケーションの荒唐無稽な戯れによるものばかりではない。それぞれの特権的な空間に侵入する異性の存在によっても結ばれているのだ。男たちの聖域に侵入するのが女将の高橋とよであり、その侵入ぶりがきわめて徹底性を欠いていたことはすでにみたとおりだ。つまり彼女は、入口の扉のあたりで頼りなげに足をとめ、中村伸郎と笠智衆の邪気のない冗談にうまく対応しかねて、そそくさと去っていってしまう。ところで『晩春』の二階の部屋に入ってくる男性もまた、女の聖域に踏み込む自分にうろたえるかのような自信のなさで、いかにもおずおずとした姿勢を保っている。この闖入者を演ずるのは、いうまでもなく父親の笠智衆である。彼は、訪れた娘の友達のために紅茶をいれ、パンをそえて運んで来る。この父親の登場は、もちろん階下の廊下のすみに姿を消す画面によって先導されたものではなく、いささか唐突なものである。そしてその登場が聖域で交わされていた言葉の流通をいったん停滞させはするのだが、笠智衆は、盆を持つ自分自身をいささか恥じてでもいるかのように、籐椅子に腰をおろした娘たちのそばまで近づきがたくしている。

つまりこういうことだ。笠智衆の父親は、料理屋の女将がそうであったように、自分の家のある部屋には自由に侵入しがたい存在なのである。彼は、すぐにも立ち去らんとするかのように、開いた唐紙の近くにとどまったまま、ある居心地の悪さをぎこちない態度で不器用に表現している。娘たちを手前に捉えたキャメラの位置が、何よりもその点を強調している。そして『秋刀魚の味』にあっても同じ構図が高橋とよを男たちから孤立させる役目を果している。女将と父親とは、すぐさまその場を去るという共通点を持った存在なのだが、また、ともに料理を運んでくる存在だという点でも類似している。しかも、女将が姿を消してしまうと男たちは共犯者的な笑いを笑うのだが、父親が去った後にも、娘たちはやはり微笑みあう。砂糖ばかりか紅茶の受け皿にスプーンものっていないからである。

こうしてみると、『晩春』と『秋刀魚の味』とは、男女の聖域という点でまったく同じ空間構造におさまり、しかもそこでの性的な役割はことごとく交換され、総体として同一の発想の起源を欠いた相互反復をかたちづくっていることがわかるだろう。『秋日和』は、明らかに『晩春』の人物関係を起点とした意識的なリメイクである。ちょうど、ラオール・ウォルシュが『ハイ・シエラ』を基盤として『死の谷』を作ったように、小津と脚本家の野田高梧とは『晩春』を裏返しにして父親を母親に置きかえて『秋日和』を撮ったのである。だが『晩春』と『秋刀魚の味』の場合は、密かに通底しあう前者の二階の部屋と後者の小料理屋の奥座敷とによって、十数年の製作年度の距たりにもかかわらず、現在という時間の表層で戯れあい、それぞれのフィルムの全域をたがいに照らしだすのである。これは、いってみれば正当な起源を欠いた反復、荒唐無稽な二重化ともいうべき現象だ。それは後期の小津の二階の部屋のように基盤から離脱した宙に浮ぶ空間であり、料亭の座敷のように世界から隔絶した時間を生きている。後期の小津的「作品」とは、こうしたフィルム的時＝空がまとう素顔を欠いた仮面の無限連鎖のようなものだ。『秋日和』は、一人娘を嫁に出すやもめの哀感という両者に共通する題材の上からいえば『晩春』のいささか薄められた反復にすぎず、その価値は、あくまで起源となった『晩春』との距離によって計測される。そして、『晩春』の完成度には達しえないやや弛緩した映画だと評価されもする。『晩春』の背後に隠された『父ありき』と比較してさえ、同じ印象を与えもするだろう。そしてそれはそうには違いないのだが、こうした価値判断は、個々の作品の限界を超えて不意に連繋しあう細部の生なましい戯れをフィルム体験から排除してしまう。それは一種の傑作待望主義ともいうべき姿勢で、どこまでも受動的な見方なのである。われわれが小津安二郎を貴重だと思うのは、彼が映画史に残る傑作を幾篇かフィルム的感性に向って投げだしてくれたからではない。そうではなく、小津的「作品」を介して、驚きを不断に生産しうる環境としての映画と親しく戯れることを可能にしてくれるが故に、それはかぎりなく貴重な存在なのである。後期の小津的「作品」とは、堅固な土台の上に築かれた記念碑ではなく、みずからを支えながらも変容する不断の現在にほかならない。だからこそ、その日本家屋の二階の部屋は、階段によって一階の部屋と直結することなく宙に浮んでいるのだ。そして『彼岸花』にあっては田中絹代と有馬稲子、『小早川家の秋』では原節子と司葉子といった、一組の女性を迎え入れ、男を排したいっときの会話の舞台となるのである。

土台を欠いた二階の部屋。それは空間としては徹底して荒唐無稽なものだ。誰もそんなものを想像したりはしなかったし、そんなところに足を踏み入れたものもいない。そうした奇怪な世界の表情へと向けて一貫して視線を注ぎ続けた小津という人間は、独創的な作家というより動物じみた愚鈍さに徹した存在だといえるだろう。だから映画史は小津を持ったことを誇りに思ったりはしない。後期の小津的「作品」をかかえこんでしまった環境としての映画は、ただ戸惑い、怯え、うろたえるほかはないだろう。

洞ろな空間

では、後期の小津的「作品」はどこで、いつ始まるのだろうか。たぶん、それは始まるというより曖昧に捏造されてしまったとすべきものだ。『長屋紳士録』や『風の中の牝雞』にくらべて『晩春』はたしかに充実している。しかし、『晩春』は始まりであるよりはそれじたいが何ものかの反復なのだ。では何の反復であるのか。いうまでもなく、宙に浮んだ二階の反復であり、女の聖域の反復である。起源を持った反復としてなら『晩春』はそれ以前の『戸田家の兄妹』を反復している。この戦時中に撮られた家族離散の物語は、説話論的な構造の類似性という点からするなら、戦後の『東京物語』と相互反復の関係にある。大家族の中心となる年老いた親の死という共通の題材をとってみると、父親と母親の役がらを交換したかたちで、両者は『晩春』と『秋日和』のように類似しているのだ。だが重要なのは、こうした題材の上の対応関係にあるのではない。問題は、女の聖域としての二階の部屋が『戸田家の兄妹』から漠然とながら姿を見せているという事実である。そして、そのときは充分に意識されなかったこの宙に浮んだ部屋の説話論的な機能が、その後の作品の意義深い細部と連繫することによって、相互的に明らかにされてくるのだ。

では、『戸田家の兄妹』の二階の部屋とはいかなる空間であろうか。それは、突然その夫を失うことで一家の中心であることをやめた母親が、末の娘をつれて子供たちの家に厄介になるときにあてがわれる部屋である。長男や上の姉たちはすでに結婚して一家をかまえており、二階に住む母と妹との存在を決して自然なものとしては受けとっていない。二人の女性がいずれはその空間から姿を消すことで一家の調和が回復すると考えているのだ。その意味で、母親の葛城文子と妹の高峰三枝子とは、『東京物語』の老夫婦のように居心地の悪い思いで二階の空間に住まわねばならない。いまこの映画を見ると、最後に、中国から帰ってきた佐分利信が兄や姉のエゴイズムを難詰し、その言葉の中に大陸の植民地への言及がなされている事実を見落してしまうなら、それが戦時中に作られたことが嘘としか思えないほど戦後的な作品だという印象をうける。事実、家族の崩壊という題材の面からのみ考えると、『東京物語』から大島渚の『儀式』へと伸びてゆく戦後映画の一系譜が、この戦時中の作品から流れ出ているとさえ錯覚するほどなのだ。おそらく、最近になって奇妙な執拗さで繰りひろげられはじめた戦後の再検討とやらも、戦後日本なるものを肯定するにせよ否定するにせよ、小津の『戸田家の兄妹』あたりを視界におさめない限り、抽象的なものたらざるをえないだろう。とにかく家長が死んだ後の一家の混乱と葛藤とが語られているのだから、革命幻想に言及したり、天皇制を云々したりするのに恰好の材料が、昭和十六年という年に撮られて好評を博したホーム・ドラマの廃墟ともいうべきこの映画の中に発見できるはずだ。

　だがここでの急務は、小津安二郎を口実としてそうした論議に加担することではない。問題は、あくまで二階という宙に浮んだ空間が後期の小津ではたしている説話論的な機能の解明にほかならない。そして『戸田家の兄妹』は、それが、定住する資格を欠いた女たちの仮の生活空間にほかならぬ事実を明らかにしてくれる。女たちの聖域として説話論的機能をはたしている二階の部屋は、最終的にはその特権的な住人を排除して空虚な場たるべく後期の小津的「作品」の中に位置づけられているのだ。そして一階の住人たちは、それが善意からであれいささかの悪意をこめたものであれ、二階が洞ろな空間となる瞬間の到来を夢想しつつ暮す存在だといえる。事実、『麦秋』の老夫婦もまた、聡明な諦念によるものとはいえ、「作品」の説話論的な構造に従ってそこから姿を消す。後期の小津的「作品」とは、宙に浮んだ空間を空っぽにすべく消費される身振りと思考の総和にほかならない。二階の日本間がどこか曖昧で希薄な舞台装置であったのは、そうした説話論的機能がそこにこめられていたからにほかならない。娘たちは、自分がそこから去る決定的な瞬間の到来を待ちながら、いわば通過者としていささか長びいた滞在を演じていたのである。そこに流れる時間がとりとめもない停滞を描きだしていたのも、またそのためである。それは、無に帰することこそがその唯一の目的であるところの物語的な細部である。だから、しばしば問題とされる小津的な「無」とは、いささかも宗教的で形而上学的な概念ではなく、フィルムの表層に刻みつけられた建築学的＝形而下的なイメージなのだ。後期の小津が撮った映画のことごとくは、この顕在的な「無」の実現をめざして進行する生なましい現在の物語にほかならず、他界だの彼岸だのとはいっさい無縁の、いま、ここであることの体験なのである。すべては表層に露呈され、隠されたものなどなにひとつありはし

（上）『戸田家の兄妹』　末娘の高峰三枝子と母親。就寝前の時間。
（下）『秋日和』　団地の隣の部屋に並んで寝る母子（原節子、司葉子）。

ない。それをとりあえずレアリスムと呼ぶのであれば、映画が、小津いがいの場所でこうしたレアリスムに出逢ったことはかつてなかったし、またこれからもないだろう。そしてそのことに、人はまだ充分に驚き尽してはいないと思う。

階段の驚き

では、人は、どのようにして驚きへの行程をたどりうるのか。それには、やはり不在の階段へと向けて映画的感性を投げかけ続けねばなるまい。二階は宙に浮んでいる。それは女たちの聖域であった。とするなら、その特権的な住人である二十五歳前後の娘たちがその場から排除されようとするとき、不在の階段はどんな機能を演じることになるのか。そうした視点から小津的「作品」の全域へと瞳をむけ、その網状組織が波及させる細部同士の微笑の交錯ぶりを見つめていると、やがて、宙に浮んだ空間を一階の廊下へと結びつけているはずの階段が、フィルムの表層から徹底して排除されているわけではないことが徐々に明らかになってくる。後期の小津には、可視的な階段も存在するのだ。しかも、それが正面から画面に捉えられていることさえある。その事実に、まず、心の底から驚こうではないか。いったい、そんなことがあっていいものか。

不可視の階段が顕在化される瞬間、それは、小津的「作品」にあっては希有のできごとをかたちづくっている。決して数多くはないそんな瞬間、画面からは何やらただならぬ気配がたちこめ、不吉な予感がフィルム的感性を緊張させる。たとえば『宗方姉妹』にあって、階段は、関西の高級住宅地のいわゆる西洋館の中に組みたてられている。そして高杉早苗が、胸をそらせて二階から降りてくる姿をキャメラは正面から写しだす。この顕在的な階段は、物語の性質上、日本家屋の二階屋とはいささか表情を異にしているが、階段を降りる女の全身像がフィルムの表層に刻みつけられたとき、それが、高杉早苗と高峰秀子との陰湿な葛藤の序曲であることを人は理解する。それは、『戸田家の兄妹』で階段を降りる三宅邦子とその義妹の高峰三枝子の間ですでに演じられていた葛藤にほかならない。階段を正面から見てしまうこと、それは後期の小津にあっては、徹底して不幸な体験なのだ。事実、『風の中の牝雞』で真正面から捉えられる階段は、佐野周二が田中絹代を突き落す惨劇の舞台装置とすらなっている。しかも小津があれほど意識的に排していた仰角や俯瞰によるショットが、ここにはあからさまに姿を見せているのだから、事態は、もはや尋常なものとはいいがたい。事実、小津安二郎は、この場面のフィルムを、作品の完成以前に何度もくり返し見直していたと多くの人が証言している。

夫の復員を待っている子供をかかえた一人の母親が、貧しさから売春するという物語そのものは、かりに敗戦直後の経済事情に充分な理解が行きわたっていた場合であろうと、それ自体として人を感動させるものではない。ましてや小津の美意識が売春の行なわれる舞台装置からあらゆる汚れのイメージをそぎ落してしまっているので、編集による省略の技法に讃嘆することはできても、田中絹代の人物像を信じきることはどうしてもできない。また、その罪を告白する妻を、殴打して転落させる佐野周二の心理を、充分に納得することもむつかしい。だが、戦前の小津の映画の下宿屋の雰囲気を多分に引きずっているこの作品の舞台装置の、その廊下の奥に二階へと伸びる階段の急な勾配が写しだされる瞬間に、人は、小津的「作品」の言葉の無媒介的な迫力に圧倒され、思わず息をのまずにはいられない。こんなことがあってはならないはずだとうろたえながら、不吉な予感にさいなまれるのだ。そして、その急な勾配を田中絹代が逆さまに転落するとき、その予感は現実のものとなる。物語を信じきれない観客も、この「作品」の言葉の真実の前には沈黙するほかはない。階段が顕在的なイメージとして鮮明な輪郭におさまる瞬間、人は画面を直視してはならないのだ。階段が不可視の存在として廊下のすみに隠されているとき、人はフィルムの全篇へと映画的感性をなげかけねばならぬが、それがいったん可視的なものとなるや、危険を察知して目を閉じること。小津的「作品」は、そうつぶやき続けているかのようだ。そしてそのつぶやきを、人は信じなければならない。それがどんなに荒唐無稽な言葉からなっていようと、全的に容認する必要があるのだ。

物語とは、それを信じたり信じなかったりすることができる何ものかである。それとの距離を余裕をもって計測し、おのれの位置を決定しうる対象なのだ。だが「作品」は、そんな二者択一を人に許しはしない。不断の現在として存在を脅かし、無理にもその戯れの渦中へと人を引き込む生の環境にほかならない。階段は、小津にあっては、それだけで映画的な事件となっているのである。おそらくここで、人はアルフレッド・ヒチコックを思い出すことができる。『断崖』や『汚名』を想起するまでもなく、ヒチコックの階段はこ

ともに『秋刀魚の味』。娘（岩下志麻）の嫁いだ日、昼下りの二階の部屋。きわめてめずらしい階段のアップ。

の上なく不吉な空間である。惨劇や心的葛藤の象徴的な舞台装置である以上に、階段そのものが不吉なのだ。その階段を顕示することでヒチコックはサスペンスの巨匠となったのだが、それを隠しつづけた小津もまた、それを例外的に示すことで、映画を動揺させえたのである。では、晩年の『浮草』の場合はどうかと人はいうかもしれない。この作品で旅芸人の役者たちがとまる宿の二階は、複数の顕在的な階段によって直接支えられてはいなかったか。なるほど、これみよがしにしつらえたここでの階段は決して不吉なものではなく、小津にあってはむしろめずらしいことだが、それじたいが芝居の装置のようで、何人もの人間がそこを昇ったり降りたりする。だが、その激しい運動は逆に、彼らがその場に定住しえない身であることを見るものに実感させる。それはとりあえずの住居でしかなく、いずれ立ちのかざるをえない空間であるが故に、例外的な身軽さが許されているにすぎないのだ。

驚きが更新される場としてのフィルムの表層に刻まれた顕在的な階段のイメージに怯えることができたものは、だから、『秋刀魚の味』の最後、間近から捉えられた階段のフルショットがまぎれこんでいるのを目撃し、深く感動せずにはいられない。その短い階段のショットが、小津的「作品」にとって何か決定的なできごとであると肌で察知するからである。われわれのフィルム的感性は、その瞬間、あってはならない事態に立ちあってしまったときのように小刻みな震えに捉えられる。これが感動的でないなら映画に感動などまぎれ込む余地など残されてはいないと思われるほどだ。もちろん、末の娘を嫁に出した日の夜、薄暗い台所のテーブルにひとりとり残された父親の孤独が感動的でないというのではない。事実、笠智衆がうつむき加減にもの思いにふける『秋刀魚の味』の最後は、物語の結末として人の心を揺り動かすことのできる画像をかたちづくってはいる。だが、そうした心理的な共感を超えたところで、この場面は感動的なのだ。というのも、そこでの画面の流れは、披露宴も無事に終った後の笠智衆の淋しげな容貌を夜の暗さにきわだたせながら、それに加えて、すっかり空になった二階の部屋の人影が絶えたさまを示す数ショットを、奥に姿見だけが細長い鈍さで光っている画面とともに示した上で、さらに、一階と二階とを結ぶ階段のフルショットを、たった一つ、それもほんの一瞬だけ短く挿入し、孤独さがたんに父親個人の感慨にとどまらず、後期の小津的「作品」そのものの絶対的な孤立ぶりとして顕在化させているからである。

　娘を嫁がせることは、なるほど父親にとっては痛ましい体験ではあろう。だが笠智衆は、妻を失った後も微笑を絶やさなかったように、娘の結婚後も微笑しつづけるだろう。それは、ある期間だけ耐えていればやり過すことの可能な感傷にすぎない。だが、階段のフルショットは、そんな感傷を超えた決定的な衝撃によってフィルム的感性を揺さぶるのだ。そしてその衝撃が現実のものであるが故に、『秋刀魚の味』の最後は感動的なものとなるのだ。娘が着飾って式場へと向う直前、長男の佐田啓二とともに、その晴れ姿を記憶に焼きつけようとあえて女の聖域へ足を踏みこむ笠智衆。そのとき彼は、娘とその友人に紅茶を運んできた『晩春』の笠智衆のように、いくぶんか遠慮がちに画面の奥に立っていた。

タンスに背を寄せるようにして聖域への侵入を自分に禁じている佐田啓二と同様、ここでの笠智衆は、そのおずおずとした仕草を微笑で曖昧に隠しながら近づいてこようとしない。画面のこちら側、つまり逆構図によって庭に面した窓ぎわとして示される部屋の奥に位置する島田に結った娘の脇には、岡田茉莉子がひかえている。また、そのかたわらの着附けを手伝ってくれた女性すらが、父親である笠智衆よりも自然なありさまでこの二階の部屋と調和して、自由に歩きまわりさえする。父親に対立する二人の女の位置関係は、『晩春』における原節子と月丘夢路のそれとまったく等しいといってよい。笠智衆は、何か触れてはならぬものを間近にしたときのように、進むでもなく戻るでもなく、部屋の中に不器用にしゃがみこむばかりである。もちろん、それは『晩春』の結婚式の朝の光景と同じものだ。父親に可能なのは、この聖域を後にしようとする花嫁姿の娘にそっと手をそえてやることだけだ。

その部屋が、いま、廃墟となった聖域として父親の頭の上に洞ろに漂っている。宙に浮ぶ空間が、特権的な住人としての二十五歳の娘を排除した結果、物語は終ろうとしている。そして小津的「作品」の内部には、誰もいなくなった二階という名の「無」が確実に生産されたのだ。それは、感傷に浸ることのない圧倒的な現実として顕在化されてすらいる。娘が嫁に行ったから二階が空になったのではない。宙に浮んだ空間が女性という通過者を排除したが故に、「作品」の説話論的持続がその運動の契機を見失ってしまったのだ。そして「無」の生産を否定しがたい現実としているものが、無人の階段を正面から捉えたほとんどクローズ・アップに近い画面なのである。それは、家の残りの部分から残酷に隔離された孤独な階段である。もはや聖域へと招くことも、そこへの侵入をこばむこともない機能を喪失した階段。不可視の壁であることをやめ、たんなる建築的な細部へと還元されてしまった階段。一貫して視界から遠ざけられていた階段が、その不在の特権を剝奪され、階段としてフィルムの表層に浮上した瞬間、それは狂暴なまでの現存ぶりによって後期の小津的「作品」の基盤をそっくりくつがえしてしまう。それは、「作品」がその限界点に触れようとする苛酷な一瞬だ。後期の小津を等質な環境たらしめていた説話論的持続を崩壊させ、撮ることと見ることとを同時に廃棄するフィルムの陥没点であり、かつまたフィルムの隆起点である。過剰でありながら欠如でもあるというこの荒唐無稽な画像。そんな不気味で怖ろしいものがまたとあるものだろうか。それを目にしてしまった以上、人は、もはや映画について語ることなどできはしない。だがそれにしても、後期の小津とは本当に映画だったのだろうか。

誇張と挑発

小津はしばしば不自然である。その画面の連鎖はときとして挑発的なまでに自然さを欠いている。だが彼の不自然さは、安易にそう信じられているように、おのれの映画的世界をいささかも揺るがせまいとする作家の、あの貧しい頑迷さからくるのではない。また、晩年の小津が蒙った頑固な伝統主義者という評価が想像させがちな、現実から遊離した姿勢からくるのでもない。それは、あくまで映画と呼ばれる不自然そのものに由来した不自然である。多くの凡庸な作家たちがその不自然さを曖昧にやりすごす方向で映画を撮っていたとき、小津はあえてその不自然さを誇張してみせただけである。

誇張への意図は、晩年になるにしたがってますます顕著なものとなる。たとえば『秋日和』の若い恋人たち佐田啓二と司葉子とが並んでラーメンを食べる場面。そこで二人は、それをテーブルと呼ぶにはあまりに幅がせますぎるカウンターに向って腰をおろしているのだが、そのせまい板切れは壁にほとんど密着しているので、何と正面の壁に鼻をこすりつけるようにして箸を動かさなければならない。これに似た空間設定はすでに『お茶漬の味』のラーメン屋の場面に姿を見せているが、津島恵子に「安くておいしいもの」としてラーメンを勧める鶴田浩二の前に迫ってくる壁にくらべて、『秋日和』のそれは遥かに強い圧迫感をもって描かれている。あるいは『小早川家の秋』の司葉子が、婚約者となる宝田明と駅のベンチに並んで語りあう場面。そこで彼らが選んだベンチもわずかな距離で壁と向いあっており、ホームに置かれていながらも線路には完全に背を向けたかたちとなる。われわれがまず目にすることになるのは、だからその二つの場面にあっては、もっぱら語りあう二人の背中ばかりなのだ。もちろんその後には、たがいに顔を相手の方に向けて凝視しあうというあのいかにも小津的な画面が交互に示されたりはするのだが、不自然さの印象をぬぐいさることはできない。心理的にいっても、空間感覚としても、ここには自然さが欠如している。どうして若い二人はまるで世界に背を向けたようなぎこちなさで壁に顔をすりつけて腰をおろさねばならないのか。ラーメン屋が昼食どきでたてこんでいて、そこしか席がなかったということもあろうが、あたりにはほとんど客の姿はない。あるいは、ベンチの二人に羞恥心から人目を避けようとする意図があったとも考えられようが、夜もふけたホームには人影もあまり見あたらない。だから若い男女は、もっぱら無償の振舞いとして壁を見つめているわけだ。小津の不自然さとはそうしたものである。その自然さの欠如は、いったいなんであるのか。

人はしばしば、抑制による極度の単純化といった言葉で小津安二郎の特質を語ったつもりになる。たとえば「抑制という特質を例にとってみよう」と口にしてその領域に足を踏みこむ『小津安二郎の美学』の著者ドナルド・リチーは、「厳密に技術的な点でも、小津の作品は最も抑制されたもの、最も制限され、統制され、限定された部類に属している」と続け、小津の作家的統一性を抑制の美学といった点から定義づけている。その立論をうけついだかたちで、『聖なる映画――小津／ブレッソン／ドライヤー』の著者ポール・シュレイダーは、次のように結論づける。「なによりもまず小津は自分の技術を絶えず洗練させた。小津は映画界でもっとも形式にやかましい監督であった」。厳格な形式主義者というこの評価は、諸外国の論者にとどまらず日本の批評家たちにも共通する姿勢であり、あながち誤った見方ではないだろう。小津は、たしかに形式にこだわりはする。だがその形式は、いつでも均衡と調和とを目ざしたわけではない。間近で壁と面と向かうこの二つの画面が示しているように、しばしば極端に不自然なものともなりさえする。

たとえば『早春』の冒頭の出勤のシーンを思い出してみよう。ラッシュ・アワーに駅へと人の群が向かういくつものショットが、六郷の土手に近いたてこんだ路地から、蒲田駅のプラットホームまで、もっぱら同じ方向へと進む男女の列によって示されている。彼らは一貫して同じ歩調で駅へと急ぐ。そしてプラットホームに立ってからも、一貫して同じ方向に視線を向けている。そのありさまはいささか不気味でさえある。なるほど、朝の出勤時間とはそういうものかと納得する以前に、なによりもまず、不自然さの誇張が見るものを捉えずにはいられない場面だ。一人ぐらい犬でもつれて散歩しながら逆方向に進んでくる者がいてもいいし、足速に追いこしてゆく人影が混っていてもいいだろう。いくらサラリーマンといったって、こうまでみんながみんな、同じ年恰好の男女ばかりでなくてもいいだろう。それが自然というものではないか。誰もが、脇目もふらずに歩調まであわせる必要もないではないか。

だが小津は、あたかもそれが一つの形式的な必然だとでもいいたげに、ほとんどの登場人物を同じ歩調で同じ方向に歩かせている。恋人たちが並んで歩くというのであれば、それはそれなりに納得しえないでもなかろう。しかし、『秋日和』の若者たちのハイキングの場面のように、十人近い数の男女が道幅いっぱいに拡がりだして一列となり、合唱しながら同じ歩調で野原を進んでゆくとなると、これはもうあからさまに不自然としかいいようがない。あたりの草花に視線を落すでもなく、遥かな山並みへと瞳を投げるでもなく、彼らはまるで機械人形のような正確さで同じ身振りに徹しきっている。これが形式的な必然であるというなら、形式そのものが自然さを欠いているとしかいいようがない。

この誇張された不自然さは、ときに比較の対象として引きあいに出されるドライヤーやブレッソンというより、むしろフェリーニ的な誇張の世界に近い。女といえばその肉体を途方もなく膨張させねば気のすまぬ『8½』の監督のように、小津もまた、人が歩く場面を撮るとなるとたちまちあらゆる自然さを放棄し、誇張された機械的身振りを再現させずにはいられないかのようだ。そこでの人物たちは、無駄ばなしや無意味なそぶりを徹底して禁じられている。いずれにせよ、雑踏という名の無方向な人の流れほど小津から遠いイメージをかたちづくるものはなく、彼の世界にあっては、この地上に存在する人間たちの数までがあらかじめ決定され、その運動の軌跡も綿密に計測されているかのようだ。それを形式への配慮というのであれば、その形式主義はいうまでもなく人工的な不自然さの顕揚につながる。『メトロポリス』のフリッツ・ラングにおけるほどの幾何学的な図型性に徹しているわけではないし、バスビー・バークレーにおけるほどの装飾的な造型性を誇示することもないが、小津の画面は『ル・ミリオン』や『自由を我等に』のルネ・クレールに似た人工性が漂っている。そこでは、存在も物質も決して自然ではない。ブレッソンの手首や指のようななまめかしさでフィルムの表層を震わせる肉体の細部もないし、ドライヤーの仰角ぎみのクローズ・アップが輪郭をきわだたせる人間の顔のきびしさもここにはない。不自然さは不自然さとして露呈されながら、神話としての小津的な画面と調和することで、かろうじて不自然さの印象を忘れさせていったまでだ。あるいは、フェリーニの膨張した大女の肉体がフェリーニであるが故に許され、かえってその意識下の世界を伝える個性的な表現であるかにみなされているように容認されてしまったのだといえるかと思うが、いずれにせよ、こうした不自然さほど均衡や調和といった概念から遠いものはない。それは、ドナルド・リチーのいう抑制ともポール・シュレイダーのいう洗練とも異質の不器用に突出した細部であり、そこでの小津は、寡黙さの美徳というより、むしろ饒舌さをきわめたかたちでおのれの想像力を自由に解き放っている。だいいち、壁が恋人たちの目の前にぬっと迫ってこようが、機械人形のような不自然さで人が同じ方向を目ざして歩こうが、物語の展開にはさしたる変化は生じないのだから、物語の一貫性という点からすれば、いずれも過剰な説話論的な細部だとさえいえるだろう。佐田啓二と司葉子とは、壁ぎわで窮屈そうにラーメンをすすらなくたって最後には結婚するだろうし、『早春』のサラリーマン池部良は、同じ方向に進む早朝の通勤者たちの視線の等方向性とは関係なしに妻を裏切り、東京を離れた土地で許しをこうことになるだろう。

にもかかわらず間近に迫る壁の現存や機械人形のような不自然な歩みが形式的な必然だというなら、それには、説話論的な秩序とは異質の要請が問題とならねばなるまい。もちろん知っての通り、小津の説話論的な構造は劇的な要素の排除の上になりたっている。非日常的な仕草を介しての思いもかけぬドラマチックな展開はみられず、誰もが口にする淡々としたリズムですべてが流れてゆく。溶明＝溶暗がくっきりと輪郭づける特権的な挿話の独立性よりは、類似した状況の反復によって単調に語られてはいるが、劇的要素がいかに希薄であろうと小津の作品にも物語はある。実際、物語を欠いた映画というものは存在しない。現実にわれわれが知っていたり類推によって想像しうるものの再現によって得られる虚構の作品であれ、それを人間の心理やその葛藤には還元しえない抽象的な図型のみからなりたっているいわゆる実験映画のようなものであれ、上映時間が零秒でない限り、そこには物語があり、それに応じて説話論的な持続というものが存在する。だから小津の作品にももちろん物語があるわけだが、これまで、抑制、洗練化という言葉で語られてきたものは、おそらく小津の説話論的な構造を特徴づけるものとしてはある種の妥当性を持ちうるかもしれない。徐々に溶明＝溶暗を放棄し、移動撮影やクローズ・アップをほとんど使用しなくなっていったのは、劇的な要素を回避するという説話技法の水準で論じらるべき問題なのだ。だが、物語が具体的な画面を介してしか語られえない映画の場合、一篇の作品には説話論的な構造に同調したりそれにさからったりもするいま一つの体系が存在する。それは画面の継起的な連鎖を超え、時間軸とは異質の領域で交錯しあう意義深い細部の表情といったもので、それをこれまで主題論的な体系と呼んできたのだ。小津にとどまらずあらゆる作家が、そこで思いきり自分の想像力を解放する場こそが主題論的な体系なのだといってもよいが、小津の場合、抑制と洗練化の結果ほとんど禁欲的な表情におさまることになった説話論的な構造とは対照的に、この主題論的な体系にあってはむしろ野蛮で狂暴なまでに自分を主張し、全篇の調和を崩しかねないことさえあるといえる。そこには過剰と逸脱とがあり、誇張と不自然さが晴れやかに許されているかに見える。ラーメン屋やプラットホームの壁はこうした体系に属する主題の一つであり、通勤者やハイキングの男女の歩行ぶりの等方向性もまた、そうである。そこでの小津は決して寡黙でも無表情でもなく、存在や事物のある種の表情に過度の執着を示す。そうした主題論的な饒舌を、たんなる形式主義的な配慮と見なしてはならないし、沈黙と静寂といった小津神話を盲信するあまりに見逃すことがあってもならない。というのも、壁の主題や視線の等方向性という主題は、作者の無意識的な世界の自由な表現や形式的な構図への執着という次元を超

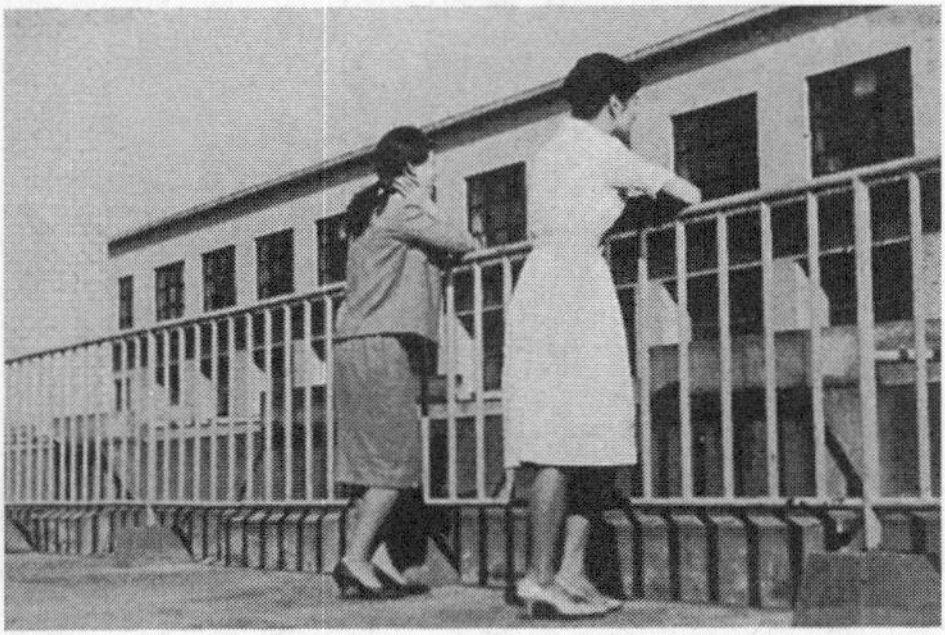

ともに『秋日和』。（上）ラーメン屋のせまいテーブルの司葉子と佐田啓二。（下）ビルの屋上で友人の新婚旅行を見送る司と岡田茉莉子。

えて、われわれのフィルム体験の基本的な条件に触れる問題をはらんでいるからだ。スクリーンという壁がなくては人は映画と遭遇することはできないし、また、一列に並んで同じ方向に視線を注ぐことなしに映画館という場は成立しえないからである。映画は、決して自然とはいえないこの二つの条件の上に成立するきわめて不自然な現象なのだ。小津安二郎にその意図があったか否かは知るよしもないが、その作品のしかるべき画面に視線を注いでいると、われわれはその不自然に改めて思いあたる。それをいま少し考えてみなければならない。というのも、抑制や洗練化のみを旨とする形式主義者など、断じて映画作家とはなりがたいからだ。映画作家とは、誰だって不自然な存在なのである。

いうまでもなかろうが、ラーメン屋の壁がスクリーンの比喩であったり、ハイキングの男女が映画館の観客の象徴だなどと主張しようとするのではない。ここでの意図は、そのあからさまな不自然を介して、壁が壁ならざるもの、歩行者の視線が歩行者の視線ならざるものと交わしうるいくつもの微笑を通して、小津における主題論的な体系と戯れ、そこに一貫性が認められつつも禁欲とは異質の豊かな映画的身振りをこの手でまさぐってみようとすることだ。そして、説話論的な領域での技法的な抑制と洗練化や劇的な事件の貧しさにもかかわらず、小津の主題論的な体系がどれほど豊かなものであるかを感じとってみたい。それは、小津安二郎的な「作品」における壁の主題、視線の等方向性の主題の変容をあとづけ、その運動ぶりが抑制や洗練化といった神話をあからさまに嘲笑するものであることを確認することでなければなるまい。というのも、そこにおいて小津は伝統主義者でも前衛でもなく、そうした対立概念を超えて無媒介的に映画そのものと交わることになるからだが、多くの神話をまとった小津安二郎が、小津をめぐるさまざまな言説から自由になり、映画作家として素肌を人目にさらすことになるのはそうした瞬間においてである。

不自然な新鮮さ

時間軸にそってもろもろの挿話を組織する語るという行為は、不自由な映画的体験である。ごく技術的に編集という画面の配置手段について語るにせよ、挿話と挿話とを結ぶ物語的な脈絡を問題とする場合にせよ、選択と排除という手続きを通過することなしに一篇のフィルムを提示することはできないからだ。この画面のあとにはあの画面を、この挿話に続けてあの挿話をといった具合に、作者はすべてを間隙のない直線性に組織しなければならない。もちろん何を選択し何を排除するかに関して作者は至上権を握っており、その限りにおいて自由を享受しうるとはいえるのだが、その自由は、始まりの瞬間から終りまで、すべての画面を過剰も欠落もなしに継起的に配列しなければならないという物理的な制約に比較してみた場合、相対的なものでしかない。フィルムの説話論的な持続は、いかなる技術的洗練も特異な想像力もそれに抗いえない一つの絶対的な体系なのであり、どれほどの天分に恵まれた作家といえどもそれに拘束されるほかはない。つまり映画にも統合論的な秩序というものが存在するわけで、小津もそれからはいささかも逸脱しておらず、『秋日和』のラーメン屋の場面も『早春』の朝の通勤風景も、その秩序に従って配列された一連の画面からなっている。

もちろん、そうした体系が許容する説話技法が抑制と洗練へと向い、小津独特のリズムと省略の修辞学をかたちづくり、一種の技術的禁欲を印象づけることは確かである。だが、映画にあっては、その画面に盛りこまれた情報はきまって複数であり、一定の空間に拡りだしているという点から、語らるべき題材が説話論的な持続へと素直に還元されるのをこばむという現象がみられる。ラーメン屋の場面で人が見るものは、決して箸を動かしながら語りあう一組の男女にとどまらず、異様な間近さで迫ってくる壁であり、通勤場面で目にするものは、たんなる雑踏とは違う律義な人並みの視線の等方向性であり、歩調の一定性なのだ。すでに述べたように、これを形式主義者の厳密な配慮ととり、そこから抑制と洗練化を結論づけるのは間違っている。実は、そこに最も抑圧から遠い小津の自由な映画的感性が露出しているとみるべきなのだ。それをすぐさま無意識の跳梁する場だとまでは断言しえないにしても、そこには意識のこわばりと知性の反省的な統御とから解き放たれたもののみが享受しうる過激さが姿を見せている。説話論的な構造が直線的な継起性へと還元されざるをえないものだとするなら、映画はその直線性に逆らういま一つの体系を持っている。それは、誇張や逸脱が可能な領域であり、そこで人目を惹く過剰な細部は、画面の連鎖を超え、さらには作品という限界を超えて些細な類似を介して別の細部と響応しあう。そのような共鳴音を響かせうる視覚的な細部が、これまで主題と呼んできたものだ。こうした細部が交わし合う微笑は、画面の連鎖という直線性から自由であり、空間的な拡がりを持っているといえる。だがそれを、記号論的な用語ですぐさま範列と呼ぶのはさしひかえたい。主題論的な体系とは、選択可能な細部の潜在的な貯蔵庫ではなく、あくまで顕在的で、複数たることを容認された断片の群が戯れあう運動として生きられるものだからである。つまり、とりあえずラーメン屋の場面と呼んだものは、同時に壁であり、幅の狭いテーブルであり、円型の食器にかがみこむ男女の背中であり、凝視しつつ言葉を交わす二人の顔であり、さらにその他多くのものでもあるだろう。それらすべてのものを人は確実に見ることができる。そして、彼らが鼻をすりよせるようにしている正面の壁が均衡を逸したかたちで迫ってくれば、この奇妙なラーメン屋はたちどころに別の作品の夜のプラットホームと親しく連繫しあうだろう。ラーメン屋は、かくして壁の間近な現存という説話論的にみれば些細な細部を介して、駅のベンチと微笑を投げかけあうことになる。ちょうど、『フェリーニのアマルコルド』のある画面が巨大な女の存在によって『8½』のある画面と響応しあうように、『秋日和』は『小早川家の秋』との間に深い牽引力を作用させることになる。そしてその事実は、小津的「作品」に語られているのが、たんに親子の愛情だの家庭の崩壊だのといった物語ばかりではなく、壁という表層の物語でもあることを明らかにするだろう。小津には、視線の等方向性という物語もあれば、歩調の同一性という物語もあるわけで、『早春』の説話論的な持続の上で通勤という挿話をかたちづくっていたものが、『秋日和』でハイキングの挿話であったものと親しく遭遇することになる。つまり、それぞれの物語では断片として孤立しあっていたものが、そこで唐突に連帯しあうのだ。われわれが主題論的な体系と呼んでいるものは、こうした遭遇と連帯を可能にする関係が、個々の映画を超えて張りめぐらせている意義深い細部の網状組織に伝わる、具体的な運動としての震えなのである。類似によって連繫しうるだろう細部の潜在的な存在そのものではなく、あくまで顕在的な断片同士の交流運動の現場のみが主題論的な体系と呼ばれるにふさわしい。隠されていたものが想像力の働きを介して意識の深層で何ものかと出あうのではなく、まぎれもなく可視的であったものが視界の表層で戯れあう運動、それこそが映画にあっての特権的な体験ではないか。

これまでにも触れたように、小津的「作品」には、衣裳の物語もあれば階段の物語もある。そしてそうした意義深い細部が、個々の映画の説話論的な持続を超えて連帯しあうにとどまらず、逆に一篇のフィルムの内部で、人間たちの演ずるどちらかといえば単調な心理的物語を始動させ、あるいは展開させ、さらには終焉せしめる動力源となっている点にも言及しておいた。説話論的な構造はあくまで画面連鎖の統合論的な秩序にすぎず、それじたいは語る運動ではない。物語を語るとは、説話論的な持続を異質な水準へと移行させることであり、その直接の力となるのは、ともすれば直線的な継起性から逸脱しようとする過剰な細部たちが戯れあうその刺激そのものなのだ。『早春』の説話論的な持続は池部良の起床に続く通勤の光景で始まるのではない。視線の等方向性と歩調の同一性という主題によって活気づけられ、家庭という単調な日常と、会社勤めといういくぶん儀式的な労働とが鋭利に切断される。視線の等方向性と歩調の一致という主題を如実に具現化している通勤者の群にまぎれこむことによって、池部良は妻の住まう家庭的空間を決定的に離れ、同じ通勤者の一人である岸恵子と過ちを犯すことになるのだ。池部良が淡島千景を裏切ることになるためには、通勤仲間たちによって計画されるハイキングの挿話が介在しはするのだが、不自然なまでに誇張された視線と歩調の一致という主題が、説話論的な持続を分節し、物語を新たな段階へと導く動的な機能を果していることは誰の目にも明らかだろう。池部良と淡島千景の夫婦を東京から地方へと追いたてる直接の原因としての夫の姦通は、作中人物の心理や欲望の劇として語られるというより、主題論的な体系の論理として導き出されているのだ。

通勤という朝の風景、とりわけホームで電車を待つ乗客たちのイメージに対する小津のこだわりが風俗的な興味からくるものではなく、そこに出現する視線の等方向性にあるという点はすでに別著『映画の神話学』(一九九七年、泰流社、八〇頁)でも論じているが、『麦秋』の北鎌倉の駅にたつ二本柳寛と原節子とがそうであるように、小津安二郎の作中人物たちが同じ方角を向いて並んで立つ場合、画面そのものは何の変哲もない会話を映し出すだけでありながら、そこからきまって何らかの説話論的な変容が生起するのである。のちに詳しく触れる機会もあろうが、それは別れであったり、新たな生活の始まりであったり、異郷への旅立ちであったりするが、物語はもはや同じ舞台装置の中では進展しえず、必ず新たな局面へと踏みこんで行かざるをえない。そのとき物語の上に生ずる変化は、『麦秋』における原節子の結婚の決意がそうであったように、家族全員から驚きをもって迎えられるほどに唐突である。またそれは、恋愛心理の上からみても不自然なものだといえようが、こうした事態を前にして、小津の抒情的描写の不器用さを指摘するのは必ずしも正当ではない。

なるほど小津は、恋愛という題材をたえずはにかみながら回避し、意図的な欠語や省略によってしかこれを描いてはいないが、それは彼がそうした世界に無知だったことを証拠だてはしない。また、古風な恋愛観に凝りかたまっていた伝統主義者だからでもない。そうではなく、恋愛という名で人が想像する欲望の震えや下意識の乱れを具体的に映像化することが映画にどれほどの不自然を強い、かつその不自然さを自然なものに錯覚させるための映画的技法が、画面の構図とその連鎖とをどれほど凡庸化してしまうかを体験的に知っているからだ。たとえばクローズ・アップ。いかにもある感情の高まりを無言のうちに口にしているかにみえる表情を拡大してみせるという説話論的な技法が、恋愛映画に必須の画面として制度化されてからというもの、どれほど映画的な感性が凡庸化したかは誰もが知っているとおりだ。それは、ありもしない感情的な起伏を捏造することで、画面へと注がるべき視線を快くまどろませながら、見るものに心理的な納得を強要し、しかもそれが強要された不自然であることすらを忘却せしめたのである。もちろん、あらゆるクローズ・アップが凡庸化の技法として機能したといいはるつもりはないし、グリフィスによって映画に目覚めたといってよい世代に属する小津がその効果を全面的に否定するはずもないだろう。だが小津は、制度化された技法への無邪気な信仰を共有することより、その技法の限界をきわだたせ、それがあまねく容認された映画の文法だとする錯覚をあばきたてることで、より映画を身近なものとすることを選ぶ。「映画には文法がないのだと思う」という小津の名高い宣言は、おのれの作品世界を確信しきった大作家の自信の表明というより、制度化された技法への無自覚な確信が映画的環境をどれほど鈍感化させるかを体験的に知っているものの苛立ちの表明と理解されねばならない。説話論的な構造と物語との対応のみに腐心しているうちに、人は映画をとり逃すといっているのだ。

なるほど、「これでなければならないという型はないのだ。優れた映画が出てくれば、それが独特の文法を作るので、映画は思いのままに撮れるものだ」といった言葉は、ドナルド・リチーもいうように「小津はたしかに、独特の文法を作る映画は優れた映画でもある、とほのめかしている」ようにみえるし、その言葉は「大体一定の形式を〝持っている〟自分の作品について述べたのかもしれない」と考えられもしよう。もちろん彼が自分のことをまったく念頭においていないでもあるまいが、しかし文脈からすると、問題は小津個人を超えた映画的環境そのものの頽廃なのだ。事実小津はこの文章に続いて、助監督たちを捉える感性の貧困化を嘆きながら、こう語っている。

……長年監督について走り使いをしているうちに、自分の抱いている新鮮な手法が消えていく。既成の常識的な手法を見聞しているうちに、映画の文法はこういうものだと、自分から妥協してしまう。そこで監督になっても、撮り方がいつも同じで普遍的なものになってしまう。日本映画に新鮮さが見られないのはこういう点に原因がある。だから、たまに見るメキシコとかイタリアの新人で、素人がいきなり撮影所にやって来て撮ったものなどは、びっくりするほど新鮮な手法が感ぜられる。石原慎太郎さんが監督したものは見ていないが、やはり面白いところがあるのではないかと思う。(『小津安二郎―人と仕事―』蛮友社、六三二頁)

だがそれにしても、あの惨憺たる出来栄えの石原慎太郎の『若い獣』にまで映画的環境の活性化の期待を寄せていることで感動的でさえあるこの文章が、自己のフィルム的宇宙の形式主義的な正当化としか読まれえないとしたら、何と不幸なことであろう。現役の日本人の監督としてもっとも早くオースン・ウェルズの『市民ケーン』を見る機会を持ち、誰よりもさきに讃嘆の言葉を語った小津安二郎のみが口にしうるこの言葉に読むべきは、映画という制度の恐ろしさに自覚的でない者たちへの警告にほかならない。

ところでここで言及されている新鮮さとはどんなものなのか。その具体的なイメージがどんなものであるかはもちろんわからない。だが、しばしば頑固な伝統主義者とみなされがちであった晩年においてすら、小津的「作品」がどれほど新鮮なものであったかを語ることはできる。それには、これまで述べてきたことがらを要約することになろうが、小津の特質ともいうべきものは、あくまでその説話論的な構造と主題論的な体系との不均衡というか、修正しがたい偏差に存しているのである。否定形に置かれた文章をつらねて小津の特徴をきわだたせようとする論者たちがいうように、小津はたしかにある意味では禁欲的である。だが「映画の文法的な要素の大部分を、一つずつ捨てていったとき、明らかに、彼は映画監督の自己表現の手段の多くを犠牲にした」のだというドナルド・リチーの見解が妥当性を持ちうるのは、あくまで作品の説話論的な水準においてなのだ。挿話を語りつぐ小津の身振りは慎ましい寡黙さにつつまれ、ついには沈黙に近い静けさをまとうにいたる。その事実は、しかし、そのまま「自己表現の手段の多くを犠牲にした」ことを立証しはしない。われわれは自己表現といった概念の導入そのものにきわめて懐疑的だが、いったんそれを字義通りにうけとったにしても、小津は充分に饒舌だといわねばならない。しかも、ごく少い手段で多くのことを表明するという修辞学的な饒舌にとどまらず、ほとんど無償の饒舌と思えるほどに多くのことがらを口にしているのだ。そのことをかりに自己表現と呼ぶなら、彼はその手段を「犠牲」にするどころか、自然さを超えた誇張の域に達しているとさえいえる。つまり、説話論的な構造の単調な貧しさとは対照的に、小津は、フィルムの主題論的な体系にあってはその映画的感性をいっせいにおし拡げ、意義深い細部の連帯の環を豊かに張りめぐらせてさえいるのだ。主題論的な体系と説話論的な構造の修正不能な偏差とはそうした現象にほかならない。語る仕草が寡黙となり沈黙を目指すに従って、物語からは逸脱しながらも語りに介入し、その持続の運動を操作するイメージが過激な饒舌をかたちづくるにいたるという関係が、小津の新鮮さなのだ。『早春』の通勤風景がそうであるように、そのとき画面は物語に従属することをこばみ、説話論的な秩序からすれば不自然な誇張としか思えないほどの過激さで視線と歩調の一致性という主題をきわだたせ、作者の意識による統御にはおさまりがつかぬ過剰な細部を形成する。そしてその過剰な細部が、説話論的な構造との偏差を介してその持続を活気づけ、物語を分節化する変容の契機となる。小津の新鮮さとは、こうしたずれが視覚的に具現化する挑発的な不自然さにある。そしてその挑発性は、初期から中期、そして後期へと進むにしたがって、小津的「作品」をますます新鮮なものにするだろう。その新鮮さがどれほど映画にとって貴重なものであるかを明らかにするために、われわれは、しばしば説話論的な持続から逸脱する小津の主題論的な体系が、初期や中期の作品ではどんな機能を演じているかを改めて検討してみなければならない。それ故、こんにちわれわれの手に完璧なかたちで残されている作品のうちでもっとも古い『若き日』において、間近に迫る壁や、視線と歩調の一致性という主題がどんな表情におさまっているかを、思い出してみよう。

教室の出口

小津安二郎の画面に見入っている瞳は、しばしば映画の考古学的恍惚ともいうべきものを体験して深く動揺する。それは「学生ロマンス」と副題された『若き日』や、『落第はしたけれど』だの『青春の夢いまいづこ』だのといった初期の学園喜劇に何度かくり返し姿を見せる大学の校庭にキャメラが据えられた瞬間に、きまって起きることがらである。もちろんそこにはいかなる深刻な事態も描かれてはいない。というよりむしろ、いまなら用務員さんと呼ばれる小使の坂本武が過って鳴らしてしまう鐘の音を合図に、あらゆる出口から学生たちがあふれ出してくるといった、どちらかといえば滑稽な状況のもとで視線は動揺するのだ。学期末試験の最後のテストが終って、いよいよ休暇が始まる、あるいはあとは卒業式ばかりだといった晴れやかな顔で、詰襟の制服姿の一群が校庭へとはき出されてくるとき、人は、映画がいきなりリュミエール兄弟の時代に遡行してしまったかのような感動をおぼえる。いうまでもなく、学期が終ったことからくる解放感がみごとに表現されているから、感動的なのではない。ただ、建物の出口から同じ歩調で何人もの学生がぞろぞろ出てくるという、その運動にわれわれの映画的感性が動揺するのだ。それは、ルイ・リュミエールの最初の作品『工場の出口』のように、ただ理由もなく人を感動させる。映画が自分自身を映画として捏造しようとしていた歴史的な一時期に、ルイとオーギュストの兄弟がその三脚を「大学の出口」に据えなかったことが不思議に思われるほど、ここでの小津の身振りにはどこか神話的な始源性が感じられる。神話的な身振りのみが享受しうる大胆な繊細さ、考古学的な瞳のみに許された不自然な自然さともいうべきものが画面の表層に刻みつけられているのだ。

『青春の夢いまいづこ』の場合、授業が始まって人影のたえた校庭に蝦蟇口を発見し、その中味が空であったことに落胆しながら小使が知らぬまに終了の合図を鳴らしてしまうという音響的なギャグは、それが無声映画であるだけにいくぶん知的な発想にすぎ、無媒介的に笑いを誘うということにはならないが、そんな経緯を知ることもない学生たちが、いかにも楽天的な表情でひっきりなしに校庭へと流れ出してくるありさまは、その身振りの等方向性によって感動的である。あたかも小津は、詰襟の学生の群がどっとあふれだしてくる出口の光景を撮るというだけの目的で、無意識のうちに鐘を鳴らしてしまう不注意な小使を登場させているかのようだ。

このときならぬ学生の流出は、結局、怪訝な面持ちで顔を見あわせて懐中時計をとりだす二人の教授によって中断されてしまうのだが、これと同じ状況は、『若き日』において、すでに喜劇的な細工を施されることなく、より徹底したかたちで姿を見せている。そこでは、試験が終って休暇に入る学生たちの解放感が、移動撮影によって強調される運動の等方向性として示される。あらゆる人間が、文字通り同じ方角に向って足速に教室から遠ざかり、教室の窓を背景として校庭を歩いてゆく。『落第はしたけれど』では、それとまったく同じ舞台装置を背景として、試験直前の時間が描かれるのだが、そこでもキャメラは横移動によって、誰もが同じ姿勢で地面に腰をおろし、参考書に視線を落している姿が示される。ほとんどの登場人物が同じ歩調で同じ方向に歩いたり、同じ方角に視線を向けるといった後期の小津の不自然さは、すでにこうした初期の学園喜劇の中に生なましく姿を見せているのだ。学生たちは、『早春』の冒頭の通勤者の群のように、あるいは『秋日和』のハイキングの若者たちのように、歩調の一定性と視線の等方向性をみずからの身振りと運動の基本的な条件としてうけいれている。おそらく、大学のキャンパスという社会から切断された特殊な空間であることが、彼らの群衆的な行動を不自然さとしてではなく、いくぶんか誇張された滑稽さの側面で強調することになるのだろう。

だが、小津にあっては、無方向に揺れ動く雑踏というものはほとんど描かれることがない。『非常線の女』の冒頭の、俯瞰による雑踏のショットはむしろ例外的であり、原則として、小津的な登場人物たちはその視線なり運動の方向なりを正面から交わらせるか、平行に移動させることしかしていない。無方向な雑踏が出現しそうになると、小津はきまって何がしかの事件を導入し、歩調の一定性と視線の等方向性を確立せずにはおかない。たとえば学園喜劇ではなくサラリーマンものに属する『東京の合唱』の場合、職を失った岡田時彦が仕事探しに疲れて公園のベンチに腰をおろす。あたりには、彼の悩みを知ることのない人びとが、平和そうに散歩している。だが、唐突に、彼らは同じ方向に同じ歩調で走りはじめるのだ。公園の一部にあるものと想像される動物園の檻から、熊であったか虎であったか、とにかく何かの猛獣が逃げ出したという情報が伝えられたからである。就職運動がはかどらず、ただ時間を潰すだけの理由で腰をおろした人物の前を、いきなり誰もが同じ方向へと画面を横切ってゆくさまに、見るものの瞳はやはり動揺する。まず、その群衆の運動が、いま語られつつある物語とはまったく無縁の原因によって導きだされているからだ。また、説話論的な必然を欠いた振舞いであることが明らかでありながら、それが何かしらせっぱつまった必然性を帯びていることを見るものが感じとってもしまうからだ。おそらく、そこには物語とは異質の映画的な事件が生起しつつある。それは『朗かに歩め』の冒頭の、まだ主要な登場人物さえ紹介されていない時期に演じられる、港を舞台にした壮大な追跡劇の場合にも共通している。そして初期の小津は、小使の不注意な身振りとか、動物園からの猛獣の逃亡といったギャグとして導入することで、原因を隠しているように見える。このような捏造された原因が消滅するとき、後期の小津の不自然さが露呈する。初期の小津と後期の小津とを同じ距離を介して見ることのできるいま、われわれは、原因とその不在とを同じ映画的な試みとしてながめうる特権を手にしている。視線の等方向性と歩調の一定性とを自然なものと見せようとする配慮と、不自然なまま放置することとは映画に対する小津の姿勢をともにきわだたせることになるからだ。事実、初期の小津は、こうした場合、ある意味ではより徹底して不自然でさえある。たとえば『青春の夢いまいづこ』の冒頭にくり拡げられる応援団の練習風景や、『落第はしたけれど』の落第生たちのタップダンスを思わせる直線につらなっての同一の身振り。あるいは『朗かに歩め』の与太者グループの息のあった挨拶の儀式、こうした特殊な振付けによる機械的な動作の儀式的な反復は後期の小津からは影をひそめ、一般に自然なものとみなされる日常的な動作の中に不自然さが突出するというかたちをとっている。だが、そこに起っていることがらは、結局は同じことなのだ。不自然でありながらも学園という特殊な環境ゆえに自然だと容認されようと、日常生活の単調な風土の中で自然だとみなされているものが不意に不自然さとして誇張されようと、小津は一貫して視線の等方向性と歩調の一定性に執着しているのである。

下宿の窓

下宿屋の二階の窓から「パン」の影絵を文字にして障子に映し、向いの喫茶店の娘に出前を頼む名高いギャグ。周到な準備とチームワークとを必要とし、何よりも人体を装置として活用するという発想そのものの奇抜さによってハワード・ホークスを喜ばせるような『落第はしたけれど』の場面は、まず、下宿生たちが全員で窓から身を乗りだし、競技用のピストルを発砲して田中絹代を戸外に呼びだすことが前提とならなければならない。だから、この無声映画にあっても音響が重要な役をはたしている。深夜の通りに出て、落第生たちに微笑みかける田中絹代の笑顔は感動的である。その感動は、何よりもまず、下宿屋の二階の窓に集ってくる落第生たちの視線が、誰も表通りを見おろしてはおらず、あたかも距離を介して彼らが田中絹代と同じ水準に位置しているかのごとくに真横に向けられているという、交わるはずのない視線に答えて笑いかける彼女の律義さからくるものだ。この時期からすでに、小津は目線の一致に無頓着なのである。戸外から窓を正面に捉えたショットの中で、下宿生たち全員が、まるで一階に位置しているかのように地面と平行の視線を投げている。しかし、こうした小津の空間的条件に対する無感覚は、逆に、視線の等方向性という点に関する徹底した姿勢を明らかにする。視線が交わるかどうかという瞳とその対象との位置関係よりも、それが同じ方向に向って伸びてゆくという事実の方が、小津には重要であるかにみえる。

『落第はしたけれど』の場合は、下宿生たちは必要があって窓辺に並び、身をのりだして同じ方向を眺めるのだが、『若き日』にあっては、事情はいくぶん異なっている。同じ下宿生という身分である結城一朗と斎藤達雄とは、ともに窓辺に机を並べて勉強する身である。そこで彼らは、二度、戸外に視線を投げるがこれという目的があってのことではない。あてにしていた金が入らず、試験が終っても予定通りスキーに出発できそうもないときと、スキー場で競いあった美女の結婚相手がもう決っていたことに落胆して下宿に戻ったときの二度、彼らは窓から戸外に視線をなげる。

そのとき視界に浮きあがるのは、何の変哲もない一本の煙突であり、西部劇にでも出て来そうな風見であり、おそらくは便所の通風孔と思われるもののつらなりである。こうしたものが、彼らの視線の方向の変化に従って、煙突の場合は遠写と近写とを交互に示しながら、何度か独立した固定ショットの連鎖として描きだされる。この場合は、瞳とその対象とが一組になって、見ているものの心理的な状況をいくぶんか反映するかたちで描かれているわけだが、これらの風景は、やがて後期の小津によって、見ている主体の心理的な人称性を奪われたかたちで独特な画面を構成することになるだろう。『浮草』の燈台、『秋日和』の東京タワー、『小早川家の秋』のネオンの広告塔など、作品の冒頭に姿を見せる人工的な佇立する装置は、いずれも特定の視点の対象というより、地理的状況の符牒として示される画面となっているが、そうしたものの原型ともいうべきショットが、同方向に伸びる視線の対象としてここにあらわれていることは重要である。大学の建物の出口から流れ出る学生の群を撮るにあたって不注意な鐘という原因を設定しているように、ここでの小津は、誰がそれを見ているかという視線の起源を周到に示している。そして、後期の小津にあっては、起源としての瞳を消しさり、空の風景のみを非人称的に宙に漂わせることになる。『落第はしたけれど』の最後に姿をみせる大学の時計台も、明らかに人称性を帯びた心理的対象として描かれている。それ故、小津は初期から後期へと向けて、原因という説話論的な配慮と、瞳という風景の起源とを徐々にその画面から追放していったといえる。西欧の論者たちがしばしば「空」のショットと呼んで注目することになる画面は、こうした一連の過程で生まれ落ちたものといってよい。もっとも『若き日』の煙突や風見につらなる聳え立つものともいうべき視覚的対象についてみれば、それはすでに『青春の夢いまいづこ』の終り近く、江川宇礼雄が優柔不断な斎藤達雄に結婚の決意を迫る戸外の鉄拳制裁の場面に示される高いポプラの木として現われているともいえる。そこでは、誰かが見ているわけではない二本の木が、かなりの距離を置いてその葉を風にそよがせているさまが示されるのだが、そのショットの感動は、もはや心理的なものではない。それに似た画面は、岡島尚志も指摘しているごとく『出来ごころ』の最後にも姿をみせているが、われわれは、それがただ背の高い木であるという事実だけに、理由もなく感動する。(岡島尚志「小津安二郎　まなざしの過剰と身体の確認」前記『ユリイカ』一二二頁)

ところで視線の等方向性という点に戻れば、それは、何が見られているかという対象の審美的特質とは無縁の点で、ただ見ているものの視線が平行して遠くまでのびてゆくというだけで映画的な感性を動揺させるにたるものだ。『出来ごころ』や『浮草物語』の芝居小屋、あるいは一連の学園ものや『父ありき』の教室、『一人息子』の映画館や『生れてはみたけれど』のホーム・ムーヴィーの上映、等々、視線の等方向性は初期の小津のいたるところに見られる。『落第はしたけれど』の名高いカンニングのギャグは、誰もが同じ方向に向かい、同じ仕草をしなければならない試験場という空間での、もっぱら視線的な葛藤からなっている。見られないように見ること、というのがそのゲームの規則であり、視線の等方向性に執着する小津の、いわば主題論的な必然であろう。小津的な悪童たちは、『青春の夢いまいづこ』では会社の就職試験に際してすらカンニングを実行し、しかもそれを率先して推賞するのが彼らの同級生の社長なのだから、そこには視覚的効果以前に小津の悪戯好きな性格が反映しているといえるかもしれない。

この視線の等方向性という主題から、後期の小津がより儀式的遊戯性を抑えたかたちで開発するいくつかの主要な主題が導き出されることになる。それらはいずれも初期の小津から鮮明な輪郭のもとに描き出されているものだが、たとえば『浮草物語』や『父ありき』の父子が並んで釣糸をたれる場面に象徴される「並ぶこと」であり、『父ありき』に見られる記念撮影が代表する複数の人間が「同じ対象を見つめること」という主題である。こうした主題が演ずる説話論的な機能と、その映画的形象化の意義については、いずれより総体的な視点から考察されねばならないだろう。ここではなお、間近に迫る壁がいかなるものとして小津の映画を活気づけているかを見る作業が残されている。

中庭と壁

いうまでもなかろうが、小津安二郎にあってはいつでも壁が間近に迫り、息苦しい閉鎖感がその映画的空間を支配しているわけではない。『東京物語』の老夫婦は熱海の海岸で堤防に並んで腰をおろし、『麦秋』の嫂と妹もまた海岸の砂丘に、さらには『小早川家の秋』の嫂と妹も川べりに二人して坐ったりするのだから、彼らはともに壁とは異質の開かれた空間を前にしている。『麦秋』の三宅邦子と原節子の関係は『小早川家の秋』では原節子と司葉子に受けつがれているが、前者では鎌倉の海岸に並んで腰をおろし、後者では嵐山の川岸にしゃがみこみ、二人は女の幸福について語りあう。家庭という閉された空間を離れることで、嫂と妹はことさら饒舌であるように見える。

こんにち完璧な作品として残されているもっとも古い『若き日』の後半は雪の赤倉スキー場に舞台が設定されており、流されたスキーを追っての斎藤達雄の大活劇まで用意されているのだから、小津の世界は決して密閉空間ではない。初期の大学ものやサラリーマンものにはしばしば都心を離れた空き地が登場し、そこに子供たちが遊び戯れたり、母子が並んで腰をおろしたりする。『東京の合唱』や『生れてはみたけれど』の会社員一家が住まう郊外の新興住宅の縁側は、開けた庭に面し、前者にあっては、そこをたった一輛の電車が走りぬけていったりもする。それ故、家族たちは、その庭を介してほとんど無防備に開かれた空間と接しあってもいるわけだ。こうした場合、壁は決して間近に迫って来たりはしない。にもかかわらず、小津にあっては、何ものかが瞳を遮断し、視線が奥へと伸びて行くことを禁じている。その空間的構造の特質は、一般的な遠近法にはなかなかおさまりがつかないのである。そこには、たえず深さの印象が保証されてはいる。だが、その深さは、あるところで唐突に平面的に断ち切られ、消去点を中心として配置される絵画的な構図に決しておさまることがない。それは、小津における室内の窓から何が見えるかによってきまることがらである。とりわけ後期の作品にあって顕著なことがらではあるが、窓の向うに拡がっているのは、きまって壁である。隣りの家が間近に迫っているので、人は、そこからほとんど空をのぞき見ることとさえない。大きく開かれた二階の縁側であろうと、その向うには隣家の壁と屋根とが認められるばかりだ。

たとえば親子三代が同居していることで典型的な日本家屋といってよかろう『麦秋』の鎌倉の家は、やがて姿を消すことになる老夫婦とその一人娘がともに二階に住み、一階には長男夫妻とその二人の子供が生活している。一階には茶の間があって一家団欒の場を提供し、その奥に夫婦の洋服ダンスが置かれた部屋が続いている。二間続きのこの一階の空間は、その両端が廊下で仕切られており、その一方は台所に、いま一方は湯殿に通じている。湯殿に通じる廊下は縁側となっており、小さな庭を介して隣りの家の壁が塀の向うに見えている。したがって、そこで視線は行きどまりとなる。茶の間から庭を見た場合、右手に玄関がある。そこから、通勤電車に乗り遅れまいと急ぐ大人や通学の子供が姿を消し、また夜になると戻って来たり、来客がふと現われたりする。玄関から出入りする人物は、彼らが扉を開閉する仕草まで、斜めに据えられたキャメラによって描かれはする。だが、その扉の外部は周到に視界から排され、ついに見ることがない。したがって、この一階の空間は、いくつもの壁によって外部から遮断されているのである。もちろん人は、玄関から外の光景を別のショットとして見ないわけではない。だがその外の道も、狭くゆるやかに迂回しているので、そこを歩き去ったりこちらに近づいて来たりする人物を、長時間にわたって目にすることはできない。いかなる意味においても、視界は開けていないのである。

二階についても事情が同じであることは、すでに見た通りだ。ただし、二階の窓は、二方向に向って開かれており、隣りの家の屋根に面しているのではない方の縁側は、眺望が開けているはずである。というのも、長女の原節子のかつての級友である淡島千景が窓辺によって、鎌倉はいいわねと口にしながら遥か遠方へと視線を投げかけ、その脇に立つ原節子も、同じ方向に瞳を注いでいるからである。だが、われわれ観客は、二人の娘が見ているであろう風景を視界におさめることができない。キャメラが、その窓をあたかも無視するかのごとくに、頑迷に横を向いたままでその真正面にまわることを回避しているからである。戸外の開かれた風景を視界におさめうる位置に、小津はほとんど絶対にキャメラを置かないといってよい。外部と内部とは通底することなくたがいの領域をかたくなにまもりあっているのである。

小津にあって特徴的なこと、それは、撮影所内のセットで撮影された画面と、ロケーションで撮られた実景とを、技術的な手段によって共存させることがほとんどないという点である。人目を惹く小道具によって異質な画面に自然なつなぎを導入することなく、また、あたかも彼らが見ているものであるかに外部の光景を挿入することも稀である。小津安二郎は、原節子と淡島千景の眼前に拡がっているはずの爽やかな自然の光景を、二階の広縁からの視点として示すこともできたはずである。事実、初期の学生喜劇やサラリーマンものにあっては、窓辺に並んですわる友人たちが見ているものを、律義に示していた。『若き日』の煙突、風見、通風孔といったものは、『落第はしたけれど』のベーカリーの娘たる田中絹代がそうであるように、明らかに下宿生たちが実際に見ているものである。小津安二郎の映画的な発展は、視線とその対象との分離の過程と捉えることができる。それを何よりも如実に示しているのが、『麦秋』の北鎌倉の二階の窓辺に立つ二人の適齢期の娘たちなのだ。彼女らが見ているものを画面に示そうとはしない小津は、別だん壁を間近に迫らせることもないまま、ただ、被写体に対するキャメラの位置と、外部と内部との非通底性を強調する画面の連鎖とによって、目には見えない何ものかによって、奥へと伸びる視線を断ち切っているのだ。

抽象的な平面性

縁側の向う側にはきまって隣りの家の壁が迫ってくるという小津的な構図は、しかも、戦後になって初めて姿を見せるものではない。『父ありき』で笠智衆の父親と佐野周二の息子とが温泉旅館に泊る場面で、彼らがあてがわれる部屋の窓から見えるものは、隣りの

ともに『父ありき』。(上) 息子 (津田晴彦) の少年時代の旅館。向う側の家の存在が『秋日和』を思わせる。(下) 息子と向かいあって坐る車中の父 (笠智衆)。

旅館の、あるいは同じ宿の別棟の二階の部屋である。温泉宿にふさわしい小道具として、中庭をはさんで向かいあうこちらの部屋の手すりにも、向う側のそれにもぬれたタオルか手ぬぐいが乾されていて、まるでその二つの二階の部屋が、狭い空間をはさんで鏡の中でのように対応しあっているかのようだ。『父ありき』の父親と息子との小旅行は、戦後の『秋日和』における母親と娘の小旅行に正確に対応している。『秋日和』は、『晩春』における父と娘との関係を逆転させたリメイクといわれているし、それは事実には違いないのだが、基本的な人物関係としては『父ありき』とより直接的な対応点を持っている。一方は塩原温泉、いま一方は伊香保温泉といった具合に旅行先は異なっているが、障子の開かれた縁側の向うにほぼ同じ建築様式の旅館が見えているという点は、両者に共通している。しかも、『父ありき』では逗留客であった笠智衆が、『秋日和』では宿屋の主人となって登場してさえいる。『秋日和』の場合、中庭をはさんだ旅館の向う側の棟にとまっている修学旅行の女子学生たちのコーラスだの、就寝時間まぎわのはしゃいだ雰囲気だのがより強調されてはいるが、結婚を間近にひかえた子供が、やもめとなった親の一方と開け放たれた窓を背景として語りあうという状況の類似性は否定しがたいだろう。その点、人物設定はほぼ同じといってよい『晩春』における父と娘の京都旅行は、障子が閉ざされた空間を寝室として持ち、空間構造としては『父ありき』からも『秋日和』からもやや遠ざかる。だが『父ありき』と『秋日和』とは、たんに空間構造としてのみならず、子供にあたる佐野周二と司葉子とが、ともに親との会話のあい間に、膝もとに拡げている書物に目をおと

いずれも『秋日和』。娘（司葉子）の結婚前の小旅行。（上）伊香保の宿（夜）セット。（下）並んでふとんの上にすわる母（原節子）と娘。

すという類似点をも持っている点に注目しよう。それは、二つの事実を証明している。その一つは、いわゆる後期の小津が、作家自身の南方への滞在と日本の敗戦という社会的な事件をくぐりぬける以前に、昭和十六年の『戸田家の兄妹』、十七年の『父ありき』の時点でほぼ視覚的に確立しているという事実である。いま一つは、空間の視覚化にあたって、開かれた窓の向うに迫る壁を強調するという小津的な試みが、その前期と後期とをわかつものだという点である。事実、『父ありき』の父と子とが並んで宿の湯船にひたるとき、その背後の窓は明け放たれており、太陽がふり注ぐ戸外の気配は感じとれはするのだが、現実に人が目にするものは、間近に迫る隣りの家の石垣ばかりであり、この構図が、その後の作品にいくつかの変奏をともなって踏襲されることになるだろう。

窓の向うは壁か屋根しかないという空間に人物を並ばせること。そして、別の方向に開かれているはずの窓から彼らが見ているものを画面には示さずにおくこと。こうした舞台装置の設定は、いっぽうで窓や廊下に対して置かれるキャメラの位置を制限することになるし、また他方、障子を開けるという些細で日常的な仕草ひとつで外部に向って開かれることになるはずの日本家屋を、密閉空間とはいわぬにしても、ある抽象的な空間に仕立てあげる。その抽象性は、すでに述べたごとく、遥かな距離まで伸びる視線が禁じられているという平面的な空間として現われてくるものだ。瞳は、その深まり行く運動をあるところで断ち切られねばならず、廊下の向うに拡がっているはずの庭は、戸外へと視線を誘っておきながらも奥への歩みを禁じる罠として機能しているとさえいえるだろう。おそらく、小津といえばきまって口にされるロー・アングルも、こうした視点から考察さるべきものだと思う。日本の家屋の内部にキャメラを据えた場合、視界に浮きあがる畳の筋目が、日常感覚がほとんど無視している遠近法的な深まりを画面の上で誇張することになるので、そこに抽象的な平面性をもたらすためには、畳そのものをなるべくキャメラから排除しなければならない。実際、伊香保の旅館で並べて敷かれたふとんの上にすわる原節子と司葉子とが、あの低い位置からではなく、畳の筋目が視界に浮きあがる角度から捉えられていたとするなら、庭をはさんで向う側に見えている隣りの宿の縁側と廊下とは、遥かに遠い印象を与えるだろう。その場合、壁は間近に迫らず、画面の平面性は失われてしまう。小津のロー・アングルは、だから明け放たれた窓との関係としても考えらるべき問題なのだ。

こうした展望にたったとき、人は、『小早川家の秋』の舞台装置がどれほど小津の空間的な配置を実現したものであるかを容易に理解する。まず、中村鴈治郎が娘の新珠三千代の視線を逃れて着換えをするあの日本間。それは、廊下を介して庭に面しており、唐紙や障子はほとんど閉じられることがないので、いかにも開かれた明るさにみちている。だが、その庭は灰色の土塀によって閉ざされ、その向うへと伸びようとする視線を残酷にたち切っている。事件が起るのは、だから廊下のところまでであって、庭は、まぎれもなく存在していながらもほとんど説話論的な機能を演じてはいない。家族一同が集まって病状を心配しているところに、頭にぬれ手ぬぐいを乗せた寝巻姿の鴈治郎が不意に姿を見せて張りつめていた緊張感を弛緩させるのも、その廊下である。小津で見るものを驚かせるのは、庭と廊下との説話論的な磁力の落差である。庭とは、説話論的にも主題論的にも不在の空間であり、見えてはいながらも映画的には存在していないのだ。その事実を何にもまして雄弁に語っているのは、鴈治郎が訪れる浪花千栄子の家の構造である。鴈治郎は、かつて子供まで生ませたこの女の家で死ぬことになるのだが、ちょうど『秋日和』の旅館がそうであったように、縁側を介して中庭に面した二つの日本間が向かいあったかたちで相対している。ここでも視線はいったん奥へと伸びてゆくのだが、庭の向うにはいま一つの部屋が壁のように立ちはだかって、その深まりを禁じているのだ。

隠し子との再会という類似の主題が導き出す『浮草』の場合も事情は同様である。旅役者の鴈治郎が知りあいの小父さんとして訪れる杉村春子と川口浩の家にも、狭い庭がある。昔の女のもとに通い、子供の成長ぶりを眺めて目を細める旅役者が好んで坐るのは、葉鶏頭が赤く咲き乱れる庭に面した縁側である。だが、杉村春子の用意する盃を飲みほす鴈治郎の背後には、午後の陽光が差し込む巨大な隣家の壁がそびえている。にもかかわらず、夏の花々の派手な色彩が異様なまでに強調する庭の狭さを、誰も息苦しく思ったりはしないようだ。あたかも間近に迫る壁に快く保護されているかのように、小津的な存在たちはそこで日頃の緊張をときほぐしてゆく。旅役者の一行が寝泊りする芝居小屋の楽屋は二階にあり、この部屋の窓も戸外に向って明るく開かれている。だが、そこでわれわれが目にするものは、通りをはさんだ向う側の家の、異様に大きな屋根の瓦のつらなりでしかない。あるいは、後期の小津で佐野周二や佐分利信が事務をとる丸の内のオフィスの窓を蔽っているジャロジー型のブラインドを思い起しても、それと同じ閉鎖感がそこに支配している。光線は入ってくるのだが、外部の光景はやはり視覚には浮びあがってこないのだ。たまた ま外部の風景が実景で示されることはあっても、奇妙なことに、それは、ほとんどの場合、画面には映っていない別の窓から見られた光景なのだ。『麦秋』の佐野周二が、東京を離れる原節子に向って「よく見とけよ」という丸の内のビル街のイメージがそうだが、その意味で、後期の小津にあっての戸外は、階段がそうであったように、存在してはいるが画面には見えない位置に拡がっているのだ。そして現実にキャメラが戸外に据えられると、遠近法を欠いたビルの壁面が視線を遮ってしまう。

いまや、視界をさえぎる壁が、小津安二郎の特権的な舞台装置であることは明らかだろう。明け放たれた窓の向うには、二重の壁がそびえたっているのだ。物理的に見えている隣家の壁と、いかなる説話論的な機能も演ずることのない中庭とが、縁側で小津的な空間を鋭く切断しているのである。廊下や窓の向う側には、何も存在しないからである。庭と隣りの家の壁なり塀なりは、いわば、書割りの装置かだまし絵のようにのっぺらぼうな平面であって、深さの印象は偽りのものでしかない。これに似たものをわれわれはたった一度だけ映画で目にしている。アラン・レネの『去年マリエンバートで』の劇場のだまし絵の装置がそれである。密閉空間の抽象的平面性といったのはこうしたことがらにほかならない。

たとえば礼服の家族一同が並んで坐る『小早川家の秋』の火葬場の、あの明け放たれた障子の向う一面に拡がっている茶褐色の煉瓦の壁、あるいは『秋刀魚の味』の冒頭、笠智衆が事務をとる部屋の、いくぶん均衡を失したほどに大きな窓の奥で煙突から煙をはいている工場の壁、あれが抽象的な平面性でなくてなんだろう。それほどのだまし絵的な平板さにはおさまってはいない『晩春』や『東京物語』や『秋日和』といった作品の日本家屋のほとんどが、ほぼ、『麦秋』をめぐって詳述した中庭を空間構造として共有しているのはなぜなのか。『お早よう』の幾何学的な配置を示す小さな家々は、どうして芝生のはえた高い土手のようなもので視界を遮断された空間に並んでいるのか。おそらく向うには河が流れているに違いない高い堤防の上を、なぜ、きまって人が左から右へ、あるいは逆方向へとゆっくり歩いているのか。それらは、いずれも、視線が奥へと深まりゆくのを禁ずるためである。さまざまな映画の丸の内のオフィスの、あの何度も目にしたことのある廊下のつきあたりにしてもそうである。では、小津にあっては、遥か彼方の対象へと向けて作中人物たちが視線を注ぐことがないのであろうか。いや、『麦秋』の原節子と淡島千景がそうであったように、戸外を眺めることが決してないわけではない。ただ、多くの場合、小津が彼らの見ているものを画面で示そうとはしないのである。では、視線とその対象とを、彼が連続したショットとして示すことはないのか。

外部の侵入

小津にあって特徴的なこと、とりわけ後期になるに従って顕著となることがら、それは、人が、作中人物の見ているものを目にするとは限らず、また、画面に示された光景が、作中人物の視線の対象であるとは限らないという点である。もちろんこれは、小津のみに特有の現象ではなく、映画におけるあらゆる画面が、人称的な視線によって捉えられているわけではない。しかし、人物が何かを見ているショットに続くショットは、一般に見られているものと解釈するのが映画的な自然にほかならない。小津を特徴づけているのは、だから、視線とその対象との因果関係の消滅とすべきかもしれない。われわれがそこで見るものは、しばしば見ていることそのものであって、見られている対象が視界に登場しないことが多いのだ。たとえば『麦秋』の歌舞伎見物はその一例であろうが、そのとき人は、舞台に注がれる登場人物たちの視線ばかりを見るのである。それは、これまで視線の等方向性という言葉で語ってきたものだ。もちろん、劇場の場面で舞台の進行を観客に示さないというのは、修辞学的な省略の技法であり、決してめずらしいものではないだろう。だが、たとえば『早春』の冒頭に示される通勤風景で、ホームに立った誰もが同じ方向に視線を注いでいながら、その対象である電車をなかなか見せようとしないのは、たんなる技法ではない。『落第はしたけれど』の窓辺の落第生たちが明らかに同じ方角に瞳を向けていながら、地形的にその対象とはなりがたい空間に田中絹代が姿を見せたように、小津は、そもそもの始まりからして、視線とその対象とを因果律的な関係で示すことには無頓着なのである。

にもかかわらず、小津には、しばしば多くの登場人物が同じ一つの対象を凝視する場合がある。並んで何ものかに視線を投げること、その動作が、見られている対象そのものが持ちうる視覚的象徴性にもまして、濃密な説話論的な機能を演じてしまうのだ。注目すべきは、その時、不意に壁が消滅して戸外と室内とが通底するという事実である。たとえば『麦秋』で、子供や若夫婦が出はらって老人夫婦しか残っていない家に、杉村春子が訪ねてくる一場面。彼女は、菅井一郎と東山千栄子の戦死した二男の級友の母親であり、ふとした言葉のやりとりが、老夫婦の普段は口に出さない悲しみを顕在化させてしまう。老いた母親は、まだあの子が生きていて、ふっと戻ってくるのではないかとつぶやき、視線をふせる。夫にとって、妻のこの願いはもはや現実感を持つものと思えない。いやあ、もうあきらめていますといいながら、視線を遠くに投げる。その瞳の動きに同調するかのように、老妻も顔をあげ、われわれには見えてはいない戸外のある一点を見つめる。そのショットに続いて、勢いよく風にたなびいている鯉のぼりがいくぶんか仰角ぎみの画面で示される。この画面は、人をとめどもなくうろたえさせる。というのも、これまでに、彼らが見あげる方向に窓なり縁側などがあることを、知らされていなかったからである。われわれが知っている唯一の戸外は、狭い中庭ばかりであり、しかも菅井一郎と東山千栄子とは、いま、その中庭に背を向けている。感動的なのは、この唐突な戸外と室内との通底ぶりだ。矢車が乾いた響きをたててまわる鯉のぼりは、窓わくの中に浮きあがる光景としてではなく、かなりの至近距離から捉えられて画面いっぱいに泳いでいる。だが老夫婦の視線は、あくまでそのはためくさまに注がれていたように思う。もっともこの画面が二人の見てい

ともに『麦秋』。（上）老夫婦（菅井一郎と東山千栄子）が家の外を見やる。実際の画面では二人の坐る場所、視線の方向、キャメラの位置は異なっている。（スチール）（下）二人が遥かに見る麦畑の中の花嫁行列。

たものであるかどうかは明らかでない。ことによると、時間の経過を示すだけのショットなのかもしれないが、唐突に実現されるこの視線の等方向性は、二人の胸中に一人の親しい死者をよみがえらせ、同時にその死を納得させる。それは、彼らが子供たちの前では決して口にすることのなかった二人だけの別れの儀式である。親しいものたちが、並んで同じ方向に視線を投げ、同じ対象を視界におさめるとき、小津の作品には、きまって別れが、出発が、死が導入されるのだ。

一人娘の原節子を嫁に出して大和の故郷に引きこもった老夫婦は、茶の間に坐っている。背後には、土間の竈と積みあげた薪の束がみえているのみである。だが、彼らの視線は、不意に、観客には見えてはいない縁側の向うに何ものかを認める。畦道を進んで行く嫁入りの行列である。このショットのもたらす鮮烈な衝撃は、娘の身の上を案じる親たちの感慨に見るものが共感する以前に、画面には示されていない縁側を介して、外部と内部とが通底する点からくるものだ。視線とその対象とが連続するショットとして示され、その因果関係があまりに明白であるとき、小津にあっては、必ず説話論的な事件が導入される。それは、別れであり、死であり、家族の崩壊である。その瞬間に、あの抽象的な密閉空間は不意に途方もなく開かれた世界へと変貌する。『東京物語』の最後で、尾道の家にとり残された笠智衆の前に海の光景が拡がり出すのもそうしたときである。北鎌倉での鯉のぼり、大和での嫁入り行列に見入る夫婦が横顔で捉えられていたように、ここでの老人も奥の窓の方ではなく、右手に顔を向けたままだ。そして彼の視界に浮きあがってくる瀬戸内海の光景が、真夏の光をうけている。ここで強調されているのは、かたわらで同じ風景に見入っていたはずの妻の不在である。冒頭の画面では、同じ茶の間に彼らが二人並んで坐っていたことが痛いばかりに想起される。それはまた、東山千栄子の葬儀の日の朝、笠智衆と原節子とが並んで庭のはしから見おろした光景でもある。小津にあって、生きているものたちは、言葉をかわし合うことよりも、さらには正面から見つめあうことよりも、二人並んで同じ方向に視線を向け、同じ一つの対象を瞳でまさぐることが、より直接的な交感の瞬間をかたちづくるのである。そしてその深い交感の一瞬がきまって別離に先立つ儀式として演じられているという点には、のちに触れることにする。ここでは、見えてはいなかったはずの戸外が不意に視界に侵入してくる瞬間の説話論的な力学だけを強調するにとどめよう。『秋日和』の終り近く、原節子と司葉子とが湖畔の食堂に向かいあって腰をおろすとき、もちろん二人の視線は直交している。だが二人は、ある瞬間、まるで申し合わせたように瞳を画面の外に向け戸外の風景に眺め入る。そのとき、会話が途絶えることはいうまでもない。次のショットは、窓いっぱいに小高い山と湖が浮かびあがる。感動的なのは、その山がほとんど距離を欠いたあつかましさで、窓わくいっぱいに拡がりだすその隙間のなさである。それは、まるで中庭の奥にそびえる隣りの家の壁のような間近さで見るものに迫ってくる。鴈治郎がうちわを使いながら酒をのむ縁側の向うにそびえていた『浮草』の壁のように、そこには抽象的な平面性が露呈している。ここでも母と娘とは、無言のうちに遥かな対象を視線でまさぐっているのだから、瞳は同じ方角に向けられている。この視線の等方向性と、外部と内部との唐突な通底性が、彼女たちの小旅行を終わらせ、またその小旅行が、娘の結婚を準備することにもなるのだから、この画面が担う濃密な説話論的な役割は誰の目にも明らかだ。母と娘にとって、それはまぎれもない別離の儀式なのである。だがそれにしても、外部はどうしてこれほどまでに抽象的な平面性におさまるのだろう。それが、さしあたって、小津安二郎の最大の映画的な秘密だというほかはない。

VI　立ちどまること

固定ショットと不自由

否定的な言辞の連鎖によってではなく肯定の身振りによって、欠如をきわだたせるのではなく過剰なるものの戯れを介して小津安二郎に近づいてゆくこと。だがそれは、小津が嫌いであったものについては沈黙し、ひたすら彼が好んだものについてのみ語ることを意味するのではない。映画とは、一人の映画作家の審美感や個人的な趣味の反映にとどまるものではなく、映画自身の限界によってあらゆる監督をも拘束する制度的な体系だからである。なるほど後期の小津は、移動撮影やパンよりは固定ショットのつみかさねの方を好んだ。その意味で、彼は、移動撮影とパンを排除し、固定ショットを選択したといえるだろうし、その点から小津の特殊性を語ることは決して誤まりではない。彼は、明らかに一つの視点を特権化しており、その特権化が、他の可能性を切り捨てることで確保されているというのは間違いのない事実である。だが、おそらく個人的な選択にすぎないだろう固定ショットの特権化は、映画自身が映画作家に課する絶対的な束縛を前にしてみた場合、まったく相対的なものでしかないという点を忘れてはならない。あらゆる映画の画面は、移動撮影によるものか、パン、すなわちキャメラを水平に軸回転させるか、ティルト、つまりそれを上下に軸回転させるか、固定ショットによるものか、いずれにせよ、その四つしか存在しないのである。パンとティルトを同じ軸回転として一つに数えれば可能性は三つに減少するが、どれほど才能豊かな監督であろうと、ある視覚的な対象をフィルムにおさめようとする場合、そのつど、その限られた手段のどれかを援用するしかない。しかも映画は、被写体そのものの性格によっても、また題材や物語という点からしても、援用された手段を絶対的に正当化する理由をいささかも持ってはいない。また、それぞれの手段によって撮影された画面をつなぎあわせてゆくとき、その編集が従うべき絶対的な原理というものも存在しない。だから、「映画には文法がないのだと思う」という小津安二郎の発言は、ひたすらにロー・アングルの固定画面に執着した監督の自己弁明ではなく、一つの映画的な真実に触れる言葉だと解釈されねばならない。そしてその発言は、近年の構造主義的な記号論が映画について下した結論と正確に一致する。映画には、言語使用に際してその発話や解読を規制する絶対的な秩序としての文法にあたるものは存在しないし、またしえないのである。だから、何をすることも可能なのだが、その可能性は、映画が映画たりうる限界を超えることがないという意味で、絶対の自由ではない。あらゆる映画作家は、才能の有無にかかわらず、この不自由を逃れがたい条件として受け容れざるをえない。

この事実から、ひたすら固定画面に執着した小津安二郎が、決して豊かな映画的可能性をつぎつぎに放棄していったのではないということが明らかになる。そもそもの始まりから、映画とはきわめて不自由な環境なのだ。それ故、移動撮影か、パンかティルトか、固定画面か、その三つしかないキャメラワークによってフィルムに定着されたイメージを、編集によって適宜組みあわせながら一篇の作品を完成させ、そこに単調さの印象を生じさせまいとする試みは、自由を装った不自由さへの埋没にほかならない。だから、あらゆる作品は、映画が条件として背負いこんでいる絶対的な不自由から目をそらせようとするための、一時的な気休めにすぎなくなる。観客を退屈させることのない作品のほとんどは、存在しないはずの文法に従っているかに撮られた、不自由な映画なのである。また、もっとも自由な映画とは、戦略的に不自由に徹することで、映画自身の限界をきわだたせうるような作品だということになるだろう。そうした意味で、小津安二郎は、この上なく自由な作家の一人だといわねばなるまい。

たとえば、ドナルド・リチーが「小津が映画の文法的要素の大部分を、一つずつ捨てていったとき、明らかに、彼は映画監督の自己表現の手段を多く犠牲にしたのである」と書くとき、われわれはその見解に同調することはできない。すでに引用しておいたこの文章に対して、まず、映画には「文法的要素」というものが存在しないという反論が可能である。しかしリチー氏が、文法の一語を比喩的に、ある時代の統辞論的な常識にかなった表現体系という程度の意味で使用しているとするなら、次に、小津が「犠牲」にしたのは

「監督の自己表現の手段」ではなく、映画が限界づける不自由そのものだという反論が可能となる。

小津安二郎が、あらゆる映画監督がそうであるように、何ごとか個人的な思想なり人間観なりを表現したいと思ったことは間違いのない事実だろう。だが、語ることと同様、撮ることもまた、一つの不自由さを受け容れることなくしては成立しないいとなみである。そしてその不自由さに徹することで、体系としての言語なり映画なりの限界をきわだたせることもなく伝達しうる思想など、あえて表現されるに価いしないものであろう。小津安二郎の映画とは、まさに、そうした限界的な表現の試みにほかならない。では、それは具体的にはどういうことなのか。

映画には、可能なことと不可能なことがある。被写体に向けられたキャメラのとりうる態度が三つに限られていたように、被写体もまた決して無限にあるわけではない。外界の諸事象はすべて可視的なものとは限られていないからである。たとえば、風。誰もが頰でうけとめることのできるこの大気の流れは、映画では、木の枝のそよぎとか、大地に巻き立つ塵埃としてしか視覚化することができない。時計に刻まれる時刻はともかくとして、時間そのものも、決して推移する持続としては画面に定着することができない。あといくらも存在するだろうそうした不可視の対象のなかで、映画そのものにもっとも深いかかわりを持つものは視線である。瞳ならたやすくフィルムにおさめうる映画も、視線に対してはまったくの無力を告白するしかないのだ。瞳は鮮明なイメージとして画面に定着しうるのに、視線は絶対に撮ることができないという点に、映画がかかえこんだ最大の逆説がある。そして小津安二郎は、ひたすらその逆説のみにこだわり続けた作家である。こうした映画の限界への固執が、彼を、日本的な日常の私小説的な表現者という神話から、言葉の真の意味での映画作家へと向けて解放するのだ。

小津安二郎は、映画そのものの限界と向かいあう。するとそのとき、どういうことが起るか。瞳と視線との残酷な離脱現象が起ってしまうのである。瞳は可視的な対象だが、見ること、つまり視線というものは絶対にフィルムには写らないのである。そこで、あたかも何かを見ているような視線というものは、画面から消滅せざるをえない。見ることとは、映画にあっては、納得すべきことがらであり、視覚的な対象ではないのだ。それ故、キャメラは凝視しあう二つの存在に対してはどこまでも無力であり、この現実を物語に置きかえるほかなくなる。つまり、まず、相手を見ている者が示され、それに続いて、その視線の対象でもあり、同時に見返してもいるいま一人の人間の画面を示さざるをえない。もちろん、人物たちの配置を工夫すれば、彼らが見つめあっているという状態を示すことも可能だが、小津は、もっぱら構図＝逆構図の切り返しショットによってこの関係を描くことに固執した。そのとき、瞳に対しては瞳だけが対置されるという奇妙な空間が出現するのだ。しかも、その空間では、視線はどうも交わりあっているように見えないのだ。

たとえばフランソワ・トリュフォーはあるインタヴューの中でその奇妙な空間について次のように述べている。

オズの作品ほど不思議な魅力にみちた日本映画は見たことがありません。日本的といえば、これほど日本的な映画もないのでしょうが、それ以上に、私にとって最も不思議なのは、その空間の感覚です。空間と人物の関係、といったほうがいいかもしれない。二人の人物が向いあって話しているようなシーンがしょっちゅうあって、カメラはさかんに切り返すわけですが、どうもこれがにせの切り返しというか、奇妙な切り返しまちがいの印象をあたえるのです。オズの映画ではカメラが動くことはないのですが、もしカメラが対話をしている二人の間をパンでとらえるようなことがあったとしたら、二人はじっと同じ場所にすわっていないで、しょっちゅう場所を変えているにちがいないというような印象をあたえるのです。ふつう、向いあって話をする二人をカメラで切り返しによってとらえる場合には、原則として同じ位置で、つまりこちら側だったらこちら側で、向う側だったら向う側で、切り返すわけです。つまり、パンするのと同じことになるわけです。ところが、オズの映画では、たとえば一人をこっち側からカメラがとらえたかと思うと、つぎに相手を向う側から切り返してとらえているような印象をうける。これは印象ではなくて、そうとしか思えない意図的な演出のはずで、見る側としては、一人の人間の視線を追っていくと、実はそこには相手がいないのではないかという不安に襲われてしまう。カメラが切り返すたびに、そこにもう対話の相手がいないのではないかという……。（蓮實重彥・山田宏一『トリュフォーそして映画』話の特集刊、一〇頁、傍

ともに『東京物語』。尾道に住む笠智衆と東山千栄子の老夫婦が東京に出発する朝、仕度をしているショット。視線も顔も真正面を向き、『父ありき』の場合とはっきり異なる。

点は翻訳者）

映画作家フランソワ・トリュフォーが襲われたこの奇妙な印象は、とうぜんのことながら多くの批評家がイマジナリー・ラインの法則の無視と呼び、そして観客たちが小津の映画で実感しえたものだ。つまり、瞳は凝視しあっているかにみえて、視線のほうは交わることなく平行に行き違ってしまうのだ。

どうしてこんなことになってしまうのか。その理由の第一として、世にいわれる小津の映画文法に対する無頓着ということが挙げられよう。切り返しショットとは、視線の対象となっていたものの視点から視線の主体を見返すショットをつなげることだが、この場合、キャメラは交わる視線の同じ側に置かれるのが普通である。一方の瞳が若干レンズの右脇を見ているなら、次の画面でそれとは逆の左方向に相手の瞳をずらせばたちまち解決のつく問題である。しかし小津は、その編集者だった浜村義康の指摘にもかかわらずそれに従うことをしなかった。だから、トリュフォーが想像しているように、これは明らかに意図的な演出なのだ。では、考えられる次の理由はどんなものだろう。映画人たちから目線の乱れと呼ばれて軽蔑されているごく初歩的な技術的ミスに、彼が生涯固執しつづけるというのはどういうことなのだろう。おそらくここでは、われわれは、この奇妙な現象を、方法上の欠陥といった否定的言辞に閉じこめることを避けねばなるまい。では、どうしたらよいのか。

まず、二つの虚構に言及しなければならない。虚構というより嘘と呼んでもよいが、人は、とりわけわれわれ日本人は、その日常生活にあって、小津安二郎の映画におけるほどの頻度と執拗さをもって他人の瞳をのぞきこみはしない。それが笠智衆のような敵意を欠いたものであろうと、原節子のようにいくばくかの憂いを漂わせたものであろうと、相手の瞳を正面からいつまでも見据えつづけることはまずない。われわれがある種の瞳に惹きつけられることがあるとするなら、それはこちらを直視しつづけているときではなく、何ものかに視線を奪われている瞬間か、さもなくばふと視線をそらし、伏目がちになったりするときにちがいなかろう。その意味で、小津の視線は無遠慮なものであり、こうした瞳に囲まれて生きることはできまいし、またそのことを、小津自身も充分に意識していたはずである。だから、こうした瞳が、あくまで捏造された虚構にすぎないことをまず確認しよう。それはさして困難なことではない。こうした不自然さは小津のいたるところに見出されるからである。

次に挙げられなければならないのは、映画自身がその限界ゆえに捏造せざるをえない虚構だ。それは、凝視しあう二つの瞳を同じ一つの固定画面におさめることができないという映画の限界から導きだされるものである。見つめあう二人の人間を示すには、いま述べたように視線の中心に置かれたキャメラを一八〇度パンさせるか、あるいは切り返しショットによって二つの画面を連続させるかするしかない。だが、そのいずれにあっても、交錯する視線の空間的な同時性は、時間的な継起性に置きかえられざるをえないのだ。したがって、見つめあう二つの瞳に対して、映画はいつも敗北しつづけるほかはない。日常的な習慣を超えた虚構として執拗にくり返し演じられる小津的な見つめあいは、おそらく、その虚構性そのものによって、正視する瞳は描けても視線を画面に定着させえないという映画の限界を露呈させ、にもかかわらず二人の人間が視線を交錯させあっているような印象を安易に助長させる表現手段としての、あの編集という技法の虚構をあばきたてているのだ。映画を撮るとは、いくつもの不自由を背負い込むことにほかならない。そしてその不自由を、ごく些細な手段にうったえて自由だと錯覚するような作家や観客たちに向って、その錯覚を晴らすべく、小津は、あの不自然で無遠慮な瞳を向けているのだ。

あるいはことによると、そのことで小津は密かに喜んでいるのかもしれない。正面を向いた女性の、とりわけ原節子のひたいの、むき出しにされた毛の生えぎわの美しさを画面に定着させることだけのために、こうした画面に執着していたのかもしれない。実際、小津のあらゆる女優たちのヘアー・スタイルは、髪でひたいを隠さないという特徴を持っている。髪でひたいの隠れる例外的な女優は『東京暮色』の有馬稲子と『早春』の岸恵子だが、前者が自殺し、後者が誘惑する役を演じているのは決して偶然ではなかろう。だが、そうだとすると、イマジナリー・ラインの無視といった理論的考察は一挙に崩壊してしまうかもしれない。

世界の映画史において、不自由を隠蔽すべく捏造された切り返しショットという編集技法は、恋愛メロドラマによる心理的な接近、あるいは活劇による対決感の助長という二つの側面にそって発展し、虚構としての完璧さに達したと見ることができる。つまり、共感と反撥という二つの心理を形象化する技法としてながらく活用されてきたのである。そして反撥と共感とがたくみな平衡を保ちえたとき、そこに洗練されたユーモアが生まれもする。ところが、小津にあっては、そうした心理的な要素はその切り返しショットからは生まれてこない。見るものが捉えられるのは、そこで交わされる台詞がどんなものであろうと、あのフランソワ・トリュフォーが口にした奇妙な空間感覚ばかりである。こうしたずれの印象は、物語の流れに身をまかせて画面を見ることを放棄した場合は、あっさり忘れられてしまうものかもしれない。だが、あくまで画面に視線を注ぎつづけていた場合、われわれの瞳は抑えがたく動揺せざるをえない。小津安二郎の映画を見るとは、この瞳が蒙る動揺を不断に持続し、更新させることにほかならない。それは、映画自身にとって、この上なく残酷な体験だ。どうかすると、あと一歩で、映画が映画でなくなってしまう瞬間の到来が間近に迫っているからである。そしてそのことが、見かけは弛緩しきっているかにみえる小津の物語の説話論的な持続に、たとえようもない緊張感をみなぎらせることになるのだ。たとえば、『浮草』における中村鴈治郎と京マチ子との雨の軒先での見つめあい。あの光景の劇的な密度の高さは、心理的な葛藤がみごとな演出で形象化されているという以上に、この凝視の交錯がいま少し続けば、もはや映画が映画でなくなってしまうという緊迫感がそこにみなぎっていたからだ。だが、このことは、雨の主題とともにあとで詳しく見ることにしよう。

並ぶこと

小津にあって特徴的なのは、こうした説話論的な凝縮現象が、その緩和現象ともいうべきものと親しく共存しあっているという点にある。というより、真正面から向かいあうシーンの方が例外的で、視線の交錯は、むしろ斜めに位置しあったもの同士が、いくぶん顔を横に向けて会話を交わす場合の方に多いといいうるだろう。たとえば『麦秋』で、原節子が、かつての級友と四人で結婚式の帰りにホテルでお茶をのむ場面がある。ここで彼女らは、二人ずつ向かいあってテーブルにつくのだが、原節子と淡島千景の未婚組が、向かいの既婚組をさんざんひやかすので、そのうちの一人が、そんならあたし帰るわと席を立つ。だが、帰れ帰れと追いうちをかける淡島千景に抗弁すべく、彼女は隣のテーブルのいちばん端の椅子に腰をおろしてしまう。すると、残された既婚組の一人がまた腹をたてて立ちあがり、端にすわった仲間の隣りの席につく。かくして真正面に向かいあっていた二組の女たちは、ちょうど並行移動したかのように、斜めに位置しあうことになる。この移動は、かつて青春を共有しあった者たちだけに可能な冗談によってユーモラスなリズムとともに進行するのだが、こうした滑稽なやりとりを介して、小津は、斜めに交わる視線をごく自然に画面に導入してしまう。

だが、小津にあっての緊張が不意になごむのは、瞳を向けつつも視線を交わらせていなかった二人の人物が、その視線をまったく同時に別の方向に移し、その瞬間に画面には映っていない対象を不意に視界におさめるときだ。たとえば、湖畔の食堂で向かいあって茹であずきを食べていた母と娘が、その窓ごしに榛名山を見あげる『秋日和』の終幕近くの一シーン。あの何ということもない緑の山を正面からとらえた画面には、いかなる抒情も影をおとしてはいない。ここで重要なのは、二人の人間がはるかな距離を介して同じ一つの対象を見つめるという動作である。そしてその動作そのものが、見つめあう瞳の切り返しショットにはこめられえなかった二つの存在の共感を表現しているのだ。これによく似た光景は、『麦秋』で原節子が、お茶の水界隈の喫茶店で二本柳寛と落ちあい、向かいあって腰をおろして戦死した兄のことを語りあう場面にも見られる。二本柳は死んだ兄の同級生であり、二人して故人をしのびあう。そして彼らは、背後にかけられた風景画の額に視線を注ぐ。もちろん、ここでも、台詞は急に途絶え、沈黙のうちに共感が二人をつつむ。

小津の抒情は、たがいに見つめあうことでもなく、また視線の対象となったものがまというる心理的象徴性によってでもなく、ただ、同じ一つのものを二人の存在が同時に視界におさめるという身振りそのものによってかたちづくられる。その意味で、これはイメージに従属することのない動的な抒情というべきものだ。『麦秋』の老夫婦が国立博物館の前庭に並んで腰をおろしていたとき、顔を正面に向けあっての二人の対話をふと中断させる糸の切れた風船。感動的なのは、空の中に消えようとするその風船が担いうる象徴性ではなく、菅井一郎と東山千栄子とが、ほとんどいいあわせたようにそれを見あげる動作の同時性なのだ。あるいは、故郷にもどって死を迎えるべく新たな生活を始める彼らが、畦道の向うを進むお嫁入りの行列に視線を向けるときの仕草。こうした場面に共通しているのは、それまで続いていた会話がふと途切れ、向きあっていた顔が同時に別の対象へと移行するという運動が必ず画面に刻みつけられているということである。そして、距離を介して平行の視線を投げかけ、同じ一つのものをたがいに視界に確認しあうという動作が、文字通りの共感となって二つの存在を結びつけ、同時に、画面が担いうる心理的象徴性を鋭利に断ち切っているという点が見逃されてはならない。『早春』の終り近く、池部良が笠智衆と二人でながめる琵琶湖の上を滑ってゆくボート、あるいは『小早川家の秋』の終りで二人の百姓夫妻が見あげる火葬場の煙突。こうしたものは、いずれも物語の中心からはかなり離れた地点に姿をみせるものだが、それまで続いていた視線の交錯劇の息苦しさを一挙に解放し、説話論的な持続の切断、つまり作品の終りを予告している。

抒情を排した共感のフィルム的形象化は、小津にあってはいつでも作品をしめくくるかたちで演じられるとは限らないし、また、必ずしも同じ対象を視界におさめる必要はないのかもしれない。それはおそらく、何らかのかたちで心が結ばれあった二つの存在が、ただ並んで腰をおろし、まるでたがいの仕草を反復しあうように、同じ動作を演じてみればそれで充分なのだ。そうした場面は、いずれも、並んで同じ身振りを演ずる一組の男女を、斜めうしろから交互に捉えるショットで始まり、顔を真横に向けての会話がいくつかの画面を構成し、やがてそれが始まったようなショットで終る。『東京物語』の笠智衆と東山千栄子とが、熱海の堤防にゆかた姿で並んで腰をおろす名高いシーンは、キャメラが海の側からこの一組の老夫婦を捉えることがないという点で一貫している。彼らは、ときおり顔を向けあって言葉を交わしはするが、ここで何にもまして雄弁なのは、斜め横から撮られた二人の背中である。相手の方に顔を向けるときも全身がそれにつれて動くことがないので、人は、視線が交わってはいないような印象を持つ。それは、ちょうど、親しい仲間の新婚旅行への出発を見送る『秋日和』の司葉子と岡田茉莉子とが、オフィスのビルの屋上に並んで立つときと同じ姿勢である。小津にあっての親しい人間たちは、決して正面から向かいあうことなく、何ものかに面して視線を平行に投げかけたところを、斜めうしろから捉えられるのだ。彼らは、背中と、腰と、そしてときには足で共感を表現する。小津にあっての抒情は、だから、動こうともしない背中がこの上ない雄弁さを発揮するとき最高度に達するのだ。男たちの友情にとって、バーのカウンターが特権的な舞台装置となるのはそのためである。

だが、こうした小津的な共感の表現がもっとも美しく形象化されているのは、父親と子供とが黙って並ぶ瞬間だろう。『父ありき』の笠智衆は、寄宿舎から子供を呼びよせ旅館で夕食をとって小遣いを与える場面より、裸足で川べりに立ち、父子並んで釣りの糸をたれる場面での方がはるかに父親らしい。流れにそって下ってゆく二人の釣り竿は、下流から上流へと何度か機械的に引きあげられる。その不自然なまでに類似した親子の動作を見ていると、彼らが、その動作そのものの中に、あらためてうなずきあってみるまでもない共感をまさぐりあっているさまが、痛いまでに伝わってくる。もちろん、顔を真横に向けた二人の間には会話が交わされもする。だがわれわれが見ているのは、その背中であり、腰であり、裸足の足だけである。

後姿をした二人の人間が何度も同じ動作をくり返すこと。それも機械的に、流れにそって移動させる釣り竿を同時に上流へと向けてははねあげ、同じ過程を無限に反復させること。すでに『浮草物語』で試みられ、『浮草』のいささかスタチックな海釣りへ引きつがれるこんな光景が、なぜこれほどまでに感動的であるのか、われわれは、その理由をあえて問うてみたいとは思わない。単調といえばこの上なく単調で、ほとんど機械的とも思えるほどのこの不自然な動作の同時反復を、ただ永遠に見つめていればそれで充分だという気がする。そこでは、川の水も、釣り竿も、二人の人間も、すべてが運動そのものと化しており、運動を運動として捉えうる視線そのものが運動に同調し、一つのリズムに溶け入って視線であることをやめている。まるで、流れる時間そのものを、風のように皮膚の表層でうけとめているかのような印象なのだ。もはや、瞳は見てはおらず、盲目と化した存在が運動そのものを生きている。だが、こんな光景が永遠に続くはずはないという思いが脳裡をかすめる。映画が崩壊せず映画としてとどまるために、この美しい場面は終らなければならないだろう。そして、この二つの存在もあるとき類似した動作を唐突に中断し、並んで立つ姿勢を崩さなければなるまい。そうした息苦しい思いが、こののどかであるはずの田園風景に一つの緊張感を導き入れる。この説話論的な凝縮現象が、交わらない視線の交錯しあう奇妙な室内空間がもたらす緊迫感と連繫しあって、小津安二郎の作品に、映画がその限界に触れようとする瞬間の全身的な動揺のようなものを行きわたらせるのだ。

小津的な運動

ところでこの並びたつ小津的な「存在」を、それじたいが動く装置の中に置いてみるとどうなるか。流れる川のほとりに二人を並置させるのではなく、たとえば通勤電車のように、移動する空間の内部に据えてみると、どんなことになるのか。その場合、運動する物体にキャメラを置いて撮影する以上の爽快な画面が得られることを『晩春』が証明している。

周知のごとく、『晩春』の笠智衆の家は、『麦秋』の彼の家がそうであるように鎌倉に位置している。この二篇のフィルムにおける笠智衆は、東京の大学の研究室なり病院なりに、横須賀線を利用して通勤する。前者にあっては彼の娘となり後者ではその妹となる原節子も、また同じ路線を使って東京のオフィスに通っている身だ。しかし、奇妙なことに彼らが一人で電車に揺られている光景というのは決して姿を見せない。車内の風景は、必ずといってよいほど二人づれなのである。『晩春』でなら、笠智衆と原節子が並んで電車に乗る。『麦秋』の場合は、笠智衆は同僚の宮口精二と肩を並べている。そして、どちらにあっても二人の間にはあまり言葉が交わされることはない。黙って吊り革に手をそえたり並んで座席に腰をおろすことだけで、彼らの間にはある種の親しい共犯関係が成立しているかのようだ。窓から進行方向に据えられたキャメラが前進する長い車輌のつらなりを捉えたショットに続いて、笠智衆と宮口精二とは、何の合図もなしに読んでいる新聞を交換しあう。その寡黙な中年男の並んで坐っている姿を、キャメラはやや離れた距離から斜めに捉え続けるばかりだ。そして、鎌倉の低い山並みを背景に持つ風景の中央を真横に通過してゆく横須賀線のロング・ショットが示され、窓の外に流れる外部の光景がとりわけ強調されるわけでもないのに、ここで見るものが体験する運動感は驚くべきものがある。首都圏に達するまで、途中にいくつかの停車駅が介在することが嘘であるかのように電車はひたすら走りつづける。

この北鎌倉から東京への行程は、『晩春』にあってはより綿密に地理的関係を反映させながら、本来であれば日常的で単調な反復であるはずの通勤という現象に、たぐい稀な運動感を賦与することになる。「このように時間の経過に従った旅行の撮影は、簡単なようでいて、実はそうでない」と指摘するドナルド・リチーの言葉はまさにそのとおりで、こうした疾走感の表現に多くの作家が失敗しているのだが、ここでとりわけ重視したいのは、はじめに父親が空席にすわることになり娘と向かいあうかたちになっていた人物関係が、驀進する電車を外部から捉えたいくつかのショットの後に、唐突に並置関係に変っているという点だ。おそらく、横浜でかなりの客が降りることで、原節子は笠智衆のかたわらに坐ることができたという設定なのだろうが、二人が並んで書物に目を落している場面を不意に目にするわれわれは、これこそ小津にふさわしい配置なのだと確信してほっと胸をなでおろす。その安堵感が、この横須賀線の疾走をことのほか爽快なものにしているのだ。

いま一つ注目すべき点、それは横須賀線を知っている者なら誰もが思い出すように、この路線の車輛の椅子は、戦前から戦後まで、一貫して窓に背を向けたドアー脇のシートと、長距離列車のように向かいあったシートとの混用からなっているという事実である。その些細な事実の指摘は重要である。というのも小津は、『晩春』と『麦秋』の両方で、二人の人間をともにドアー脇の、窓に背を向けたシートに並んですわらせているからである。この姿勢によって、笠智衆と原節子とは、『浮草物語』や『父ありき』で並んで釣り糸をたれる父子のように、運動する流れに対して真横に位置することになる。重要なのはこの点なのだ。外部の風景は坐っている二人の背後を流れてゆくのであり、彼らが立っているならその目の前を通りすぎてゆくだろう。長距離列車の向かいあわせのシートに身を落ちつけるのは、『東京物語』の最後で尾道を離れる原節子や、『彼岸花』の最後で広島へと向かう佐分利信のように、同伴者のいない旅人に限られている。数少ない例外は、『東京暮色』の中村伸郎と山田五十鈴だろうが、この場合は外部は夜だし、しかも停車中のことなので、運動感覚はゼロに等しい。『浮草』のラストの京と鴈治郎の場合もほぼ同様である。

もちろん、こうした現象は後期の小津に顕著に認められる現象で、初期の無声映画に登場する列車は、『若き日』や『青春の夢いまいづこ』の場合のように、『麦秋』におけるほど周到な運動する舞台装置とはなりえていない。それだけに、列車と爽快な運動感覚との関係はあくまで希薄というほかはないのだが、逆にキャメラが運動する物体に据えられた場合、たとえば『若き日』や『東京の合唱』の市電のように、ちぐはぐな運動の持つ滑稽感が強調されているといえるだろう。『若き日』では、財布をなくした斎藤達雄のあわてふためくさまをときには市電と同じスピードで脇を疾走するキャメラから捉えていさえするし、カレー屋のプラカードをかかげて車道を歩いている夫の姿を窓ごしに妻と子供たちが発見してしまう『東京の合唱』の市電も、その平行運動によって、滑稽さと悲惨さとの奇妙に入りまじった印象をもたらす。いずれにせよ、交通機関の中にキャメラが持ちこまれることはさして多いわけではないが、『淑女と髯』の高級車の車軸受けの脇に据えられたキャメラによる移動撮影も、どこかしらちぐはぐな運動感によって人を微笑へと誘うのだ。『朗かに歩め』で野原を疾走する無蓋のスポーツカーはむしろ例外的な乗物だというべきだろう。

決して数多く見られるわけではない小津の移動撮影について、人はしばしば、それが構図に大きな変化をもたらされないように使用されたと指摘する。たとえば『晩春』を例にとりながら、佐藤忠男は「小津作品における移動撮影はそのショットのはじめと終りとで画面の構図に殆ど変化が起こらないことが原則になっている」と書いている。もちろん、初期の無声映画にあってはこの限りではないと註記することを佐藤氏は忘れてはいないが、この指摘は必ずしも正しくないように思う。たとえば『東京物語』や『麦秋』に見られる壁を正面から捉えたかなりの長さを持つ横移動などで、病院の研究棟の木の壁や、上野のあたりと思われる寺院の土塀をなめるように進むキャメラは、最終的には人物に達してその動きを止めるのだから、無人の壁の映像から人物像への移行で、構図には大きな変化が導入されることになる。『麦秋』の場合は、横移動は手前に百葉箱を捉えて止まり、その奥の窓から仕事中の笠智衆を視界におさめるわけだし、『東京物語』では、子供たちの家から体よく追い払われた笠智衆と東山千栄子の老夫婦が、つかれきった姿で地面に坐っているところを斜めうしろから捉えることになるのだから、移動の出発点と到達点とで人が見るものははなはだしく異っている。だが、そのことはさして重要ではない。とりわけ前進移動や後退移動の場合に構図が変わらずにいる場合も多く認められるのだから、佐藤氏の指摘がまったく誤っているともいえないからである。問題は、ある一つの特徴で小津を定義しようとする場合、それに矛盾する細部が必ず存在してしまうということだ。そして、しばしば、その定義にはおさまりのつかぬ細部に触れて感動的なフィルム体験が生きられるのだが、そのことはのちに述べることにしよう。さしあたりここで指摘しておきたいのは、キャメラ自身はいささかも運動していないのに、それが据えられている土台が移動していることから得られる画面が持つ小津的な特質についてである。その例として、初期の市電や晩年の通勤電車のことが語られたわけだが、そこで忘れることのできない場合が二つある。

その一つは、『東京物語』での、義理の娘の案内で東京見物をする笠智衆と東山千栄子を乗せた遊覧バスのゆるやかな前進運動である。このシークェンスには十ほどのごく短いショットしか含まれてはおらず、時間にしてもものの二分も続かないだろう。にもかかわらず、あくまで緩慢なバスの滑走運動が説話論的な持続にまったく異質の時間を導入している。まず示されるのは、今日ほどの繁栄ぶりをみせているわけではないが、明らかにそれと見てとれる丸の内界隈を、ゆっくり進むバスの正面の窓の内側から捉えた外景である。続いて客達の姿をうしろから見たバスの内部。帽子をかぶったままの笠智衆を斜め前から見た近撮がその後にくる。さらに、窓の外に流れてゆく皇居前の風景。前後に並んで坐っている東山千栄子と原節子。再び笠智衆。再び、東山千栄子と原節子。再び客達のうしろ姿。そして再び銀座の表通りの前進移動。人は、ただこれだけの画面を見るのみである。その間、バス・ガイドの説明と音楽とが持続しており、別々の席に離れて坐っている三人の人間たちの間で言葉はかわされない。だが、このバスの場面は、ほとんど官能的といってよいゆるやかな滑走運動によって見るものの感性を武装解除してしまう。これはいかにも嘘だと思われるほどの正確さで、客達は同じようにゆるやかに上下に揺れ、同じ方向に視線を向ける。にもかかわらず、人は、このなめらかな滑走運動をいつまでも味わっていたい誘惑にかられる。これほど屈託のない動揺に身をまかせることができたらどんなにか快適なことだろう。だが、このシークェンスは、いたって呆気なく終ってしまう。間違いのない事実は、ここでわれわれが一体化したいと希求する対象が、人物やその心理ではなく、この簡潔な画面の連鎖がつくりあげる運動そのものであるということだ。そのほとんどが固定画面からなり、移動撮影もごく限られている小津の映画が、われわれに運動を嫉妬させるといったことがどうして起りうるのか、人は、種のない手品を前にしたときのように茫然自失しながら、説話論的な持続から置いてけぼりをくわされた自分自身を発見して深くため息をつく。だがそれにしても、小津の映画は動きがとぼしいなどと誰がいうのか。

なるほど、小津の固定ショットがしばしば静的な印象をもたらすことはたしかである。たとえば、『浮草』の最初の画面を目にするものは、ああまたか、と危惧の念をいだかぬでもあるまい。それはひとけのない埠頭を示し、手前の右手には空になったビール壜が立ち、画面の下から三分の一ほどの部分を横切る水平線とほとんど接しあったかたちの突堤のはしに、それと相似形の燈台が白くそびえている。この構図を端正なものとみるかあまりに図式的とみるかは趣味の問題だろうが、いずれにせよ、そこにはいかなる運動の入りこむ余地もない。そして、この種の固定ショットがいくつか続いた後で、物語は、港の待合室における事務員と客たちとの、暑さをめぐる会話とともに始まる。そこには、この作品の主要な登場人物は誰もおらず、彼らはいまここで待たれている船の上で暑さを耐えているのだ。旅芸人の一座のものたちは、上陸が近いことを知って用意にかかる。そのとき、一行の乗った連絡船が冒頭で目にした燈台の前を通りすぎる。奇跡が起るのはその瞬間である。無人の左舷に固定されたキャメラが、手前に船の手すりを配した構図で冒頭に目にした燈台を視界におさめるのだ。かなりの至近距離から捉えられた白い塔は、そのとき、青い空を背景として、画面を右から左へとゆっくり横切る。その運動の滑るようなゆるやかさに、人は思わず息をのむ。燈台は、文字通り横滑りしながら流れてゆくのである。いかなる人称性もこめられてはいない匿名の視点が体験するここでの運動感覚は、どこまでも緩慢なそのリズムによって、『東京物語』の遊覧バスの運動をふと思い起させる。だが、『浮草』の場合、鮮やかな運動感覚とともに構図が変わる画面はこのショット一つしかない。そして、このたった一つの画面ゆえに、われわれは小津的な運動を激しく嫉妬せずにはいられなくなるのだ。その嫉妬が帯びうるかもしれぬ湿った抒情を絶ち切るように、あとにはあの単調な固定ショットがくり返される。だから、あの官能的な燈台の横滑りに一体化したいという欲望はそのまま宙に吊られる。厳密な意味では移動撮影とは呼びがたいこの画面を、だからといって例外的な細部だとして『浮草』から排除することは間違いだろう。被写体が動いているわけではないし、キャメラも固定されているというのに、通勤列車や市電や遊覧バスや連絡船のように動くものの上にそれが据えられている場合の運動感覚、それが小津にとってはきわめて重要な細部であることを、われわれは認識しなければなるまい。

動きをとめること

おそらくここで、人は、「立ちどまること」のうちに最大の映画的な運動が生きられるという小津的な逆説に改めて意識的たらざるをえまい。しばしば単調で動きにとぼしいなどといわれる小津安二郎であっても、その画面に映っている登場人物の全員が動きをとめてしまうといった瞬間がそうしばしばあるわけではない。だが、誰もがぴたりと動かなくなってしまう場面が、小津には明らかに存在している。しかもそのとき、存在は、誰もが黙って真正面からキャメラにおさまっている。これは、かなり例外的な瞬間だといってよい。そもそも、人物の全身像が正面から捉えられるということがあまりないうえに、しかもそのとき、彼らは完全に動きをとめ、あまつさえみんなでキャメラの方にいっせいに視線を向けてさえいるのだ。

そうした条件を万遍なくみたしうるのは、いうまでもなく記念撮影の場面である。おそらく、誰もがすぐさま思い出すことのできるのは、『麦秋』の終幕近くに位置している親子三代の記念撮影の光景だろう。この場面は、原節子の結婚がきまったあと、唐突にあらわれる。菅井一郎と東山千栄子の老夫婦を中心に、二人の孫と、笠智衆と三宅邦子の長男夫妻と、一人娘の原節子とが見なれた一階の日本間に並び、写真屋の指示に従って思い思いのポーズをとって動きをとめる。この光景は感動的である。それはいま、この瞬間、家族が別れわかれになろうとしていることをわれわれが知っているという理由だけで感動的なのではない。小津がこれまで周到に回避していた画面構成のすべてが、一挙に許されてしまっているが故に、人を途方もなく動揺させるのである。と同時に、シャッターが切られる瞬間を見はからって家族全員が動きをとめるとき、その固定場面を見ているものは、スクリーンに自分自身とほとんど同じものを認め思わず粛然とするほかはない。おそらく、こうしたいくつもの理由によって、この画面は感動的でもあるのだ。いままさにフィルム体験を生きつつあるわれわれは、記念写真におさまろうと動きをとめる彼らと同じ姿勢で動きをとめ、彼らと同じように何人もの人たちと並んで、彼らと同じようにその瞳を同じ一点に集中している。映画を見るとは、記念写真の撮影のときのように、動きをとめたまま同じ方向に視線を注ぐという姿勢を共有することの上に成立する体験なのだ。ただ、われわれは程よい暗さの中にいるが、室内とはいえ彼らは残酷な明るさにさらされている。その関係は、まるで陰画と陽画のように対応しあってはいまいか。われわれを保護している共犯者的な薄暗がりを持たぬ彼らは、まるで、何も知らずに危険に瀕しているかのようだ。やがてあたりに明るさがよみがえったとき、われわれは、不動の姿勢も、一点に集中する視線をも放棄し、それまで列をなして並んで坐っていた者たちとの共犯的な関係を絶つだろう。それと同じ運命が彼らを待ちうけているのではないか。そう思うと、われわれはここで、映画そのものの限界に触れてしまったように緊張せざるをえない。敵意の影すら横切ることのない彼らの顔は、何か途方もない体験を生きつつあるのではないか。

このとき、一つの転倒が起る。彼らは、これから散り散りになろうとしているが故に、一家団欒の瞬間を記念写真として保存しようとしているのではない。彼らが記念写真の被写体になってしまったが故に、その家庭は崩壊せざるをえないという関係が形成されるのである。事実、小津安二郎における記念撮影は、その説話論的な構造にあって、きまって別れという主題体系と深く結びついている。『麦秋』の場合のように、物語の上で家族の崩壊が前提となってはいない記念撮影が画面に描かれるときでも、小津的な存在の身の上には、必ずといってよいほど別離なり死なりが物語に導入されるのである。

たとえば『父ありき』の笠智衆に引率された中学生たちは、修学旅行で訪れた鎌倉の大仏の前で記念撮影をする。そこには何ら危機的な状況はなく、学校生活によくある挿話が描かれているだけだ。にもかかわらず、それに続く画面で、見るものは、その写真におさまった中学生の幾人かの乗ったボートが顚覆し、水死するのを目撃せざるをえない。目撃といっても、それは『風の中の牝雞』の売春の場面のように、幾つかの意義深い細部の組みあわせがボートの顚覆を象徴的に示しているだけなのだが、この不慮の事故が、旅行の引率者としての笠智衆を引責辞職に追いやることになる。いうまでもなく、ボートの顚覆の直接の原因が記念撮影にあるはずはない。だが、説話論的な水準にあっては、明らかに記念撮影が死と別れの主題を物語に導入しているのである。それは親しい教え子との別れと中学教師の職との別れを、二重に準備しているわけだ。

記念撮影と別離の主題との関係を納得するには、『戸田家の兄妹』の冒頭を思い出してみれば充分であろう。そこでは、やもめの田舎教師とはうってかわった都会の裕福な大家族が、六十歳の還暦を迎えた母親の誕生日を祝って、広い芝生の庭に椅子を持ち出し、出張してきた写真屋のキャメラの前に並ぶ。それは、朗らかな家族的儀式であり、いかなる不幸な影もそこにさしてはいない。ひとり自室に残っていた次男の佐分利信を、妹の高峰三枝子がよびにやってくる。佐分利が面倒くさそうに列に加わることで、儀式は完成する。手入れの行きとどいた庭園にさす陽ざしも、この家族的な集まりを祝福するかのようにのどかである。舞台が戸外にしつらえられ、家族の構成も『麦秋』のそれより大きいので、至近距離からレンズを見据える一家のひとりひとりを画面の上にそれと識別することはできない。それに物語はたったいま始まったばかりのところなので、その構成員たちの複雑な血縁関係を理解することもまだ不可能である。ただ、中心に位置する家長の藤野秀夫をはじめとして、妻の葛城文子ほかの全員が、正面を向き、動きをとめて視線を一点に集中しているところは『麦秋』の記念撮影と変わらない。ところが、その夜、料亭での会食の後、家長の藤野秀夫は狭心症の発作で倒れる。そして、それぞれの家に帰っていった息子や娘たちがかけつける以前に息を引きとってしまう。ここでも、記念撮影は、不吉な別れの儀式であったわけだ。

昭和十六年に撮られた『戸田家の兄妹』は、説話論的な構造の上で記念撮影が死と別れの主題として機能することになった最初の作品である。だが、ここでわれわれが注目せざるをえないのは、その妻の還暦祝いの当日に一家の家長が他界しているという点だ。というのも、小津安二郎その人が『戸田家の兄妹』の老実業家の夫人がむかえた六十回目の誕生日に息を引きとることになるからである。小津は、その作品の中で、生涯の幾つかの重要なできごとを予言しているが、この戸田家の家長たる藤野秀夫の身に訪れるその妻の還暦祝い当日の死は、明らかに自分自身の六十歳の死を予告しているという意味で、われわれを動揺させずにはおかない。『青春の夢いまいづこ』から『小早川家の秋』まで、小津は何度か父親の死を題材とした作品を撮っているが、まさに父親の死を物語の導入部に据えた『母を恋はずや』の撮影中に、自分の父親の現実の死に立ち合わざるをえなかったというのは、いかにも象徴的だといえるだろう。

だが、小津安二郎の映画に散りばめられているいくつかの予言的な細部の中で、『戸田家の兄妹』の冒頭における老実業家の死は、あくまで特権的である。そこには、まず記念撮影という小津独特の告別の儀式がある。また、死者その人の年齢ではないが、還暦の六十歳という数字がある。注目すべきは、ここでの実業家とその妻の関係がいつでも交換可能なものだという点だ。事実、後年の『東京物語』では、ほぼ同じ状況にある老夫婦の妻の方が死ぬことになるだろう。だから、誰が死ぬかが重要なのではない。肝腎な点は、誰かが死ぬということであり、その際の性別はいつでも交換可能なものなのである。それは、すでに『父ありき』と『晩春』と『秋日和』にみられる両親と子供との関係をめぐって指摘しておいたことでもあるが、さらにいうなら、『父ありき』と『一人息子』とは、男親と女親との不在を交換しあっただけの、基本的には同じ家族構成を持った作品だとすることさえできよう。それ故、『戸田家の兄妹』の冒頭に描かれるのが、還暦の年の誕生日に起った父親の死であってもいっこうにかまわないし、あるいは死ぬのが母親であったとしても、ほぼ同じ作品ができあがったかもしれない。同じ作品というのは、もちろん、細部の微妙なニュアンスをあえて無視して説話論的な構造のみを語った場合にそうなるという意味にすぎないが、いずれにせよ、小津安二郎は還暦の年の六十歳の誕生日に死ぬ家長を題材とした作品を撮って何の不思議もない作家なのである。現実には、そんな作品は存在していない。正確に六十回目の誕生日に途絶えることになる小津自身の生涯が、その存在していない作品なのである。その意味で『戸田家の兄妹』の冒頭に据えられた記念撮影の光景は、小津的なフィルム体系の負の中心とも呼ぶべきものかもしれない。その一点で、虚構と現実が、陰画と陽画とがぴたりと重なりあってしまうのだ。これはおそらく、小津安二郎が、才能を超えた何ものかに恵まれていたことを証明する事実でもあるだろう。記念撮影によって具象化される別離の主題論的な体系と、作品の説話論的な構造との関係が、現実とは転倒した像を結んでしまうことの必然性も、その何ものかに由来するもののような気がする。現実生活でなら別れを前提として撮られることもあろう記念写真が、小津的な世界では、別離を物語に導入する説話論的な機能を演ずる主題となっているのだ。

四方田犬彦によって詳細に分析された『長屋紳士録』の記念撮影も、明らかに別離の儀式として機能している。動物園に遊んだ帰りにふと写真屋に立ちより、キャメラの前に立って動きをとめ、並んでレンズを凝視してしまったが故に、飯田蝶子は戦災孤児の青木放屁と別れねばならない。ここでの特徴は、シャッターの開閉の運動が画面に描かれ、レンズに視線を向けている二人の人物の倒像までが示されていることだ。現実と虚構とは、たんに陰画と陽画の反転関係にあるのではなく、そこに転倒という上下の位置関係の逆転までがつけ加えられねばならなかったわけである。(四方田犬彦「死者たちの招喚」前記『ユリイカ』一二〇頁)

反転と転倒という現象によって現実と虚構とが重なりあうとき、表情を宙吊りされたまま動きをとめた肖像群が、その徹底した不動性によって物語を動かす。物語が動くとは、人物たちの関係がそれまでとは異なるものとなるということにほかならない。後期の小津の場合、それまでかろうじて一緒に暮していた家族が、あるいは死によって、あるいは遠い地方への出発によって崩壊することになるのだが、その直接の契機となっているのが記念撮影の画面としてあるという事実、それが、動きをとめることのうちに最大の映画的運動が息づいているということの具体的な意味である。『戸田家の兄妹』にあっては、記念撮影の光景が冒頭に据えられ、物語を始動せしめる機能を果しているし、『長屋紳士録』では中ほどに位置して転調の役割を演じているし、『麦秋』の場合は、物語を停止せしめるべくそれが最後に提示されている。だが、『麦秋』にあって特徴的なのは、そこで二枚の写真が撮られているという点だろう。一枚は、家族全員の写真である。二枚目は、老齢の父と母との写真であり、その撮影にあたっては、息子夫妻や娘、そして孫たちが、写真師の側にたって二人を見すえている。つまり、そこでは動きをとめた視線が二重に交錯することになるのだ。菅井一郎と東山千栄子とがレンズを凝視する。そして笠智衆や原節子たちが、その凝視する瞳を凝視するという関係が生きられているのである。凝視といっても、そこには何ら悪意が介在したりすることもなく、息子や娘たちの瞳は微笑んでいさえする。だが、この二重の視線の交錯には何やら残酷なものが含まれている。それと意識されることはなくとも、ここで家族たちは孤独に被写体となっている老夫婦を、遥かに離れた土地へと送り出すことを納得しあっているからである。画面には映っていないキャメラに視線を向けたまま動きを止める菅井一郎と東山千栄子とを真正面から捉えたショットのたぐい稀な美しさは、その事実からくるものだ。これは、儀式の中の、いま一つの儀式なのである。たんなる家族離散の儀式ではなく、その中で選ばれた二人をあらかじめ葬送する儀式として、この二重の視線の交錯が演じられているのだ。実際、葬式とは、キャメラを凝視する一つの顔を、家族のものたちが全員で見据える儀式ではないか。事実『麦秋』の次の次に撮られた『東京物語』で、家族一同は祭壇にかざられた東山千栄子の肖像写真を凝視する儀式に参列することになるだろう。

おそらく、『麦秋』の菅井一郎と東山千栄子の記念写真にもっとも近い状況は、『秋日和』の結婚式の場面であろう。結婚式といっても、もちろん披露宴の光景など描かれはしない。だが、この作品は、披露宴のもっとも近くまでキャメラが接近したことで記憶さるべきものだ。『彼岸花』のように副次的な人物の結婚式ではなく、原節子が一人娘の司葉子を嫁にやるという状況を考えてみると、これからまさに披露宴が始まろうとする控え室の光景まで描き出されているのは、小津にあってはいかにも例外的だというほかはない。事実、着飾った新郎新婦が並んでキャメラの前に立つのを見たりすると、われわれは何やら見てはならぬものを目にしてしまったかのように落ちつかない気分に襲われる。写真屋が、礼装の佐田啓二と司葉子とにポーズをとらせている。その姿を、招待客の一人が、素人ながらキャメラにおさめようとする。その背後に、原節子が夫の旧友たちからは離れ、一人で微笑している。ここでの視線の関係は、『麦秋』で二重に交錯しあったそれとまったく同じものである。われわれは、二重の意味で不安になる。一つには、この記念撮影が、『麦秋』における葬送の儀式にあまりに似すぎているからだ。また、小津があれほど避けてきた披露宴が、いまにも始まりそうな気配であるからだ。その瞬間、動きをとめてレンズを凝視する花婿と花嫁を捉えたショットが挿入される。そして、誰もが結婚式の記念写真として知っているものと同じ姿勢、同じ構図の画面が途切れるとき、物語は人を安心させもする唐突さで結婚式場を離れる。

だがそれにしても、この礼装をまとった直立不動の男女は、本当に記念撮影の被写体であったのだろうか。これまで、こうした画面は祝福の儀式というより、親しい存在を引き離す葬送の儀式ではなかったか。それは、物語に死を、そして別離を導入するための身振りだったではないか。祝福の儀式がこれほど葬送の儀式に似てしまってよいものだろうか。いや、それでよいのだ、と一つの声が響く。その言葉を口にするのは、しかし、作者たる小津安二郎ではなく、『秋刀魚の味』の作中人物たる笠智衆である。実際、お葬式ですかという岸田今日子の問いに、彼は曖昧ながらも肯定の答えをつぶやいていたではないか。衣裳の物語にあって結婚式と葬式とが混同されたように、「立ちどまること」の主題においても、その二つの儀式は矛盾なく融合しあうものなのだ。そこでシャッターが切られる瞬間に動きをとめる花婿と花嫁とは、やはり、その姿を凝視している肉親や知人たちから送り出されるのであり、物語に新たな距離がつくり出されるのだ。

では、同じ題材をあつかった『晩春』や『秋刀魚の味』には、どうして結婚式場での記念撮影のシーンが存在しないのか。その理由は、おそらく『秋日和』が、女親が娘を嫁に出す物語であるからだろう。原節子と司葉子とは、団地の一棟に暮しており、二階建ての一軒家に住んではいないのである。二人はいつも隣同士の寝室に並んで寝ているので、原節子や岩下志麻を手離す男親の笠智衆にとってのように、男の聖域＝女の聖域という空間的な対立関係はそこには生じない。『晩春』や『秋刀魚の味』にあっては、別れの儀式は、式の当日の朝、花嫁衣裳に着換えた娘の部屋に、男親がおずおずと足を踏み入れ、その姿に見入る瞬間に演じられてしまっているのだから、改めて結婚式の控え室での記念撮影を画面に見せる必要はなかったわけなのだ。笠智衆にとっては、見えてはいない階段を昇って、娘の部屋に入ってゆけば、もうそれでよかったのである。やがてその二階の部屋は空になるだろう。それは、「住むこと」の章で後期の小津の空間的な構造を考察した際に指摘したとおりである。

こうして見ると、階段の主題と記念撮影の主題とが小津にあっては深く連繫しあい、ほとんど同じ説話論的な機能を演じていることが明らかになる。階段も、結婚式の記念写真も、普段は小津的な世界から排除されていて画面としては描かれない。そして、『秋日和』では娘を手放すのが女親であるが故に花嫁と花婿の写真が、そして『秋刀魚の味』では男親が娘を嫁がせるが故に階段が、小津には例外的なかたちで正面から視界におさまることになるのだ。一方は、二階と一階という空間的な構造から導き出され、いま一方は、「動くこと」と「立ちどまること」をめぐる運動の磁力から導き出され、いずれも、説話論的な持続を切断して物語を終らせる役割を演じているのである。小津的な「作品」とは、そこにいかなる類似も存在してはいない階段と記念写真とが、不意に驚くべき相似を生きはじめ、物語の枠組を超えて親しく微笑を交わしあう豊かで自由なフィルム的環境にほかならない。あらゆるものが、他を否定することなく共存しあっているのである。

Ⅶ　晴れること

真夏の死

妻が息を引きとったばかりの日の朝早く、東京や大阪からかけつけた子供や親類たちの集まる家をぬけだし、笠智衆の父親は、ひとり眺望のひらけた庭のはずれに立って、密集した人家の屋根ごしに海を見ている。義理の娘の原節子が小走りにかけよって、そのかたわらに佇む。『東京物語』の終り近くに位置しているこの場面で、妻にさきだたれた笠智衆は、いったい何を考えているのだろうか。原節子は、みなが待っているから家に戻ろうと誘う。そのとき義父は、妻との別れの儀式がとり行なわれようとしている日が、暑い一日になるだろうとぽつりと口にする。事実二人の背後には、澄みきった空が拡がっている。こうした天候に対する言及のうちに、人はいかなる記号を読むべきであるのか。彼は、これから、いつもとは違ってとりわけ暑い日が始まるだろうといいたいのか。それとも、いつものように、またその日も暑くなるといっているのだろうか。いずれにせよ、見るものが画面から察知できるのは、まさしく快晴の暑い一日が始まろうとしている気配である。それは、いつもとかわることのない、小津の晴れた朝なのだ。

ドナルド・リチーは、ここでの気象への言及が小津には決してめずらしいものでないことを正しく指摘している。「こういった異常なまでの天候への関心は、天気をいつも意識する日本ですら珍しい」と述べながら、そうした台詞の機能の一つとして、「かなりの感情的緊張のある場面をはっきり中断すること」を挙げている。なるほど、あたりの気象状況への言及にそうした機能がそなわっていることは間違いないことだろう。だが、その種の説話論的な機能以上のものがその言葉にはそなわっている。というのも、小津的な「存在」たちは、たんに天候一般を気にしているだけではないからである。たとえばほとんど二義的な役割しか演じることのない人物の「今日も暑うなるでェ……」に始まる『浮草』にせよ、もう、何という作品のどんな場面で誰がいったのか忘れてしまったほどいたるところでくり返されている「ああ、いいお天気」という台詞が聞かれる場合であれ、小津にあっては、空はいつでも快晴なのだ。曇りの日に撮られた小津の映画というものはほとんど存在しない。『麦秋』の、横須賀線の踏切りで菅井一郎が見あげる雲でさえ、曇天というより、爽快な好天を強調するものでしかない。そこには、いかなる湿りけもない澄んだ空が視界いっぱいに拡がっている。『東京物語』で、東山千栄子が孫の一人と堤防の草原で戯れながら、ふと死の予感を口にしてしまうとき、その顔を仰角ぎみに捉えたショットの背後に拡がっている空もまた同様である。

もちろん、暑さが口にされる場合、人びとの胸もとではうちわが揺れ、ゆかた姿の男たちの頭には濡れた手ぬぐいがたたんでのせられてもいる。しかし、それが梅雨の時期のじっとりとした暑さであったためしはない。暑さとは、あくまで晴天の属性にほかならず、そのとき家や人間は、いつでも地面に鮮明な影を落している。小津的な「存在」は、誰もが澄んだ快晴の日の空気を呼吸するのである。だから、モノクローム画面であれば、家の白壁や洗濯ものや女のワンピースの白さが強調され、カラー作品であれば、どこまでも青い空が背景にひろがることになる。まるで、日本列島が雨季を持つ亜熱帯に位置しているのが嘘であるかのように、小津の映画の光線は、ハリウッドという映画都市を持つカリフォルニアのそれ、あるいは地中海岸ニースのスタジオのオープンセットのそれとほとんど同質のものになっている。だから、小津の映画で、人は決して天候を気にしているのではない。自分が間違いなく小津の世界にいることを確信するために、「ああ、いいお天気」といい、「今日も暑うなるでェ……」と口にするのである。例外的に雨が降ったり雪がちらついたりすれば、それは、物語に何か恐ろしいことが起る不吉な前兆でしかないだろう。小津にあっては、空は晴れていることしかできないのである。

このとき、人は、小津安二郎を日本的な映画作家と呼ぶことがなにか途方もない間違いであることを理解する。その世界には、雨季が存在しないばかりか、時雨が降りかかったりすることさえないのだ。実際、伝統的な俳句が持っている季語的な修辞学ほど小津から遠いものはない。梅のつぼみがほころぶとか、落ち葉が散るとか、地面に霜が降りるとか、そうした微妙な季節の推移はまったく描かれることがないのだから、いわゆる自然の表情に敏感な作家だとさえいえないはずである。小津は、ほとんど残酷といってよい一貫性をもって季節を無視する。それが『晩春』であろうが、『麦秋』と呼ばれようが、『彼岸花』と題されようが、『秋日和』となっていようが、彼の映画にはいっさい季節がない。というより、春から夏、そして秋へと、梅雨を無視して快晴が続き、寒さも湿度もほとんど問題となることはないのである。そして、夜といえばきまって月夜なのだ。『晩春』の京都の宿の障子に落ちる月影ほど、夜の湿りけから遠いものもまたとあるまい。

たとえば、霧は溝口健二にはなくてはならぬ舞台装置だし、雨の降らない黒澤映画も想像することはできない。『野良犬』の酷暑はその対極に『白痴』の寒さをもっている。溝口が得意とした夜の抒情など、小津にはまるで無縁のものである。後期に至っては、登場人物がオーヴァーをまとうことさえまれとなり、男たちの多くが開襟シャツで出勤する。小津でマフラー姿の男女を見たのは、いったいいつが最後であったろうか。なるほど『お早よう』で人はコートやセーターをまとっている。だが、この映画ほど「いいお天気」とつぶやかれる映画もまたとあるまい。たしかに『東京物語』の笠智衆はコーモリ傘を胸にだいて東京にやってくる。だが、この雨具はときおり座敷の鴨居や廊下の壁にかけられてはいるが、それが必要とされる天候はほとんど描かれることはない。

だがそれにしても、雨や寒さを欠いた自然ほど反＝日本的なものもまたとあるまい。その意味で、イギリスにおけるもっとも早い小津の紹介者であるトム・ミルズによる小津的

「作品」と俳句の比較ほど奇妙なものもなかろうと思う。ポール・シュレイダーが「寂」や「侘」を持ち出して「幽玄」を語るときも、ドナルド・リチーが「もののあわれ」を口にするときも、われわれはきわめて居心地の悪い思いに誘われる。小津の画面を組み立てている光線は、とてもそうした日本的美意識へと人を誘うことはないものだからである。それは、何やら奥深く捉えがたい微妙な世界の表情といったものではなく、快晴の日の陽光のもとに、すべてが表層に露呈されてしまっている。雨が降る数少い作品である『浮草』の、杉村春子の家の中庭に咲き乱れている葉鶏頭の赤さほど、不気味な色もまたとないだろう。それは、何のニュアンスもなく、ただ赤いばかりなのだ。小津には、ものの輪郭を曖昧に漂わせるようなものなど何一つない。彼は、白昼の光線の作家であり、微妙なニュアンスよりは、過度の鮮明さに固執する。空は曖昧に曇ったりすることを禁じられ、ただ晴れていることしか許されてはいない。

だからといって、小津の画面には繊細さが欠け、詩情が不足しているなどとはいうまい。小津安二郎は、人が安易に詩的なものと信じている日本の季語的な修辞学とは異質の領域で、より大胆に、より残酷なかたちで詩情を漂わせる術を心得ている作家なのだ。それは、映画以外の領域ですでに詩的であると想定されている対象のイメージをフィルムに定着させることによってではなく、フィルムに定着されることで、その瞬間にのみ詩的に機能しうる画面を選択しうる資質といったものであり、それを、詩的なと呼ぶか否かはすでに意味を失っている。画面に映画が露呈された瞬間に体験するフィルム的感性の動揺、それをとりあえず詩的といったまでのことだ。いずれにせよ、画面に視覚的に表象されている対象そのものがすでに抒情に湿っているといった瞬間を、小津は徹底して回避した。そして、たとえば『麦秋』の記念撮影の場面がそうであったように、映画が映画である条件そのものを表層化させることで、心理を通過することなく、無媒介的に見ている存在を動かすのである。その意味で、しばしば後期の傑作として高い評価を与えられている『東京物語』を、「メロドラマの傾向が一番強い作品」だといくぶん自嘲気味に語っている小津は、きわめて正当な視点の持ち主だと思う。多くの点で人を感動させうるこの作品は、事実、その物語によって観客の情緒に働きかける側面をもっとも多く含んだ作品だといえる。たとえばここには『麦秋』の記念撮影のように、あるいは『秋刀魚の味』の無人の階段のように、さらには『浮草』の豪雨の中の言い争いのように、見るもののフィルム的感性を動揺させる突出した細部はない。名場面といわれる熱海の防波堤のシークェンスにしても、その抒情は充分に心理的に解消されうるもので、ここでの老夫婦のやりとりは『麦秋』の博物館の前庭に腰をおろす老夫婦のとり交わす視線の寡黙さにくらべてみても、いささか饒舌にすぎるという気がする。小津のいうメロドラマとは、映画そのものの限界と、彼自身のフィルム的世界ののっぴきならぬ相貌が露呈することなく語られてしまう物語のことなのだ。

にもかかわらず、『東京物語』は途方もなく感動的な映画だといわねばならぬ。それは、東山千栄子が息を引きとる朝の澄みきった空と、やがてあたりに乾いた陽光となって降り注ぐことになるだろう暑さとが、生なましくフィルムに定着されているからである。老母の死が確かなものとなったとき、キャメラは唐突に病人の横たわる座敷を離れ早朝の戸外に出る。そのとき人が目にするのは、何の変哲もない船着場の桟橋である。低い位置に据えられたキャメラは、海につき出した桟橋を縦の構図で捉え、逆光気味に黒く浮きあがる屋根とそれを支える鉄柱の向うに、海と低い山とが鈍い光を受けて浮かびあがる。人気のない桟橋の周囲には朝の気配が漂っている。それはごく短いショットなのだが、ここでは、何よりもまず人影が見られぬことと、視線をさえぎるもののない遠近法的な構図が確立していることで、驚くべき澄明さの印象を与える。深い奥行きをもって提示された船着場の屋根は、冒頭で示された尾道港を見おろす画面の中央に、水平の直線として構図にアクセントを与えていたものだ。ここでも、これに続く港の全景にその屋根が横に伸びているさまが見てとれる。この縦の構図と横の構図との連鎖がかたちづくる対照が何とも感動的なのだ。低い位置から捉えられた漁船、人気のない街路、等々の短いショットのつみかさねには、どこにも光線の氾濫はみられない。それは、文字通り早朝の澄んだ大気を、証人のいない光景の中に浮かびあがらせるだけの画面なのだが、にもかかわらず、その未決定の時空が、快晴の暑い一日の始まりであろうことをみごとに描き切っている。それは、一日の始まりであると同時に、一つの生命の終りの瞬間でもある。ごく短いこの風景が、始まりであり終りであるところのものを、ほんの数ショットで描き出してしまうのだ。

たとえば『風の中の牝雞』の曖昧宿の場面でも、小津は巧みに按配された短い画面の連

（上）『麦秋』の記念撮影。（スチール）
（下）『東京物語』　東山千栄子の死を象徴する早朝の人気のない船着場のショット。冒頭では日中のショットとして撮られている。

鎖によって、田中絹代の売春という事実を換喩的に表現していた。それと同じ技法が、東山千栄子の死を描くにあたって活用されているといえるかもしれない。だが、ここで注目すべきは、生から死への移行という例外的な事象を象徴するにとどまらず、夜から昼への移行という日常的な時間の経過をも的確に示しているということだ。宿命的でありまた普遍的でもあるその二重の移行を、画面そのものの鈍く乾いた感触によって描いている点で、『東京物語』の早朝の光景は、『風の中の牝雞』の曖昧宿のシーンにくらべて、修辞学的な饒舌からは遥かに遠い。それはほとんど換喩的な技法ですらなく、暑さの予感と死の呆気なさの印象とを、画面そのもののうちに無媒介的に結びつけているのだ。「ああ、きれいな夜明けだった」とつぶやく笠智衆の台詞にもかかわらず、縦の構図で深い奥行きとともに示された屋根つき桟橋の無人の光景には、われわれが夜明けとして知っているイメージを超えた何かが含まれている。夜明けの換喩的な表現としては、この画面は過剰な何かを語っており、またそうした表現のはるか手前にとどまっているといった欠如の印象をも与える。それはおそらく、黒々とした屋根を支える鉄柱の遠近法的な連なりが、日本の季語的な修辞学にはおさまりがつかない何ものかを体現しているからだろう。これは、やはり小津の大胆さを見るものに改めて認識させる画面というべきものだ。この種の縦の構図による奥行きを画面に与えることを彼は一貫して排していたからである。多くの人が口にする抑制と慎ましさの美学は、決してこの種の画面を選択させはしまい。われわれは、ただ呆気にとられて、このショットの唐突な出現を見まもるほかはないが、その驚きが驚きとして持続する暇もなく、作者はわれわれを老母の死が確かな現実として受けいれられている部屋につれ戻してしまう。小津の詩情とは、こうした大胆な繊細さのうちに触知さるべきものである。繊細でありながらも大胆な小津の画面は、季語的な修辞学の抒情に湿ることは決してないし、その説話論的な持続は驚きたいというフィルム的欲望をも置きざりにする。

白昼の作家

おそらく『東京物語』は、そのほとんどが快晴の空の下に展開される小津のモノクロームの作品系列の中でも、暑さの印象をとりわけみごとに定着しえた作品だろう。感動的なのは、その一貫した暑さなのだ。日本的な季節感からすれば、こんなときに一雨降ってくれればなどとつぶやきたくなろうというものなのに、ここでの作中人物たちは、誰ひとりとしてそんなことなど思っても見ず、ひたすら暑さと晴天とをうけ入れている。妻を失ったばかりの笠智衆が高みから尾道の港を見おろしながら、「きょうも、暑うなるぞ」と口にするとき、彼は、まるでそのことを祝福しているかのようだ。あるいは、自分が小津的な世界を見失っていないことを実感し、ふと安堵しているようだといってもよい。『秋日和』で何度も思い出話として言及されている原節子の夫の葬儀の日のように、『東京物語』の東山千栄子の死んだ日も、その厳しい暑さ故に記憶されるだろう。『小早川家の秋』で中村鴈治郎が死ぬのも、秋とはいえ、そうした暑い一日になることだろう。老人たちは、例外もなく快晴の日に息を引きとる。『東京物語』は、その好天と高温とを黒白画面に定着しえたが故に、とりわけ重要な作品なのだ。その後の色彩映画には、もはやこの鈍く乾いた画面の輝きはない。

だがそれにしても、仰角で空を見あげる画面が多く含まれているわけでもないのに、この作品ほど陽光のまばゆさを残酷に表現した作品もあるまい。これをみながら、われわれは、小津が陰影の作家ではなく、白昼の鮮明さに貫かれた作家であったことに、改めて感動する。もちろん、夜がまったく描かれていないわけではないし、初期の犯罪映画には闇が生なましく息づいていることさえあるのだが、にもかかわらず、小津はあくまで白昼の作家だというべきであり、澄みきった空から、一滴の雨も落ちてこないことにこそ感動すべきなのである。小津が白昼の作家であるが故に、不意に雨が降ったり、夜の湿りけが寒さとともに迫ってくるような作品がまた感動的になるのだ。

ところで、妻を失ったばかりの笠智衆は、海を見おろす高みに立って、何かを考えていたわけではない。彼ばかりとは限らないが、小津的な「作品」の登場人物たちには、およそ心理などというものは存在しはしないからだ。笠智衆は、そのとき、自分をとりまく環境にふさわしい晴天と暑さのことを、誰もがそういうであろうように、ふと機械的に口にしてしまっただけなのである。そこには深い意味などこめられてはいない。小津の会話独特の、あの交話的なコミュニケーションが、慎ましい儀式性をもって演じられているにすぎない。そしておそらくは、この庭のかたすみでの笠智衆と原節子との何でもないやりとりの方が、葬儀の終ったあと、家族のものたちが東京に戻ってしまってから、居残った彼女が義父と交わす人生をめぐるいくぶんか内容のある対話より、なおいっそう感動的だといわねばなるまい。小津の登場人物たちが天候に言及する瞬間ほど、メロドラマから遠いものもまたとないからである。それは、何もいわずにおくこととほとんど同じでありながら、それがしばしばあるシークェンスを始めたり終らせたりする説話論的な機能を演じている点は、すでに指摘したとおりである。それはいささかも劇的ではないが、説話論的な持続を変容せしめ、挿話を次の場面に移行せしめる句読点のような役割を演じ、文字通り交話的な機能を演じているのだ。いってみれば、これを契機として、映画が動くのである。

いまみたように、笠智衆と原節子とが早朝の庭先で交わす言葉はごく短いものだし、またそこには、深い内容がそなわっているわけでもない。それは機械的でもあり、またいくぶんか儀式的ともいえる単調なくり返しにすぎないのだが、ほとんどの小津的な「存在」が、いたるところでこれと同じ台詞を口にしているのだ。それでいて、ここでの反復は必須のものである。すでに意識を失って横たわっている東山千栄子のまわりで演じられていた光景と、それに続く葬儀の光景との中間に位置しながら、夜明けの無人の光景に導かれるこの画面は、いわば生と死の境界を画定しているからである。母親の死の床のまわりに集ってくる子供たちが、そしてもちろん笠智衆の父親もそうなのだが、みんな普段着のままでいることに注目しよう。庭のすみに笠智衆を呼びに行く原節子は、いつものように白の半そでのブラウスをまとっている。衣裳の力学からいって、臨終はいまだ日常の時間に所属するものなのだ。そして、二人が部屋の中に戻ってきてから、儀式的な時間が始まる。長男の山村聰や長女の杉村春子が、電報をもらって東京を発つときに持参すべきかどうかあれほど逡巡した喪服が、それを契機としてまとわれることになるのである。貸衣裳屋から喪服を借りねばならぬという会話が交わされるのも、その直前のことだ。その点からしても、快晴の戸外から室内空間への移行が、日常的な時間から儀式性への転換を促していることは明らかだろう。

ここでの儀式性は、いうまでもなく喪服という衣裳によって強調されている。だが、真の儀式性はそのことの中にあるのではない。家族のものたちが、同じ姿勢で、同じ方向を向いて並んで坐るという告別式の姿勢を、ことさらきわだたせるような画面そのものが儀式的なのである。そこには並ぶことの主題がより徹底化され、視線の等方向性もまた同様である。木魚の音と読経の声が単調に響くなかで、彼らは仏壇に向って等距離に位置して坐し、等しく視線を伏せている。この場合、キャメラは記念撮影のときのように真正面には据えられてはおらず、ななめ横から人物たちを捉える。もちろん、参列者の位置関係を葬儀という告別の儀式として総体的に把握させる全景の描写はない。その人物配置は、『秋日和』の冒頭に位置する法事の光景とほとんど同じように、断片的な画面の連鎖によって示される。もちろん、『小早川家の秋』の葬儀の日のように、戸外はあくまで晴れあがっている。小津は、あたかもその事実を納得させようとするかのように、三男の大坂志郎を葬儀の場から離れさせ、ひとり縁側に坐らせてさえいる。『秋日和』の七回忌の法事の折は、寺院の周囲にめぐらされているらしい池の水面に戯れる陽光を唐紙や障子に反映させていたが、『東京物語』では、大坂志郎の視線が捉えるいくつもの墓石の背後に拡がる澄んだ空として、暑さと好天とが、告別の儀式には必要不可欠の要素として介入しているのである。登場人物たちが何度か口にしているように、『秋日和』の葬儀の当日も、七年後でさえ記憶されているほど暑い日だったという。小津的な「存在」は、誰もが、真夏のよく晴れた暑い一日に死ななければならない運命を背負っている。またその葬儀や法事に参列すべく彼らは真夏に喪服を身につけることになるのだ。

雨と視線

ここでわれわれは、小津安二郎における季節感の不在を、その天候をめぐる一貫した嗜好の表われとして改めて指摘すべきであろうか。小津の映画では雨が降らない。温度も氷点以下に冷えこむことはない。戸外はきまって晴れている。作中人物たちは「暑さ」を挨拶がわりに口にする。だとするなら、小津は晴天を選択し、雨と寒さとを徹底して排除したと結論すべきであろうか。しかし、それでは、小津的な「作品」を、改めて否定的な言辞によって定義してしまうことになりはしまいか。

なるほど、白昼と好天の作家たる小津安二郎にあって、その画面が雨で湿ることはまれだといってよい。事実、小津ではキャメラが動かないと宣言するのと同じ確信をもって、われわれは小津では雨が降らないと口にしたい誘惑にかられる。実際、ながらく小津安二郎の目となって撮影を担当した厚田雄春は、雨の光景を撮った記憶がないと証言しているほどだ。だが、小津のキャメラが固定ショットだけからなっているというのが正しくないように、小津では雨が降らないというのも正確な指摘とはいいがたい。これまで小津安二郎の映画に親しんできたものなら誰もが記憶しているように、たとえば『浮草』の一場面では激しい雨が降る。それは、葉鶏頭が赤く咲き乱れる杉村春子の家の中庭を濡らす夏の長雨である。旅役者の仲間には旧い知りあいだと偽って彼女の家を訪れる中村鴈治郎は、縁側に坐ってうちわを動かしたり、二階で将棋をさしたりしながら、その女に生ませた男の子の成長を楽しんでいる。雨は、そのいくぶんか身勝手な休息を乱すかのような唐突さで画面に時ならぬ緊張を導き入れる。いまの女房である京マチ子が、事情を察して、不意に玄関さきに姿を見せるからである。そして、細い路地をはさんで、鴈治郎と京マチ子とが向かいあう名高い口論の場面となるわけだが、降りしきる雨をついての言い争いの光景を撮影したのは、いうまでもなく松竹専属の厚田雄春ではなく大映の宮川一夫である。季節は、真夏のこと故、二人の男女はゆかた姿のまま、京マチ子は濡れた真赤な番傘を拡げたまま地面に置き、鴈治郎は番傘を振るようにして、小津にはめずらしくかなりの時間をかけて口論する。そのとき、彼らはほとんど相手の瞳の底を見すえるようにして真正面から凝視しあうのだが、二人が一歩でも相手に近づこうとしないのは、路地に降りかかる雨があまりに激しすぎるからである。彼らは、屋根のある狭い軒にそって、左右に移動するばかりで、ただ、言葉と視線だけが残酷に交錯しあうのみである。

いったい、この雨の口論の場面の感動はどこからくるのか。一つには、小津では例外的に雨が降っているということに対する、見る側の動揺があるだろう。われわれは、小津が松竹を離れ大映で撮ったこの作品の天候の激変に感動せざるをえないのだ。それは、ながらく馴れ親しんでいたキャストやスタッフと別れた作者自身の解放感が見る者にも伝ってくるときの感動だといってもよい。一貫して画面から排除されていた階段が、『秋刀魚の味』の最後に現われたことにうろたえたように、われわれは、いったいこんなに激しく雨が降ってしまってよいものかと不安に襲われさえする。もちろん、『浮草』の前作にあたる戦前の『浮草物語』にも雨は降っており、それは小屋がけの旅芝居を中断させるほどの雨量だったたし、またこれと同じ状況にあっても間違いなく雨が降ってはいた。『東京の宿』でも、突然の驟雨で野宿が不可能となる挿話が語られており、いまでは完全なかたちで見ることのできない『大学は出たけれど』でも、不況時代の職探しの場面に雨は降っていたし、シナリオは『美人哀愁』にも雨のシーンがあったことを教えてくれる。しかし、そこには、この『浮草』の、低い軒の屋根をたたき、地面をたたくように降りつける雨の持つ感動があったわけではなかろう。例外的とはいえ、小津の映画で雨はまったく降らなかったわけではないのである。事実、新東宝で撮った『宗方姉妹』でも、山村聰の死は、突然に降り出した雨によって導きだされているかのようだ。

もちろん、見るもののフィルム的感性の動揺を説明しなければならない理由などどこにも存在しない。また、この雨の場面の感動を、心理的に説明しえないわけでもない。ただ、激しい雨を通して二人の男女が口論しあうこの場面は、たとえば『麦秋』の記念撮影の光景のように全篇にあって均衡を失したかたちで突出しているように思う。この挿話の意味を物語の中で納得するだけではおさまりがつかぬ過剰な何かが、小津的な「作品」を超えて映画へ、その限界の方へと誘っているかにみえるのだ。かつて子供まで生ませた女のもとに通ってゆくいい年をした亭主への憤り、あるいは当の女への嫉妬といったものを画面に定着させようというのであれば、雨がなくともその表現は可能であったろう。だがここでの京マチ子は、たんにそうした心理的な理由だけで狭い軒下に立っているのではない。また、鴈治郎にしたところで、女の不意の不躾けな出現ぶりに腹を立てているだけでもなかろう。相手に対する軽蔑や不満を爆発させるというだけのことであれば、京マチ子は『東京暮色』の有馬稲子のように、男の顔に平手撃ちをくらわせればそれでよかったはずである。ここで感動的なのは、そうした情動的な原因にもかかわらず、彼らが一歩も距離をつめることなく相手を罵倒し続けているという点なのだ。あたかも、細長い路地の湿った空間に身をさらしてはならぬとたがいに信じているかのように、彼らは距離の彼方から敵意のこもった視線を投げかけあう。相手の動きにつれて位置を変えはするが、それはあくまで横への平行移動にとどまり、そのことによって二人は近づくこともなければ離れることもない。そのとき、彼らの身振りは、口論というより、相手の言動の正確な模倣へと接近する。まるで鏡の中の自分自身の映像と向かいあっているかのように、二人は類似した仕草を演じたてているだけなのである。その反復的な模倣の身振りを見ていると、いささか唐突ながら、『我輩はカモである』の名高い鏡のギャグを思い出してしまう。衣裳はいうに及ばず、年格好も性別も異る二人は、まるで相手の言動を正確になぞろうとする唯一の意志に促されて、向かいあっているかのようなのだ。

並んで坐ることをめぐって指摘する機会もあったように、模倣と反復とは小津にあっては決してめずらしい現象ではない。『生れてはみたけれど』いらい、二人の兄弟はたえずたがいの身振りを反復しあうことで両親への反抗の意志を表明していたし、『東京物語』では、旧友の東野英治郎を伴って娘の家に帰宅した笠智衆が、酔いのまわった千鳥足で美容室の店先をあやうげに揺れて歩きながら、まるでいいあわせておいたかのように二人して髪結いの肱かけ椅子に倒れこんで、大きな鏡を前にしてそのまま並んで眠りこんでしまうといった喜劇的な身振りとしてさえ、模倣が演じられてもいた。そこでは娘の杉村春子が思いあまって、二人にモシモシと語りかけるあたりの呼吸が何とも滑稽なのだが、その他、いちいち列挙するまでもあるまい相似の動作が演じられるとき、模倣と反復という小津的な主題はしばしば微笑を誘うものとして姿を見せていたが、事態は、ここでは明らかに一変している。われわれは、そうした人物の類似の身振りが、これまでは決して真正面から向かいあうかたちで演じられたためしがなかったことに気づくからである。だいいち、この雨の日の男女の口論ほどせっぱつまったいさかいが描かれることさえ、小津ではまれだったはずである。子供の悪戯を父親や母親がさとすといったことはないではなかったが、成熟した男女が、その感情生活のもつれから口ぎたなく罵倒しあうことは、ごく例外的なことというほかはない。幼い時期に自分を捨てた母親に対する憤りをどうにもおさえることのできない『東京暮色』の原節子は、山田五十鈴に向ってかなり激しい口調で非難の言葉を投げかけはするが、そこでの関係は、『浮草』のように決して対等のものではないし、また身振りの模倣的な反復性も認められはしない。原節子は、自分の母親を許すこともなく死ななければならなかった妹の身を思いながら、黒い喪服のまま鋭い視線で山田五十鈴を見すえ、山田五十鈴もまた、娘の厳しい表情を前にして茫然自失するのみである。ちょうど、自分の過失をどうしても許そうとはしない夫の荒々しい身振りを無言でうけとめながら階段をころげ落ちねばならなかった『風の中の牝雞』の田中絹代のように、ここでの罪深い過去を持つ母親は、相手の感情の激発に対して徹底して受け身でいることしかできない。その意味で『浮草』の老齢の座長とその女房との口論の光景は、きわめて特殊なものだというべきだろう。そこでの男女は、ほぼ同等の敵意をもって相手を攻撃しあうのであり、二人の台詞の量も、それを正面きって口にする姿を捉えたショットの数も、両者に平等に分配されてさえいる。これは、小津にあってはごくまれな、対等の喧嘩なのである。

だが、重要なのは必ずしもその点にあるのではない。降りしきる雨を通して相手を睨みすえ、激しい語調で罵倒しあう二人を見ているうちに、人は、喧嘩の光景に立ち合っているというより、映画自身を凝視しているかのような錯覚におそわれる。重要なのはその点なのだ。映画自身というより、その限界に瞳を向けているといった方がよかろうかとも思うが、律義なまでの平等さへの配慮から交互に示される二人の厳しい表情を画面で追いながら、われわれは、この凝視の闘いが、決してたがい違いに示される画面の連鎖におさまることなく、一貫して持続するものであるということにいやでも気づき、瞳と瞳とが交わりあうという同時的な現象に対して、映画がまったく無力であることを改めて思い知らされるのである。すでに述べたように、平等に分配された画面を編集で交互につないでゆくという技法は、交錯する瞳に対するキャメラの敗北を表明する手段にほかならないからである。

そのときわれわれは、この雨の口論の場面の感動が何であるかを改めて理解する。口論とはまったく異質の同調と一体化の風土の中でくり返されていた限りは意識されなかった構図＝逆構図による小津的な切り返しショットの単調な反復そのものが、ここにいたってそのもっとも残酷な至高点に達しているのである。つまり、見つめあうことが、映画にとっては不可能な何ものかであるという現実が、ここに露呈されているのだ。映画で人が見ることができるのはたかだか瞳にすぎず、キャメラは、決して視線をフィルムの表層に定着することができない。とりわけ二つの視線が直交する場合、キャメラは徹底して無力なのだ。その事実を、『浮草』の夕立の場面が痛々しいまでに証明している。だから、ここでの雨は偶然に降っているわけではない。あってはならない天候の激変が起るとき、小津安二郎の作品は映画が映画たりえなくなる限界点にぴたりと身を重ねあわす。そこでわれわれが目にするものは、一篇のフィルムのクライマックスであると同時に、映画そのもののクライマックスでもあるのだ。その意味で、『浮草』の雨は、『風の中の牝雞』で惨劇の舞台となる階段よりも、なおいっそう危険なものだったといえよう。小津安二郎の映画で雨がやたらに降ってはならないのは、そうした理由による。

真冬の死

小津にあっては、空はあくまで澄んでいなければならない。気候もまた、暑くなければならない。彼は、快晴の、そして白昼の映画作家だからである。だといって、小津の映画に夜景が欠けているわけではもちろんない。夜行列車が闇の奥へと遠ざかってゆくというラストシーンを持つ作品が二つや三つでないことからしても、小津がひたすら夜を回避したのでないことはすぐさま納得できよう。小津が白昼のシネアストだというのは、それが晴れた日の暑さを説話論的な細部として必要としているというほどの意味にすぎない。おそらくその傾向は、戦後の小津、とりわけ晩年にいたって顕著なものとなるだろう。婚期にさしかかった娘たちにもっともふさわしい衣裳は、きまって白の半袖のブラウスなのだ。小津安二郎の作品で寒さが口にされることはほとんどない。では、小津は寒さを排除し、暑さのみを選択しているのだろうか。

『浮草』で例外的に豪雨が降るように、例外的に寒さが全篇の雰囲気を決定している作品が存在する。『東京暮色』がそれである。冒頭で小料理屋に立ちよる笠智衆はめずらしくオーヴァーを着て襟まきまでしているし、そこでの女将との会話は、冷えこんだ戸外の天気をめぐって交わされる。家に戻れば居間にはこたつが用意されているし、娘の原節子にいたっては、コートを羽織って大きな白いマスクで顔の半分を隠してしまっているほどだ。『東京暮色』は、原節子が白い半袖のブラウスを着ないばかりか、風邪をひいてもいないのに、マスクをかけて姿を見せもするという点で記憶さるべき映画である。この作品の彼女は、婚期を迎えた娘ではなく、冷笑家の夫のもとを離れて子供とともに父親の家に戻ってきている既婚者なのだが、このマスクによって、彼女が着換える女として姿を見せていることは注目すべきだろう。どこかしら二〇年代のドイツ映画の酒場を思わせるようなセットの真夜中の喫茶店に、長いオーヴァーを引きずり、これまた大きなマスクをかけて現われる宮口精二の刑事は、まるでフリッツ・ラングの犯罪映画からぬけ出してきた人物のような奇怪な雰囲気を漂わせてさえいる。そして、あろうことか、外には雪まで降ってくるのである。

もちろん、小津の映画に雪が姿を見せるのはこれがはじめてではない。『若き日』の後半が雪山の斜面を舞台としていたことにはすでに触れてあるし、『母を恋はずや』の冒頭では、二人の幼い兄弟が雪の降りつもった道路をランドセル姿で歩み去ってゆく。シナリオによれば『美人哀愁』の舞台も雪国に設定されていたようだが、『東京暮色』におけるほど、意図的に寒さが強調されている映画はあまり類例を見ない。たんに寒さばかりか、夜の湿った大気と鬱陶しい暗さとがこの映画では重要な役を演じているのだ。そして、『東京物語』が真夏の死を描いた作品であったように、『東京暮色』では真冬の死が語られている。このことは、『浮草』の夕立と同じぐらいに人を戸惑わせるにたるできごとというべきだ。しかもその真冬の死は、老齢の父親や母親の身に起るのではなく、婚期にさしかかった娘の身に起るのである。発表当時、その雰囲気の暗さ故に高く評価されることのなかった『東京暮色』は、しかし、小津の作品体系にあってきわめて重要な一篇だといわざるをえまい。重要だというのは、この映画作家の特徴的な一面を否定的に定義しようとすると、その欠如による定義をくつがえす作品がきまって存在し、排除と選択という手続きではなく、並置と共存という現象の優位へとわれわれを誘うほとんど暴力的な何かが、そこにこめられているという意味にほかならない。実際、人は、小津には雨が降らないと宣言してそのフィルム的世界の表情を自分のものにした気になるが、『浮草』では、そうした気持を心底からくつがえすような激しさで雨が降る。小津には階段が描かれないという否定的な定義に対しては、『風の中の牝雞』と『秋刀魚の味』とがほとんど暴力的に抗っている。そして『東京暮色』は、小津では空がいつも晴れあがっており、真冬が描かれることがないという通念を崩壊させる作品なのである。小津安二郎が周到に回避し、徹底して排除したと思われたものを中心に据えた作品がきまって存在する。われわれは、それを小津的な「作品」にとっての例外的な要素と断ずるのではなく、それなくしてはそのフィルム的な世界の総体が崩壊してしまう必須の細部として肯定しなければならない。『東京暮色』は、その前作にあたる『早春』とともに、戦後の風俗に染った無軌道な若者の言動に年甲斐もなく関心を寄せた小津の失敗作と見なされている。かつて、植民地勤務で東京を留守にしていた折に妻に逃げられた初老の銀行家の娘が、不良とつきあううちに妊娠し、子供を堕ろしたうえで自殺するという主題は、なるほど戦後の小津にしては例外的だということもできる。有馬稲子が演ずる捨てられた女の悲劇はたしかに小津の得意とする題材ではあるまいが、その軽薄な恋人の田浦正巳が大学の角帽にトレンチコートというでたちで姿を見せるとき、われわれは、『非常線の女』の三井弘次がそのまま登場したのではなかろうかといった錯覚に襲われる。事実、すでに触れた真夜中の喫茶店のセットや、警察署の内部の光景などは、『非常線の女』の舞台装置を思わせるほど抽象的で、ほとんど現実感を漂わせてはいない。補導された妹をもらいうけに警察に現われる原節子は、そのコートを羽織った和服姿によって、『非常線の女』の水久保澄子の再来を思わせ、人を戸惑わせる。小津が撮った最後のモノクローム作品は、そのしかるべき側面において、戦前のある時期の自分の映画的世界の再現ともなっているのである。作者自身に、どの程度までその意図があったかどうかは問うまい。脚本家の野田高梧との呼吸が乱れていたという証言も知らぬわけではないが、われわれはただ、見失われた夜と寒さからなる湿った風土と戯れている小津の姿に奇妙な感動をおぼえる。実際、その容貌がとりわけ似かよっているというわけでもないのに、また二十数年の歳月のへだたりにもかかわらず、小津的な「作品」の中で水久保澄子と原節子とがまったく同じ「存在」として姿を見せていることにどうして驚かずにいられようか。

だが、『東京暮色』が感動的なのは、そうした点で戦前の作品の一つと通じあっているからではない。なるほど、無軌道な戦後派の自堕落な生活に対する父親の無力な反応と、姿を消していた母親の不意の出現という物語の設定は、いくぶんか事情が異るとはいえ、戦前の『母を恋はずや』の主題と微妙にかさなりあっている。不在の母親という主題は、『東京暮色』でいきなり妹娘の行動を狂わせたわけではなく、すでに同じことがらが、『母を恋はずや』の兄息子の身に起っているのだ。そこでは、父親の不意の死によって母子三人の家族となった大日方伝が、自分はその母親の本当の子供ではないと知った瞬間から刹那的な肉欲に埋没してゆくことになるのだが、彼の、一瞬も微笑むことのない演技は、『東京暮色』の有馬稲子のそれに正確に受けつがれている。そこで兄のすさんだ生活をさとすのは弟の三井弘次の方だが、二人兄弟のその関係は、明らかに逆転したかたちで原節子と有馬稲子の姉妹に反映している。もちろん、『浮草物語』に対して『浮草』があり、『晩春』に対して『秋日和』があるというのと同じ意味で、『東京暮色』が『母を恋はずや』の再映画化だというのではない。だが、両者の人物関係を代置し交換しあってみると、そこにはほぼ同じ主題論的な体系と説話論的な構造とが浮きあがってくるのだ。視覚的な類似性を問うのであれば、大日方伝が一夜を過すチャブ屋の光景は、むしろ『早春』の妻のある池部良が岸恵子と過ちを犯す海辺の曖昧宿の方と多くの共通点を持っているかもしれない。だが、大日方伝を肉体的な快楽へと向かわせる内的な葛藤は、まぎれもなく有馬稲子の悩みと同じものである。どんな配慮や心遣いを示してもらっても、彼らは、その片親の愛情に何かしら不自然なものを感じ、たえず均衡には達しがたい不安定の中に暮さざるをえないのである。

だが、こうした作中人物の心理的な類似にもまして、二篇の作品を結びつける特権的な細部が存在する。われわれが重視したいのはその事実である。それは、両者に描かれている例外的な雪の光景なのだ。いうまでもなく、そこでの雪はたえず降りつもっているわけではない。雪は『母を恋はずや』の場合は、父を失ったばかりの幼い二人兄弟の通学シーンにほんの一、二ショット、地面をおおっている白さとして示されているだけである。だが、手前に黒い箱型の自動車を配した冬の朝の光景は、息をのむ美しさで誰の記憶にも残っているだろう。『若き日』の舞台となる雪山のなだらかなスロープの持つ学園喜劇にふさわしい屈託のなさとくらべて、黒い制服制帽姿の少年二人が画面の奥に遠ざかってゆく登校途中の雪は、何ら説話論的な機能を演ずることのない一瞬の光景であるだけに、小津安二郎にあっては例外的なものの唐突な侵入を思わせ、見ているものを動揺させる。作者の側には、ここに雪を登場させる意図はなく、時間の限られた冬のロケーションがもたらした偶発事にすぎないのだが、にもかかわらずここでの雪は突出している。そして、台詞の第一行目から寒さが強調されている『東京暮色』の雪の光景と遥かに響応しあうことで、小津が単調な作家でも一貫した美意識の持主でもなく、変化の導入を頑迷に回避しているわけではない多様性のシネアストであることを立証することになる。

『東京暮色』に雪が降るといっても、もちろん一面の銀世界といった光景はどこにも描かれてはいない。それは、原節子の夫にあたる信欣三の書斎の、その奥の障子にはめられたガラスごしにのぞかれる白い細粉として画面に姿を見せているにすぎない。もちろんそれはスタジオに降る人工的な雪なのだ。自尊心ばかり強くてうだつのあがらない二流の大学教師との結婚生活を逃れ、子供をつれて自宅に帰っている娘の身を案じて、父親の笠智衆が彼を訪ねて話しあうシーンにその雪は降るのだが、かなり大きくなった雪片が暗くなった戸外に降りつづけるその下降運動は、まったく展望の開かれることのない義父と婿とのとりとめのない対話を、小津には珍しい気づまりな時間の流れの中に閉じこめ、見るものを居心地の悪い思いへと誘う。陰気な性格の夫ということであれば、その人物像は、『宗方姉妹』での山村聰が演じた夫の役柄に似ていないでもないが、しばしば背後から示されるその寡黙な孤立ぶりとは対照的に、ここでの信欣三の不運な夫は、義父にウイスキーなど勧めながら、自嘲気味に、またいくぶんか弁解がましくしゃべりまくるきわめて饒舌な人間として描かれている。あたかもその無駄な饒舌の終りをせきたてるかのように、背後の窓の小さなガラス戸ごしに、雪が降り続いている。

次女の有馬稲子が、ほとんど自分から死を迎え入れようとするかのようにその若い生命を断つのは、こうした冷く、湿りきった風土の中である。それは文字通り真冬の死であり、事態を救いえたかもしれぬ肉親との対話も、友人との語らいも彼女からは奪われている。『母を恋はずや』の最後に起る継母との和解に対応するような場面が見られるわけでもなく、次女の死を知らされた母親の山田五十鈴に出来る唯一の仕草は、つれあいの中村伸郎と、夜行列車で東京を離れてゆくことばかりである。長女の原節子だけは見送りに来てくれるかもしれぬと期待しつつ、客車の窓をあけてホームに視線を送るが、その窓ガラスも、戸外の気温が冷えこんでくるので白く曇り、ホームと客車との関係を切断してしまう。『若き日』の落第生たちがスキーからの帰途、指先で試験の点数を計算しあっていた冬の夜行列車の曇った窓ガラスは、真冬の死の終幕にふさわしく、視線を遮断する壁のように、透明さを失って混濁してゆくばかりだ。

ここにあるのは、『東京物語』に描かれた真夏の死とは対極に位置する暗く湿った世界である。われわれは、つい、こうした作品を自分にふさわしからぬ題材を扱おうとした作者の錯誤として否定したい気持に誘われる。事実、封切り当時の評判はかんばしいものではなかったし、その後、この映画を語るものも数少ない。だが、小津安二郎を見るとは、この真夏の死と真冬の死とをともに肯定することではないか。『東京暮色』は、白昼の映画作家が夜霧に踏みまどった失敗作なのではなく、小津における晴天と暑さのまばゆいまでの魅力を改めて思い起させてくれると同時に、それればかりが小津安二郎の世界でないことを深く認識させてもくれるのだ。作者のちょっとした思い違いだと高を括って『東京暮色』の雪を視界から追いやってしまうなら、小津的な「作品」そのものが崩壊してしまうだろう。事実、いつもは好人物の父親を演じていた笠智衆が、ここでは老眼鏡を光らせながら善意の愚鈍さに徹し、妻に逃げられたうえに娘まで失ってしまう依怙地な銀行員を演じながらも、それがミスキャストだという印象はまったく与えない。これもまた、まぎれもなく小津の笠智衆なのである。くり返すまでもなく、この種の異色作と接することによって、小津安二郎の世界がよりよく見えてくるなどと主張したいのではない。そうではなく、階段で惨劇が演じられる『風の中の牝雞』や、激しい夕立の中での口汚い罵りあいが描かれている『浮草』や、暗く湿った雰囲気の中で真冬の死が語られる『東京暮色』などを撮ることによって、小津が、不在の階段と不在の雨と不在の寒さとを絶えず主題化していくという事実に、改めて驚くことのできるフィルム的な感性が必要とされているのだ。小津的な「作品」は、不在と欠如によって否定的に定義できる世界ではない。不在と欠如とが現存や過剰と同程度に多くを語りうる世界こそが、小津的な「作品」なのである。だから、小津安二郎は断じて単調な「作家」ではない。ひたすらおのれの美意識に固執しつづけようとした頑迷な「作家」でもない。彼は、統一性と多様性とが同じ資格で共存しうる豊かで複数的な細部の戯れをフィルムの表層に組織することの可能な、言葉の真の意味で開かれた「作家」なのである。開かれた「作家」とは、映画という環境に保護されつつ好みの題材を自由に撮り続けるシネアストではない。映画を撮ることで、その環境を制度として支えつつあるものの限界にたえず意識的であったシネアストこそが開かれた「作家」なのだ。『浮草』の豪雨のシーンで構図＝逆構図をその限界にまでおしやり、視線に対するキャメラの徹底した無力さを暴いてみせた小津安二郎は、決して伝統に回帰する保守主義者などではない。その季節感を残酷に無視する姿勢において、日本的な映画作家ということさえできないだろう。彼は、わが国の映画人としてはきわめてまれなことだが、まぎれもなく映画の共和国の市民なのである。季節感や自然描写の点でなら、黒澤明や溝口健二の方がはるかに日本的だといわねばなるまい。『東京暮色』や『浮草』に降った雨や雪にもかかわらず、いつも澄みきっている小津の空は、ジャン・ルノワールが隠遁の地として選んだカリフォルニアの好天と遥かに通じあってはしまいか。あるいは、ジョン・フォードのモニュメント・ヴァレーの空と通じあっているといってもよかろうが、白昼の作家たる小津安二郎の晴天は、映画がそこで生まれ、成長し、成熟したアメリカの西海岸のように、どこまでも澄みきっていなければならない。彼が、「梅雨」と呼ばれる日本独特の湿った風土をその画面から排除したのは、あくまで映画に近づくための選択なのだ。それは、小津の世代の映画作家の多くが共有していた、映画に対する考古学的とも呼べる欲望のあらわれかもしれない。そして、映画における夜や闇の魅力が開発されたのも、またカリフォルニアの空の下でなのである。日本に、映画都市ハリウッドの位置するカリフォルニアの光線を再現すること。このほとんど無謀とも思える小津的な欲望は、おそらく初期の無声時代にハリウッドのコメディーに熱狂し、そのいくつかを巧みに日本的な風土に移植してみせた小津といった影響関係の指摘よりも、遥かに重要なことではないか。いずれにせよ、小津安二郎を日本的と呼ぶことがどれほどその作品世界の無理解からなりたっているかは、もはや改めて指摘するまでもあるまい。彼は、日本的というあの曖昧な形容詞に埋没するよりは、映画とその限界への不断の接近を選択した。そして、風俗的にはまぎれもなく日本的な人物や事物を、陰影と湿りけと輪郭の曖昧さから解きはなち、乾いた陽光のもとに据えることを選んだ。われわれは、その選択を肯定したいと思う。もちろんその肯定は、同時に黒澤明的な雨も、溝口健二的な霧をも肯定しうる複数的な身振りでなければならないだろう。ただし、雨と湿りけや雪と寒さとを包みこみながらも、なお白昼の作家たり続けている小津安二郎が、画面を抹殺しようとする者たちの安易な連帯によって、なぜか日本的と呼ばれてしまうことの奇妙さだけは、改めて指摘しなければなるまい。

いうまでもなかろうが、小津安二郎を反＝日本的な映画作家だと主張するのは愚かなことだ。事物の輪郭を曖昧にする陰影の世界を避け、もっぱら真夏の陽光のまばゆさに近づこうとした小津が、多くの点で日本的な美意識と呼ばれたものの対極に位置するのは確かだとしても、小津はまぎれもなく日本の作家である。ただ、小津的なものと小津安二郎の映画とのずれの内部に身を置き、その不断の運動を遊戯として演じてきたものとしては、ここで改めて、日本的なものと日本とのずれを生き直してみたい誘惑にかられる。小津安二郎が決して小津的なものにかさなりあうことがないように、日本もまた決して日本的なものにかさなりあうことはないだろう。小津的なものによって、小津安二郎の作品を抹殺することだけは避けねばならない。

Ⅷ　憤ること

襟もとのタオル

これまでに何度も目にしたことのある『秋刀魚の味』の日本間のかたすみで、岩下志麻が一心にアイロンをかけている。鼻歌ひとつ口ずさもうとはしないその表情は、いつになく真剣である。見えてはいない天井から小さなランプ・シェードが下がり、その磨りガラスに隠された電球が縁側から迫る庭の暗さをやわらげ、夜にふさわしい影の多い照明を室内に行きわたらせている。襟もとにストライプ柄のタオルなどかけ、畳に両膝をそろえてアイロンかけにいそしんでいる彼女のまわりに、家族の人影はまったく感じられない。それぞれ勝手な時刻に戻ってくる父や弟を待ちながら家事にいそしむその姿には、母親のいない家庭を「主婦」としてきりまわさねばならない若い娘の健気さがみなぎっている。

だが、この夜の日本間での岩下志麻の仕事ぶりを捉えた光景には「小津的な均衡」ともいうべきものが欠けており、見る者に奇妙な動揺をもたらす。『晩春』以後、嫁入り前の娘の振舞いには何度も立ち会ってきたはずだが、襟にタオルをかけて家事にはげむといったラフな恰好を人目にさらした女優は、ひとりとしていなかったからである。『早春』の淡島千景なら、首筋にタオルをかけて台所仕事にいそしんでいてもさして不自然ではなかったが、それは彼女の役柄が、生活に疲れた安サラリーマンの妻だったからで、小津が未婚の女性にそうした振舞いをさせたことは一度としてない。映画でアイロンをあてている若い女性をみかけたなら、その女がタオルを肩にかけていて何の不思議もないし、その方がかえって自然に見えるはずだなどとつぶやくことは、小津に対する無知の告白以外の何ものでもなかろう。ここでは、いま、この映画作家にあってきわめて特殊なできごとが起ころうとしており、それを告げているのが、岩下志麻の襟もとをさりげなくおおっているストライプ柄のタオルなのである。

たしかに、戦前の『戸田家の兄妹』の高峰三枝子は、髪を手ぬぐいで隠して布団の打ち直しを手伝ってはいたが、その和服姿の仕事ぶりは、母親が嫁入り前の娘に伝える作法の一つにほかならず、むしろ流儀にかなったものだとさえいえる。戦後の作品をとってみると、『晩春』や『麦秋』の原節子も、『宗方姉妹』の高峰秀子も、『彼岸花』の有馬稲子も、『秋日和』や『小早川家の秋』の司葉子も、家事にいそしむ場合であろうと、せいぜいがエプロンをかけるにとどまり、タオルを襟もとにかけて登場したためしなど一度としてなかったはずである。実際、ブラウスをまとっているにせよ、セーターをはおっているにせよ、こうした若い女優たちの首筋はたえずあらわに照明をうけとめ、そのなめらかな輪郭をキャメラは万遍なくフィルムにおさめていた。ごく例外的に寒い季節に物語が設定されている『東京暮色』をのぞけば、マフラーが小津のヒロインの襟をおおうこともきわめてまれだといってよい。

もちろん、このストライプ柄のタオルは、まったく未知の小道具ではない。それは『秋刀魚の味』の別の場面で軒先の物干し竿につるされたり、椅子の背をおおったりしていたし、『秋日和』の伊香保の宿でも、おそらくは結婚を控えた司葉子の持ち物として、それと同じ模様のタオルが中庭に面した部屋の欄干にかけられていたからである。小津の作品がカラーとなって以来、赤と青とのストライプ柄のタオルは、どうやら若い女性にふさわしい小道具となり始めているかにみえる。とはいえ、それが彼女たちの首筋をおおったりしたことなど、これまで一度としてない。たしかに、『秋刀魚の味』のバーのマダムの岸田今日子は、風呂上がりの髪に外国映画さながらにタオルを巻いて登場し、寡夫たる笠智衆の目をひきはした。『秋日和』の中村伸郎の出戻りの娘もほとんど同じ湯上がりの恰好で姿を見せ、こんどは少し長めに逗留して夫を困らせてやるなどと口にして父親を嘆かせている。だが、こうした女性たちはあくまで傍系的な人物にとどまり、父親と二人で暮らしている嫁入り前の娘ではない。

そもそも、小津にあってのタオルや手ぬぐいは、むしろ男性にこそふさわしい小道具であったはずだ。実際、戦前の作品では地方出身の学生たちが手ぬぐいを腰にさげていたし、戦後の『お茶漬の味』の老父役の柳永二郎は腰に白い手ぬぐいをさげて草むしりをしており、『彼岸花』のゴルフ場での佐分利信まで腰のあたりにそれをたらしていたものだ。また戦前の「喜八もの」の坂本武や、戦後の作品であれば『浮草』や『小早川家の秋』の中村鴈治郎が、風呂上がりのくつろいだ気分にふさわしく、たたんで頭にのせ、昔なじみの女性と語らったりしていたのである。『秋日和』では、帰宅早々の中村伸郎が家族から見放され、ステテコ姿で湯殿に追いやられたとき、ふてくされたように白いタオルを肩にかけたのを誰も見逃さなかったはずだし、『麦秋』には、顔も洗わずにタオルだけ濡らしておくという幼い子供の茶目っ気たっぷりなギャグが挿入されていたのを、多くの人が記憶しているはずだ。タオルは、小津にあっては、少年から老人にいたるまで、もっぱら男性の手にゆだねらるべき小道具なのである。それだけに、ここでタオルを襟もとにかけた岩下志麻のアイロンかけの姿は、かなり異様な光景だといわねばならない。

では、小津の遺作におけるこの嫁入り前の若い娘は、襟もとにかけたタオルによって、ひそかな男性化を蒙ろうとしているのだろうか。そうではない。彼女は、父親を前にするとき、ことのほか女性的な仕草でこの小道具を操ってみせることになるだろう。その艶めかしい一瞬を見のがせば、ほとんど『秋刀魚の味』を見たことにはならないとさえいえると思う。

振りはらうこと

誰かが玄関の扉をあける音がする。それが父親だと察しをつける娘は、仕事の手も休めぬまま、弟がまだなので鍵はかけぬようにと声をかける。そうしたこまごまとした配慮をごく自然に受けとめているらしい父や弟に対する不満など、彼女の横顔からうかがうことはできない。廊下の暗がりを抜けて居間に姿を見せる父親は、普段より多くの酒を飲んだに違いないあやうげな足取りを隠そうともせず、娘の前を横切る。いつもならすぐに和服に着換えるはずなのに、その夜の笠智衆は背広姿のまま卓袱台にもたれるようにあぐらをかき、妙にこわばった表情で娘を見据える。

ここまでこの作品の流れをたどってきた者なら、この酔った父親が何をいいだそうとしているのか、すぐさま理解できるはずだ。寡夫として老境を迎えた中学時代の恩師が、かなりの年齢の未婚の一人娘とラーメン屋をいとなんでいる姿を見てしまっただけに、自分もそろそろ娘を結婚させねばならぬと思い始めているのである。その点で、ここでの笠智衆は、『晩春』以後の小津の父親にふさわしい役割を律義に演じ始めただけだともいえる。ただ、気をつけないとお前もああなるぞと冷やかした親しい友人の言葉を、彼はかなり深刻に受けとめているかにみえる。実際、かつての教師の東野英治郎が正体もなく酔いつぶれ、その姿に年かさの娘である杉村春子が涙ぐむ光景は、陰惨このうえないものだ。そのみじめなイメージを振りはらおうとするかのように、父親は、アイロンをかけている若い娘に向かって、いきなり、お嫁にいかないかときりだす。この唐突な提案をまるでとりあおうともしない娘の素っ気ない態度に、本気でいっているのだと彼は何度もくり返す。長男の会社の同僚に彼女が好意をいだいているらしいことなど知ろうともせず、ひたすら結婚せよといいつのるばかりだ。

仕事の手を休めようともしない娘に、「ちょいと」こちらにおいでよといつもの小津的な口ぶりで声をかける父親は、いつになく生真面目である。またお酒を飲んできたのねとからかわれれば、うん、少しは飲んだとうなずいてしまうその律義さは、まさに笠智衆ならではのものといえるかもしれない。だが、いくら娘の身を思ってのことであろうと、ひそかに異性に惹かれても不思議ではない年頃の娘に、ひたすら結婚の一語をくりかえすこの夜の彼の言動はあまりにも不器用だし、男親としての配慮を欠いているといわざるをえない。実際、これとは違う接し方があってもよさそうなものだと、見ている者はやや苛立つ。もちろん、娘を結婚させるために、自分も再婚するふりを装った『晩春』の寡夫のように、少しは戦略的に振舞うべきだといいたいのではない。ただ、『彼岸花』でも娘と二人暮らしの寡夫を演じていた笠智衆なら、家を出て男と同棲している娘の身を案じ、親友の佐分利信にそれとなく相談をもちかけていたはずだ。その種の心遣いさえ示すことなく、単刀直入に結婚話をきりだす『秋刀魚の味』の笠智衆は、娘の感情生活の隠された襞に土足で踏み込むような振舞いを無自覚に演じているというべきだろう。その点で、ここでの父親は、ひそかに堕胎手術を受けたとも知らぬまま娘に対してひたすら厳しく接し、ついには死へと追いやってしまう『東京暮色』の頑迷な寡夫にどこか似ているかもしれない。

酔った勢いで嫁に行けと口走ったりする父親に対して、『秋刀魚の味』の娘の反応はいたって冷ややかである。そればかりか、アイロンを切って立ち上がり、卓袱台の前に坐り直すときの彼女の表情は、ほとんど怒りに近い感情で凍りついているかにみえる。奥行きの限られた日本間で人物を立ったり坐らせたりする場合によくやるように、小津は、この気詰まりな光景を二つの距離の異なるショットで描き始める。キャメラは、まず、アイロンをかけ終え、洗濯物をそろえて立ち上がり、無言で卓袱台に近づく岩下志麻を全身で捉える。彼女が坐ろうとする瞬間に、より接近したキャメラが、冷ややかな視線を父親に向けたままの彼女の上半身を、バストショットで捉える。この二つ目のショットで、娘は、首をかしげてストライプ柄のタオルを素早くふりはらうように襟もとから遠ざけ、挑戦的な視線を父親に向けるのである。この一瞬の身振りに、女ならではの艶めかしさが露呈しており、見る者は胸をつかれる思いがする。ここでの酔った父親は、しかし、それを受けとめるにふさわしい敏感さをそなえてはいない。

それに続くいくつかのショットでは、小津特有のロー・アングルに据えられたキャメラが、膝の上でもてあそばれ、やがて強く握りしめられるタオルを、卓袱台の下に捉え続ける。憤懣やるかたのない思いを無理におし殺そうとするとき、『晩春』の原節子や『秋日和』の司葉子が手元の布きれや紐を拾い上げ、人目を避けてそれを強く握りしめていたことを想起するまでもなく、ここでの冷静さを装う岩下志麻は、かつてない憤りに身をゆだねている。そのさまが、カッティング・イン・アクションとして編集されたショットを通して、手にとるように見てとれる。こうして始まる二人の気詰まりな対話は、たがいの位置関係からして膝元のタオルを目にすることのない父親の不器用さばかりが目立ち、もっぱら行き違ったまま終わりを迎える。笠智衆の身勝手をなじる言葉を残して岩下志麻は立ち上がり、洗濯物をかかえてその場から遠ざかる。その手にストライプ柄のタオルが握られているのはいうまでもない。あとには、憮然とした表情の父親が言葉もなく取り残される。彼にできるのは、ちょうどそのとき帰宅して遅い夕食を所望する弟息子に、そんなものは自分で食べろとつぶやくことぐらいだ。仏頂面の三上真一郎は、何が起こったのかもわからぬまま、しぶしぶ父親の言葉に従うことになるだろう。

岩下志麻がストライプ柄のタオルを襟もとにかけていたことの意味が明らかになるのは、そのときである。タオルを首筋から勢いよくふりはらうことで、彼女なりの精一杯の憤りを父親にぶつけたのであり、小津安二郎は、その抑制された憤りの瞬間のタオルの動きを、この日本間でのアイロンかけの場面の始まりから、ぬかりなく準備していたはずなのだ。小津の演出は、何の変哲もない小道具の襟もとから膝への移動を、細心の配慮をこめて視覚化しているのである。

マフラーを遠ざけること

ストライプ柄のタオルを膝もとで握りしめる岩下志麻の憤りの仕草は、『東京物語』の名高いラスト近くで、原節子がしていたことを思い出させずにはおかない。寡夫となったばかりの笠智衆に別れを告げようとして洗濯物を畳んでいた彼女は、「あなたはええ人じゃよ」という義父の言葉に、「とんでもない」とほとんど喧嘩腰で応じる。この場面で、彼女は、手にしていた洗濯物を千切れんばかりに膝もとで握りしめているのである。それは相手には見えていないのだが、ここでの原節子の演じてみせる唐突な真剣さの意味は、いまだ充分に理解されているとはいいがたい。彼女は、義父の無理解に対して、真剣に怒っているのであり、その状況が、『秋刀魚の味』の父と娘の対決に影を落としているのはいうまでもない。

首筋を隠していた長めの布が、若い娘の襟もとから滑るように遠ざかり、膝へと位置を変えること。そうした小道具の瞬間的な、またそうであるがゆえに決定的な移動を見落とすと、この場面の物語はもっぱら父親の視点から読まれがちである。しかし、ここでのタオルの滑走運動を操る主体はあくまで娘であり、それにふさわしく運動の意味が分析されねばならない。後期の小津に登場する娘たちは、父親の意向に沿って黙って嫁にゆくことでその役割をおえる人形のような存在ではないからである。だが、その内面の揺れはたやすく人目に触れるものではない。ほとんどの場合、結婚式の光景さえ省略してしまう小津の黙説法が、くり返し素描されている彼女たちの憤りを顕在化させずに物語を語ってしまうからである。だから、見るものは、潜在的なものにとどまっている娘たちの身振りをくまなく視界におさめねばならない。そのとき、人は、小津の作品でタオルを襟もとから振りはらうのに似た仕草を演じる若い女優が、『秋刀魚の味』の岩下志麻ひとりではなかったことを、すぐさま思い出す。『早春』の淡島千景は、安サラリーマンの妻として家事にいそしむとき、たえず首のまわりにタオルをかけており、夫の池部良が岸恵子と一晩の過ちを犯して帰宅した朝、気配を察するとそれをさっと振りほどいてから握りしめ、玄関に立つ。だが、この場合、キャメラは『秋刀魚の味』の場合ほど被写体に近くはなく、タオルの滑走運動を生なましいバストショットで捉えてはいない。岩下志麻の身振りに近いものとしては、『東京暮色』の有馬稲子が、思いつめた表情でマフラーを首筋から遠ざけ、いきなり素肌の襟もとを露呈させる瞬間を誰もが記憶しているはずだ。それは、思わずはっとせずにはいられない一瞬である。では、そこでのマフラーの位置の移動は、どのようにして導きだされていたのか。

自分が父親の娘ではないかもしれぬと疑い始めている『東京暮色』の有馬稲子は、別れて暮らす山田五十鈴の薄暗い麻雀荘を不意に訪れ、ことの真相を問いただそうとする。店は多くの客で騒然としているが、娘は臆することもなく奥まで足を踏み入れ、黙って母親の前に立つ。娘の乱れた胸の内を知る由もない山田五十鈴は、微笑みながら、まあお入りなさいと座布団をすすめる。それを固辞して畳に正座する娘は、正面を見据えたまま、ほんの一瞬首をかしげると、コートの襟もとから一気にマフラーをとりさるのである。それを目にして、屋内に身を落ち着けたのだから、防寒具を脱ぐのは当然だなどと思ってはなるまい。実際、これは、胸をつかれる思いで立ち会うしかない苛酷な場面であり、娘の一瞬の身振りには、あらかじめ対話の成立をこばんでいるかのような、冷ややかな決意がみなぎっている。

私の父親が誰なのか、ここでぜひうかがいたいと彼女はきりだす。虚をつかれた山田五十鈴は取り乱し、私は誰ともあやまちなど犯しておらず、娘のあなたがそれを疑うのはあまりにもむごいことだと抑えた声で抗弁する。だが、その言葉も、有馬稲子の思いつめた表情をやわらげたりはしないだろう。自分は絶対に子供など生まないつもりですという言葉で、娘は家族を捨てた母親をなじる。二人は、救われぬ思いで別れるしかないのだが、有馬稲子が自殺同然の事故で息を引き取るのは、その晩のことである。そのとき、勢いよく襟もとからマフラーを引き抜いた彼女の身振りが、『秋刀魚の味』の岩下志麻が首筋から振りはらったタオルの動きとかさなりあうように、痛ましく思い起こされる。それは、母親への決別の身振りにほかならず、その場に立ち会ってはいない父親も、娘の悲劇から決定的に遠ざけられるほかはなかったのだ。

『秋刀魚の味』の岩下志麻が、有馬稲子の孤独な悲劇性からさして遠くないところに位置していることは明らかである。もちろん、『東京暮色』の娘は家族を捨てた母親を前にしており、『秋刀魚の味』の娘は妻に死なれた父親を前にしていたと指摘するのはたやすいことだ。また、前者では娘が母親に言葉をかけ、後者では父親が娘に言葉をかけているという状況の違いもすぐさま見てとれる。さらには、『秋刀魚の味』の岩下志麻が、自殺を思わせる悲惨な最期を迎えるわけでもないといいそえることもできる。だが、小津にとっての遺作となるカラー作品で岩下志麻の演じる身振りが、最後のモノクローム作品の有馬稲子のそれを正確になぞっていることの意味は限りなく重い。小津にあっては、しばしば、ほんの些細な仕草が、台詞よりも遥かに雄弁に、事態を語ってしまうものなのだ。

とするなら、襟もとのタオルを振りはらう『秋刀魚の味』の娘の仕草は、一息にマフラーを脱ぎさる『東京暮色』の娘の仕草がそうであるように、憤りというより、むしろ冷ややかな拒絶の表明だと理解すべきものなのだろうか。あるいは、『早春』の淡島千景による夫への不信の表明に近いものだとさえいうべきかもしれないが、いずれにせよ、その後の岩下志麻は、父親への深い信頼を回復することなく嫁入りの日を迎えることになるだろう。その意味で、状況は似ていながらも、最後まで父親への執着を捨てきれずにいた『晩春』の一人娘と、男の兄弟を持つうえに父親の世話までせねばならない『秋刀魚の味』の娘とは、それぞれ異なるやり方で作品の風土醸成にかかわっているとみなければならない。

背広を投げすてること

ここで、われわれは、後期の小津で初老の父親を演じる笠智衆が、何らかの意味で妻を奪われた存在であることに触れておかねばならない。小津の作品には不可欠なはずのこの俳優は、戦前の『父ありき』以来、奇妙なことに、妻を持つことを一貫して禁じられた存在なのである。もちろん、結婚して子供をもうけはするのだが、『宗方姉妹』や『晩春』がそうであるように、ほとんどの場合、物語が始まる瞬間にはすでに妻を失っている。『東京物語』の父親のように、息子や娘に会うという老後の楽しみとして、妻をともない首都への旅行を試みる例外もあるにはあるが、あたかもそれが宿命だとでもいうかのように、帰宅後、彼は老妻の唐突な死に立ち会わねばならない。他方、『麦秋』や『お早よう』のように、三宅邦子を妻に持ち、二人の男の子の父でもある笠智衆が見られる作品も存在するが、小津にあってのこの俳優が、三宅邦子を妻に持つ場合にかぎり女の子の父親たりえないことは、それ自体が一つの実存的な欠損のようにさえみえる。他方、『宗方姉妹』、『晩春』、『東京暮色』、『彼岸花』、『秋刀魚の味』という後期の五本の作品における彼の役割は、いずれも婚期を逸しかねない娘の言動を持てあまし気味にたえる寡夫なのだが、『東京物語』の最後をも含めて、妻がかたわらにいないときの笠智衆に、何とも定義しがたいオーラが漂っていることを、どう解釈すればよいのだろうか。彼から配偶者を奪い、娘と暮らす寡夫ばかりを演じさせることで、小津は、この役者に、いったい何を期待していたのだろうか。

すぐさま指摘しておかねばならないのは、小津における家族構成が、笠智衆の存在とは無縁に、不完全なものが多いという事実である。戦前でいうなら、『出来ごころ』を初めとする「喜八もの」は男やもめのはなしだし、『母を恋はずや』や『朗かに歩め』や『一人息子』や『父ありき』の場合は、それぞれ母親、父親しかいない家庭の物語である。戦前の『浮草物語』の隠し子の主題はそのまま戦後の『浮草』に受けつがれており、田舎の小学校教師や旅役者といった職業が姿を消し、舞台となる一家の社会階層が比較的安定してくる戦後の作品においても、その状況に変化はない。実際、『晩春』でも、『麦秋』でも、『東京物語』でも、戦争から戻ることのなかった息子たちが、両親の内面に埋めがたい空洞をうがっている。そうした子供たちの不在に配偶者のそれが加わることで、娘と暮らす寡夫というイメージが家族の不完全性の地平に浮上し、笠智衆にふさわしい役柄が初めて成立することになる。

だが、長男を戦争で失い、娘と二人で暮らしている『晩春』の父親がいつやもめとなったのかは明らかにされてはおらず、京都の宿で新婚時代の妻の苦労を彼が語る以外は、娘が母の記憶を口にすることはほとんどない。サイレント期の『母を恋はずや』を例外として、後期の小津にあっては、妻であり、母でもある女性が、決定的な不在として懐かしげに回想されることはまれなのである。実際、東山千栄子の遺品である時計を原節子に手渡す『東京物語』をわずかな例外として、笠智衆のかたわらに亡き妻のものとおぼしき写真などまず見あたらない。『小早川家の秋』の中村鴈治郎の亡き妻の場合をのぞけば、小津の作品で妻の命日に法事がとりおこなわれることもほとんどなく、だから、笠智衆が妻とともに過ごした結婚生活を想像することさえ不可能というに近い。小津における笠智衆は、あたかも寡夫となるべく生まれるしかなかったかのように、妻の不在を当然のことと受け入れているかにみえる。

『東京暮色』についてみれば、外地への出張中に妻が同僚の男と家をでたといわれているから、彼が寡夫としての生活を始めたのは終戦以前のことだと理解できる。だが、かつての妻が麻雀荘をいとなんで細々と暮らしていると聞かされてもほとんど反応をしめさず、捨てられた夫として初老を迎えることになった運命を、彼はひたすら寡黙に耐えているかにみえる。佐分利信の友人として脇役にまわった『彼岸花』の笠智衆が、はたして寡夫かどうかは必ずしも明らかではない。ただ、男と同棲してバーに働きにでている娘を扱いかねているその頼りなさからして、どうやら妻には先立たれているらしい。そうした想像をごく自然なものと見せてしまう禁欲的な何かが、彼の人影には漂っているのである。たまたま知人につれて行かれたバーのマダムが亡くなった妻にどこか似ていると子供たちに得意げに告げたりする『秋刀魚の味』の笠智衆は、こうした一群の禁欲的な男やもめとはいささか異なる人物像におさまっており、亡き妻への執着を無邪気に口にする例外的な人物だといえるかもしれない。だが、その告白がどれほど娘に不快な思いをさせているか気づかずにいるのだから、彼もまた、寡夫たる自分に自閉する孤独な存在だといえる。いずれにせよ、『晩春』の三島雅夫や『秋刀魚の味』の北竜二のように、後妻を持つことも許されていない笠智衆は、性的な欲望をいだくことさえ禁じられた存在なのだ。その禁欲ぶりは、枯淡の境地に達した者の余裕というより、未熟な男性の潔癖感に似たあやうさを思わせるものがある。

だが、ここで問題なのは、小津にあっては、どうしてこれほどの頻度で細君が早世せねばならないのかと問うことではない。また、さまざまな事情で妻を奪われている笠智衆の、男性としての自信の揺らぎを作品ごとにたどることでもない。見落としえないのは、娘がアイロンをあてている『秋刀魚の味』の日本間が、彼にとっては、ほかの小津的な妻帯者たちと異なり、さほど心の休まる場所ではなさそうにみえるという事実である。それは、帰宅後の彼のかたわらに、着換えに立ち会うべき妻の姿が見あたらないという配偶者の不在としてあらわれてくるものだ。例えば、『秋日和』の中村伸郎が、妻の三宅邦子を前にして、どれほど気ままに振舞っていたかを思いおこしてみるがよい。すでに「着換えること」の章で見たように、娘や息子からは軽視され、親友の未亡人に対する執着を妻から見すかされてはいても、彼は、帰宅するが早いか、あたりはばかることなく着ているものを脱ぎすててゆく。背広やワイシャツを畳に放りだすのはいうまでもないが、念の入ったことに、ポケットの白いハンカチーフをぽいと投げすてさえするのである。身軽に腰をかがめて素早くそれを拾い上げるのは、もちろん、三宅邦子である。実際、『東京物語』の山村聰の妻としての彼女もそうだが、三宅邦子ほどの屈託のなさで床に置かれたものを拾い上げ、それをさりげなく移動させてまわった女優は、映画史に存在しない。

小津的な妻帯者のこの屈託のない着換えの光景は、作品の風土とはかかわりなく、ほとんど形式化された儀式としていたるところでくり返されている。内ポケットから財布や眼鏡ケースをとりだして机の上に律義に並べ終えてしまうと、多くの場合、親しい仲間と酒を飲んできた夫たちは、自分の背広がどのように処理されるかにはいっさい無頓着に、まとっていたものをところかまわず脱ぎすててゆく。妻の役割は、そこでは、無造作に放り出された夫の外出着を丹念に拾いあげる身振りに還元される。しかも、皺になったハンカチーフを無造作に投げすてる『秋日和』の中村伸郎は、『彼岸花』の佐分利信が田中絹代を前にして演じた身振りを正確に反復していたものである。後期の小津の日本間とは、笠智衆の大学や中学時代の同級生だった男たちがほとんど機械的に投げすてる衣裳を、妻が律義に拾って歩く空間にほかならない。投げだし、そして拾うというこうした夫婦の関係のうちに、男の無意識の暴君性と女の自覚された忍従性を指摘して、小津における家族の保守的な性格を批判するのも、あながち見当違いともいえまい。だが、現実には、事態はそれほど単純でもないのである。

たとえば、小津は、笠智衆に、彼らと同じ身振りを演じることを禁じている。屈託のない着換えを禁じられた永遠の寡夫は、佐分利信や中村伸郎の演じる同級生とは明らかに異なる人物として構想されているのである。『秋刀魚の味』で岩下志麻がアイロンをあてている日本間がどこかしらほかの家の日本間と異なっているとしたら、その違いは、こうした妻帯者たちの気ままな着換えの身振りを、笠智衆が心なしか自粛するしかないところにあらわれている。ことによると、それが、男親としての年頃の娘への精一杯の気遣いなのかもしれない。それは、たとえば、『小早川家の秋』の寡夫である中村鴈治郎が、既婚者である娘の新珠三千代に対してこの種の配慮を少しも示していないことからしても明らかだろう。

だが、ここで注目すべきは、この形式化された儀式が、妻帯者の家の日本間でも厳格に反復されているわけではないということだ。それどころか、小津は、妻がその儀式をあからさまに無視する瞬間さえ描いているのである。たとえば、『彼岸花』で、夜遅く不機嫌な顔で帰宅した佐分利信を日本間に迎え入れる田中絹代は、娘の結婚を許さず、結婚式にも出る意志はないといいはなつ頑迷な夫に愛想をつかしたというかのように、いったんは胸にかかえていた彼の背広を、いきなりどさりと畳に放りだしてみせる。脱ぎすてられた衣服を拾って歩くのが妻の役割だとするなら、ここでの田中絹代は明らかにその役割を放棄し、夫にこそふさわしい身振りをより大胆に演じているのである。もちろん、一家の主婦が家長に衣服を投げだすという振舞いは、『小早川家の秋』にも、やや異なる状況のもとで行われている。それは、寡夫である父親の身勝手な行動に対する娘の抑えがたい憤りとして演じられる光景である。すでに老境に達している中村鴈治郎が、かつて関係のあった女性とよりを戻したことに露骨に腹を立てる娘の新珠三千代が、婿養子の小林桂樹のとりなしをも無視し、そんなに会いたければいますぐにもいっていらっしゃいというなり、簞笥から外出用の和服を取り出し、畳にどさりと投げだすのである。『彼岸花』の妻にせよ、『小早川家の秋』の娘にせよ、小津における女性たちが、男性に対して思いのほか大胆な仕草を演じているのを見落としてはなるまい。

田中絹代や新珠三千代の思い切った振舞いにふと心を動かされるわれわれは、小津におけるさまざまな身振りの儀式的な反復が、あるとき例外的な事例を誇示することで、かえってシステムとしての一貫性におさまるものであることをここで改めて認識する。それと同時に、田中絹代の妻らしからぬ身振りには、タオルを首筋からはらいのける『秋刀魚の味』の岩下志麻や淡島千景や、マフラーを襟もとから滑らしてみせた『東京暮色』の有馬稲子のそれにも劣らぬ威勢のよさがみなぎっていることも感じとらずにはいられない。彼女らもまた、無言で憤っているのである。その抑えられた憤りがどのような結果を招くことになるかは、いまは触れずにおく。ここでは、あくまで無愛想な夫が、従順なはずの妻によって人目もはばからずに演じられた憤りの仕草に、まったく気づいてはいないことだけを指摘しておく。

殴ること

憤るという感情は、あまり小津的なものと思われてはいない。実際、『東京物語』の老夫婦は、首都に住む子供たちの家を体よくたらいまわしにされても、ことさら怒ったような表情を見せない。夫でもあり父親でもある一家の長の死後、家族からそれに似たあしらいを受ける『戸田家の兄妹』の母と娘も、ほぼ同様である。ほとんどの登場人物は、諦念とともに事態の推移を受け入れることで、物語に思いもかけぬ波乱や逸脱が生じることを自粛しているかのようだ。彼らの行動原理は善悪を規範としてはおらず、むしろ調和の維持のためにすべてが犠牲にされているかにみえる。

そうした視点からすれば、とりわけ家庭の中にいる女性にとっての憤りが、小津にふさわしからぬ振舞いとみなされて何の不思議もない。後期の小津の寡夫たちの物語が、ことごとく、丹誠こめて育て上げた娘を手放す父親の悲哀を描いたものと解釈され、嫁ぎ行く娘たちの複雑な心境が無視されがちなのは、そのためである。事実、寡夫たる笠智衆にとどまらず、中村伸郎を初めとする多くの妻帯者が、娘を嫁がせる父親の悲しみを大っぴらに口にしている。また、小津自身も、『東京暮色』をめぐって、妻に捨てられた男やもめの孤独を描くことが主眼であったと語っている。だとするなら、この映画で、襟もとのマフラーを艶めかしいそぶりで脱ぎすてる有馬稲子の身振りは、ほんの傍系的なエピソードにすぎないのだろうか。あえて人目につきやすいストライプ柄のタオルを襟もとにかけ、父親の前でいっきにそれを振りはらってみせた岩下志麻の憤りは、いずれはおさまりがつくちょっとした反抗の身振りでしかなかったのだろうか。いったんは胸にかかえた夫の背広を厳しい表情で畳に投げだす『彼岸花』の田中絹代のいつになく真剣な振舞いは、例外的なものなのだろうか。

もちろん、心身の激しい動揺に身をまかせる人物が、小津の作品から完全に放逐されているわけではない。それどころか、『東京の女』の姉の岡田嘉子を前にした江川宇礼雄のように、ときには拳を振り上げての暴力沙汰におよぶ者さえ少なからず登場している。事実、『東京暮色』の有馬稲子は、人気のない下町の食堂で優柔不断な恋人の田浦正巳に平手撃ちをくらわせてから、湿った夜の暗闇へとかけだしていったのだが、こうした光景は、小津自身によって失敗作とみなされている作品の中だけに起きているものではない。誰もが知るとおり、諦念とともに事態の推移を受け入れるには幼すぎる子供たちが、ちょっとした行き違いから父親を口汚く罵り、おさえ込まれて尻を打たれるといった場面は、無声映画時代からしばしば描かれている。実際、父親の社会的な身分に疑いを持つ『生れてはみたけれど』の兄弟から、父親の約束の不履行を許せない『麦秋』や『お早よう』の兄弟まで、子供たちの憤懣やる方のない思いは時代とともに過激なものとなる。太刀打ちできるはずもない父親の足腰へと兄が必死にからみつくと思うと、離れた位置から身振りでそれに加勢していた弟とともに、二人して家出まで決行することになるだろう。そうした逃避行の意味については食べることの章で詳しく分析したものだが、いずれも、家族の経済的な窮状を納得しえない子供たちへの無力な父親の苛立ちからくるものである。夫の斎藤達雄にもう少し優しく接してやれないものかと涙ぐむ『生れてはみたけれど』の吉川満子をみていると、ふと身につまされる思いもするが、幼い二人のむなしい抵抗ぶりの見事に統御された振り付けは、ふと微笑みを誘うのである。いずれにせよ、家族の調和を決定的に乱すにはいたらず、むしろその絆を強めさえしているこの種の小波乱が、物語の流れを大きく変調させることはない。

より深刻なのは、もちろん、成人した男たちがかられる激情である。『東京の女』の江川宇礼雄の場合は、姉がいかがわしい職業に手を染めていたことを知り、自殺してしまうのだが、ここで注目すべきは、小津的なものと思われている諦念などとは無縁だというかのように大っぴらに憤ってみせる人物たちの多くが、しばらく家庭を離れていた「外部」の人間だという事実だろう。実際、激情にかられて妻の田中絹代を階段から突き落とす『風の中の牝雞』の佐野周二は、敗戦直後の日本の混乱をまるで知らない復員兵だったし、母親と妹の不当な扱いをめぐって憤り、兄や姉の夫婦を法事の後の宴席から一組ずつ追い立てる『戸田家の兄妹』の佐分利信も、中国大陸に活路を見いだしていた末の息子である。『浮草物語』と『浮草』の旅芸人の一座の親方もほぼ同様で、隠し子の住む村に久しぶりに戻ってきた彼は、息子に会うために昔の女の家に入りびたり、つれあいの女優と激しい口論を演じて腕まで振り上げることになる。もっとも、旅役者の憤りは女をいささかも説得する力を持たず、むしろ男女の対等な口論へと発展するのだから、これは人情話によくある痴話喧嘩の様相さえ呈しているといえるかもしれない。それに対して、帰還兵と新帰朝者は、いずれも、小津的な家族の不完全性を象徴する人物にほかならず、彼らが捉えられる一時の激情は、父性的な権力の行使とはほど遠い「外部」からの帰還の儀式のようにみえる。いずれにせよ、「憤ること」は、小津にあっては、家族の外に位置している人間だけに許された特権的な振舞いなのである。

憤ること

ここで、われわれは、『秋日和』における岡田茉莉子の唐突な憤りの意味を理解する。役柄からすれば、彼女は結婚をひかえた司葉子の会社の同僚にすぎず、美しい未亡人たる原節子との姻戚関係もなければ、その夫のかつての同級生たちの娘でも、ましてや愛人でもない。つまり、彼女は、未亡人の再婚やその娘の結婚をめぐってあれこれ立ち回るお節介な男たちにとっては徹底して「外部」の存在なのだ。いわば周縁的な女性ともいうべき岡田茉莉子が不意に中心的な役割を演じ始めるところにこの作品の予測を超えた面白さがあるのだが、その契機となるのが、親しい同僚の身の上を思う彼女のおさえがたい憤りだというのだから、彼女は、これまでに見た小津的「作品」における憤ることの主題を体現するのに理想的な人物なのかもしれない。

いきなり司葉子の亡き父親の友人である大学教授の研究室におしかけた岡田茉莉子は、あれこれ尋問して誰が共犯であるかを聞き出すと、二人して同級生の会社重役に拉致同然の勢いで同行を求め、別の会社の部長のオフィスに闖入し、執務を中断して応接室に出頭することを求めたらしい。ここでの彼女の振舞いは、妥協を許さぬ検事のそれを思わせるのだが、らしいというのは、親子ほど年齢の違う男たちとはまったくの初対面である彼女にどうしてそれほど大胆な行動が可能であったのかを、小津はその経過をいっさい画面で示さず、佐分利信のオフィスのドアーから顔をのぞかせた北竜二の、「変なことになっちまってね」という照れたような一言で簡潔に要約しているからである。いったいどうしたのだという佐分利の問いに対する北の答えは、まったくもって要領をえない。「おかしなのが来ちゃったんだ」。「何だい」。「まあ会ってやってくれよ」。「誰に」。佐分利信は、何も納得せぬまま、机から立ちあがる。

いきなり「おかしなの」がやってきて、「変なこと」になったのだという言葉からして、何やら対応に苦慮するできごとが男たちの身に起きているらしいことは察しがつく。実際、応接間で人が目にすることになるのは、余裕などあるはずもない若い娘の必死の論告ぶりと、余裕があっても不思議ではない年輩の男たちのいかにも当惑気味の自己弁明である。これまでこの作品の流れをたどってきた者も、初老の同級生三人組と、司葉子の同僚にすぎない岡田茉莉子とが同じ空間で出会うことなど誰も予想していなかっただけに、そこには、登場人物のみならず、観客をも不意撃ちする驚きがこめられている。自己紹介もそこに、未亡人の再婚をめぐるあなた方の無責任な対応が、自分の友人である彼女の娘をどれほど傷つけているのか分からないのかと非難するこの若い女性は、文字通りの「外部」からの不意の闖入者である。その意味で、彼女は、『戸田家の兄妹』の宴席で兄や姉の夫妻を説教する新帰朝者としての弟息子によく似た存在だといえるかもしれない。また、思いつめた表情でオーヴァー姿のまま黙って母親の前に立つ『東京暮色』の有馬稲子とも、どこかしら通じるものがあるかもしれない。

だが、『秋日和』での岡田茉莉子の唐突な憤りは、『戸田家の兄妹』や『東京暮色』のそれと異なり、思いがけない弾みによって画面の連鎖を揺るがせ、予期せぬ微笑を誘わずにはおかない。部屋の構造から全員そろって画面におさまることがなく、立ったまま真剣な表情で睨みつけている岡田茉莉子と、ばらばらに坐った男たちの唖然とした表情とを窮屈な構図のショットで対置して行くこの場面には、コメディ作家としての小津のセンスがいかにも闊達な呼吸で息づいているからである。旧友岡田時彦の遺児の松竹入社に敏感に反応しなかったはずのない小津安二郎は、岡田茉莉子が潜在的にそなえているはずの喜劇的な資質を思い切り顕在化させるために、あえてこの場面を構想したのではなかろうか。

まあお坐りなさいと勧められても、「このままでいいんです」ととりあわない岡田茉莉子は、いい年齢をした男たちの娘心を無視した言動に対して心の底から憤っており、「いったい何が面白いんです」と声をあらだてる。企業の幹部らしく、自己紹介した相手の名前をしっかり覚えていて、「ところで百合ちゃん」と親しげに呼びかけて話題をそらそうとする佐分利信には「百合子とお呼び下さい」と切りかえし、一応の説明はしてあるのだがと合いの手を入れる中村伸郎には「あなたに伺っているんじゃありません」と言葉を封じるその対応ぶりには、思わず喝采を送りたくなるほどの凜々しさがそなわっている。憤ってはいながらも情動に流されることなく、男たちのもてあそぶ年季の入った策略にも精一杯こらえてみせ、表情も姿勢も崩さずに相手の非をさとそうとする彼女の素振りはあくまで毅然としており、初老の紳士たちもいつもの冗談でまぜかえすことなどできないと観念するしかない。後期の小津にしばしば登場する旧制高校的な同級生の面々が、たった一人の若い女性の憤りを前に、これほどあからさまに面目を失ったことはなかったはずだから、ここには何か特別なことが起こっているに違いない。実際、小津の作品には初出演の岡田茉莉子は、佐分利信、中村伸郎、北竜二といった常連の芸達者を前にして、文字通り「場面をさらっている」のである。いったい、何がそれを可能にしているのか。

小津の戦後の作品系列からすれば、ヒロインの親しい女友達という彼女の役柄は、『晩春』の月丘夢路や、『麦秋』の淡島千景の系譜につらなるものだといえる。だが、小津にあってもきわめて特殊な主題である「憤ること」の生身の形象化を託され、しかもその生一本な身振りや言葉遣いには巧まざるユーモアさえ漂っているので、闖入者を演じつつある岡田茉莉子の存在は、この場面にかつてない爽快感を行きわたらせている。

この爽快な印象はいったい何なのだろうか。口をとがらせて相手の非を指摘すればするほど場違いな滑稽感を誘発し、それでいて男たちを完膚無きまでに武装解除してしまうこの若い女性像の突出した鮮明さは、小津的な「作品」の中にどのように位置づけられるものなのだろうか。確かに、ある種の人びとにとって、それは「おかしなの」がやってきて、「変なこと」になってしまったとしかいいようもない不慮のできごとだったのかもしれない。だが、それはまた、この女性検事の論告を、そうした語彙でしか表現しえない初老の男性たちの貧しい言語感覚と、それがはからずも露呈させている変化を容認しない現状維持の姿勢に対するしたたかな批判としても機能しているような気がする。なるほど、彼らの一人は、「ああいうのもたまにはいい」と後に回想してはいる。だが、諦念とともに事態の推移を受け入れたりはせず、間違っても秩序の維持のために自分を犠牲にしたりはしないこの女性の精一杯の憤りを、小津は、口直しの珍味のような「たまにはいい」ものとして登場させているだけなのだろうか。

憤ることとの主題をここまでたどってきた者なら、この場面のもたらす爽快感が、「たまにはいい」ものの持つ例外的な価値ではなく、律義にくり返されてきた身振りの素描が、ここで、思いもかけず現実の行動として演じられていることから来ていることをすぐさま理解するはずだ。実際、小津にあって、憤るという心身の動揺に身をゆだねることのできるのは、女性だけだったはずである。だが、父親や母親、あるいは夫を前にすると、その憤りは素描された身振りに終り、現実の行動として相手を動かすことがない。『秋刀魚の味』の岩下志麻が首筋からストライプ柄のタオルを振りはらうとき、『東京暮色』の有馬稲子が襟もとのマフラーを滑らすようにほどくとき、『早春』の淡島千景が襟のタオルを振りほどいて胸元で握りしめるとき、あるいは『彼岸花』の田中絹代がかかえていた背広を畳に放りだすとき、さらには『小早川家の秋』の新珠三千代が引き出しからとりだした父の和服をどさりと投げだすとき、憤りの身振りはまぎれもなく素描されていたにもかかわらず、家族の全員は、その素描がやがておさまるべき身振りの意味を予測することがなかったのである。だが、その素描された身振りは、小津的な「作品」の表層には着実に刻み込まれており、「外部」の存在だけがその痕跡をたどり、潜在的なものにとどまっていたその身振りを顕在化することができる。

『秋日和』の岡田茉莉子は、まさしく「外部」の女性として、素描されていた憤りの身振りを顕在化しえたのである。あの場面の爽快さは、彼女自身は見たこともないいくつもの素描された身振りを顕在化することの晴れがましさからきている。そして、その素描されていた身振りの痕跡が織りなす複数の仕草の意味を総体として捉えることができるのは、映画を物語として消費するのではなく、それを「作品」として見ることを心得た者にかぎられている。見ることは、しかし、いささかも複雑な手続きを必要としてはいない。画面に推移するさまざまな運動にひたすら敏感でありさえすれば、それでよいはずだ。岩下志麻の襟もとから膝の上へと位置を変えるストライプ柄のタオルの運動ぶりに驚くことは、いうまでもなく、あらゆる人に開かれた平等な権利である。その権利を行使することで、人は小津的なものと小津的「作品」とのずれをまぎれもなく生きることになるだろう。

Ⅸ　笑うこと

儀式のあとで

声をあげて笑うことは、小津安二郎にあっては、なぜか集合的な現象として姿を見せる。たった一つの笑い声は、あたかもそれがありえない語義矛盾だというかのように、小津の世界から周到に遠ざけられている。もちろん、あらゆる登場人物は微笑をうかべて画面におさまり、敵意のない視線をこちらに向けている。だが、彼らが笑い声をあげる瞬間を小津のキャメラが正面から捉えることはまずないとみてよい。ほとんどの場合、たまたまその場にいあわせた何人かが、ことさら滑稽なできごとを話題にしてというより、同じ時間と空間とを共有しあうことの屈託のなさから、知らぬ間に笑い声への一体化を受け入れてしまう。それは、誰かが笑うのではなく、あくまで笑い声が聞こえるという事態なのだ。しかも、その笑い声の響きに笑い顔のイメージが同調することはごく稀である。音声としての笑い声を決まってその映像に先行させせている小津は、笑い顔を見せることと笑い声を響かせることは本質的に異なる体験だといっているかにみえる。

実際、いま笑ったばかりの人びとをキャメラが一拍遅れでスクリーンに登場させるとき、彼らは、自分たちの笑いが離れた場所の第三者にも聞きとどけられる声だったことに無自覚なまま、穏やかな表情で、ひたすら仲間うちの団欒の雰囲気にひたっている。その意味で、小津にあっての笑い声はほとんど無意識の機械的な反応というに近く、確かな主体を欠いた集合的な振舞いとして、どうかすると無責任な風土さえ醸成しかねない。そこには、仲間意識からでた意図されざる排他性が感じられることもあるからだ。では、小津的な笑いにおけるこの音声と映像とのわずかな偏差と匿名的とさえいえる無意識の排他性から、われわれは何を受けとめればよいのか。

まず、小津的な笑い声が、描写的というより、説話論的な機能をおびた音声記号であることがすぐさま明らかになる。物語の背景がそれまでとは異なる空間へと移行する場合、新たな舞台装置に身を置いた人びとが、あたかも場所の変化をきわだたせるためであるかのように、どっと笑い声を響かせるからである。その笑いには確かに無意識の排他性が感じられはするが、声の響きだけをとってみれば、それにはシークェンスが新たに始まることの予告機能がそなわっているとみてよい。笑い声は、小津にあっては、笑う主体の意志とはいっさい無縁のほとんど抽象的な記号なのかもしれない。実際、それは、多くの場合、家庭の日常を離れた儀式性に彩られた時間の始まりや終わりを告げることになるだろう。たとえば、男たちの匿名的な笑い声が二度響く『秋日和』をとってみるとどうか。そこでは、冒頭の法事のあとと終幕近くの結婚式のあと、ほとんど同じものといってよい無邪気な笑い声がどっとわき上がる。だが、その瞬間、すでに指摘しておいたように、笑う主体は画面から排除されており、人が目にするのは、女中が音もなく盆をささげて通り過ぎるとあとは無人となる料亭の廊下にすぎない。その短いショットの背後に、どこの座敷からもれてくるともしれぬ笑い声がどっと響くのである。

月影を受けてのものであろうか、廊下の奥の壁には水の反映がゆらゆらと揺れており、料亭はどうやら川岸に位置しているらしい。廊下のショットに先立ち、暮れはじめた夜空に浮かぶ大きな橋の黒々としたシュリエットが左手に障子を配して挿入されているので、一九五〇年代後半の東京の風景を記憶している者なら、料亭が隅田川沿いに位置していることをごく自然に理解するだろう。そのとき聞こえる笑い声は、芝界隈の寺院で法事をすませた者たちの、宗教的な儀式からの解放感を象徴しているのかもしれない。いずれにせよ、それは、家庭とは異なる空間で演じられる集団的な振舞いなのである。実際、読経のつづく本堂を離れたキャメラは、寺院の内部をいくつかの異なるアングルのショットで示した後、橋のシュリエットにつづいて、料亭の無人の廊下を映しだす。その間、低い読経の声と木魚の音がいつしか蒸気船のエンジン音に置き換えられ、その単調なエンジン音がこんどは笑い声によってかき消されることになるのだが、こうした一連の音響のモンタージュは、溶明＝溶暗もオーヴァーラップも使われることのない後期の小津にあっては、非＝日常的な舞台装置への場面転換にかかわる典型的なリズムをかたちづくっている。その場合、新たな場所へと登場人物が交通機関を乗り継いだり、ハイヤーを走らせたりする光景はまず描かれることがないといってよい。彼らは、いつでも、しばらく前からすでに別の空間に身を落ち着けており、物語が彼らに追いつくのは、見えてはいない部屋からどっとわきおこる笑い声を契機としてにすぎない。

『秋日和』の場合、蒸気船のエンジン音を画面から一掃する笑い声の主が誰であるのかは、もちろん、それにつづくショットがすぐさま明らかにする。佐分利信、中村伸郎、北竜二の三人が日本間の宴席を囲んでおり、その前に、黒の紋付きをまとった喪服姿の原節子と司葉子とが、微笑みを浮かべて坐っている。それに先立つ寺院での場面が、二人の夫であり父親でもあった男の七回忌を描くものだったのだから、会食者たちの表情が葬儀の直後とは異なる屈託のなさをおびているのはとうぜんのこととうなずけるし、ここで笑い声が聞こえることにもさしたる違和感はない。お経が長すぎたと文句をいっている男たちは、いずれも原節子の亡き夫の大学時代の親友であり、彼女の実家が本郷三丁目あたりで薬屋をいとなんでいたと語られているところを見ると、三人はどうやら東京帝国大学の出身らしい。だが、ここで重要なのは、彼らに共通する学歴を確かめることではなく、どっと笑い声が響いたあとの宴席で、三人の中年男が何を話題にするかを知ることにある。

この料亭での男たちの話題はほぼ二つに限定される。彼らの関心をまず惹きつけるのは、美しい一人娘の司葉子の結婚問題である。婚期にさしかかった娘の身の上をめぐってあれこれ思い悩む父親が後期の小津の主要な登場人物であるとするなら、その父親がすでに他界しているのだから、『秋日和』では、しかるべき職場で責任ある地位についているらしいその親友たちが、かわりに婿探しに奔走することになるというわけだ。それぞれ嫁がせたばかりの娘がいたり、これから婚期を迎える娘の父親でもある彼らにそんな役割がつとまるかといえばこれは大いに疑わしいのだが、それが亡くなった友人への責任感というより、いまなお美しいその未亡人へのひそかな執着からとしておけば、一応の理屈は成立する。その結果、二つ目の話題は、とうぜんのように、若き日の原節子の美しさをめぐるものとなるしかあるまい。それは、母と娘とが早めに席を辞してから男たちが口にするものだが、今なおその魅力は衰えていないと感慨深げにつぶやく佐分利信と中村伸郎は、いずれも大学時代に薬屋に日参しながら、お目当ての美しい看板娘は親友に奪われてしまったというほろ苦い過去を持つ。その記憶が、美人を妻とすると男は早死にするという酒席にありがちな屁理屈となり、肥満気味の料亭の女将にご主人は達者だろうねと念をおすという仲間うちの冗談として彼らを笑わせることになるのだが、恰幅のよい高橋とよの演じる女将にはまるで意味不明なこの笑いの機能については、いずれ改めて触れることにする。

妻に死なれてやもめ暮らしをしている北竜二は、どちらかといえば母親より娘の方が魅力的だと不用意に口にしたりするのだが、やがて、瓢箪から駒といった按配に、彼自身と原節子との再婚話が持ち上がり、当人はいつになく乗り気でありながら、肝心の仲介役の中村伸郎の身勝手な優柔不断さから事態は混乱するばかりなのだが、その顛末についてはここでは触れずにおく。さしあたり指摘しておくべきは、『秋日和』の物語が、年齢を異にする二人の女性の結婚と再婚の可能性の漸進的な増減と、それを見守るお節介な中年男たちの一喜一憂を軸に語られてゆくという事実につきている。要するに、娘の結婚と未亡人の再婚との同時進行という『晩春』とほぼ同じ説話論的な構造が、配偶者を失った者の性別をかえただけで一挙に成立してしまっているのである。その構造の基本形態が屈託のない笑い声で始まっていた座敷での会話によって素描されているのだから、見かけの屈託のなさにもかかわらず、この料亭の場面に濃密な説話論的な役割がこめられていたことは明らかである。だとするなら、『秋日和』に響く二度目の笑い声がそれに似た役割を演じているのも当然だろう。

司葉子が目出度く結婚式を迎えた日の夜、お節介な中年男たちは、披露宴のあと、ふたたび隅田川沿いの料亭で屈託のない時間をすごす。新婦の司葉子はいうまでもなく、娘を嫁がせた母親の原節子もそこには姿を見せてはおらず、人物構成は法事のあとの宴席と明らかに異なっている。だが、この場面もまた、近くを流れる川の水の反映が壁に揺れている無人の廊下のショットで始まっており、それに先立ち、すでに見た橋のシュリエットがくり返されてもいるので、小津における導入部と終幕との律義な均衡を誰もが改めて意識せざるをえない。ここでも、笑い顔を欠いた男たちの笑い声は、結婚式場での新郎新婦の記念撮影の光景から料亭の座敷への無媒介的な移動を告げる記号として的確に機能している。なかば開かれた唐紙の隙間から、笑いの余韻にひたっている佐分利信の横顔を遥かにのぞむショットに誘導されているとはいえ、その後の画面の連鎖は法事のあとの場面とほとんどかわらない。中年男たちは、料亭という「男の聖域」で、いまや彼らのもとを離れてしまった美しい母娘のために乾杯し、あとは仲間うちだけに通じる愚にもつかない冗談をいいあって笑う。だが、その響きは、無人の廊下のショットで耳にした笑い声より遥かに弱々しく、記号としての鮮明さを欠いている。もはや演ずべき説話論的な役割など残されてはいないこの中年男たちは、物語から退散するしかないからである。事実、キャメラは、アパートにひとり戻ったゆかた姿の原節子を寝室でとらえ、そのうつむき加減の静かな横顔を視界におさめることで、作品の終わりを引き寄せる。もちろん、孤独にたえる無言の表情を、彼女はどんな男にも見せたりはしないだろう。

ニュアンスの不在

後期の小津にしばしば描かれるクラス会の光景は、いずれもいま見た笑い声と笑い顔とのわずかな偏差によって導入されている。遺作となった『秋刀魚の味』における同級会の場面も、その例外ではない。オフィスで事務をとる中村伸郎の無言の横顔のショットにいきなり繁華街の夜景がつづき、音楽の高まりとともに料亭の大きな提灯と、それを窓ごしにうかがう廊下のショットが縦の構図で示される。そこに、男たちのものと思える笑い声がどっと響く。ここでも、四十年ぶりのことだといわれる同級生の集いのシークェンスが笑い声とともに始まり、無人の廊下に聞こえるその響きが音楽をかき消していることには変わりがない。無人の廊下とそこに響く笑い声というショットは、後期の小津にあってはほとんどシステムと化しているかにみえながら、それでいて単調さの印象を与えず、しかもあまり分析の対象となってはいない。

こうした画面構成と音響のモンタージュが提示しているのは、この映画作家が、象徴的な細部の特権化や効果的な圧縮による時間＝空間処理の方法を厳しく自粛しているという事実にほかならない。知らぬ間にほどよく時が流れ、それにつれて舞台装置もいつの間にか変化しているという印象をゆきわたらせるための編集が、意図的に避けられているのである。『小津安二郎――映画の詩学』のデヴィッド・ボードウェルが指摘しているように、小津はほぼ一九三三年ごろ、「タイプライターは会社を、リングはジムを、サキソフォンはナイトクラブを表す」というように、「あらゆる場所を設定するために提喩を用い」るようになったのは確かである（杉山昭夫訳、青土社、四〇八頁）。日付の説明にはまだ字幕が用いられてさえいた無声映画時代の時間＝空間処理にくらべて、後期の小津では、音響がともなうことで明らかに提喩性が軽減されている。実際、無人の廊下のイメージは、必ずしも部分によって全体としての料亭を表象しているものとはいえず、事実、のちに見るように、それは個人の邸宅の廊下でもありうるし、すぐにはそのことさえ識別しえない曖昧さが含まれている。いずれにせよ、意義深い細部の特権化も事態の効果的な圧縮も欠いた後期の小津における時間の推移と空間の移動はぶっきらぼうなまでに直接的で、変化にともないがちなニュアンスというものが排されている。あるいはすべてが表層に露呈され、グラデュエーションが不在だということもできるが、何かといえば小津における欠如に言及しがちな論者の多くが、このニュアンスとグラデュエーションの方法的な排除を指摘しようとしないのはいかにも不思議である。

小津は、すでに見たように、移動中の時間＝空間を描こうとはしない。実際、ある場所から別の場所へと移動しつつある人物が彼の映画で描かれることはまずないとみてよい。もっとも、『小早川家の秋』の中村鴈治郎が家人に隠れて京都の浪花千栄子の家を訪れる場面では、角を曲がって路地に入るというその足取りが克明に描かれているかにみえる。だが、そこには、老父が妾宅へと急ぐ道筋が示されているわけではなく、跡をつけてきた使用人を待ち伏せするための策略であったことがすぐに明らかにされる。また、親しい女性を乗せた列車にトラックが併走する『和製喧嘩友達』のラストシーンや、東京の夫のもとを離れる木暮実千代を乗せた『お茶漬の味』の特急列車の無償の走行ぶりや、『麦秋』の横須賀線の通勤風景のように、走行する交通機関の中の人物にキャメラを向けることがあるとしても、そこでは車輛の走行そのものが主題化されており、新たな舞台装置に向けて移動しつつある登場人物を描くことがその目的とされてはいない。それは、『東京物語』の老夫婦の尾道から東京への往復旅行の行程があっさり省略され、車中の光景が描かれていないことからも明らかだろう。移動する人物にとっての中間地帯というものは小津には存在しないに等しく、だから旅行鞄に荷物をつめていた笠智衆と東山千栄子はいきなり長男の山村聰の家の玄関に姿をみせる。こうして、小津的な存在は、いつでも媒介なしに新たな舞台装置の内部に身を置くことになるのだが、それが、小津安二郎の残酷なまでの「直接性」にほかならない。その「直接性」は、同じ鎌倉から東京への通勤を描いている成瀬巳喜男の『山の音』における車窓に流れる外部の風景ときわだった対照性におさまっている。無声時代の『君と別れて』いらいしばしば成瀬が画面に導入する中間地帯の抒情ともいうべきものを、小津は厳格なまでに拒絶せずにはいられないからだ。もちろん、どちらのアプローチが優れているかがここで問われているのではない。問題は、年齢とともに移動撮影を好まなくなった二人の映画作家が、人物の背後に流れる風景に対してはまったく異なる態度で接していることの指摘につきているといってよい。

優れて映画的と思われている時間＝空間処理の方法の意図的な自粛の二つ目の例として、接近という身振りの排除があげられる。舞台装置が離れた土地の料亭に設定された場合でも、小津はその外景をロングショットで示さずにおくことで、遠方から近辺へ、外部から内部へというパースペクティヴの視覚的かつ心理的な成立をこばみ、新たな背景となる座敷に対しては裏側の世界ともいうべき廊下にいきなりキャメラを据え、その無人の空間に笑い声を響かせる。これもまた、中間的な媒介を排するという意味で残酷と呼ぶほかはない「直接性」のあらわれにほかなるまい。小津が正面から見据えるのは人間の顔に限られており、建築をとってみると、そこに多くの登場人物が姿をみせる重要な舞台装置となる場合であろうと、決まってその側面なり裏側からの接近が試みられる。

『秋刀魚の味』の料亭は『秋日和』のそれほど格式の高いものではなさそうだが、ここでも料理を運ぶ女中が一瞬画面を横切って無人となりかけた廊下のショットに、近くの座敷からの屈託のない笑い声が響くという構造には変わりがない。それをきっかけにキャメラが室内へと移行するとき、「瓢簞」というあだ名を持つ旧師の東野英治郎を囲んでの晩餐はすでに宴たけなわである。ここでも、見る者は、すでに始まっている宴席にややおくれて立ち会うことになるのだが、小津は、できごとの始まりや終わりの瞬間を描くのをことあるごとに避けているようにみえる。実際、『東京物語』の終幕の葬儀や『彼岸花』の冒頭の披露宴も、人びとが目にするときにはすでに始まっている。

小津にふさわしく結婚式の披露宴そのものは描かれずに終る『秋刀魚の味』の場合、事態はさらにラディカルな様相を呈する。娘の「聖域」ともいうべき二階の日本間で花嫁姿に着飾った岩下志麻と父親の笠智衆との別れが演じられるという点では『晩春』の原節子と笠智衆との別れの場面がほぼそっくり再現されていながら、誰もいなくなった娘の部屋をいくつかの異なるアングルのショットで示しているうちに音楽が高まり、いきなり別の家屋の内部へとキャメラが据えられ、照明からして夜だということが明らかな無人の廊下を縦の構図でとらえた瞬間、いきなりわき起こる男たちの笑い声が音楽をかき消す。それにつづいて、中村伸郎の家の座敷に集まった笠智衆と北竜二が、モーニングを脱いだ屈託のない身なりでにこやかに酒を飲んでいる姿が画面におさめられるのだが、ここでの笑い声と笑い顔のわずかな偏差が、笠智衆にとっての娘の婚礼という非＝日常的な長い一日の終わりを告げているのはいうまでもない。時間は午前中から夜へ無媒介的に飛躍しているし、空間も笠智衆の自宅から友人の中村伸郎の家へと、結婚式場の光景を省略して大胆に移行している。主人の中村伸郎はラフな服装に着換えているし、妻の三宅邦子も式場で着ていただろう黒の紋付きをまとってはおらず、すでに普段着を着こなしているのだから、彼らがこの家についてからかなりの時間が経過していることがわかる。小津は、その飛躍と移行とをたった一つの笑い声で表現しているのである。

空間的な中間地帯での移動を描こうとせず、主要な舞台装置の外景をロングショットで示すことも自粛している小津は、やや遅れて、しかも側面からできごとの背景へと滑り込む。したがって、笑い声によって彼が始めるのはあくまでシークェンスにほかならず、そこで語られるエピソードとしてのクラス会や中村家での旧友たちの団欒そのものがすでに始まっていることなどまるで意に介さない。ここでの無人の廊下に響く笑い声によって始まるのは、娘を嫁がせた笠智衆が一人で過ごす夜のシークェンスにほかならない。彼は、歓待されながらも友人宅を思いの外に早く辞し、亡き妻に似たところのあるマダムのいるバーによってから自宅に戻り、待っていた長男夫妻を帰らせると、次男の呼び声にも答えず台所に一人閉じこもり、やおら娘の部屋があった二階へと通じる階段にかがみこむことになるだろう。もちろん、ここに見られるシークェンスとエピソードとの偏差は、説話論的にみれば必ずしも特殊なものではなく、どんな映画作家でもそれに似たことはやっているし、またやらざるをえない。だが、それを笑い声と笑い顔とのわずかな偏差を通してあえて誇張してみせる小津は、やはり特異な監督だといわねばなるまい。その特異さを一つの映画的な現実として把握するために、笑い顔に先行して響く笑い声にさらに耳を傾けてみるとどうなるか。

廊下と縁側

『小早川家の秋』でも、笑い顔を欠いた笑い声を人は二度耳にする。しかも、そのいずれもが、『秋日和』の場合と同じく、非＝日常的な儀式のあとに響く。最初に笑い声が響くのは、ここでも川の流れにそった料亭においてである。中村鴈治郎の亡き妻の命日の墓参のあと嵐山で食事をする予定になっていることはそれまでの台詞で知らされているので、おそらく、保津川のほとりにあるのだろう料亭に親類縁者が集まり、食卓を囲んだのだろう。だろうというのは、すでに見た「直接的」な時間＝空間の移動が画面の連鎖をつくりだしているので、灘の近辺に住んでいるはずの一家がどのように京都に移動したのかはいうまでもなく、料亭への到着や座敷での食事の光景さえ目にすることはないからである。男女の声がまじっている『小早川家の秋』の集合的な笑い声は、エピソードとしての会食の終わりを告げる記号にほかならない。だが、その笑い声は、ここでは無人の廊下ではなく、食事を終えて座敷を離れた原節子が、義妹の司葉子と並んで膝を折り、見えてはいない川の流れに視線を送っている料亭の縁側のショットにかさなりあって響く。無言の二人は、不意にどっとあがる笑い声の方向に瞳を向け、あたかもそれを合図とうけとめたかのように縁側をあとにする。笑い声の主をキャメラがとらえるのは、原節子と司葉子がつれだって縁側から姿を消してしまってからにすぎない。

ここでも、笑い声は笑い顔に先行しており、一拍遅れで座敷の光景が描かれるとき、父親の中村鴈治郎を囲んで会食のあとの余韻を楽しんでいる親類縁者の男女は、ごくとうぜんというかのように、婚期を迎えた娘の司葉子の縁談を論じはじめる。『秋日和』における法事のあとの夜の隅田川沿いの料亭であれ、『小早川家の秋』における墓参のあとの昼の保津川沿いの料亭であれ、笑い声に導入されて被写体となる人びとが宴席で話題にするのはきまって娘の結婚であり、その限りにおいて、舞台装置や人物関係の違いにもかかわらず、この二つの作品は驚くほどよく似ているといわざるをえない。しかも、ここでは親子ではない義理の姉妹である原節子と司葉子をめぐって、前者には再婚の話が、後者には結婚の話が、家族の者たちによって進められている。物語のそうした構造的な類似を一挙にきわだたせるのがすでにさまざまな場所で耳にしたことのある笑い声だという事実を、ここで改めて指摘しておく。

類似という点からすると、いずれの作品のシナリオにも、廊下や縁側に響く笑い声のことは記されていない。おそらく、脚本の執筆以後に、状況から判断されてこの笑い声が付け加えられたのだろう。もちろん、『秋日和』の法事のあとの料亭での会食と『小早川家の秋』の墓参のあとのそれとには、大きな違いが認められる。保津川沿いの料亭の縁側に響く笑い声には、明らかに排除的な機能がこめられているからだ。座敷に残った会食者たちはいずれもが夫婦であり、妻の墓参のあとの嵐山での食事を提案した中村鴈治郎でさえ、すでに妾宅に出入りしている身なのである。どっと起こる笑い声に視線を向けながら原節子と司葉子が縁側から静かに遠ざかるのは、二人が会食者たちとは異なる問題をかかえているからなのだ。座敷に残った親類縁者がまるで他人事のように娘の縁談を論じ始めるとき、それにいらだつ姉の新珠三千代は父親の身勝手な妾宅通いを間接的になじり、娘を嫁がせることばかりに熱心でありながら誰も心からその幸福を思ってはいないとつぶやき、いくぶんかかたい表情で座を辞して一人縁側にたつ。川岸に並んだ原節子と司葉子の俯瞰ショットが挿入されるのはその瞬間である。

「見ること」の章でも触れたこの美しい場面について、ここでは改めて論じることはしない。ただ、排除的に機能していた笑い声が、会食の終わりを告げる記号として響いたのと同時に、水辺に並んで腰をおろして視線を交わしあうこの義理の姉妹のシークェンスを導きだす説話論的な機能をおびていたことを見落としてはなるまい。配偶者を持たない二人は、笑い声とともに座敷を離れ、保津川の岸辺で男女の愛について語り、なにごとにつけても年齢を口にしがちな美しい寡婦と結婚前の若い娘とは、家族にはわからぬ黙契のようなものさえ交わしあう。親類縁者が料亭の座敷で無意識にあげる笑い声からは排除されたこの二人は、小早川家の一員でありながら、一家の利害関係を共有することのないごく特別な女性なのである。『麦秋』で鎌倉の海岸で語り合う原節子と三宅邦子がそうであるように、小津は、義理の姉妹という関係に無視しがたい執着を見せており、それは、『宗方姉妹』における田中絹代と高峰秀子という血縁の姉妹に対する関心より遥かに強いもののように見える。ことによると、その執着は、作中人物というより、それを演じる女優そのものに対するものかもしれない。実際、『秋日和』では母と娘を演じさせた二人の女優に、『小早川家の秋』の小津が、きわめて特別な視線を投げかけようとしていたことは明らかだと思う。

この作品で二度目の笑い声が響くのは、その日の夜のことである。保津川沿いの岸辺で、かたわらの原節子に向けていうともなく、晴れ上がった空を見上げる司葉子が「いいお天気」と口にする瞬間、時間と空間はまたしても小津的な直接性をもって飛躍し、いきなり小早川家の縁側へと据えられるキャメラが、盆の時期にふさわしく提灯のつるされた人気のない廊下を縦の構図で捉える。そこに、どっと笑い声が響くのはいうまでもない。たった一日の嵐山行きを座敷で楽しげに回想しあっている家族の者たちが画面に登場するのは、それより一拍遅れのことである。ここでも、笑い声と笑い顔とのわずかな偏差が、墓参と会食という非＝日常的な時間の終わりを告げる記号として作品に介入しているのは明らかだろう。それと同時に、たったいままで元気だった中村鴈治郎の容態の急変という新たなできごとの始まりをも告げる説話論的な機能もそこにこめられているのだから、小津の映画でどっと響く集合的な笑い声を聞き漏らすと、物語の脈絡をとらえそこなうことにもなりかねない。とりわけ、そのすべてがシナリオに記されているわけではない無人の廊下のイメージがになっている濃密な説話論的機能を見落とすと、小津の映画は事件を欠いた日常の単調なくり返しのように見えてしまうかもしれない。だが、決定的な事件は、座敷に対しては裏側ともいうべき縁側や廊下のような周縁的な領域で、ごく日常的な音響をともなって起きる。だから、笑い顔のイメージが同調することのない笑い声の響きを聞き漏らすことだけは避けねばならない。

排他性

廊下が何であるかを知らぬ者などどこにもいまい。笑い声が何であるかを知らぬ者も一人としていないはずだ。にもかかわらず、誰もがそれを知っている廊下と笑い声とが一つになったとき、そこに何が起きるかを知っていた者はどこにもいなかったのである。小津安二郎は、誰も知らずにいながら、それを知らずにいることにさえ人びとが無知だった廊下と笑い声を、試みに一つの視覚的＝音声的な記号としてさしだしてみせる。誰もが知っているはずの細部からなる小津の作品を見ることがむつかしいのは、いたるところに、その種の試みがさりげなく配置されているからだ。であるが故に、人は、視覚と聴覚とを小津の画面に向けていっせいにおし拡げておかねばならない。

笑い顔と笑い声とのわずかな偏差は、とうぜんのことながら音声が映像に同調することを前提としているので、無声映画時代の小津には想定しがたい手法だと考えられがちである。たしかに、それは、料亭での同級生の集まりや家族の会食風景が多く描かれはじめた後期の小津に特有の画面処理だといえるのだが、声をあげて笑うことの匿名的な集団性とその排他性は、すでにトーキー以前から小津を惹きつけていたことを指摘しておかねばなるまい。もちろん、そこには笑い声は響かないが、多くの笑い顔のイメージがそれにかわるものとして編集で示されている。たとえば、『生れてはみたけれど』の父の上司の豪邸でのホーム・ムーヴィーの上映に斎藤達雄の二人の息子が立ち会う場面を思い出してみるなら、誰もがその事実を納得するはずだ。

坂本武の演じる会社重役がテニスラケットを握ったり、パテ・ベビーの9.5ミリキャメラを操作したりする新しがりやであることはそれまで何度か画面で示されているが、彼は、ある晩、部下の社員を動員してホーム・ムーヴィーの上映会を自宅で催す。いくつものソファーをそなえた豪華な応接間がその会場となるのだが、それには、上司の子息の同級生たちも招待され、斎藤達雄の二人の息子も期待をこめてソファーに身を埋める。少年たちは、スクリーンに映しだされるライオンを目にして冗談をいいあったり、シマウマを見て、黒地に白のまだらか白地に黒のまだらかといった不条理な設問をめぐって言い争いを演じたりする。それを止めに入る社員の斎藤達雄が、今度はスクリーンでおどけた身振りを演じ、上司に媚びて精一杯の百面相をしてみせるので、大人も子供もこれには無邪気に爆笑する。かたわらの重役の息子が、君たちのお父さんは面白い人だねと声をかけ、同級生もいっせいに笑うのだが、それを見て父親も照れくさそうに笑っている。この笑いに同調しえない二人の息子は、思いもよらぬ父親の諂いぶりを目の当たりにして、屈辱感から黙り込んでしまう。見てはならぬものを見てしまったかのように、彼らは音としては響かぬ笑い声にみちた応接室の暗さの中で孤立し、黙って会場を抜け出すと、憤懣やる方のない思いでわが家を目指す。

『生れてはみたけれど』を「傾向映画」の一つとしてとらえるデヴィッド・ボードウェルは、この作品が「社会的な権力の行使を軸に組み立てられて」おり、この時期の他の作品にもまして明確な「教訓」を含んでいるという（前掲書、三七九頁）。ようやく成立し始めた企業社会の底辺に位置するサラリーマン一家の無力感と、そこでの必然的な父権の失墜が題材とされているという意味で、その指摘に大きな誤りは含まれていないといえよう。会社重役のホーム・ムーヴィーにもその「社会的な権力」の関係が露呈されているとみるなら、この上映会の場面から引き出すべき「教訓」が何であるかは明らかだろう。だが、権力の一語にはあえて固執せずにおくとしても、この上映会の場面には、会社の重役とその社員という社会的な階層的秩序とは無縁の、よりソフトで日常的な力関係が小津的な主題とともに素描されていることを見落としてはなるまい。

一つは、奇妙なことにボードウェルが指摘していない細部だが、重役の隠された振舞いが都心の街頭で出会った芸者たちとのやりとりを通してスクリーンに映しだされ、それを目にする重役夫人の家庭内での優位が約束されるという『淑女は何を忘れたか』を予告するかのような夫婦関係が描かれているという点である。ここで誰もが察知しうるのは、以後、坂本武が妻に「頭が上がらない」生活を余儀なくされるだろうという現実にほかならない。だが、それにもまして重要なのは、社会的な権力とは異質の空間に成立するきわめて小津的な笑い声とその排除性という力関係がここに露呈されているということの確認である。事実、斎藤達雄の二人の息子は、父親の思いもかけぬ社会的な劣性に触れ、そのことだけに憤るのではない。彼らが何としても受け入れられないのは、父親の滑稽な身振りが煽りたてる笑いの中での孤立という、彼らが初めて体験する現実にほかならない。いきなり集団的な笑い声から排除された二人の当惑ぶりを見るまでもなく、ここには、小津における笑いの無自覚な排他性という主題が、二人の少年の思いつめた表情のただならぬ気配によって残酷に素描されているのである。見る者が心を動かされるのは、この場面が含んでいるかもしれない「教訓」によってではなく、笑い顔に同調しえず、居心地悪く黙りこくるしかない幼い少年たちの表情の推移の生なましさに、何の心の用意もないまま触れてしまったからにほかならない。彼らは、やがて『小早川家の秋』の原節子と司葉子とが、笑い声の響く座敷から静かに遠ざかるように、重役の応接室をあとにするしかない。

こうした集団的な笑い声の無意識の排他性は、同じ無声映画時代の『淑女と髯』の友人の応接間で、むさくるしい髯面の岡田時彦の蛮カラぶりを好まない妹の女友達たちによって演じられるだろう。若い女性たちは、この剣道の達人にダンスをせよと無理難題を吹きかけ、苦しまぎれに剣舞を思いつきその用意のために部屋から遠ざかったすきに、嬉々として食卓のケーキや飲み物を平らげ、やがて姿を見せた岡田時彦を集団的な視線で排除するのである。『東京の合唱』の田舎の中学や『淑女は何を忘れたか』の都会の大学で、一人の生徒や学生が教師や教授から叱責を受ける場合の同級生たちの集団的な笑いにも、そうした排除的な効果が感じられる。そしてその種の笑いが、トーキー時代に入ってから充分な時間をかけて、後期の小津の笑い声と笑い顔のわずかな偏差という主題を準備することになるのである。

別れの儀式

もちろん、後期の小津にあっても、あらゆる瞬間に笑い声が笑い顔に先行するとはかぎらない。ごく例外的なこととはいえ、笑い声をあげる登場人物をキャメラが直接捉える瞬間も間違いなく存在している。たとえば、『小早川家の秋』の原節子と司葉子とは、嵐山の料亭の廊下に響いた笑い声とともに座敷から遠ざかっていらい、何かにつけて残りの家族とは離れて行動することが多いのだが、心不全で倒れた中村鴈治郎がようやく快方に向かおうとするとき、この義理の姉妹は、あたかも保津川のほとりでの仕草を反復するかのように、縦の構図におさまる自宅の縁側に並んでしゃがみこむ。それは、墓参の一日の終わりを告げる笑い声が響いたのと同じ廊下であるが、軒下につるされてはいない提灯が時間の経過をつげている。それにつづくショットは、視線のさきに何か滑稽なものを認め、思わずはずむように声をあげて笑う二人の女性をほぼ真正面からとらえたものだ。画面の連鎖は、すっかり元気になった祖父が、浴衣にステテコといういでたちで孫とキャッチボールをしている姿が笑いを誘発したことをごく自然に理解させる。それは、見る者も微笑せずにはいられないのどかな光景であり、一家の主人の回復ぶりを心から喜んでいる二人の笑い声を誰もが素直に受け入れそうになる。

だが、これまで小津における笑い声と笑い顔との偏差に敏感であったわれわれは、ここでの声と顔との同じ画面での同調性のうちに、何やら不吉なものを感じとらずにはいられない。小津にあっては、この種の例外性が無償のものにとどまるはずがないからである。事実、二人にとって、その後、この縁側で汗を拭く父親とかわす言葉が、父親との最後の会話になるだろう。キャッチボールのあと、孫の視線を欺いて着換えをすませた中村鴈治郎は誰にも見とがめられることなく外出し、訪れた先の浪花千栄子の家で呆気なく他界することになるからだ。だとするなら、いかなる敵意もこめられてはいなかったはずの義理の姉妹の笑い声にも、意図されざる排他性がこめられていたと結論すべきなのだろうか。それともそれは、二人が口にした無意識の父への別れの言葉だったのだろうか。

人目を避ける物影さえ一つもない座敷と居間の空間を巧みに移動しながら、猜疑心の強い娘や無邪気な孫の目を欺いて着換えをすませ、いそいそと妾宅へ急ごうとする中村鴈治郎の身振りは、見る者をふと微笑ませずにはおかない滑稽な真剣さがこめられている。何度もこの作品を見直し、その後に彼を待ち受けている運命のはかなさを知っていながらも、この場面に瞳を向けることには奇妙な快感がともなう。それは、開かれた空間にいながらもなおその人影を家族の視線から隠しおおせてみせた作中人物のように、ここでの小津自身も、細部という細部を人目から遠ざけることなくあえて視界に露呈させていながら、その演出が不可視の何かを素描しており、それに成功しているからだ。その何かとは、ボードウェルのいうように、「屈託のない子供のように振る舞う老人」の出現によって、「男性の権威の崩壊」（前掲書、五八二頁）という小津的な主題に新たな薬味がそえられたといったものにつきているわけではない。「着換えること」の章で指摘しておいたように、小津において、着換えは別れの儀式であり、この上のない厳粛さをもって演じらるべきものでありながら、中村鴈治郎は、無声映画時代の坂本武ほかの多くの作中人物がそうであるように、そうすることができない。しかも、これほど自分に不利な条件の中で、これほど周到な策略をめぐらせ、これほどの手間と時間をかけて着換えに成功した人物を、これまで誰も映画で目にしたことはない。ここで演じられているのは、たんなる子供じみた冗談の域を遥かに超え、家人の目を欺いて妾宅に行くという当初の意図をも凌駕する無償の厳密さで演じらた必死の身振りにほかならず、見る者が惹きつけられるのは、それを可能にする演出家のほとんど不条理と呼ぶほかはないパフォーマンスなのだ。これに匹敵する演出の不条理さを映画史の中にさぐるとしたら、ハワード・ホークスの『ハタリ!』におけるレッド・バトンズによる猿の捕獲装置の設計とそれによる捕獲の実践ぐらいしか思いつくまい。すべては子供じみた発想から始まっていながら、無償の厳密さで演じられた必死の身振りとして捕獲作戦が実施に移されるまでを律義にフィルムにおさめるホークスの姿勢には、演出家としてのパフォーマンスの不条理さが漂っていた。実際、不利な条件の中で、これほど周到な策略をめぐらせ、これほどの手間と時間をかけて猿の群の一網打尽に成功した人物を、これまで誰も映画で目にしたことはなかったはずである。

　では、小津の場合、彼は、どうしてここでこれほど「着換えること」に執着するのか。考えて見るまでもなく、脚本の執筆にもかかわった演出家としての小津は、いささか児戯めいたものとも映りかねないここでの着換えが、老父にとっては冥途への旅立ちの準備にほかならぬことを充分すぎるほど意識している。おそらく、原節子と司葉子が思わず笑い声をあげてキャッチボールに興じる彼に視線を送った瞬間から、その日の夜に訪れる死を想定した演出が行われていたはずである。素描さるべき不可視の何かとはその宿命の予感にほかならず、しかも、厳密に編集された着換えの画面そのものから、それはまったく感じとることができない。あらゆる細部を視界に露呈させながら、なお見えない何かを素描するという小津安二郎の演出とは、まさにそれなのだ。画面を凝視しなければならないし、凝視だけでは見えないものが画面に推移しているというフィルムをとり逃がさずにおくには、小津にふさわしい見方を鍛えておかねばならない。

小津にふさわしい見方とは、画面の奥に隠された演出家の意図をさぐりあてることではいささかもない。すべてが隠されることなく表層に露呈されていながら、なお感知しがたい何かがそこに素描されているとするなら、それに触れるには、小津を見る以前にはそれが意義深い細部をかたちづくるとは到底思えなかった「着換えること」が、一貫した主題として作品ごとにどのような配置におさまっているかをこの目で確かめることから始めねばならない。それと同様に、人は誰もが笑うという人類の一般的な真実とは異質な領域に、笑い声と笑い顔のわずかな偏差という小津的というほかはない現象が生起していることを察知しながら、そこでの音声と映像のずれゆきを事件として受けとめ、その機能と意味とをそれぞれの作品に接しながら確かめねばならぬだろう。それに必要とされるのは、ごく日常的な差異の感覚である。実際、ある作品では笑い声が笑い顔と同調せず、他の作品では同調しているという違いが識別できればそれで充分なのだ。しかし、たまたま挿入されたとしか思えぬ無人の廊下の縦の構図への敏感さが、映画を見るのに必須のものとは思われていないという、ほとんど普遍化された不幸がこの世界に存在するのもまた事実である。小津安二郎の作品は、広く共有されたその不幸を揺るがすべく撮られた幸福な映画にほかならぬ。

実際、いまこの瞬間、誰のものとも知れぬ笑い声が近くでどっとわきおこる。だが、その笑い声の主の姿など、もちろん画面のどこにも映ってはいない。それを欠如としてではなく、過度の幸福と捉えることから小津を見ることが始まる。

X　驚くこと

茶の間のサスペンス

　二人の子供たちも寝静まり、夫もその両親もそれぞれの部屋に引きあげてしまったので、ようやく一日の仕事から解放された一家の主婦が、ひとり書物を拡げ、好きな読書にいそしもうと机に向かっている。『麦秋』の冒頭、家族の全員がせわしげに朝食をとっていた茶の間でのことだが、夜更けというのではないにしても、夕食からはすでにかなりの時間がたっているらしく、部屋の照明も、これまでにみた室内場面よりさらに暗さがまし、読書する三宅邦子の背後には影が色濃く拡がっている。読んでいる書物が何であるかは明らかにはされないが、通勤中の義妹の原節子が兄の旧友と話題にするロジェ・マルタン・デュ・ガールの『チボー家の人々』の何巻目かかもしれない。開かれたページに指をそえて紙面に視線を送る彼女の上半身はかなり近くからキャメラに捉えられ、その艶やかなひたいがうけとめる光線が妙になまめかしい。そのとき、誰かが玄関の扉をあける音がする。

それが友人の結婚式から戻った義妹であることを確かめ、彼女は見えてはいない玄関の方向に顔を向けて鍵を閉めるようにと声をかける。披露宴で受け取った花束と銀座で買ったのだというケーキ入りの包みを持って茶の間に姿を見せる原節子は、勤め先の専務に紹介された男との結婚の意志をたずねられ、私もお嫁に行っちゃおうかなとはにかむように笑う。そうよ、行っちゃいなさいよと応じる義姉にケーキをすすめ、皿にフォークをそえてさしだしてから、彼女はその場を中座する。やや離れた位置からのキャメラがとらえる茶の間の全景が、ケーキにフォークをそえ、ゆっくりと口に運ぼうとする和服姿の三宅邦子を、夜にふさわしい暗い照明の中に浮き上がらせる。これが、「食べること」で見たショート・ケーキ事件の遠因にもなっているのだが、それはここでの主題ではない。

不意に、上半分が影につつまれた背後の唐紙がするすると開き、奥の部屋から、寝間着姿の笠智衆がいざるようにぬっとあらわれる。思ってもみない人影に不意をつかれ、三宅邦子は、まるで幽霊でも見たかのようにその場にへたりこんでしまう。一瞬のこととはいえ、彼女のもらす嬌声と脅えの身振りは、夫のいかにも無風流な登場ぶりにおよそそぐわず、それだけにいっそう艶めかしいものに映る。小津の家庭劇の主婦が、夜中にこれほどあられもなく姿勢を崩してよいものだろうか。まだおきていらしたのと照れてみせる妻の驚きなど意に介さぬといった風情で、笠智衆は声を高めるなと手振りで制し、専務の紹介という男と妹との結婚話の進展ぶりを声を低めて聞きだそうとするばかりだ。冷静さをとりもどした三宅邦子は、それとなく聞いてみるから大丈夫と自信ありげに胸元をたたいてみせる。まかせたぞと真顔でいいそえる夫は、妹の接近を察知して首をすくめるようにそそくさと奥の部屋に姿を消す。茶の間に戻った原節子が、何ごともなかったかのように開かれたままの唐紙を閉め、義姉のかたわらの座布団に笑顔で坐る。原節子の艶やかな出現と消滅、それを聞き耳をたてて窺っていたらしい笠智衆の無粋な出現と消滅までを何げないリズムで描いて見せる演出の呼吸は、ほとんどコメディにふさわしいものだといえる。事実、見る者は、この人物の出入りの激しい読書のシークェンスを、夫の姿に脅えて取り乱す三宅邦子の身振りがいつになく大袈裟なものであることにややためらいつつも、微笑とともに受け入れる。

笠智衆と三宅邦子との声をひそめたやりとりは、原節子が自分の部屋に引き取ってからもさらにつづくのだが、その顚末については触れずにおく。ここで、人は、行き違った身振りにみちたこの場面と、『麦秋』の残りの部分との明らかなトーンの違いについて考えてみざるをえない。あるいは、小津の他の作品との違いといってもよいが、物語の題材という視点からするなら、一家にとってのただ一人の未婚の女性である原節子を、いつ、誰に、いかにして嫁がせるかが話題になっているのだから、作品の他の部分とことさら大きなへだたりがあるとはいえまい。問題は、ここで彼女の兄を演じる笠智衆の言動の、散文的というほかはない杓子定規な潤いのなさである。実際、ひたすら真剣なその表情は、妹を思いやる肉親としてのこまやかな配慮の影さえとどめてはいない。

吉田喜重は、その『小津安二郎の反映画』で、『麦秋』は反『晩春』として構想された作品だという視点から、「娘の結婚を願いながら離別を悲しむ父を演じた男優が、今度は実の兄の役で登場し、妹の結婚を世間並みに心配するといった、俗なる人間として描かれて」いることのうちに、『晩春』で「近親相姦とも誤解されかねない危険なもの」とつい戯れてしまった自分からあえて遠ざかろうとする小津の強固な意志を認めている（岩波書店、二四九―二五〇頁）。「父親役の男優をあたかも懲罰するかのように、『麦秋』では凡庸で俗なる兄の役へときびしくおとしめた」のではないかという卓抜な指摘に触れると、ここでいかにも無粋に唐紙を開け、妻の脅えや驚きにも無頓着なまま、ほとんど機械人形のような身振りで声をひそめて妹の結婚話を語ってみせる笠智衆のうちに、凡庸さと俗物ぶりを絵に描いたような人物像に貶められた役者が受け入れている「懲罰」の実態を目の当たりにする思いがする。まさしく、これは、『麦秋』の反『晩春』的な瞬間なのだ。

だが、唐紙が音もなく開かれる『麦秋』の場面には、反『晩春』的というにとどまらず、ほとんど反＝小津的ともいえる何かが描かれているようにも思える。生涯を通じて、ほとんど脅えや驚きの瞬間を演出したことのなかった小津安二郎が、ここでは、主役ではない一人の女優を素材として、まるで遊戯のような屈託のなさでそれを視覚化する試みに専念しているからだ。実際、小津の作品には、あからさまに何かに脅えたり驚いたりしてみせる人物は、まったくといってよいほど登場することがない。それは、彼の作品が、予想を超えた展開をみせる物語の枠組みにおさまったためしがないということを意味する。そこでは、不慮のできごとはまず起こらないので、驚きを誘発する口実など存在しようもないのである。小津的な世界とは、まさしく驚愕の不在によって定義されるべきものなのだ。

確かに、『晩春』には原節子と三島雅夫との偶然の出会いが描かれているし、その種の予期せぬ邂逅は、『秋刀魚の味』における笠智衆と加東大介との思いもかけぬ再会にいたるまで何度も描かれている。だが、その瞬間、小津的な存在は誰ひとりとして深い驚きの表情など浮かべたためしがない。かりに予想を超える事態の推移があったとしても、たとえば、『秋刀魚の味』でいきなり親友北竜二の通夜という突飛な冗談を思いついた中村伸郎に笠智衆が曖昧ながら口裏をあわせてみせたように、途方に暮れたり、戸惑ったりすることはまずない。ましてや、ここでの三宅邦子のように、思わず腰を引き、人目もはばからずその場にへたりこんだりする者など一人としていなかったはずだ。

では、小津は、なぜ、彼女にこれほどあからさまな驚きの仕草や表情を演じさせたのだろうか。書物に読みふけっている主婦の、普段は人目には触れない繊細な感性をきわだたせたかったのだろうか。それとも、夫の俗物性を誇張してみせる悪意が小津にあったからだろうか。もちろん、理由は誰にも分からない。ここで指摘しうるのは、『麦秋』の監督に、サスペンス映画さえ充分に撮れそうなしたたかな演出力がまぎれもなくそなわっていたという事実にほかならない。実際、ここでの唐紙の音もない滑走とその影からの無表情な男の登場には、怪奇映画にこそふさわしい事物と存在との関係が描かれている。そうした瞬間の演出をもっぱら自粛していた小津が、娘の縁談が話題となる夜の茶の間でいきなりそれを披露して見せたことが、場違いな笑いを誘う。小津的な時間＝空間が単調なつつましさにみちていると思うのは、やはり、途方もない間違いなのだ。

驚愕の不在

驚愕の不在によって定義される小津的な世界から、偶然の出会いがことごとく排除されているのでないことは、すでに述べておいた通りだ。実際、予期せぬ邂逅が深い驚きの表情を惹起することはほとんどないのだが、思いもかけぬ場所で出会った男女同士のあまりの無表情が、かえって驚愕の不在を事件化するといった瞬間が小津には確実に存在する。たとえば、『東京の宿』における坂本武と岡田嘉子の出会いがそれにあたっている。

一九三五年に撮られたこの作品は、『出来ごころ』で始まり、『浮草物語』、『箱入娘』へと受けつがれるいわゆる「喜八もの」の最後の作品である。すでに同じ年に記録映画『菊五郎の鏡獅子』をトーキーで撮っており、翌年には最初の劇映画のトーキーである『一人息子』にとりかかろうとしている小津にとっては、これはほとんど最後のサイレント映画であり、処女作『懺悔の刃』いらい八年の歳月を通じて試行錯誤をつづけてきた映画的試みのたどりついたある意味では一つの到達点だといえる。ただ、学生コメディやサラリーマン・コメディを得意としてきた彼の作品系列の中で、この「喜八もの」は、庶民ですらなく、父親や母親はいても家庭は存在しないというその日暮らしの下層労働者や旅芸人の世界を描いており、そこでは、画面の形式的な完成度や純化された編集技法が、素朴なとみなされる登場人物や舞台装置と奇妙なすれ違いを演じていることは指摘しておくべきだろう。『東京の宿』では、子供たちのまとう襤褸着にさえ趣味の統一感が維持されており、彼らがあてもなく彷徨する荒れた野原もまた、統御されつくした移動撮影と揺るぎない構図のフィックス・ショットで描かれており、そこには、下層民の生活が想像させがちな気ままさとは無縁のほとんど抽象的な世界が、無償の形式として成立しているかに見える。その意味で、これを題材のみの類似からデ・シーカの『自転車泥棒』などとの比較で語るのは間違いだと断定するデヴィッド・ボードウェルの姿勢はきわめて正しいといわねばなるまい（前掲書、四三三頁）。ただ、こうした小津的な形式の純化と抽象化にあって興味深いのは、あるとき、驚愕の不在が過度の無表情として突出した細部をかたちづくることになるという点だ。小津にあっては、何かが完璧さに達しようとするとき、決まってそれを凌駕する過剰なものが作動しはじめるのである。

妻に逃げられ、職もなく、みずからをルンペンと呼ぶ二人もの子連れの喜八は、工場の煙突が立ち並ぶ東京の下町の木賃宿で、娘を連れた若い女性と知り合う。職探しもままならず子供たちと野原でむなしい時を過ごす喜八は、偶然通りかかった岡田嘉子の演じる若い母親と言葉を交わし、その身の上に心を動かされる。一本気な彼がこの女性と娘のために一肌脱ぐ気になるのは、いうまでもない。その義侠心が、『出来ごころ』の喜八が若い娘にいだくのに似た淡い恋心に変わるのはごく自然なことの成り行きである。だが、なけなしの金をはたいて贈り物など買い求めたりしているすきに、母子は何の言葉も残さず喜八の前から姿を消してしまう。とうぜんのことながら酒に溺れるしかない彼は、いかがわしい飲み屋で女をはべらせて酩酊する。脚本には「のみやの小座敷」とあるが、それがたんなる「居酒屋」とは異なるものであることは明らかで、三味線を手に客につきそう女中は、銘酒屋の酌婦さながら、性の商いをも辞さぬ種類の女性のようだ。さらなる酒を所望して手拍子で咆哮する客を見やり、女は心得顔の微笑とともに部屋を去る。

一人取り残された座敷のすみにいぎたなく横たわる喜八を卓袱台ごしにキャメラが捉えてから、時間の経過を示すものだろう軒先の提灯のショットが短く挿入され、それが寝ころんだ喜八をやや離れた距離からとらえる部屋の全景ショットを導きだす。足のあたりを搔こうと男がやや身を起こしたところで、画面の手前に女ものの和服の裾が見え、畳に坐る身振りを素描する。この時期に小津が完成させた編集技法にしたがうなら、そのショットは、坐り終えた女を逆方向からとらえたショットによって受け継がれるはずである。ところが、ここでは、入って来た女を凝視する喜八のバストショットがそれにつづく。彼は、無言のまましばし相手に視線を送り続け、これといった反応も示さない。ややあってから、髪の乱れを気にしながら正座している岡田嘉子のショットがそえられる。思いもかけず出会った二人は、驚きの反応もみせぬままひたすら見つめ合うしかないのだが、それは、気まずい沈黙ではないし、茫然自失というのでもない。そのとき人が目にするのは、表情の零度ともいうべきものに還元された男女の顔の苛酷なまでにむきだしにされた裸形性にほかならない。その後、坂本武は身を売ろうとする女への失望を口にし、岡田嘉子は娘の急病でお金が欲しかったのだと泣き崩れるのだが、そうした事情の説明はこの際さして重要でない。ここで見る者が惹きつけられるのは、小津的な驚愕の不在の過度の徹底化にほかならない。

驚きの身振りを欠いたこの気詰まりな出会いは、「立ちどまること」の章で指摘しておいたように、構図＝逆構図の切り返しショットで描かれている。いうまでもなくイマジナリー・ラインは無視され、坂本武も岡田嘉子も、ともに画面の右側に視線を向けたショットとしてくり返されるのだが、小津独特のものと思われているそのやや不自然な画面の連鎖は、同時期の映画作家でいえばサッシャ・ギトリーだけが意図的に方法化した人物の相似性を重視する切り返しショットにほかならない。たとえば、題材の上でいくぶんかルビッチ的ともいえる『カドリール』でのギトリー自身が、肝心な瞬間にギャビー・モルレーやジャックリーヌ・デルバックとともにおさまって見せたのと同じ相似形による構図＝逆構図の切り返しが、ハリウッド的なコードからややはずれたかたちでここでの坂本武と岡田嘉子を交互に示しているのである。だが、それにしても、洒落者サッシャ・ギトリーとルンペン坂本武とが、ともに顔の同じ側面をキャメラに向けて、ギャビー・モルレーや岡田嘉子に交わらぬ視線を送るのを目にすると、映画史的な感動というより、むしろ時空を超えた動揺を覚えずにはいられない。というのも、ギトリーの作品では愛戯への軽やかな序曲として機能しているこの不自然な切り返しショットが、小津の無声映画ではその禁止を予告しているからだ。しかも、驚愕の不在として定義される小津的世界において、ここで表情の零度に還元された二人の俳優は、ともに驚きの演技を禁じられながら、『麦秋』

であられもなく姿勢を崩した三宅邦子にもまして深い驚きを表現している。小津は、ここでも、抑制が過度の表現につながりうることを、まざまざと証明してみせる。

東京

小津の作品系列をたぐり寄せて見るなら、この映画作家が、子供の急病という主題の反復を通して、窃盗と売春との等価性をシニカルに示唆していると見ることができるかもしれない。岡田嘉子に身を売ることを思いとどまらせた坂本武が、みずから盗みを働くことで彼女の子供の入院費を用立てるという『東京の宿』の物語の筋書きからも明らかなように、とりわけ一九三〇年代の小津にあっては、男が金を盗むことと女が身を売ることとは、作品を超えて交換可能な細部をかたちづくっている。実際、疫痢だの急性腸カタルだのといった疾患がごく日常的だったその時期には、子供の急病は『その夜の妻』の場合のように父親を強盗に走らせ、『東京の宿』では母親を売春に向かわせるという図式がある種の誇張をともないつつも成立していたのである。『出来ごころ』で喜八に救われた娘は、彼の子供の急病を知って思いつめた表情を浮かべ、私が何とかしますと口にするのだが、この女が思いつくのに酌婦になることぐらいだと察しをつけた喜八に、そんなことをするものではないと諭される。結局、喜八が北海道への出稼ぎにでることで入院費の工面はつき、娘の売春は回避されるのだが、ある時期までの小津の作品に、然るべき理由で身を売ることを心に決める女性が何人も登場しているのは否定しがたい事実である。それが男にとっての窃盗にあたることはいうまでもないが、それがある種の変形をこうむって『東京の合唱』における岡田時彦の家族に隠してのサンドイッチマン稼業にも通じているとみてよい。夫を窮状から救うには、妻の八雲恵美子は振り袖の訪問着を質にいれねばならないだろう。

奇妙なことに、小津の作品の題名に「東京」の二文字が含まれると、とりわけ三〇年代の無声映画においては、窃盗と売春の等価性の主題が浮上しがちである。実際、『東京の合唱』、『東京の女』、『東京の宿』の三作には、いずれも金銭をめぐる厄介な問題が背後に横たわっており、父親や母親がそれぞれのやり方でその困難と直面せねばならず、それがこの時期における小津における「東京」のコノテーションを暗い色調で染めあげることになる。後に触れるように、戦後の『東京暮色』もそうした文脈におさまるべきものであり、名高い『東京物語』の「東京」はむしろ例外的にそれからの距離をとっている作品なのだといえる。あるいは、ことによると、『東京物語』さえが例外ではなく、そこで年老いた両親を迎える東京の息子や娘は、暗さに象徴される「東京」での金銭問題を難儀しながらもくぐり抜けてきた者たちだったのかもしれない。『東京物語』が封切り直後から受けた高い評価に苛立ちを隠さない小津が、最後まで不満げな言葉をもらしていたのは、そこでの「東京」にこめられていたのかもしれないコノテーションとしての暗さに人びとが敏感ではなかったからかもしれない。

「東京」の暗さは、一九三〇年代にあっては、とりわけ『東京の女』に色濃くたちこめている。ここでの岡田嘉子は、大学生の弟の学費をかせぐために、昼間は会社の秘書をつとめながら、夜はいかがわしい酒場で働いている。もちろん、世間にはそのことを隠しているのだが、「東京」の暗さは、『東京の合唱』の岡田時彦が自分の失職を家族に言いだせなかったように、肝心な問題を親しい者にすら隠し立てをしなければならないという不幸な状況の一般化からくるものだ。今夜は遅くなるからとさりげなく弟の江川宇礼雄に電話してから男の待つ高級車に乗り込む岡田嘉子の諦念からくる無表情は、彼女が『東京の宿』で坂本武と向かい合うときの表情の零度にどこか通じ合うものがある。子供の急病のための入院費を稼ぐ必要から身を売らざるをえないという母親のイメージは、『東京の宿』から戦後の『風の中の牝雞』にまで受け継がれている。だが、そこで曖昧なのは、男たちの立場である。女たちを身を売ることから救いたいという喜八の気持は呆気ないほど当たり前のものだが、彼にしても、ある種の女性がその種の状況に置かれていることは容認しているし、その世話になることを自粛しているとも見えない。強盗を働いた夫を体を張って警察から護ろうとする『その夜の妻』における妻の凜々しい健気さにくらべると、妻や姉の売春を容認しえない『東京の女』の大学生の江川宇礼雄も、『風の中の牝雞』の復員兵の佐野周二も、暴力によってしか事態に対処する術を知らない。検閲によって曖昧化された『東京の女』の隠された政治的な意図や、『風の中の牝雞』の背後に漂っているはずの志賀直哉の『暗夜行路』の記憶などをあれこれ推量するにしても、窃盗と売春の等価性という主題が小津にとってどれほど深刻な問題であるかはにわかには判断しがたい。ただ、そのさきに戦後の『東京暮色』をおいてみると、おぼろげながら見えてくるものがある。それは、戦前の「東京」の暗さを明らかに引き継いでいるこの作品の笠智衆が、海外赴任中に知人に妻を奪われた夫にほかならず、離れていたが故に自分に所属する女性の支配権が他者に移行するのを阻止しえなかったという意味で、『風の中の牝雞』の佐野周二とよく似た立場にあるといえる。また、ある意味では、別れた妻の山田五十鈴は、一度だけ他人に身をまかせた田中絹代よりも遥かに深刻な仕打ちを彼に対して働いたことになり、『東京暮色』における笠智衆の無表情はそこから来ているというべきだろうし、「憤ること」の章で指摘したように、この俳優が、多くの作品で妻を持つことを禁じられているのも、おそらくはそれと無縁ではない。彼は、姉の隠された素性を知った『東京の女』の江川宇礼雄のように自殺することもできず、妻の間違いを知った『風の中の牝雞』の佐野周二のように妻を階段から突き落とすこともなく、小津における男性の消化しがたい性的なトラウマを表情の零度の仮面によって抑制せざるをえないきわめて曖昧な存在なのだ。『東京暮色』の父親は、夫として、驚きの不在を装うことなしには家族を維持できないのである。

笠智衆という役者は、小津の視線をキャメラを通して受けとめるとき、『晩春』のよき父親から『東京物語』の達観した老父まで、また『麦秋』の俗物の兄から『お早よう』の出世しそうにないサラリーマンまで、さらには『宗方姉妹』の癌におかされた大学教授から『秋刀魚の味』の軍艦マーチに敬礼する元駆逐艦艦長にいたるまで、微笑とともにどんな人物にも変容してみせる。あらゆる人物でありながら、しかしその誰でもないという不気味な役者が小津における笠智衆だとするなら、『麦秋』の三宅邦子が夫にほかならぬ彼の出現に脅えたのは、その変幻自在な虚ろさが、まるで幽霊のようにその無表情に露呈されていたからかもしれない。実際、ごく例外的ながら彼女には驚くことができたのに、彼は一貫して驚くことを禁じられた存在なのだ。

騙すこと

『秋刀魚の味』の終わり近く、あたかも笠智衆から無理にも驚きの表情を引き出そうとするかのように、然るべき年齢に達していながらもなお悪戯好きな資質を捨てきれない中村伸郎と北竜二は、三宅邦子をも共犯に仕立てて、笠智衆のまわりに周到な罠をはりめぐらせる。娘の結婚のことで彼が訪ねてくると知り、あらかじめ打ち合わせたうえで、話はすでに決まっており、もはやお前の出る幕ではないといってかつごうというのである。実際、彼が中村家の座敷に姿を見せたとき、縁側で碁盤に向かっている二人の態度は妙によそよそしい。そろそろ先方に話を通して、本人同士を会わせる段取りを整えてほしいという笠智衆の言葉に、中村伸郎はそうだねと応じはするものの、次の一手に没頭している振りを装い、話は一向にはずまない。ここで饒舌なのは北竜二の方で、お前がなかなか重い腰をあげないので、相手のあることでもあり、昨日、知り合いの女性と見合いをさせてしまったのだと平然といいはなつ。怪訝に思いつつも耳を傾ける笠智衆の方を振り向きもせず、どうやらその話はまとまりそうだと彼はいかにも自信ありげである。中村伸郎も、言葉少なに、一拍遅れで相づちをうつ。

呆気にとられて交互に二人を見やりながら、そのつど、ためらいがちに「そうか……」としか口にしえない笠智衆のバストショットが、合計で五つほど挿入されるだろうか。いずれの画面においても、彼は表情の零度に還元されたというほかない裸形の相貌で友人たちの会話を追うことしかできない。思ってもみない事態の推移に言葉をさしはさむこともできず、怒りを露わにするにはまだ事態を納得しきれていないその顔には、内心の虚ろさが媒介なしに露呈されており、冗談と知りつつも、そこまで追いつめることもあるまいにと、見ているのがつらくなってしまうほどだ。しかも、ここでは、『東京の宿』の坂本武の視線の対象としての岡田嘉子にあたる存在が欠けているので、笠智衆の瞳は頼りなく宙を漂うばかりである。あたかもその孤立無援の当惑にとどめを刺すかのように、「お前、遅かったよ、気の毒だけど」という脚本には書かれていない台詞を北竜二が口にするとき、障子の影から盆を手にした三宅邦子が笑顔で姿を見せ、ますます饒舌になる北竜二をさとしながら、すべてが仕組まれた芝居にほかならず、二人の話は嘘だったことを笠智衆に知らせる。ほっとして笑顔をみせる笠智衆は、そのとき初めて人間にふさわしい表情を取り戻す。「嘘でよかった」という彼の独り言に三人は笑うのだが、それがまったくの本音であることを理解しえたものがその場にいたかといえば、どうもそうとは思えない。娘がひそかに心惹かれる男が身近にいながら、女心の微妙さを読みそびれていた自分の鈍感さから、みすみす二人を近づけてやる機会を逃してしまった体験を持つだけに、寡夫の父親としては、これが娘の幸福に手をかしてやる最後のチャンスだったのである。

二人組の悪友にしてみれば、なかなか娘を手放したがらない友人に決断をせまろうとする意図もあったのだろうが、これはいかにも残酷な悪戯というべきだろう。表情の零度を仮面として生きるしかない父親としては、もっとも触れられたくないところを仲間がねらい撃ちしたとしか思えぬからである。では、こうした冗談で、彼らは笠智衆を驚かすことに成功したのかといえば、彼は驚きはしても、驚きの表情だけはついに浮かべなかったのだから、彼らの策略は成功したともいえるし、成功しなかったともいえる。確かなことは、こうして騙してみても笠智衆が激怒することはないと二人が高を括っていたということだ。実際、かたわらの三宅邦子に向けていうかのように、ぽつりと「悪い奴らだ」といいはしても、彼の目は笑っている。ここでも、欺かれる笠智衆の驚愕の不在は、あらかじめ二人の悪友の計算に組み込まれていたのである。

『秋刀魚の味』の初老の悪友たちが、何かにつけて他人を騙しては溜飲をさげているのは、小津的な世界でのこの驚愕の不在が前提とされているからだ。すでに見たことだが、中村伸郎と笠智衆とが、若い後家を貰って悦に入っている旧友の北竜二を死んだことにして、料理屋の女将の高橋とよを騙すのもそうした悪戯にほかならない。この恰幅のよい女優の演じる女将の肥満ぶりに、かなりきわどい冗談をいって笑いあう料亭の場面は、『彼岸花』にも『秋刀魚の味』にもくり返されているが、それは、「笑うこと」の章でも触れたように、仲間内の集合的な笑いの排他性を意識しての振舞いにほかならない。後期の小津のいい年をした同級生たちは、いたるところで相手の驚愕の不在をあてにしながら、無責任な冗談を楽しみあっており、この他愛のない遊戯は、個々の作品の枠を超え、いかにも闊達に演じられる。では、この男性的と思える特権は、驚愕が不在であるが故に無垢なものと判断されているのだろうか。それは、男性だけに許された、罰せられることのない冗談なのだろうか。

懲罰

後期の小津における男たちが、笠智衆のまとう表情の零度の仮面をごくとうぜんの前提として行動しているとき、『麦秋』で彼の妻を演じた三宅邦子だけが、例外的にあられもない脅えと驚きの身振りを人目にさらしていたことの意味を、改めて考えてみなければならない。遺作となった『秋刀魚の味』では、中村伸郎の妻を演じる同じ三宅邦子の介入によって男たちの他愛のない遊戯に終止符が打たれたこととも関係していようが、初老の悪友たちの妻は、誰もが夫の隠れた悪行をほぼ完璧に把握しており、いざというときにはそのことで男たちを懲らしめることすら辞さないだろう。『秋日和』でも三宅邦子は中村伸郎の妻の役を振りあてられているが、彼女の落ち着きはらった微笑は、どこか冷笑的なところもある彼を配偶者とするときのほうが、『麦秋』の笠智衆や『東京物語』の山村聰の妻であるときより、遥かに生きいきとしている。たとえば、『秋日和』の三宅邦子は、佐分利信の妻である沢村貞子と向かい合い、若き日の薬屋の看板娘だった原節子にいまなお執着している夫たちの愚かさをあれこれ皮肉をこめて語り合うのだが、この場面で見せる彼女の冴えた言動はどうだろう。夫たちの学生時代の行状まで詳しく知り尽くしている二人の女性は、和服でぬっと姿を見せる佐分利信を、艶やかな笑いとともに座敷から追い払ってしまう。ここでの妻たちの振舞いには、しばしば男たちがやってみせる冗談の無責任な排他性がこめられているので、仲間に入れない佐分利信は、仏頂面で退散するしかない。これは、後期の小津がとどめているルビッチ的な要素にほかならず、それは、あからさまな不倫や姦通を導き入れることはなくとも、見かけより遥かに色濃く作品の細部に浸透している。

『淑女は何を忘れたか』における斎藤達雄の嘘が妻の栗島すみ子には筒抜けであったように、小津の男たちはいずれも妻に対しては秘密を持ちえない存在であり、彼らの他愛もない冗談もそのかぎりにおいてのものにほかならず、遊戯の規則を握っているのはいつでも女の方なのだ。その規則をどのように操作すれば男を味方に引き入れられるかは、彼らの妻たちにとどまらず、未婚の女性までがしたたかに心得ているのである。『秋日和』の岡田茉莉子が佐分利信と中村伸郎と北竜二をこっぴどく叱りつけたあとで何をしたかを思いだしてみるなら、そのことは明らかだろう。彼女は、おいしいところがあるからといってまんまと初老の三人組を欺き、自分の父親がやっている場末の寿司屋まで引っぱり出し、そこで大盤振舞いをさせた上で、涼しい顔で北竜二に勘定を持たせてしまう。謀られたことに気づいた男たちはさすがに怒るわけにもゆかず、呆気にとられて岡田茉莉子の傍若無人な振舞いを看過するしかないのだが、ここで小津的な驚愕の不在を前提としてしたたかに振舞っているのは、彼らの子供ほどの年齢の若い娘の方なのだ。これには、いい年齢をしながら他愛ない遊戯に興じている男たちへの懲罰の意味がこめられており、それは、岡田時彦を父に持つ岡田茉莉子というえがたいキャラクターにめぐまれた『秋日和』だけに限られたギャグではない。すでに『彼岸花』の佐分利信が山本富士子にみごとに騙されていたことを誰もが記憶しているからである。

小津にとっての最初のカラー作品である『彼岸花』が、それに先立つモノクローム作品の『東京暮色』ときわだった対照性におさまっているのは間違いのない事実である。照明の行きとどいた舞台装置は、前作の暗さとは異なり、日本間という空間をほとんど抽象的な環境へと変貌させているかにみえる。だが、ここで父親を演じる佐分利信の役柄の余裕を欠いた頑迷さと、父の理解をえられぬまま東京を離れねばならない娘の役が、前作では自殺する不幸な娘を演じた有馬稲子に委ねられていることが、この二作品のある種の通底性を告げている。男とともに家を出て、バーで女給をしている娘の父親として笠智衆が困惑した表情で姿を見せているところなども、どこかしら戦前の「東京」を思わせるものがあるというべきだろう。佐分利信が暮らしている家や、そこで妻の田中絹代が羽織っている和服の柄が裕福さの印象を与えはするが、人物の造形をみると、小津における戦後はまだ始まっていないという感が強い。かりに、この作品に戦後的な何かがこめられているとするなら、小津に初めて登場する山本富士子が、ヴェテランの佐分利信を堂々と騙してみせるという挿話につきているというべきだろう。

彼女の役柄は、佐分利信がしばしば京都で泊まる旅館のあととり娘であり、母親の浪花千栄子とともに、小津にはめずらしく「関西的」な雰囲気を漂わせている。その山本富士子が、母親と喧嘩して家をとびだしてきたと佐分利信に相談を持ちかける。自分には好きな男ができたというのに、母親が大阪の薬問屋のあととりだという金持ちの妙な男をおしつけてくる。母親の横暴ぶりをあれこれ挿話をまじえ誇張しておいてから、そんな話など「聞かんかてよろしおすやろ」と京都弁で訴えかけられ、いつもは頑迷な彼も思わず宜しいと答えてしまう。自分の選んだ人と結婚して何がいけないのかという言葉に、自分が娘に対していつもいっているのとは反対に、「君さえ責任持てるんなら」母親の話など聞くには及ばないとまで断言するのである。そのとき、相手の口から「みんな嘘どすのや。トリックどすのや」という言葉がもれる。山本富士子は、ちょっとした芝居を演じて、有馬稲子の結婚を許そうとはしない佐分利信から、親のいうことなど聞かなくてよろしいという断言を引き出すことに成功したのである。ここでの父親は、みずからの論理にしたがい、娘の結婚を認めざるをえない立場に追い込まれてしまい、そのことを嬉々として電話で報告しに急ぐ若い娘におきざりにされ、憮然とした顔で一人座敷に取り残される。これもまた、男性に対して下された懲罰にほかなるまい。

ここで山本富士子の口からもれる「嘘」の一語は、『秋刀魚の味』の最後で三宅邦子が口にする「嘘」とほぼ同じものである。遊戯の規則を握っているのはここでも女性であり、しかもそれは、『秋日和』の岡田茉莉子の場合と同じく、自分の娘とほとんど同世代の若い女性なのだ。彼女もまた、男性の驚愕の不在を当然の前提としてその「トリック」を構想し、実践に移したのである。みごとにしてやられた佐分利信が『秋刀魚の味』の笠智衆とほぼ同じ表情の不在の仮面をまとわざるをえないのは、いうまでもない。

女性たちによって下される男性への一連の懲罰を、たとえば、父性的な権威の崩壊という視点でしかとらえられないとしたら、それは、小津の作品をかたちづくる豊かな細部に目をとざすことにほかなるまい。ここに起こっているのは、たんなる家族の崩壊でもなければ、父権性の失墜でもなく、男性と女性との間で演じられる苛酷な闘争の推移を描いた「セックス・ウォー・コメディ」の日本的なヴァリエーションともいうべきものにほかならない。その側面を視界から隠しているのが、おそらく、笠智衆のまとう表情の零度という仮面であろう。いうまでもなく、小津安二郎の映画は、ルビッチの記憶だけでは成立しないし、笠智衆にこそふさわしい驚愕の不在という主題は、あからさまに反＝ルビッチ的なものでさえあるはずだ。そのルビッチならざるものが、一九三〇年代に成立した「東京」というコノテーションの暗さにほかならぬ。小津を見るには、その双方をたえず視界におさめておかねばならない。だが、そうすることは、小津的という言葉に触れて多くの人が思うほど、容易な身振りではない。

終章　快楽と残酷さ

見ることの困難

見ることはむつかしい。とりわけ小津を見ることはむつかしい。だがそれは、小津安二郎の映画が難解な思想を語った作品だからではもちろんない。一篇のフィルムを撮るにあたって作者がいだいていた意図といったものであれば、それはほぼ万遍なく観客にうけとめられるだろう。事実、誤解ほど小津的な風土から遠いものはない。小津を見ることのむつかしさは、むしろ、あらゆるものが鮮明な輪郭のもとに提示されていることからきている。そこには、文字通りの画面しか存在しておらず、画面は、その背後に何かを隠したりしてはいない。すべてはスクリーンの表層に露呈されており、いま見ている画面がかりに何かを隠しているとしたら、それはいま見てはいない別の画面でしかないだろう。『東京物語』に一滴の雨も降らないとしたら、その全篇をかたちづくるショットは『浮草』の雨の画面を隠している。『麦秋』のすべての画面から階段が排除されているとしたら、それは『秋刀魚の味』の最後に姿を見せる階段のショットを隠している。『晩春』に結婚披露宴の画面が描かれていないとしたら、それは『秋日和』の最後の、あの新郎新婦の記念撮影の画面を隠している。

こうした現存と不在による隠蔽関係にとどまらず、現存が現存を隠している画面もあるだろう。『風の中の牝雞』の階段落下の画面が『風と共に去りぬ』のヴィヴィアン・リーの階段落下の画面を隠し、『その夜の妻』の八雲恵美子がソフト帽をかぶる画面が、ゴダールの『勝手にしやがれ』でジーン・セバーグがソフト帽をかぶる画面を隠しているといった、間＝テキスト的な隠蔽関係もあるだろう。そうしたものにとどまらず、これまで仔細に検討してきた説話論的な関係、主題論的な関係、等々、多くの画面が、統合論的な、あるいは範列論的な相互隠蔽の戯れを演じあってもいるだろう。いずれにせよ、小津にあって、画面は他の画面しか隠してはおらず、そうでない場合は、真夏の陽光のまばゆさの中に自分自身をさらしているばかりなのだ。画面を見ている瞳は、その場で宙に吊られるか、他の画面へと横滑りするほかはなく、画面の背後へと進む錯覚を楽しむことさえ禁じられている。視線は、きわめて具体的にいくつもの壁によって遮断されてしまうのだ。それが、小津の残酷さというものである。どこまでいっても画面にしかたどりつくことのない映画を見ることとほどむつかしいこともまたとあろうか。

その困難さに行きあたった瞳がどんな振舞いを演ずるかは明らかである。画面を抹殺するのだ。いうまでもなく、画面の抹殺は見る機能の放棄と同時的である。そして、見ることをやめた瞳は、あたかもそれが小津安二郎の映画であるかのように、小津的なものと戯れる。しかもその戯れは、日本的なものの方へと滑り出すことによってさらに小津安二郎から遠ざかる。小津と「俳句」、小津と「もののあわれ」、小津と「幽玄」といったもっともらしい命題は、見る機能を放棄した瞳が、小津的なものから日本的なものへと、徐々に画面から遠ざかる過程ではじめて問題体系に浮上するものにすぎない。白昼の作家としての小津がフィルムの表層に定着しえた光線のまばゆさを見ることの出来る瞳は、その湿った陰影とは無縁の画面が、そうした美意識からどれほど遠いものであるかを感覚的に察知しうるはずである。にもかかわらず「俳句」や「もののあわれ」や「幽玄」を介して小津的なものと戯れようとする者が跡をたたぬのは、人が、たえず更新される現在としてそこに露呈されている画面をうけとめることより、いまそこには存在しない物語に自分を一体化させることを好んで選ぶものだからである。そうした選択が招き寄せる思考と感性の硬直ぶりを、十九世紀フランスの小説家ギュスターヴ・フローベールは「紋切型」と呼んだ。二十世紀フランスの批評家ロラン・バルトが「神話作用」と名づけたものもまたそれである。

見ることが文化的な振舞いである以上、視線はとうぜんのことながら自由ではない。だいいち、開かれている瞳があらゆる瞬間に目覚めているわけではないのだし、また、よりよくものを見ようとする善意そのものが、しばしば瞳から視線を奪ってもしまう。映画を見ること、とりわけ小津を見ることはむつかしいというのは、そうした意味においてである。にもかかわらず、見ることがいつでも可能であるかに信じられていることのうちに、映画をめぐる言説の虚構化が大がかりに進行する。というのも、映画における一つの画面は、それがどれほど簡潔な構図からなっていようと、またそれが現実の一断面とどれほど類似していようと、そこには無限に開かれた意味がこめられているからである。にもかかわらず、多くの人が、ごく限られた意味しか読みとろうとはしない。事実、人は、説話論的な持続から置いてきぼりをくわされるのを恐れ、無限に織りあげられては解きほぐされてゆく複数の意味をごく貧しい組み合わせに還元し、それを中心とした構図を想定して残りを周縁に追いやる。こうした瞬間的な作業を機械的にやってのけないかぎり、物語に追いつくことはできないだろう。

たえずわかっている状態に自分を置いておくためのこの機械的な中心化、それが視線の蒙る文化的な不幸にほかならない。瞳は、決して野蛮な状態で画面と向きあいはしないのである。そのとき起るのは、見ずにおくことと見ることとの混同である。つまり、見たことを思考するのでなく、思考することによって画面を見ることを選んでしまうのである。視線は思考に従属し、その硬直ぶりに応じて画面を大胆に中心化する。そのとき瞳が無効にされるのはいうまでもない。

《壺の画面》

たとえば、小津を語るものがしばしばそれについて論ずる一つの画面について考えてみる。『晩春』の終り近く、笠智衆と原節子の父娘が泊る京都の旅館の寝室に置かれている壺を捉えた固定場面がそれである。では、そこで何が問題となっているのか。

話の筋を思い出しておくなら、このとき原節子は、叔母の杉村春子の持って来た結婚話に同意したばかりである。まるで初期のサラリーマンものの子供たちの一人のように、彼女は不機嫌な沈黙によって叔母に承諾の返事をする。そして、結婚前の最後の旅行として、父親と京都に来ているわけだ。彼女は父親に再婚の意志があると思いこんでいる。かつて後妻を迎えることを「不潔だわ」と非難したこともある父の友人の三島雅夫一家と名所見物をしたあと、二人して宿の蒲団に横たわる。電気を消すと、雨戸のない寝室の障子に月影が落ちる。すべてはこの舞台装置の一変したのちに起る。娘は、三島の後妻の上品な容貌が、きたならしさとは無縁のものであることをさとり、自分の過去の言動を悔いているといった言葉をかたわらの父親につぶやきかける。気にしてはおらんだろうと応ずる笠智衆は、それを口実に何かを訴えかけようとする娘のかたわらで、早くも寝息をたてはじめる。原節子は、黙ってその視線を天井の方に向ける。壺の画面が姿を見せるのはその瞬間である。では、そこで問題となっているのは何か。

問題は、そこに挿入される画面をあっさり「壺の画面」と呼んでしまうことのうちにすでに含まれている。というのも、そこには壺ならざる多くのものが見えているにもかかわらず、そう呼ばれてしまっているからである。実際、その画面の左手には床の間の柱と思われるものが薄暗い光の中にきわだって見えているし、奥には、月明りに白くはえる障子が丸く浮きあがってもいる。

もちろん、便宜上それを「壺の画面」としか呼びえないのは明らかだろう。しかしそれは、あくまで要約であり、とりあえずそうしているまでである。この暫定的な名称は、だが、決して無償のものではない。機械的な中心化がその瞬間に始動し、視線を無効にすると同時に、たちまち思考が文化的な水準へと移行してしまうからだ。そのことは、思考が壺そのものから壺が象徴しうる二次的な意味へと移行したことだけを意味しはしない。そもそも、映画には、「壺の画面」などというものはありえないにもかかわらず、それをそう呼び、またそう呼ぶことで文化的象徴性を話題とせずにはいられないのは、なによりもまず、見る以前に思考が紋切型の虚構を始動させてしまっているからだと理解されねばならない。虚空に浮びあがった一つの壺ですら「壺の画面」ではなく虚空に浮んだ壺の画面であるはずなのに、ここでの画面には、虚空ならざるさらに多くの情報が充ちあふれている。にもかかわらずそれを「壺の画面」と呼び、あるいは「壺の画面」として見てしまうことは、すでに中心化による象徴性が思考と視線とをともに捉えてしまっていることを意味する。したがって、人はすでに文化的不自由の領域に足を踏みこんでいる。少くとも、比喩の活動が始まっているのだといえるだろう。

そのとき何が視線から一掃されたかはのちに詳しく見ることとして、思考がどんな戯れを演じて視線を裏切り続けるのかという点を、具体的な例によって検討してみようと思う。たとえばポール・シュレイダーはこの「壺の画面」を人間と自然との「乖離を解決するのではなく、それを静止状態に凍結」しながらも、逆説的により高次の一体化を実現しうる形式のみごとな達成の一例として語っている。「超越的スタイルは、壺のようにそれ自体よりもずっと深みのあるなにかをつまり万物の一体性を表現することのできる形式である」と、のちに『アメリカン・ジゴロ』の監督となるだろう著者は述べているのだ。

　小津作品では禅におけるように、静止状態が〝風流〟の気分ととりわけ〝もののあわれ〟を引き起こす。人間はふたたび、しかし今度は愁いをもって、自然と一体になるのだ。（前掲書、八六頁）

この引用文のあとに、鈴木大拙による禅における自己解脱と自然との関係を説いた一節が続くのだから、彼が視線をどれほど思考に従属させているかは明らかだろう。

訳者の山本喜久男もその「訳者あとがき」でも述べているように、西欧の多くの論者はこの「壺の画面」に異様な執着を示している。そしてそのほとんどが、これを文字通り「壺の画面」としてしか見ていないのだ。「空」を語るにあたって、まさに「空」そのものを否定する機械的な中心化が即座に作動してしまうという論者たちの矛盾についての判断を下すことはここでの主題ではないが、山本氏が「中心志向と周辺志向」という言葉で要約している「西欧人と日本人の解釈の違い」という問題は、文化的に制度化された視線の不自由という主題と深いかかわりを持つものだろう。つまり、人は、視界に浮上するさまざまな要素を、決して万遍なく見はしないという問題だ。

山本氏は、われわれ日本人の視界が、画面の前景に位置するいわば構図の中心の壺よりも、背後の障子に落ちる庭の植物の影へと伸び、そこから晩春という季節感や、月夜という時間的な情感が漂ってくるのを感じとると説いている。おそらくそうした論述には、二つのことが問題となっているとみるべきだろう。一つは、小津の同国人の視線が問題なく捉えたはずの障子の影を、西欧の批評家たちが見落しているという視線の制度的な不自由性の主題である。いま一つは、この固定ショットで捉えられた「壺の画面」を、われわれの映画的感性が「静止状態」として特権的に孤立化させることなく、素直にフィルム的持続の中に位置づけたままでうけいれているという点であり、ここでは画面の説話論的な連鎖が問題となってくる。事実、山本氏は、京都を表象する山や五重塔のショットの背後に流れていた主題旋律がこの「壺の画面」から再び響きはじめる点を指摘しつつ、持続する音楽とともに導きだされる次のシークェンス、つまり、いまや宿の寝室ではなく竜安寺にいる笠智衆と三島雅夫を示す画面に映しだされる石庭の、その石のイメージと壺とが響応しあっているという点を指摘している。「壺の画面」が担うこうした説話論的な条件は、ノエル・バーチやドナルド・リチーによる「意味の空白状態」とも呼ぶべき側面の強調を否定せざるをえない。「したがって、この壺のショットは観客の感情の容れ物ではないのだ。それはある感情を表出しているのである」と山本氏は続ける。それは「風流」でも「もののあわれ」でもなく、「時間（晩春の夜）と空間（京都の宿屋）がみごとに有機的に融合している俳句におけるような季節の雰囲気、感情を表出しているのである。」

ここで問題となっているのは、文化的に制度化された視線が何を見たか、そして何を見なかったかという点から出発した解釈の問題である。壺と静止とを特権化し、そこに過剰な意味を読みとらずにはいない文化圏と、それを曖昧に拡散させ、周囲のあまたのものごとと調和させることで納得する文化圏とが存在し、それぞれの領域で教育された視線が、おそらくは現実生活でも起っただろう行き違いを、映画の一画面を見ながらも演じてしまったというだけのことである。したがって、それは比較文化論的にはそれなりの興味の対象とはなりえても、映画的にはさして刺激的な事実ではなかろう。但し、そうした水準においてもそれなりに興味深いのは、ポール・シュレイダーをはじめとして、ドナルド・リチーも、あえて異質の文化圏に流通している記号の意味をさぐろうと努力する場合に、その流通圏域とはもっとも遠い言葉で意味を解読しようとしているという点だ。つまり、未知を理解しようとする善意が、より大きな不自由をかかえ込むことになるという、よくある矛盾がここにも露呈されているのである。

現実生活の局面で、この種の不自由がきわめて刺激的な視点を生み落すことがしばしばみられるのは事実である。思考の領域における決定的な誤解は、充分に生産的たりうるものだ。だが、いま問題となっている映画では、事態はやや違ったかたちで推移する。というのも、過剰な意味の解読が、多くの場合、見たものの貧しさに対応することになるからである。見ずにおくことの代償として、人は画面について思考し、語ってしまうのである。

つまり、奇妙なことに一つの画面の意味を全的に開示させることをおこたることによって、解釈がはじめて文化的な意味の領域に至るという関係が、ここに明らかになっているのだ。

もちろん、一つの壺はいうに及ばず一つの「壺の画面」も、それじたいとしては決して「風流」でも「もののあわれ」でもない。また、それ以外の何ものかであることもないだろう。だが、それが「風流」や「もののあわれ」であろうとするみちを完全に絶たれているわけでもない。一つの「壺の画面」が、一定の文化圏で、図像学的ななにがしかの象徴的意味を帯びることはおおいにありうるからである。『晩春』の「壺の画面」がそうだというわけではないが、その壺を表象する映画的な映像が、壺ならざるものの象徴として機能しうることも決して不可能ではない。いっぽう、壺という一次的な意味を持ちうる画面が、しかるべき文脈におさまり、しかるべき修辞学的な装飾をほどこされることで、ある心的状態なり、劇的状況なりを示すこともないわけではない。説話論的な持続のある一点に位置し、照明、撮影角度、構図、ショットの長さ等々の条件が整った場合には、映画はその画面には直接描かれてはいない何ものかを、明らかに意味することができる。要するに、視覚的には画面に不在の意味を画面を通して人は読むことができるのだし、また、そうした象徴的な意味作用の可能性を否定したら、映画の説話論的な持続は決して物語を語りえないだろう。その意味でなら、「壺の画面」から「風流」や「もののあわれ」を読みとることは、途方もない誤まりとはいえないかもしれぬ。しかし、現実には、図像学的な約束ごとの水準でもそれは無理なことであるし、また、表現としても、そう理解するのは不可能である。というのも、『晩春』の「壺の画面」の壺そのものには、図像学的な象徴性や修辞学的な典型を示す機能がまったく含まれていないからである。それに反して、障子に落ちる樹木の影は、間違いなく、少くとも日本的な風土にあっては、月夜という季語的な情景が想起させがちなあらゆる詩的概念を象徴的な意味として持っている。その画面が説話論的な持続の上に的確に位置づけられ、あの日本のステージ撮影のとってつけたような障子の影のイメージを超えた繊細で審美的な配慮がほどこされているなら、静寂なり、孤独なり、それに類するいくつかの心的情景を表現しうるはずである。したがって、この「壺の画面」は、それ自身として充実した意味作用を担っており、意味の空白に言及することは不可能である。映画にあっては、それじたいとして意味のない画面というものは存在しない。そこに、視覚的な分節化と、説話論的な分節化が可能であるかぎりにおいて、必ず意味がある。深遠な隠された意味がこめられているかどうかはともかくとして、表層的にはきまって意味があるのだ。おそらく複数の意味があるとすべきだろうが、そこには間違いなく意味がある。無意味とか意味の空白とかは、あくまで文化的な水準での解釈の問題なのだ。

逆光とシュリエット

それなら、『晩春』の「壺の画面」の象徴的な意味の一つとして、「もののあわれ」を選びとることも許されているといえるだろうか。それは、原則として、見るものの自由だということになろう。画面は、いかなる連想をも禁じたりはしないからだ。ただし、ここでは、その連想の自由が見ることの不自由と等価的だという問題にたち戻らねばならぬ。すでに指摘したように、この画面は壺いがいの多くのもの、たとえば障子に落ちる月影や床の間の柱などをその構成要素として持っている。そうしたものが壺を中心に配しながらも具体的なイメージとして明らかに見えているのだが、ここで重要なのは何が見えるかではなく、どのように見えるかという点なのである。というのも、この旅館の寝室のかたすみの光景が、小津には例外的に逆光で撮影されているという事実は、人を「もののあわれ」という連想に誘う以前に、はたしてこんな照明が小津に存在しうるのだろうかという不安の念をかきたてずにはおかぬからである。白昼の作家としてすべてを鮮明な輪郭のもとに、しかも表面に万遍なく光線をあてて示すのが常であった小津が、事物をシュリエットとして描き出したことなどあったろうか。もちろん、逆光といっても、障子の月明りがきわだたせる物影は完全な暗さそのものには達していない。しかし、キャメラは明らかに障子を正面に捉えているので、壺は、その輪郭の部分を鈍い光で包まれた影となってスクリーンに浮きあがってくる。この例外的な光線処理は、ゆかた姿の原節子が電燈を消した瞬間に予想をこえた明るさで障子に落ちる月影によって、同一画面でありながらも照明がまったく異質のものとなり、構図そのものが一変してしまったかのような印象を与えるということの例外性に対応している。壺は、こうした例外的な光線をうけて姿を見せるのである。だが、ここで例外的なのは画面を彩る照明ばかりではない。旅館の寝室という空間そのものが例外的なのである。例外的といっても、そこには語の常識的な意味あいでのレアリスムが維持され、就寝間ぎわの時間として容易に想像しうる雰囲気が、旅さきの宿として人が知っている空間と矛盾なく調和している。ただし、いつもなら二階と一階とで床につく父と娘とが、それぞれの聖域を離れて同じ空間を共有し、枕を並べて眠りにつくという点はあくまで例外的なのである。主題論的にいって、これはきわめて特殊なことだとさえいうべきだろう。

親子が旅さきの宿で並んで寝るという光景は、『父ありき』にも『秋日和』にも存在する。だがそこでは、父と息子、母と娘という同性の親子が問題となっている。性を異にする親子が並んで眠るという状況は、小津にあってはきわめてまれなのである。しかも、その二人ともが結婚をひかえた身であるという点を考慮してみるなら、原節子をはじめて主演女優に迎えた小津安二郎は、きわめて猥褻な主題に直面していることになる。事実、ここには、性がまぎれもなく露呈されているのだ。放埒な性的夢想を楽しむ姿など想像しがたい笠智衆の表情にもかかわらず、娘の姿態が、性的な欲望の震えをあからさまに伝えているのである。もちろん、卑猥な細部の介入は周到に避けられているが、同じ寝室を共有しえた父に向って、枕にのせた顔を天井に向けて語りかける娘の視線は、この瞬間をいつまでも長引かせたい期待に潤っている。この艶やかな瞳の輝きを薄暗がりの中に定着させようとしていた瞬間の小津が何を考えていたか、それは知ることはできない。だが、三島雅夫が後妻に迎えた婦人が不潔さのイメージとはほど遠いことを思い出しながら、そのこ

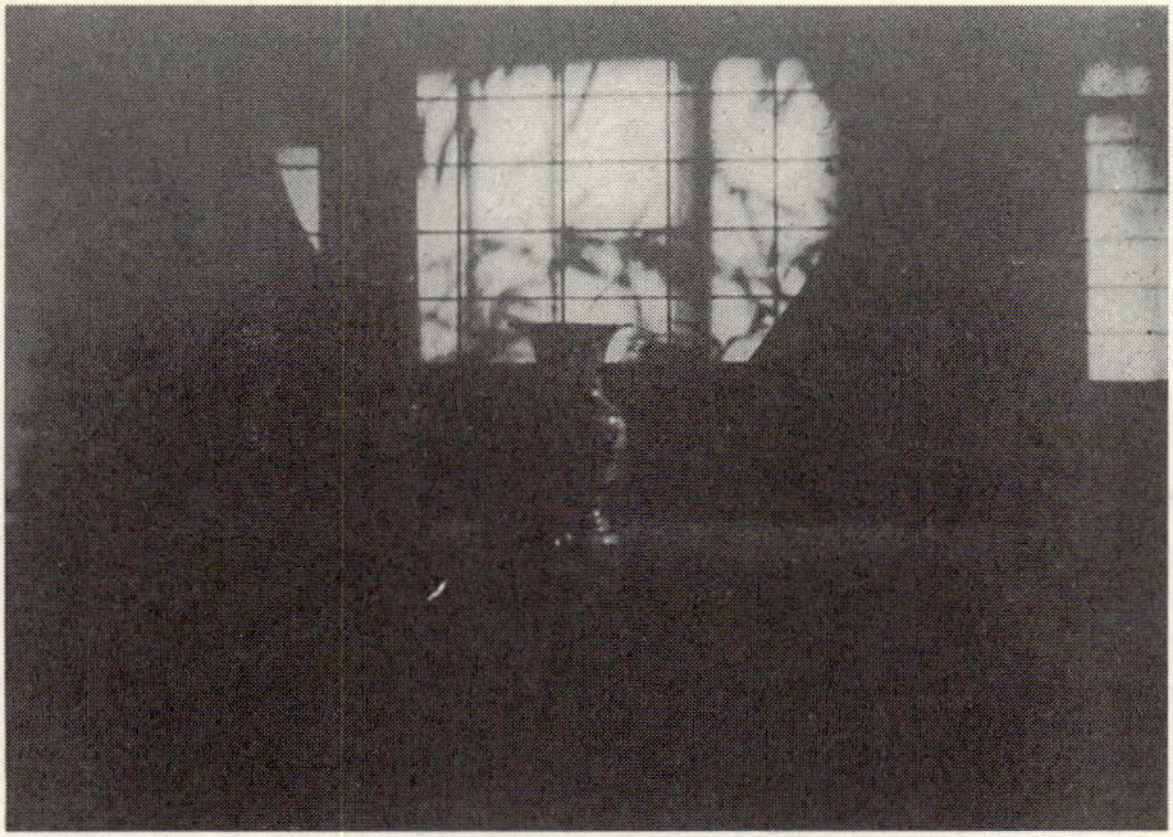

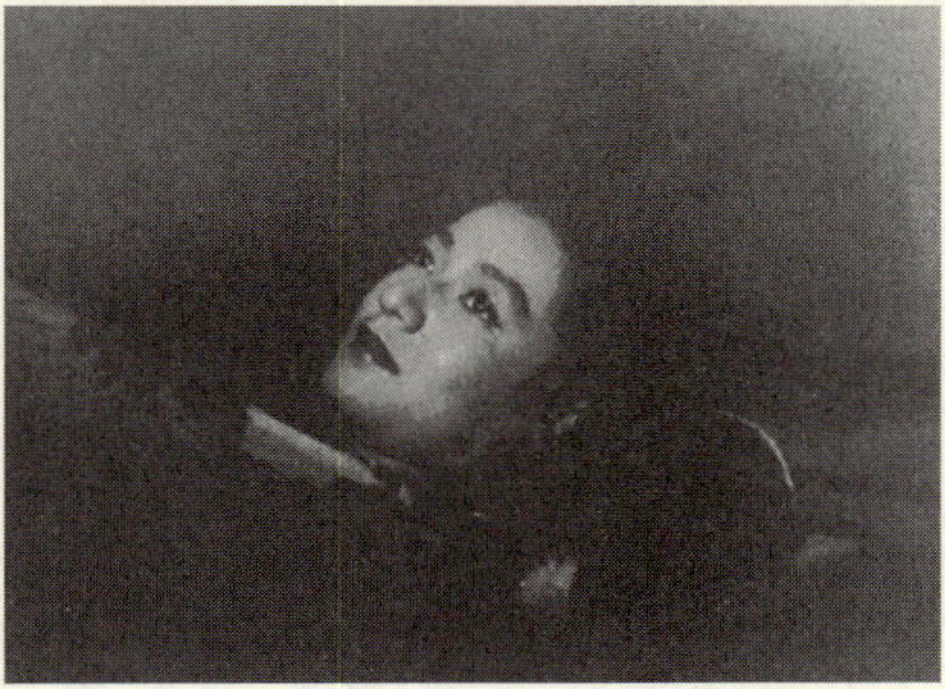

ともに『晩春』月夜の京都の宿での就寝ショット。障子の月影と、壺が逆光になって対応している。原節子の白く浮きあがった顔との対照がみごとである。

ことをきたならしいと非難したかつての言動を反省していると原節子が口にするとき、父の再婚をも許そうとする彼女のうちに、人は、部屋の暗さそのものの中に自分の存在そのものを拡散させて、それで空気のように父を包みこみたいという意志を明確に感じとる。蒲団からのぞいた彼女の顔は、その瞳から愛を放射しているかのようなのだ。

それを父親への肉親愛と考えておけば事態は安全だし、その方が小津的でもあろう。だが、その振舞いが屈折した心情を隠していないだけに、瞳を介して彼女の存在が父に向っていっせいにおし拡げられているのを間近から眺めているわれわれは、そこにきわめて生なましい性の露呈を感じとらずにはいられない。彼女は、無限に拡がりだしてゆく自分の存在を、父が愛としてうけとめてくれるものと期待している。この関係はまぎれもなく性的なものである。だが、笠智衆は、隣りの寝床ですでに寝息をたてはじめている。枕に頭をのせたその横顔が逆光で示されるショットに続くショットでは、父の拒絶を意識した娘が視線を天井に向けなおす仕草が示される。壺の画面がそれに続いて姿を見せている点を見逃してはならない。月明りのほのかな反映を顔一面にうけとめ、その目鼻だちもくっきりと識別できる原節子の表情とは対照的に、この壺は、すでに指摘したごとく逆光で捉えられている。そしてそのシュリエットに、父親の寝息が低くかぶさる。感動的なのは、ほのかな月明りをもくまなく受けとめて白く輝く原節子の顔と、このシュリエットとを対照的に示す繊細な照明と卓抜な撮影の技術であろう。

画面の連鎖に従うなら、このシュリエットは、娘の諦念を強調する役割を担っているとみることもできよう。父親の拒絶そのものを前にした悲しみというより、自分の寝室には存在せず、しかも持主の趣味を反映することのない高価な装飾品の持つよそよそしさが、彼女の甘美な期待を断ち切り、接近を禁じているのである。それと同時に、「壺の画面」が二度挿入されることで、開かれたままの娘の瞳が悲しみで曇ってゆく時間的な経過をも的確に刻みつけてもいるといえよう。だが、ここで注目すべき事実は、そうしたことにもまして、父親の寝顔と壺とが、ともに逆光で示されるという類似性と、父親の寝息が、壺の画面でことさら強調されているという点だろう。娘のかたわらで、枕に頭を乗せたまま不動の姿勢をまもり続ける笠智衆の横顔は、床の間を飾る高価な装飾品のように、障子の月影を背景として逆光で捉えられているのだ。とするなら、父親が障子に近い蒲団に横になるというここでの人物配置が決して無縁の選択ではなく、明らかに修辞学的な必然であったことが理解されるだろう。壺がそうであったように、父親の寝顔も明るい障子を背景にしてシュリエットとして浮びあがってくるなら、その類似によって、彼は床の間の置物の持つ物質性と装飾品としてのよそよそしさを模倣し、そのことで娘の愛の放散に耐え、その期待を遠ざけていたことになるだろう。前景と後景の明暗の対比、不動のシュリエット、キャメラ・アングルの類似性といったいくつもの細部が、寝顔と壺との等価性を証拠だてている。小津の才能は、物質を模倣する父親という状況を視覚的に創造することで、心理を超えた表層性において事態を直截に表現してみせる点に存している。壺は、ここでは父親そのものなのだ。実際、壺はひそやかな寝息をたてて呼吸してさえいるのである。

こうしてみると、問題の画面を「壺の画面」と呼んで説話論的な持続から孤立化することがどれほど不自然なことかは明らかだろう。障子の月影もまた、明らかに意味を持っているのである。もっともその意味は、山本氏が語るように、たんなる季節感の有機的な表現ではない。明るい障子に落ちる月影には、逆光によるシュリエットの誇張という修辞学的な機能が含まれているのだ。人が、晩春の夜や旅さきの夜として知っている時間や空間の表象であることを超え、娘の性を拒絶する父親による物質の模倣という事態を視覚的に表現する細部として、障子の月影が存在しているのである。だからここでの画面は、ノエル・バーチが枕詞にならって枕ショットと呼んだものとも確実に異っている。ここに含まれている複数の視覚的な情報は、説話論的な持続を中断する「非＝中心化」の機能を演じてはいないばかりか、説話論的な持続を分節化する機能を積極的に担ってさえいるのである。それは充実した意味作用の磁場であって、主題論的にみて、いかなる意味の「空白」もそこにはない。

だがそれにしても、それだけの事態を納得するために何という迂回が必要であろうか。それほどまでに、映画を見ることはむつかしいというべきなのだろうか。

見ることの快楽

おそらく寡黙さと誤解されかねないその表現の簡潔さ故に、人は、小津安二郎における性的な側面を軽視しすぎてきたように思う。性は、しかし明らかに語られている。『晩春』は『風の中の牝雞』よりも遥かに大胆に性を主題としているといえるかもしれない。たとえば帰京の前日に宿で荷物を整理しながら、久方ぶりの京都滞在が呆気ないほど短すぎたと口にする笠智衆に向って、そのとりとめもない言葉をさえぎるような視線を投げかける原節子。このとき彼女は、もはや父親の再婚を既成の事実としてうけいれてしまってはいる。でも、結婚してもいいから、あたしをこのままそばにおいといて下さいと父の瞳をのぞきこむ原節子の表情は、いつまでも一緒にいたいというその言葉以上に見るものを戸惑わせはしまいか。いきなり、横坐りの姿勢を崩して左手を畳につき、瞳を潤ませて父に訴えかけるその振舞いには、ほとんど正視しがたいまでのあられもなさで性が露呈している。そして小津の残酷さは、こうした危険な情況を、近親相姦といった文化的な術語で要約する余裕を見るものに許さない画面連鎖の的確さにある。説話論的な持続はこんどは壺に同化するわけにもいかない父親の、不器用な説得を息をつめて見まもるほかはない視線の交錯を介して滑走する。実は、説得の不器用さそのものがここでの主題といってよいかもしれないほどなのだ。というのも、結婚こそが新たな生活の始まりで、それには苦労もあろうが、二人して幸福を築きあげることだといった父親の言葉は、とうてい観客を説得することもなかろう「紋切型」の羅列でしかないからである。心理的にいって、それが娘の内面の乱れをなだめる有効な言葉とはとても思えない。そんなことで事態が救えるのであれば、「壺の場面」など描かれる必要もないだろう。にもかかわらず、それで娘が説得されたと信じる方が小津にふさわしかろうといった理由で、原節子が小さくうなずく瞬間に人はほっと安心する。そして、生活の不自由さを犠牲にしても娘を嫁がせねばならない父親の悲哀といった言葉で、この場面を何とかやり過した気になる。

だが、『晩春』の京都の宿で父と娘との間に起ったことがらを、父親の悲哀といった文脈で理解することは、「壺の画面」を「風流」だの「もののあわれ」といった言葉で要約するのにおとらず、抽象的な姿勢でしかないだろう。ここで深く悲しんでいるのは、まぎれもなく娘の方だからである。それは心情的な悲しみでもあると同時に、自分でも対処しきれぬ父親への愛を無理に抑圧せざるをえない欲望の死としての痛みでもあるだろう。事実、意識しがたいほどの多くのことを訴えかけようとする原節子の瞳は、笠智衆自身が善意からではあろうが捉われている父親の悲哀といった「紋切型」そのものへの理不尽な憤りに、あやしいまでの艶を帯びている。そして、結婚による娘の幸福という「神話」によって武装した父親の機械的な反応を前にして、ついに一つの諦念に達する。彼女にとっての結婚とは、「紋切型」の犠牲者としての自分をうけいれ、それを演じてみせることにほかならない。

花嫁衣裳の原節子が、結婚式の日の朝、二階の部屋の畳に両手をついて、父親の前に頭をさげる瞬間はこの上もなく感動的である。角隠しでいつも見えていたひたいを眉毛のところまで隠したままその瞳を心持ち上目づかいにして、これまで世話になった礼を述べる儀式的な仕草は、「紋切型」の最終的な勝利を父に告白しているかのようだ。茶室での儀礼的なお辞儀で始まった『晩春』は、多くの黙礼、出会いや別れの挨拶をつみかさねつつ、この花嫁の別れの一礼で終るわけだが、人は、ここでの感動の質を分析する権利をほとんど放棄したい誘惑にかられる。きまって勝利する「紋切型」に対して、『晩春』という作品が残酷な曖昧さとでもいうべき態度しか示してはいないからである。それを何とか言葉にしようとすれば、新たな「紋切型」の犠牲になるほかはないような気がする。実際、父親の再婚話が芝居にすぎなかったと知らされた月丘夢路が、笠智衆に思わず抱きついてそのひたいに接吻するとき、そのことがそれほど祝福さるべきなのかどうか、判断に迷う。いずれにせよ、映画は、娘が父親の嘘にだまされて結婚に踏み切ったのか、だまされたふりを装ってより深い絶望をかかえて父親のもとを離れたのかをめぐって、沈黙をまもっている。見るものにとって確かなことは、小津が原節子と組んで最初に撮った作品が、二階の部屋を空虚のまま残して終ったという事実ばかりである。女性は、その聖域から外部へと着実に送り出されてしまう。それが後期の小津の主題であったことはすでに見たとおりだ。そこに残された何も映さない姿見の鏡のように、小津の映画は何も映し出しはしない。その画面は、いま一つの画面へと視線を送り返すばかりである。小津安二郎の作品とは、同じ作家の別の作品、別の作家のさまざまな作品を見ることにしか人を誘わないのである。「壺の画面」は「風流」や「もののあわれ」を映し出しているのではなく、笠智衆の物質を模倣する寝顔へと視線を誘い、笠智衆の台詞は、その意味ではなく、台詞そのものが陥っている「紋切型」の構造へと思考を招き寄せる。小津的なるものがその「紋切型」の特権的な形態にほかならぬとすれば、小津安二郎もまた、『晩春』の原節子のようにその犠牲者ということになるのだろうか。

小津的なものという暗黙の申し合わせの支配から小津安二郎を救い出すためにも、われわれはその作品を見続けねばなるまい。そして、あの画面からこの画面へと滑走しつづけ、間違ってもその一つを特権化したりはしまい。解釈が始まる瞬間、人はもはや瞳の廃棄をおしとどめることなどできはしないこと。たがいに反映しあうあの画面、この画面の焦点に身を置き、その場でおのれの消失を体験すること。「無」とは、一篇の映画の中に描かれているのではなく、見ることのうちに生きられる体験なのだ。それが、残酷さと境を接した快楽であることはいうまでもない。

〈付録1〉厚田雄春氏インタヴュー

インタヴュアー＝蓮實重彦

――小津監督がなくなられてそろそろ二十年たちますが、ほぼ十年ぐらい前からでしょうか、初期の作品の上映などもさかんになって、日本の若い世代が小津映画の魅力を発見し、また諸外国でも初期や後期の作品が上映されて、世界が小津安二郎の映画的世界を語りはじめています。そこで、戦時中から小津監督につかれてそのキャメラを担当された厚田さんにお話をうかがおうと思います。新東宝作品の『宗方姉妹』は小原譲治さん、大映の『浮草』は宮川一夫さん、『小早川家の秋』は東宝で中井朝一さんが撮影を担当しておられますが、撮影監督になられる以前から、厚田さんは、松竹での小津作品のほとんどすべてに、撮影助手としてかかわってこられたのですね。初期は、茂原英雄さんが撮影、厚田さんがその助手という関係ですが……。

厚田　順に話しますとね、僕は大正十四年兵なんです。

——はァ、徴兵の年度ですね。

厚田　小津さんが十三年兵。それで、私の師匠の茂原さんがやっぱり十四年兵なんです。それで蒲田に居る時に、先生が帰られる、僕等が入隊する。それでそこで送迎会がありまして、私達は二年、軍隊生活をしました。その間に先生が、小津先生が監督になられまして、『懺悔の刃』を撮られた。私と茂原さんが帰って来ましたのが昭和二年ですか。それで、茂原さんが小津さんのとこに回られて、担当のキャメラマンになったんです。それで私が茂原さんの助手になり、その関係で、ずーっと小津＝茂原のコンビでいって、その間ずーっと私もいた。それで、茂原さんが晩年トーキーをやるんで、それで、二、三本他のキャメラマンがやる。それから、僕が小津さんのキャメラをやるようになったんです。

——じゃあ『懺悔の刃』には全く立ち会ってはいらっしゃらなかったんですね。

厚田　ええ、『懺悔』の時代は僕も茂原さんも丁度入営中ですから、入っておりません。

——色々な記録によりますと、たとえば『小津安二郎―人と仕事―』の座談会の中で、厚田さんが、『戸田家の兄妹』の半分から、撮影に付いたって言ってらっしゃるんですけれども……。

厚田　そうでございます。

——他のを見ますと……。

厚田　いや、いや、『戸田家』じゃない。『戸田家』は初めっからです。『淑女は何を忘れたか』の途中から付いたのです。

――そうなんですね、『淑女』の途中からなんですね。

厚田　ええ、『淑女』からちょうど後半を私がやりました。

――ところで、『戸田家』のスタッフを見ますと、お名前が違いますですね。厚田雄治となっていて、次の『父ありき』もそうです。戦後の『長屋紳士録』では『淑女』のときの雄春に戻っていますが……。

厚田　ええ、あれはねえ、ユーシュン、ユーシュンで坊主みたいだと、みんな言うんですよ。だもんだからね、明治時代ですからね、俺は坊主じゃないんだよと、ハルなんだよ、本当は明治のジなんですよ。

――ああそうですか、じゃあ、治《じ》の方が本当のお名前な訳で。

厚田　ええ、あれはユウハルというんですよ。役所でも間違えて、雄治《ゆうはる》と言ったんだけれど、春《はる》にしちゃったんですね。それでずっと、春《はる》で通ってます。戸籍はみんなそうだと思います。

――ほとんどのフィルモグラフィーを見ますと、雄春《しゅん》というふうになっていて、最近フィルムセンターで出たもので初めて、その、治《おさむ》の方が出ておりますけれども。

厚田　あれは、撮影所に指示されまして。昔風の撮影監督っていうのは、あの――監督には大物ってもんがありますねえ。蒲田時代はですね、巨匠になると四人くらい助監督が付くことになってた。そういった以外の者は、助監督っていうと二名しか付かなかった。それで、それに従ってキャメラの方も、巨匠につくキャメラマンは、やっぱり助手が四人くらい付いた。我々はあと二人っか付かなかったですね。ですから小津組のスタッフっていうとその当時は、小津さん、それから助監督の——待って下さいよ、根岸っていう方ですね、それに、キャメラマンは茂原、それから僕の先輩の栗林っていうのが入る。それで撮る時が一番なんです。そういうふうなコンビで、ずーっとやっていました。

——松竹は伝統的に監督とか役者とかその他にクラスがありますねえ。一軍、二軍の感じのような。

厚田　はい、はい。はい、あります。

——そうすると、小津さんの映画もやはり、最初はそういう二軍的な関係だったのでしょうか。

厚田　それはもう、そういったものですね。まあその当時の巨匠としては、まず野村芳亭さんね、それに牛原（虚彦）、池田（義信）、島津（保次郎）と、そういった方々がまあ巨匠ですね、それから中堅が重宗（務）さん、吉野（二郎）さん、斎藤（寅次郎）さん、小沢（得二）さんのいる時代に行ったんですよ。そうすると小津組は第三軍ということになります。小津さんの同期に五所さんがいますね。それからやや後に、成瀬巳喜男さん、それから豊田四郎、鈴木重吉と、こういうふうに僕は覚えていますがね。で、その、やっぱりこの、なんていうのか派閥みたいなのがあるんですね、昔も。

——はあ。（笑）

厚田　これがありますからねえ、その、いわゆるこれなんですね。で、キャメラなんてのはその、巨匠の組に付いてるキャメラマンは全部専用のキャメラが決まってるんです。私達なんかには、専用のキャメラは付いてないですから、各組へ借りに行く訳です。小津組にもそういう時代がありましたからねえ。

私達がキャメラマンになったのは、俗にいう明《めい》、大生《だいせい》というんです、明治と大正生れの。これが、明治時代の人は割合に保守的なんですよ、教育されたのは。例えばあるキャメラマンに付いて、何年やって、それでそのキャメラマンに認められて「お前それじゃキャメラマンにしてやるから」。そう、頃合で一本立ちになる訳ですからね。

――徒弟制度みたいなものですね。

厚田　徒弟さんです。徒弟制度なんです。（笑）それですから、キャメラマンによって、私なんてのは、茂原さんに一番初めに付きましたが、後輩の中には、ほかのキャメラマンに付いて先にキャメラマンになった人もいます。何しろそういうふうな時代ですからね。私も冗談に「桃栗三年柿八年、厚田雄春《ゆうはる》十五年」って言ってね、助手から十五年目に初めてキャメラマンていうことになる。その、キャメラマンになるのにですね、技師会ってものがあるんですね。技師会で認められて、お前キャメラマンにしてやるよって、辞令が下りる訳です、会社からの。俸給を示した辞令で「―に任ず」と。で、「幾ら幾ら」って。それでその当時、一般的には、松竹、日活――まあ東宝は後ですから、そういう撮影所から出たキャメラマンていうのは、割合に重宝がられたんですね。あとの、独立プロダクシヨンとかニュースをやってる人は、あまり恵まれなかった。

私は、『淑女』の途中からキャメラマンになり、それでまあ、戦後ずーっとこういうふうに小津さんとコンビになりましたが、小津さんって方は絵（構図）だけは大変厳しかった。ご承知の通り、まず初め撮影部に入った方ですから、キャメラ・ポジションを経験しています。その後で監督部に転向された訳です。小津さんは、茂原さんとは、私よりか前に入って友達で、茂っちゃん、小《お》っちゃんと呼びあっておられた。子安にちょっとした花柳界みたいなものがありましてね、それでそういうところへ、小津さんは、斎藤寅さんとかいろんな若手の悪童連中と行って騒ぐ。そんな関係で茂原さんとも親しくなられ、それでコンビになって、ずっと一緒におやりになったんで、茂原さんも大体コツを飲み込んでおられる。で、そのロー・ポジションていうのは、小津さんの要求なんです。で、小津さんはロー・ポジションで撮られ、俯瞰を嫌がるんですね。俯瞰ていうのはね、易しいんですよ。たいがい普通の方でも、これはプロでもアマチュアでも同じですけども、大体こうやって撮る。その俯瞰があんまりお好きじゃなかった。それでこう、付いてるうちに、私、先生の構図の位置をだいたい飲み込むし、茂原さんの撮影の時にも勿論見ています。「こうなって、こうなって、こりゃ悪いな」ってそういう所は色々と私は摑みましてですね、こりゃもう、小津先生は自分の構図がおやりになりたいんだなと思ってたんです。

――小津監督は『一人息子』で初めてトーキーを撮られるわけですが、これはキャメラの茂原さんが開発されたいわゆる茂原式ですね。茂原さんとの約束をまもって、その完成までずっとサイレントを通してこられたわけですが、松竹が土橋式を採用したので、次の『淑女』からはこの方式になりますね。そのときから厚田さんがキャメラマンとして独立される。

厚田　『一人息子』では茂原さんが録音の方にまわって、そのとき私はまだできないから、杉本正次郎って人が撮影についたんです。この人はちょっと茂原さんとは違って、キャメラマンは、俺は俺で撮るとどこまでも思ってる訳ですね。で、これは、ま、うわべはうまく行ってますけどね。すっきりしなかったんですね。『一人息子』はこれは蒲田で撮りましたが、夜間撮影が多くてそりゃあ大変でした。蒲田にはトーキーの設備はありませんから、最終電車が出ちまってから始まりです。しかも一時には新聞電車ってのが通りますんで、撮影中止。それから始発電車まで、大変な仕事でした。大船の撮影所が新しくなって大船へ行きましてトーキーの第二回が『淑女は何を忘れたか』。その撮影を茂原さんがおやりになることになった。ところが茂原さんは途中で、予備役召集で入隊されたか母堂の御逝去かで、その交代にじゃあお前廻してくれと。それで廻した以上はもう半分もいい、最後まで廻しちまえと言われて、『淑女は何を忘れたか』は自分でやりました。

茂原さんはそれから独立されて、当時の新興キネマへ移った。それ以後私は小津さんとコンビになりました。

——茂原さんて方は、『一人息子』の母親役の飯田蝶子さんの御主人ですね。茂原さんはいつごろお亡くなりになったんですか？

厚田　戦後です。独立されましてね、新興キネマのトーキー部やりました。で、新興キネマ……大泉ですね。

——今の東映になるところですか。

厚田　ええ。そのうちに、僕はよく判らないんですけど、別に茂原研究所というものをやられました。現像もやるしトーキーもやるという会社ですね。そういう関係で茂原商会ってのをやっておられる間に、戦後ですね。倒れられたんです。

——ところで、ちょっと変なことを伺うんですが、小津さんにお付きになって以来、厚田さんは雨の場面をお撮りになったことがありますか。

厚田　えーとね、それがねえ、あのー、ないんですよ。そう言われるとねえ。雨の晩、シーンていうのはねえ、『浮草』じゃないですか。

——戦後の大映ですから、これは宮川（一夫）さんですね。

厚田　ええ。たしか前の『浮草物語』では雨の降る感じを坂本さんの持った傘で表現されています。

——『浮草』の京マチ子さんと鴈治郎さんが対決なさるとこですね。あそこだけで、おそらくずっと松竹で仕事をされた厚田さんは雨の場面をまったくお撮りになってないんじゃないかというのが、一度お会いしてうかがいたかったお話なんです。（笑）

厚田　そうなんです。キャメラマンになってからは、雨のシーンはありませんです。ええ。

——それはどういうことなんでしょうか。しかし家の中には、セットに傘は必ず置いてありますですねえ。

厚田　ええ、ええ。あの傘。

——はい。で、こういうところにかかっておりますですね。

厚田　あれはねえ、セットの構図と関係して、だいたい部屋にものをかけることが貧乏くさい感じになります。こういうことがあるんですよ、その、小津さんていうのは割合に庶民的なんですよ。私もどっちかといえば下町ですからね。戦前の上流家庭では、部屋にものをかけることは品がおちるので嫌われたんです。それで、世話場の環境にするには、どうしてもこの、ものをかけて品のない感じを出すのが一番この、あれなんですよ。どっちかといえば昔は世話場の方が多かったんですねえ。戦後はああいう具合に変って世話場のシーンは少なくなったんですけど、そういう関係でちょっとかける。

——なるほど。

厚田　それからもう一つは、一カットごとの画像にしても、御承知の通り、茂原さんとの時分はレンズは五〇ミリ、七五ミリとか使い分けしてましたけど、私がなってからは、徹底的に二インチですね、五〇ミリですよ。例えば「ちょっとこれ引きがないから、先生、四〇ミリでどうですか」、「四〇ミリ、でも構図の安定がとりにくいので嫌だ」って言う訳ですよ。

——ははあ。四〇ミリの方が広角気味になるんですか。

厚田　ええ、そりゃ本当ですよね。広角レンズを使用するとレンズの収差の関係で、被写体の遠近を失いやすい欠点がありますね。例えば四〇ミリで人物がキャメラに向ってくる時、ロングで小さいのが手前にくると大きく変形するシーンになる。小津作品の場合、画面の構図で手前のお膳にビールびんとか茶碗の置きものを置くと、奥の人物と手前の置物のバランスが悪くなるので広角レンズを嫌うんです。だから俺はなるべく避けとるっていうのでね、四〇ミリ使ったことは稀ですね。それから三インチってのもほとんど使わないですね。私はもう、卑下してるんじゃなく、よく冗談言いますけど、私はもう小津組のキャメラ番でいいんだからって。で先生に、「もう判ってますから」。それで、助手の時にはこうスッと持ってく、そうすると小津先生が思ってるのと違うもんだと、「違うじゃないか」と、くる。これでまあ、コツを覚える訳ですね。茂原さんと僕とが付いてたときには「ここだよ」で決っちゃう。他の会社で撮られた宮川さんと中井さんには聞かなかったんですけれども、小原さんの場合は大変逆らったそうです。

――ああ、そうですか。新東宝で撮られた『宗方姉妹』ですね。

厚田　ええ。私なんかは「おい、お前」――小原さんは先輩ですからね、「小津のロー・ポジションてのは、あんなにしゃがんでねえでもっと水平に撮れるようにならなきゃ駄目だ。駄目じゃないか」って言われたことがある。僕はその時言いましたけどね。「私はキャメラ番なんだ」と。それでいいんだって、これは卑下してる訳じゃない。小津さんの構図がね、小津さんが写したい、やりたいっていうことに、そのポジションに持ってってあげればいいんだから。だから小津さんが付けて、その位置に具合が悪いとこがあるってんで、例えばちょっとフレームの上下横幅の間が悪い時とかですよね。それから、ことにロー・アングルはセットのバックがレンズの収差で反れやすいんで、それを修正する場合などは小津さんに相談します。このロー・アングルってやつはルーペで覗いても反れが判りにくいんです。これはもうこれ、なんと説明していいか判りませんけどね。慣れてくるとね、僕だけ判るんですねえ。ルーペ覗いてて、あ、ちょっとこれ反れるなと。バックが反れるなっていった場合は、そこでうまーくこう修正していく訳ですよ。それで真直にする。まあ、それでもまだちょっと曲がりますね。もっとも、その角度がある。例えばこれ、「ちょっとこれ、あんまり煽り過ぎてバックがこうですから、直しますよ」。「ああ、いいよ」。まあそういうようにね、先生の作ったフレームを生かしてた訳ですよ。その代りにやることが沢山ある。ライティングはもう絶対でしたね。私がもう全部自分でやるんですから。

今のキャメラマンはどうですかね。今のは、照明は照明にまかせっきりにしてる様子です。だけどキャメラマンってのは、シーンの変化によって、ライティングの設計も共に考慮できなきゃあいけない。リアルの照明は実写で表現しにくいので、自分のアイデアルのライティングがリアルに近い感じに表れれば設計に対する満足感もある。いろんなシーン——リアルなとか、アイデアルなとか、ロケでやるなら明るいものからリアルなものを摑めばこれでいいんだと、そういうふうに私は設計してましたからね。そういう点、先生には了解して頂けましたけど。あとは全部、構図は小津先生がお取りになりましたからね。

――『麦秋』のなかで、いつもと違う照明が東山千栄子の顔に当たってる場面がありますねえ。娘、原節子が結婚するということを一人で決めてしまって、二階に菅井一郎と東山千栄子が行って「あんなことでいいのかねえ」ということを言う時、蒲団の上に坐った母親の顔に随分影が当ってたと思うんです。

厚田 えーとね、それはね、小津さんの場合、私はロー・キーにする場合はね、「ここは暗くなってローにしますけれども、いいですか」って申しますとね、「ちょっと悪いな、そいつの顔をやっぱりハイにしてくれ」。するとそういうように直す場合もあるし、それからつなぎが悪いなって時にも、やっぱり、ちょっと不自然ですけれども直すことがあります。ですから、きっとそれは僕が間違えたかも判りませんな。

――今見ると非常に効果的にそこに影が当たるんですけれども、普通はこんなに顔に影が落ちることはないのに、と不思議に思った記憶があるのです。

厚田 例えば、顔を覆うんではなく、この辺からの影だった場合は、パッとこう落とさないとおかしいなって思うと、まあこう落とすんですけどね。それからもうひとつは「凝るのはね、何年か後に凝っていいんだよ、だけど今はね、明るい写真をね、松竹なんだから、やってろ。それが無難だぞ」って言われてることもありましてね。僕はローの明り好きなんですけどね。

一番残念に思うのは、あの『東京物語』。それがね、現像所の出火で原板ネガが焼けてなくなりましたんで、現在のはデュポジです。そのあとはポジからプリントされて、現像所もただ明るく焼付けるので、フラットな荒らびている個所があって見にくいんです。黒白の最後のになるかもしれないってんで、僕はね、精魂こめてやったです。例えば暑さを出すのに――あれはまず作ってる時、「先生、これは、『東京物語』は何ヶ月位の話ですか」って聞いたら、「まあ春から夏、その位の頃の話なんだよ」って言う。「その季節感はあんまり出さなくてもいいですか」って言ったら、「まあ、いいよ、いいよ」って、それっ切りなんですね。夏の場合は外はグーっと飛ばす訳ですね。で、室内を落とす訳です。これでこの暑さを出してる訳なんですけどね。

それですから、こう、中になると本当は顔は見えないんですけれどね。そりゃもう、御承知だ。先生に理解して頂いたですよ。四人が皆な医者の家へ集まって話す、あれのロングは全部顔写してるんですよ。それを無理にねえ、明るく焼くもんですから、みんなもうパー、随分荒らびちまいました。

――『東京物語』は大体いつからいつ迄の話かっていうのをお聞きになったということなんですが、戦後の映画はですね、多く春から夏、秋まででございますね。

厚田　ええ。

――その中に当然、東京でも雨季、梅雨の時期がある訳なんですけれども、梅雨が見事に飛んでしまっている訳なんですねえ。(笑)

厚田　そうです。あのねえ、戦後はねえ、シンガポールから帰って来られて、じゃあ面白いのがやりいいじゃないか、というんで撮ったのが『長屋紳士録』なんですけれども、あれはもうたいへんお喜び頂けて。それで、二本目が『風の中の牝雞』ですね。脚本《ほん》は斎藤良輔さんでしたね。

で、良輔さんが「アッちゃん、今度の小《お》っちゃん変な脚本《ほん》になっちゃってるぜ。こんな暗いもんだろうか」。で、読んでて、ああ、こりゃ随分あれだな。「どうして、こんなもんやるんですか」。結局、失敗作、それから『晩春』ですね。『晩春』からこう、季節のことも考えられて、脚本《ほん》を書かれて、夏はね、ほとんどねえ、ロケハンが多いんですよ。それで、ロケハンが多いんだから、夏のシーンが多いんじゃないんですかねえ。それで、季節はサイレント時代の時は、まあ、いろいろですけどねえ。

——あの、どうなんでしょう。あの頃は、まだ小津さんが、まあ一軍の監督でなくてですね、正月番組急がされてとかいうことなんかがあって、冬が出て来たりするんだと思うんですけど。雪が出て来るのもありましたですね。あれは……。

厚田　ええ、あれはね『母を恋はずや』。あれはね、ロケーションの日にね、雪になっちゃったんです。

——ははあ、子供が二人学校へ行くとこですね、車があって雪が降ってるっていうとこ。

厚田　あれはちょうどあの、霊南坂ですね、赤坂の。アメリカ大使館の横なんですね。

——あれは偶然入った訳ですか、そうしますと。

厚田　まああの、その時に雪になっちゃって、それで雪のシーンにしました。

――小津さんは、日本の映画の監督では、雨、雪をお使いにならなかった方ですねえ。『東京暮色』は冬で、窓の向うに雪が降ったりいたしますが……。

厚田　ええ、雨ってのはねえ、なかなか絵に出ないんですよ。ですからね、雨のシーンになるとねえ、昔はあのケチクなるんですよ、雨が降ると。

――ああ、如雨露《じょうろ》。（笑）

厚田　小津さんはケチくさいのを一番嫌がるんですね。

――だから『浮草』の場合は凄い雨が降る訳ですね。

厚田　ええ、あれはねえ、ザーザーですよ。そりゃもうねえ、今、人工の雨っていったら、なかなか本格的にやります。それでも、雨っていうのはね、撮りにくいですね。被写体の焦点深度を調節するのが難しいし、角度や視点のとり方、構図の安定が面倒な点で、安定した画像を撮影しにくいんです。ですからこう、ライトを逆にかけますね。私なんかやっぱり、雨だっていうと、こう出しといて、逆をかけといて明るさを落とすんですよ。黒くしちゃ駄目ですね。そうしないと動きが浮ばないもんですから。

――あの、外国の映画作家達がよく、小津さんの話する場合に、小津さんの映画にはいろんなものが無いという、ないない尽しをする訳ですね。移動が無いと、それから、クレーンも少ないと。ところが、雨が無いってことはあんまり言った人がいないんですね。で、私考えますのに、色々理由はあると思いますけれども、最初はあらゆる季節に撮らなければいけなかったんで、雪のような偶然の要素も入って来てしまう。ところが『父ありき』

で、まあ、あれは客が非常に入った訳ですね、それから一流の監督ということになって以来、小津さんは大体春から夏にかけて脚本をお書きになって、夏ロケハンなさって、季節のいい夏から秋に撮る。

厚田　そう、そう、そうです。

――ということをしてらしたんで、一流の監督になられてからは、雨はもう出て来る余地が無いんじゃないかという気が致します。（笑）

厚田　まあ、そうでしょうね。それにあの、なんていうんですかね、あの、チャチなことは嫌いなんですね。それであいう、松竹っていうところは大体ケチなところですからね、昔っから。ですから、その、雨でもゼニをかけなきゃいいものは出来やしないんだと、だからゼニがかからない、出さないものはやっても無駄だよっていう、まあ、諦めがありましたですね、ええ。

――それで大映の『浮草』ではあれだけ凄い雨を流されたのですね、よその会社に行かれるとちょっと違ったことをなさるってことはあった訳でしょうかね。

厚田　いやー、あったかもしれませんね。しかしあの、私達から見て、やっぱり新東宝の『宗方姉妹』とかやっぱり小津調って、本当に小津ってところが無いですね。やっぱり遠慮されてんだなと、我々はまあ、思うんですよ。何かこう、ちょっと……。

――話の筋もちょっと違うという感じがしますねえ、いつもとは。

厚田　ええ、小津組のスタッフっていうのは、あれなんですよ、下の方の者まで随分大事にしますからね。私などはもう上に来てましたからこれは随分怒られました。私の助手が例えば失敗しても、それには怒りませんよ。「お前が躾が悪いから、お前がしっかりしなきゃ駄目だ」。そういうふうにね、私の方がおこられちゃう。話がちょっと別になっちゃいましたけどね、今、小津さんに無いものっていう雨も、やれば本格的にやると。いうなれば、まあ金がかかると、そういう場が、効果が出ればいいけれども出なければ馬鹿馬鹿しいという気兼ねもあっておやりにならないこともありますし、又、脚本《ほん》にもそういうところがないんですねえ、どうも。それにね、セットで雨降らせたりすると時間がかかるんですよ。そういうことよりか、演技付けるのに凝る方が、あれなんじゃないんですかねえ、時間が惜しいんじゃないんですかねえ。

——いやあのー、私が見落としてたかなあと思って、一度、雨をお撮りになったかどうか伺おうと思ったけど、やっぱり無い訳ですね。

厚田　それは仰言る通りですね。たとえあるにしてもねえ、相当前ですよ。ありませんよ、確かに。

——やはり、雨の無いというのは非常に面白い。映画的にも今お金がかかるってことがありますし、それから、話の上で雨をあんまりお出しになりたくないということもあったんでしょうかねえ。まあジメジメするよりも、カッとした天気とか。

厚田　それにもうひとつあれでしょう。雨のシーンは被写体の焦点を付けにくいので、ややもすればピンボケの感じになりがちで画面の鮮度が悪いんですよ。ことに、アクションなかなか出ませんからね、ローだと。

――なるほど。やっぱりロー・アングルと関係ある訳ですか。

厚田　あるんじゃないかって気がしますね。

――あの、俯瞰もなかなかないといわれていますが、例えば『早春』でしたか、みんなが東京駅に着いて、それから丸の内の事務所に着いて、東京駅の方を見る俯瞰がありますね。それから、あの『麦秋』でも、佐野周二が原節子に「東京いいぞ、見とけ」なーんて言うと、外をスーとお撮りになるんですね。

厚田　ええ、あれんなると、早い話があの図面ですよね。俯瞰撮影の場合、キャメラのテールを成るべく引くようにするので、例えばビルの二階、三階、四階と行って、その位置からファインダーを覗いてだいたいキャメラを下向きにしない、なるべく水平線に近い場所を選ぶわけです。小津さん、こう見てて「ああ、やっぱり、三階ならいいだろう」ってキャメラを据える。ですから適当な場所を決めるのにロケだと難点があるわけです。それでも、俯瞰にみえて、実は俯瞰じゃあないわけです。レンズは下向いてないんですから。

――ああなるほど、そういうふうにお決めになる。

厚田　そういう時に、こう手前が必要な場合どうするんですかって、聞きますね。すると、「そうだね。それじゃあ、もっと場所を変えようか」と。俯瞰に対しては、こういうこと、よく雑談的に僕等お話聞くんですけどねえ。すると、「俺はねえ、人をねえ、見下げることは嫌いなんだよ。俯瞰ていうと見下げるんじゃないか」と。「だから、いつも水平の上にいればいいんだ」と。ですからね、僕が助手時代ですけどね、小津さんは「俺の映画がね、まあ、外国人にはね、いつかは判るよ」って言った訳です。「嘘じゃない」って言った。「日本の生活ん中から俺はやってる。だから日本の生活《しゃしん》があんなものだなっていうことが、なんかね、毛唐がそのうちに判るよ。俺の映画なんてね、見たって、みんな言うように、相手にしないだろうな」なんてこと、言っておられましたけどね。

——小津さんの予言どおり、今、遂に判ったということですね。

厚田　ええ、それがねえ、今んなって僕はねえ、こら不思議だなあと思いますね。

——あの、『非常線の女』の一番最初のシーンていうのはもうホリゾントも見えない程の、俯瞰でございますね。

厚田　ええ。まだサイレント時代は随分したな。

——ありますですね。パンもありますけど、クレーンは如何なんでしょう。『麦秋』だけというふうに言われておりますけど。

厚田　これもねえ、移動する時も必ず御自分でファインダーを見られるので考えてる様にならない。クレーンの操作は数人で動かすので監督の視点に入らない、それで何回やっても安定する個所にきません。だから、それこそこの移動ってものはなかなかうまくいかないんですよ、クレーンていうのは、無理もないことは知っておられるんですけどね。で、三日間クレーン撮影に時間をかけようやくOKでしたが、御機嫌が悪かったです。

——あの、『麦秋』の砂丘のところですね？

厚田　原節子と三宅邦子が並んで出るところ。

――あれは、こう、進んで行くような、そして少し上にあがるような感じのクレーンでしたね。

厚田　ええ、『麦秋』だけですよ、クレーン使ったのは。下が砂なんでクレーン揺れないように下にいろいろ敷いて、まっすぐ近づいて、ゆっくり上るのです。だからクレーン使っても俯瞰じゃないんです。

あと、サイレントの時も使ってません。クレーンっていうのは戦後使うようになったんですね。昔はああいう設備は、出来なかったんですねえ。それでまあ、会社が大体その、撮影技術に対する理解ってのは無かったですからね。ですから割合に、映画のメカニズムってのは進歩遅れてますよ。戦後になってからですね、急速に技術が向上して来たのは。

――クレーンって言えば、まあ、溝口健二っていう感じが致しますけど。

厚田　ええ、ええ。

――溝口さんのクレーンによる、あれは非常に精巧な、クレーンも動き、角度も動きというようなもんですけども、小津さんは見て何か言っていらしたでしょうか。何か仰言ったことありますですか。

厚田　いいえ、僕は……、それはねえ、聞くの忘れてたね。溝口さんと演技について対談しておられましたけどね。他の映画の場合、いいとこだけしきゃ僕にはお話しになりませんでしたから、こりゃ悪かった、こりゃ拙かったってことは、僕はお聞きしたことはありませんね。どの監督であろうとね。で、俗に言う悪口は話されなかったですね。

――話はとびますが、戦争末期にシンガポールへいらっしゃいましたね、皆さんで。私共が神話的に伺ってるのは、小津さんはひたすらテニスをして、アメリカ映画を御覧になったということなんですけれども。（笑）

厚田　そうなんですよ。

――オースン・ウェルズの『市民ケーン』なんか、その時御覧になったというふうにうかがっていますが。厚田さんも一緒に御覧になりました？

厚田　ええ、これが又、面白いんですよ。これはね、えー、あれは『遥かなり父母の国』っていう映画を撮るんで、小津組で行った訳ですね。その当時は、松竹っていうのは軍事映画は撮らなかったですよ。で、睨まれてたんですよ、軍からね。そこへいくと東宝は、やれ『ハワイ・マレー沖海戦』撮る。そういうのをやってると、あの時分のフィルムの配給ってのは軍が押えてるようなもんですからね、それだからフィルムが来る訳ですよ。統制されてて、松竹は割が悪いんですよ。だから、少しはその、軍事映画も撮れっていうんで、撮ったのが、木下（恵介）さんの『陸軍』。吉村（公三郎）さんで『西住戦車長伝』なんか撮ったんだよね。まあその間に佐々木康監督もたくさん撮った。で、まあそのうちに、少し心証良くなって、それから軍の指令で会社側は小津監督に戦記映画の製作を頼んだんです。それが『遥かなり』。そしたら軍属にされちゃって、それじゃあロケハンに出発してくれということになりました。

——本当に撮るお気持はあった訳でしょうか。

厚田 あったんですよね。それで、そういう話がねえ、軍の方から便宜を与えるというのは、割合に小津ファンがね、召集された将校ん中にいるんですね、ええ、報道部に。それで話がトントン拍子になりましてね、で、佐野（周二）と笠（智衆）さんでやるということになって、全部男だから向うへロケーションしても差し支え無いだろう。で、組んだ訳ですね。それで、脚本の打ち合わせをするんで、先発に小津、斎藤良輔、秋山耕作さんが行きます、これが助監督兼プロデューサー。その方々が先行されて、私が十日遅れてシンガポールに行った。それで、向うの南方軍司令部付きの報道部へ入った訳ですね。それでやろうというちに、戦況が具合悪くなって来ちゃった。

これをやる前にねえ、こういう映画《しゃしん》をやれってことになったのが、チャンドラ・ボースのインド独立軍の話ですね。

——それは向うでお聞きになった訳ですか。

厚田 ええ。軍の特務機関である光機関首脳部の協議で決定されて、これをやるというんでね、その報道部長と小津さん、斎藤さん、チャンドラ・ボース氏が会合して、独立軍の宣伝映画の検討協議があったんです。それで急きょ脚本を書くということになって、確か仮りの題名はねえ、『デリーへ、デリーへ』って。

——ははあ。

厚田　ところが、段々戦況が悪くなって来ましてねえ、もう映画どころじゃなくなっちゃってるんですよ、ビルマ方面の戦況は。それで、ま、僕が先発した時はサイレント・キャメラだけは持ってってますけどね、私はスタッフがいないんで現地の若者を編成して、一部独立軍の兵舎や戦闘訓練の兵士の演習シーンを撮影していたんですが、兵隊もなんとなく不安になって来たんですねえ、そのうちに駄目になったもんだから、中止しようって。それでスタッフが内地で待機してるのを、発たせまいとしたんですね。ところがあの時分、電報ってのはこの、直ぐ行かないんですよ。軍用のは直ぐ届くけれど、そういう僕の、私信になるとみんな開けちゃうんで遅れるわけですね。で、その電報が届かないうちに待機中のスタッフが出発しちゃった。

――ははあ。

厚田　それで、後発の小津組スタッフが出発したとの知らせが来た時にはとまどいました。戦況のよくない洋上で船がやられちゃ大変てんで、それだもんだからもう、小津さん心配されて、僕を呼んで、その時に僕は怖かったですねえ。小津さん、こう目を真赤にして、大変怒られましたね。「こういう戦況にあるから、後のスタッフは来ると危ないんだから、俺は止めた訳なんだ。それを何故来るんだ」と。そうする時に「ま、言訳はしたくないけど、来るなって電報を出したことは出したんだ」と。で、後で聞いたら、もう。

――遅れた訳ですか。

厚田　ええ。で、スタッフは命からがら、ま、シンガポールに着いた訳です。これが最後の船団だったんですね。

——はあ、はあ。

厚田　まあしょうがないからってんで、遊ばせといてもしょうがない。それで一時的にも一応撮影することになって、英軍の捕虜兵をエキストラに使って撮ったんですよ。市街のパトロール情景とか、プールで将校が泳いでるところ、休暇でね、そういうような平和的なシーンを撮ったんですけどね。ところが、それ撮って間もなくしたら、環境が悪くなって全く撮影どころじゃなくなっちゃったんです。それで現地で非常召集が発令されて、小津さん、斎藤さん、秋山さん、それに僕は第二召集でしたが、小津組スタッフ全員に召集令があって、南方軍に入営しましたが、全滅になりました。で、終戦になっちゃったんですけどね。

——ところでシンガポールでは、接収したアメリカ映画を御覧になったんですか、それとも普通の映画館ですか。

厚田　ええ、それはねえ、ちょっと話が傍道に外れましたけど、その、敵さんのフィルムが入る訳ですね。それでそのフィルム押えたやつを、飛行機かなんかの塗料にする訳ですね。フィルム溶かして。

——はああ。

厚田　それだから、航空隊が取りに来る訳ですがね。

——なるほど、フィルム溶かして戦争した訳ですね。

厚田　ええ。それなら出さないでいいよって言ってね。それでいい塩梅に報道部に映画班があってそこが映写室になるんですね。ええ、キャセイビルの中にそれがあって、その責任者が僕になったんです。

――ははあ。

厚田　（笑）ところがね、映写してる時に報道部の巡察将校が回って来るでしょう。「何やってんだ」って言ったら、「只今、映写機の検査中」かなんかで通った。本当に、そういうふうにしちゃ見てた訳です。で、その中に、押収した中に、『市民ケーン』だとか『ファンタジア』だとか『ダンボ』だとか『風と共に去りぬ』だとか一杯ある。それでねシネ・ブック《シネ・ブック》が置いてあったんですよ。

映画の本、向うの。雑誌ですよ。それを先生が大好きなもんでねえ、閲覧されて試写したい作品のリストを作られてね、雨の時「こういう映画あるか、こういうの。あるやつを全部出してくれ」って言ったりするんですね。しまいにねえ、『風と共に去りぬ』を見せてくれって来る訳ですけどねえ。ま、内緒でやる。もうその時にね、やんなっちゃうオペレーターもいる。何しろ長いので。

昼間はやらないです。みんな夜来る訳ですけどねえ。一時や二時平気なんですよ。だからねえ、終まいに巻《かん》を飛ばしちゃうんですよ。

――はあ。（笑）

厚田　出だしの音楽んところが一番飛ばしますね、第一巻ですからね。

――それはあの、厚田さんが上映なさった訳ですか。映写技師もなさった訳ですか。

厚田　えーそれは、現地人のオペレーターがやります。現場監督をするだけです。見せたかったのはねえ、排日の宣伝映画ですねえ。凄かったですよ、こんなのいつのまに拵えたのかと思ったですね。天皇陛下のカットシーン出たんです。本当に反日映画って凄かったですね。

――あのー、オースン・ウェルズに非常に感動されたってのはよく話してらっしゃったことですけれども、オースン・ウェルズってのはそれ以前は日本で知られてた訳ですか、名前は。

厚田　知られてました、もう。あれは『市民ケーン』ていうのが話題になってて、日本に入らない。早く直《じか》に見たいな、という矢先に見つけたもんですから。あれは、それに、グレッグ・トーランドっていうキャメラマンですからねえ。

――パン・フォーカスの人ですね。

厚田　それだからもう、随分楽しみました。朝は点呼を受けるため報道部へ行かなきゃならないけど、その後は僕はしょうがないから映写室へ行ったりね、町へ散歩したり、そんな日過してたんです。殆ど映画を見る。ですから小津さんは映画見てる方が多かったですよ。『市民ケーン』だとか、それから、あれなんとか……。

――ワイラーのものなんかは。

厚田　ワイラーのもありました。『月光の女』ってありますね、あれも大変好きでラストがいいとかいうんでよく御覧になってましたよ。それからねえ、キング・ヴィダー……なんてやつかな、『怒りの葡萄』も。

——はあはあ、フォードですね。

厚田　ええ、ジョン・フォード。それにエルンスト・ルビッチ監督の（実はウィリアム・ワイラーの）『月光の女』）『手紙』のラストシーンを賞讃されてました。そういうふうにねえ……。見ててどうなんですかね、英語余り知らないですけれども、一番よく判ったのは『哀愁』ですよ。

——なるほど。（笑）

厚田　というのはねえ、現地人がね「これはシンガポールでね、それとジャワで大変な人気のある映画《しゃしん》なんだ」。「なんだい」って言ったら、……『Waterloo Bridge《ウォータールー・ブリッジ》』。（笑）

厚田　『Waterloo Bridge』。（笑）「映写してみろ」っと、なるほどねえ。それで僕なんかも好きなの、（ジョゼフ・）ルッテンバーグのキャメラですからねえ。向うのEKのポジフィルムでしょう、画調がいいんですねえ。蠟燭の灯を一本毎に消していくシーンの撮影は印象に残りました。あすこのハーフ・トーンまるでよかったですよー。

——地下の防空壕の場面のキャメラがいいですね、あれは。暗くなって。

厚田　ええ、ええ、あすこはいいんです。こないだテレビでちょっと見たんですけど、随分抜かしてますね、あれはもう誰が見てても判りますよ。

——あれは英語判らなくても、あ、ここで回想が始まるってことが判りますからね。

厚田　ええ、そういうことですねえ。

——ちょっと又、小津さんの方へ戻りますけれども、あの、回想とかそういうことが無い訳ですね。全部時間が始まったら小津さんの映画はズーと最後までこう繋がって終りますねえ。で、それも途中は、かなり時間的に飛ぶところがありますねえ。

厚田　ええ、ありますねえ。

——それが、あまり不自然でない飛び方をしてるってのが、いまだに私、判らないんですけれども。『麦秋』でですね、戦争に行った子供が帰って来ないと。で、東山千栄子が、つまり、男の児がもう一人いる訳なんですね、『麦秋』は。男の児がいるけれども、実際には笠智衆しか、もう生きていない。で、いつか帰ってくるかと思って、尋ね人の時間なんかを聞いてるんだよ、ということを言って、その時ですね、東山千栄子がフッと横を向くんですね。と、それと同時に菅井一郎もフッと横を向きますと、次の場面が、

厚田　麦畑じゃないですか。

——いや、次の場面がですね、五月で、鯉のぼりがカラカラッ。

厚田　あーあ、ははあ、ああ。

——その鯉のぼりがですね、二人が見たものなのかどうかってことが、見てると判らない。二人の見た目なのかですね、それとも時間的に飛んで別の日なのかっていうことが、私ど

うも。

厚田　それはねえ、フェイド・イン、フェイド・アウトをお使いにならない方ですからね、クルッと見るのは、これはその視覚の主観的になってると思うんですね。ですから、これはこの、見てるのか見てないのか、そこから考えて、なるほどそれはきっとねえ、鯉のぼりってのは時間経過と同時に、亡くなった息子の回想も多少ふくんだ表現だと思います。

——時間経過ですね、見た目じゃないですね。

厚田　時間経過で勘狂うと大変ですからねえ、そりゃもうその点で、情景や時間経過カットのつなぎは、編集のベテランの浜村さんが、小津監督のコンテに合せて、何フィート何コマと厳密にカッティングされるんです。一カットのフィート数は大体七フィートぐらいですね。それにちょっと足したり、切ったりすることもあります。切ったり足したりは、だいたい四齣から五齣ぐらいじゃないですか。でも、御承知の通りコマーシャルでも、十五秒でも、一秒ってのは随分長いもんですからね。

——長いもんですね。

厚田　ですからもう、一秒でもああいうですね、ですから、大変難しいにもかかわらず、例えば「ここ熱海だよ、という景色を撮って熱海というスーパー・インポーズを入れる。こんな虚仮《こけ》なことはないよ」って、よく仰言ってましたけどね。じゃあ熱海をどう撮るかっていうと、熱海の一部分を撮って熱海の情景を表現するような撮り方をするんですねえ。

——そうですね。全景をお撮りにならない方ですね。

厚田　えーえ、ならないんだから、もう、ずーっと。第三者に言うと、「なに言ってやがんだ。駄洒落じゃねえか」なんて思われますけどね。

――はい。（笑）

厚田　そこをもって、先生の独特の画像をお出しになるんですね。だからまあ、移動、パンなんてのはその、小津先生は御承知のようにお好きじゃない。パンは画面が流れるでしょ。だからその、絵が崩れる訳ですね。ですからね、他の監督さんはパンからアップに演出をカットするとか、テンポのバランスを崩す効果を表現するのにその手法を使うわけですよ。ですから私ね、他の組の監督の撮影の時に、こう坐ってるとこから立つ動きを追って「上あげてくれ」とこう言うんです。だけどもねえ、見てると人物は静かにスッと立つ訳ですよ。すると、テールアップでキャメラを動かすと、人物は普通でも、キャメラはそれに追い着く為に早くなるんですよ。機械が早くなる。そうすると、その演技のテンポってのは死ぬ訳だから、もう。ですから、パンっていうのは大変、僕は難しいと思うんですねえ。僕は他の組行っても、あんまり必要でない場合は使いませんでしたけどねえ。小津監督の移動撮影の場合は、画面フレームの均斉が固定的で、上下の開きや横幅のとり方に厳しいので苦労させられました。僕はもう、助手の時に縦移動やった時には本当に泣きましたよ。本番もねえ、歩数合わせて行くんですからねえ。「まあいいだろう」って言っても、そりゃ、何回も何回も、もう。前進の方は割合うまくいくんですけど、後進で引くっていうのはなかなか旨くいかないもんですよねえ。レールを入れられないんですよ。だから直でいくわけですから、完璧にいくはずないです。

——よく、有名な話では、「乳母車で練習して来い」（笑）っていうお話がありましたけどねえ。

厚田　ええ、僕はもう言われましたもんね。「お前、乳母車買ってやるから」って。ですからねえ、なるほど乳母車旨くなった。孫をね、乳母車にのせてやると寝ちゃうんですよ。（笑）だからね、これを全部そういうこと、先生に言ったんです。「なかなか先生のお陰でねえ、乳母車旨くなりましたですよ」。先生「馬鹿なこと言うなよ厚田サン」て大笑いされました。

——はあ。（笑）『麦秋』の最後ですねえ、大和の向うに山が見えて、こう緩やかに横に動きますですねえ。あれは直線で動いてんでしょうか、少しこうカーブしてるんでしょうか。

厚田　あれはねえ、多少斜めの直線の横移動で、麦畑の配列の関係もあってそれを、こう横に撮ったんですよ。

——はーあ、なるほど。

厚田　だから、左側が小さくなって、こっちが段々こう、大きく見える。

——斜めに近づいたって感じですか。

厚田　そうでございます。麦畑が斜め、それで終《し》まいの方に行くと農家が出てくる。その立派な屋根のある家がネライだったのでしょう。

——麦の穂の一つ一つに焦点が当たっておりますね。凄いですね、手間が、これは。

厚田　もうねえ、一日中でしたねえ。それでね、そのネガの肝心なある部分にキズがあって、それを浜村さんが上手にカットして修正してラッシュの試写をすると、「浜ちゃん、俺が見たところで、途中変な飛んでいるカットがあるんだけどなあ、どうなんだよ」。そう仰言るんです。で、浜村さん、「実は齣にキズあったのカットしました」って言っときましたけどね。そりゃねえ、とっても細かいですから。俳優でも僕等でも、「お前なんか旨くなくってもいい」と、「旨くなくってもいいから、そのすべてに熱を持て」ということをよく言われましたね。一所懸命にやりなさいと。ですから、拙い俳優でも、拙いとは言いませんよね。拙い人でも、一所懸命にやった人はやっぱり、一所懸命にやってるから、「あーあ、いい、あいつはいい人だよ」と。なまじっか中途半端な人は「あーあ、そうかそうか」って言うのね。ですから、「仕事には上手下手はないんだ」と、「熱心にやればその熱が出て来る。余熱がある。それさえあればいいんだ」っていうことをよく言っておられましたけどね。

それからその、これは拙いっていう場合、特にファインダーを覗きますね。覗いてましてね、多分、言えない俳優がいるんですね。さっきからこれまでと同じテストを何回もテストしてるのに、もう一回、モウッていう時があるんですね。そういう時に、僕としては監督のコツを摑む訳ですね。「じゃ、いきますか」って言うと、「フーン」って言う時、「ちょっと待って下さい、照明直しますから」って言う。そうすると、「あっ、キャメラマンがNGですからもう一回やらして」。そういうふうに、常に監督の気持を摑んでってやらないといけないと思うんです。それに従って演技のテストも本番と同様静かになります。ですから、小津組はどうしてセットへ入るとお通夜みたいに静かなんだなんていいますけどね、そんなもんじゃないです。他の組よか派手ですよ。というのはねえ、テストしてる間に、他の組だと拙いとこガアガア、ガアガア。

——怒鳴る訳ですね。

厚田 周りで言ってますよね、「なーんだ、早くやめりゃあいい」とか「それがなお悪い」とか。そういうことを絶対に小津組のスタッフでは言わせないです。うちの親父さんはね、ええ。ですから「用意」、テストでも「ハイ」って言うと、みんな本番とおんなじ体勢になる訳ですね。

——全然別な話になりますけれども、あのー、さっき雨をお撮りにならなかったって言ったんですけど、他に、特殊な場合を除いて階段をお撮りになりませんね。

厚田 ハッ、えーと階段は、『牝雞』ですか。

——『牝雞』と、最後に『秋刀魚の味』の最後がひとつ、かなり大きな。

厚田 あの、階段あります?

——階段だけのやつがあったですね。

厚田 『秋刀魚の味』。

——ええ、お父さんが、もう娘がいなくなっちゃった後、二階に、というシーンですね。

厚田　ええ撮《うつ》してますね。

――他に階段は上りそうになるところまでは見えるところがございますねえ。あの階段は存在していた訳ですか。例えば『麦秋』ならば、老夫婦が二階に住んでおりますね。で、二階に上りかけるところを廊下の向うでちょっと見えるんですけれども、階段は全然見えませんですね。その時に、見えない階段は存在してたんだろうか？

厚田　やっぱりねえ、本当に付けてやっていますね、あのセットは。で、上り下りにも時間の間をみますから、上がってからの感じ、カット、そこの計算されてんです。そういうとこありますねえ。上になると、ちょっと空《から》舞台に使いますね。

――そうですね、そこへ登場するという形で、誰か。

厚田　あれは、僕は他の監督さん余りよく見てないですけど、先生独特のあれじゃないかと思うんですねえ。

――そうですね。私達の感覚としても、あ、上って来たなという時間ですし、ま、ほんとの時間かどうか判りませんけれど、少なくとも映画見ている限り、その間がある訳ですね。で、あのー、次に出て来る二階のショットの誰もいないというショットが、あれ何齣くらい続きますかしら。

厚田　そうですねえ。我々のやったのは、十齣から八齣くらいってのが。

――ああそうですか。

厚田　ところが歩き方がやっぱり俳優によっては、小津さんテストしても違って来ますからねえ。だから廊下とか階段は、その建築様式で家庭の貧富も階級も表現されますから、先生はやっぱり庶民的な家庭の様式をだすのに、廊下や階段に愛着心があったんじゃないんですかねえ。ですから私なんかやっぱりね、洋間なんていうと撮るの苦手ですね。

――あれは小原さんがお撮りになったんですか、ちょっと洋間的な日本建築がありましたですねえ、『宗方姉妹』に。

厚田　はい。

――あとはほとんど日本間お撮りになってるわけですね。あの、『牝雞』の田中絹代が階段からつき落されるところ、あれは上からと下からと両方ありますねえ、仰角と俯瞰と。あそこはいつもの小津さんと違うなあというお気持お持ちになりました？

厚田　ええ、あれはねえ。上から撮ってる、被せていく。

――そうですねえ。

厚田　あれは、浅草の曲芸の女の方がほんとにやってくれたんです。

――ああそうなんですか。

厚田　それで、あれはやっぱり、こういうことがあったから冗談に言ったんですけどね、『風と共に去りぬ』のあの突き飛ばそうとするとこあるでしょ。あれは替え玉であるか、替え玉でないかってんですよ。シンガポールで見たことある訳です。

――あのー、階段以外に、替え玉をお使いになったことあります？

厚田　……いや、ないですね。

――じゃ、スタンド・インみたいな人は誰もいない訳ですか、小津組には。

厚田 ええ、だからスタンド・インには助監督がなるとかね、撮影の助手がなるんですね。例えば、たまたま宇佐美（淳）さんぐらいの大きさの人だったらちょうどいいくらいの人で、それで大体テーク・ワンする訳です。それで構図を決めちゃって、一旦坐って貰って、ちょっと顔のあれを直して、そしたらもう、そのかわりにちゃんともう全員坐らしちゃって、それで「テストして下さい」と。夏になると暑いから、照明は切ってやる訳です。テストを、何回もやりますんでね。それでサイドに扇風機をかけて常に役者に対して心くばりをする訳ですよ。ですから俳優が小津組に出て、文句言う人はないでしょうね。よくね、その、出演する俳優のキャラクター、その人のなにかによって大体脚本《ほん》は書かれてるんですからねえ。

例えばこういうことがありましたがね。私が助手の時にね、『浮草物語』、御覧になりましたように、馬をこう、歩くとこがあるでしょ、楽屋でねえ。あの後脚《あとあし》やってる役者がね、山田っていう人なんです。それがどうしてもうまくいかないんですねえ。だからね、「なんだってんだ、馬の脚ぐらい出来なくて。そんなものじゃない」って言ってる。すると小津さんが「じゃあ厚田やってみろ」って。（笑）しょうがないからね、僕ァ、後脚になった。そしたらねえ、又からかうんですよ。こう横掻けってんですよ。そりゃあ、まあ一《いっち》、二《に》、一《いっち》、二《に》でやってね、やっとうまくいったんです。それからねえ、『浮草物語』のファーストシーンで夜のプラットホーム（千葉県木下《きおろし》駅）に汽車が入って来る。で、助役が、タブレット受けとるとこがありますねえ。本物に断わられたので、しょうがないから、じゃあ僕がやりましょうってことになって、その役をやった訳です。ところが、これはセットに続かなきゃなんない。「お前ねえ、あそこで歩いたのとそれじゃあ、歩き方が違うじゃないか」。（笑）ですからねえ、そういうNGのカットがあります。随分出てますよ、裏方が。山内《やまのうち》さん、ええ、今、重役になっちゃって。あの方がねえ、やっぱり『秋日和』で中学校の先生になってんですよ。記念写真撮ってるとこ。

——あー、はい。湖畔の修学旅行ですね。

厚田「お前、先生やれ」。で、「厚田、お前しょうがないから宿屋の旗持て」って。それで僕が、宿屋の旗持って出て。（笑）それからその、ロケーションが終ると、普通の監督なんかパーと帰っちゃいますが、小津さんはやりません、絶対そんなこと。そりゃもうみんな帰って、スタッフなんかも帰しちゃって、電気がどうなってるかなんて手伝うんですね。で、「あとうまくきれいにしてくれよ」って言ってよこす。ですから、ロケマネはね、広場でもなんでもエキストラを雇ってましたよ、掃除するエキストラを。ですからロケーション終った後はみな動く。掃除して、そして引き揚げましたよ。そういうふうに几帳面にやっておられることが結局、映画でも出て来るんじゃないですかねえ。

だから溝口さん、あんな大物が、京都へ小津さんが行った時に、「遊びに行くよ」と。溝口さんは仲良かったから駅まで迎えに行く訳ですね。そん時に、今の麻素子《ますこ》ちゃん、あれ、佐田（啓二）さんの奥さんになった中井麻素子ちゃん、連れて行かれたんですよ、それで、降りたら小津先生「まあ妻え迎えだね。これねえ、溝さん、伏せてよ」。「何ですか？」。「いや、溝さん」、「あの女は誰ですか」って言ったんで、「あ、あれはねえ、俺の、未来のアレだよ」。「ホー」ってってびっくりしちゃう。そこら辺からね、「小津が恋人連れて来た」ってはなしが広がって。（笑）

――小津さんの方がいつも溝口さんをからかってらしたようなとこあるんじゃないですか。

厚田　ええ、両方ともそういう積もりで。ですからねえ、小津さんは溝口さんの台詞の真似よくやりますよ。「いけませんね、いけませんね」。（笑）

――なんか、溝口さんが撮影所に来られるとわざと野球やって、「溝口は判らねえだろう」というふうに（笑）言ってらしたとかですね。

厚田　そう、そう。それはねえ、いつのロケーションだったっけなあ……『麦秋』です。で、スタッフが全部ね、野球やるんですよ。で、宮川一夫さんが京都で野球やってるんで、関西チームと大船の撮影所チーム、それと試合しようじゃないかと。宮川さんは京都のチームへ入って、こっちはスタッフで。それで一日やる。その時に、依田（義賢）さんと溝口さんが来ておられて、スタンドに並んでおられる。溝口さんが「厚田くん、小津は野球やるんですか？　あんなこと」（爆笑）「小津はああいうふうなことやるんですか、野球やるの」って言いましたよ。「そりゃそれは、今に判ります」ってからかったら、笑ってた。それから「走れますかねえ？」とこうくるんですよ。ところが、よく打つんですからねえ。

――シンガポールではテニスばかりなさったとか、そんな話もありますし。

厚田　シンガポールではもう、あの、将校の方とか、日産だったと思いますがね、日高さんて方がおりましてね、こっち帰ったら重役になる方なんですよ。その方とテニスをしたりね。で夜、もうあとは、その運動が終ると読書ですもんね、はい。もうねえ、神様じゃないかと思います。普通だとねえ、遊びに行くでしょう。先生、さすが小津さんは、やっぱりねえ、違いますねえ。

――あのー、川崎長太郎や武田麟太郎が、先生の小田原の芸者さんのこと書いた小説なんかありますですね。それに小津さんの話も出て来ますがあの芸者さんて方は、小津の映画に出て来そうな顔の方なんですか。

厚田　えー、あれはねえ、あれは面白いんですよ、あの話はねえ。（笑）武田さん、あれ仲良くなったのは、南方で話し合ったんですよ。

――はああ、そうですか。

厚田　あらねえ、提供したのは、原研吉らしかったんですね。だけどもそんな深い仲じゃなかったんです。脚色されてますからね。戦前にね、高輪におられたんですよ先生は。高輪のお家に、お母さんと信三《のぶぞう》さんと三人でいらっしゃったんですね。そこから大船へ通っていた訳です。で、私は浅草近くに住んでいたんですが、「毎日迎えに来い」って言うんです、撮影のない時にね。そうすると時間は決まってるんですよ。「お召し列車に乗るから」って言うんですね。お召し列車って一時七分に品川から出てる小田原行きの列車なんです。そらあね空いててねえ、大船まで本当に寝て行けるんです。それで僕が「それじゃあ、明日お召し列車の時間に来ます」。で、ある日行ったら、「上れよ」って言うんで、上ってから、帯地へ絵を描いてるんですね。それで女の人が坐ってる。僕は、御親類の方かと思ってね御辞儀したら、「何だお前、俺の色女にそんな挨拶するな」って言うんですよ。でも、もう旦那様がいたっていうんですね。

あの時分の小田原の遊びってのは、あの、茅ケ崎館に集るんです、ここが根拠なんですね。そこへ斎藤（良輔）さんとか脚本屋が、まあいる訳ですけどね、例えばあの当時ね、池田忠雄、それから辻っていうのがみんな茅ケ崎にいたんですね。で、ここへ、みんな来る訳です、斎藤良輔んとこへ。その余韻で小田原へ遊びに行く訳ですね。そんな顔振れで行きゃあそこはまあ、若い時分ですからね、いろいろあったと思います。でも、よく似てんですよ気性が、小津さんとその女の人が。「なに言ってんの」って、こういうような調子の人でね。だからねえ、相性よかったんじゃないかと思ったもんですよ。（笑）

小津さんはすごく潔癖な方ですからね。バーやなんかでも御婦人方にはキチンとして。よくセッチャン、セッチャンというふうにね、みんなはいいますけどね、原さんがドイツの映画の『新しき土』に出ましたねえ。あの時分僕等も若かったので、劇場で見て「アー、いい女優だなあ」って。小津さんも「うーん、元気だねえ。ああいうの使えたらいいねえ」っていうのが、昭和十二年ごろですよ。それがそもそもだったんですね。

——じゃあ、それが昭和十二年か三年頃ですから、『晩春』で原さんを使うまでに十年かかったわけですね。しかし、そのころは吉川満子さんをよく使っておられましたね。

厚田　あれはね、当時はスターを使えませんから、蒲田の研究生だった吉川さんをよく使ったわけです。原セッちゃんの問題もね、そりゃあ皆さんの想像に任すんですねって、僕ァよく言いますがね。でも、実際、小津さんて方は人見知りするんですね。大変恥ずかしがり屋だ、あんな大きな図体しててもね。女優にですね。だからね、初心の女優さんに撮影前に会う時にはね、一応挨拶しますからね、すると眼を伏せて頰のとこがちょっと赤くなりますね。

あの、『東京物語』でセッちゃんが東山さんの肩を揉むところあるでしょ。あん時に揉むってことは、本当なら、こういうふうにやるんだってことで御自分が裸になって、こうやった訳ですよ。そこで僕はね、「セッちゃんにももっと、触ってやったらいいじゃないですか」って言った訳です。そしたら真赤になって、「馬鹿なことが出来ますか」。「でもいいですよね、小津さん二枚目だよ」ってこう。で、私が「ちょっと位置が悪いから、少しこう、原さんこっちにちょっと向いて下さい」と肩触った。そしたら、小津さんがいうんです。「おいおい、二枚目って」。（笑）「いいじゃありませんか」ってなもので、きっかけ付けてあげるとねえ、やっぱりこう照れる。「お前の方が先に触ったんだから」とか。まあこんな冗談なんて言って、気さくなとこありますねえ。

——ところでこれはよくいわれることなんですけどねえ、小津さんの映画では時々、目線が合わないってこともしばしば。

厚田　ええ、そりゃあります。それ、よくいわれますがねえ。

——どうなんでしょう。小津さんは、俳優さんにキャメラの中を視ろっていうふうに仰言るんですか、それともレンズから少し外れた方を……。

厚田　ええ、ちょっと。

——ちょっと外れてる訳ですね。

厚田　昔ね、あのー、撮影をするとね、正面というとみんなこう、嫌がるんですよ、キャメラマンのレンズ見るのは。先生がそれを避けたってこともあります。

——それはやっぱり、迷信みたいなもんですか。

厚田　まあそれもあるでしょう。それは別としましてね、目線ていうのは大体、ちょっと外した方がいいんですよ。だから、目線によって、大変位置が違ってくる時があるんですね。最近の例言うとテレビの『鬼警部アイアンサイド』ね、あれが眼の芝居非常にしてますよ。先生の場合はやっぱり、距離とそれから相手の位置によって計算されてる場合もありますのでね、こっち視てんじゃないかっていう錯覚を起こさせますからねえ。

——そうですねえ。切り返しの時にもちょっと、あの繋ぎの時にもそういう感じのところがありますですねえ。

厚田　だから助監督が、「あの、もうちょっと」って言うのがありますね。でも小津さんは「あれでいいんだ。俺は」って。それで、一番狡いのはねえ、みんな、右手見てたら右手にこう視てるような画面を繋げますよね。そのうちに、監督は判断変えるとしますね。

だからそういう時にはね、「さっきどっち見てたっけなあ」って言うんです。だから僕は「真中でした、師匠」。（笑）だから、これは狭いように言えばいいんです。

それからね、目線っていうと、こういうことがあるわけです。二人でテニスしてたとしますね。ふつうは、テニスやってる二人を、同じ側に置いたキャメラで撮った画面をつなげる。すると、一人のラケットは向う側になって、大きさが違ってしまいますよね。だからそういうときは、一人を右側から撮り、次もやっぱり右側から撮ってつなげる。そうするとラケットのバランスが崩れない。そういうことをするんで目線が合わないって感じになるんでしょうね。でも、画面の上のバランスってのは大変なんです。ビールがあったとしますね。次の画面でキャメラが寄ると、もう同じビール壜じゃバランス崩れちゃいます。だから、大壜と小壜用意して、画面によって使いわけました。

――大小のビール壜でバランスを保つような方法はほかにもありましたか？

厚田　たとえば二人の人物撮るとしますね。胸から上を。すると男と女とじゃあ顔の大きさ違いますから、男の顔を三フィートの距離から撮ると、女の方は二・五フィートに近づけるとか……。

――なるほど。そのとき厚田さんはピントを顔のどこにあわせるわけですか？

厚田　目んとこです。それがあわせいい顔とあわせにくい顔があるんです。ペッチャンコの人、むつかしいですね。やっぱり、彫りの深い人はうまくゆく。セッチャン、原さんですね、それから三宅邦子はピッタリきまった。佐野周二はむつかしかった。ところが彫りの深い人、これがまた苦労するんです。ピントはあってもそのまま撮ると目のとこ、影んなっちゃう。ですから、われわれキャッチっていってましたが、スポット・ライトの先を細く開いて、正面から目のとこにあてるわけです。ええ、うんと細い光を。

——なるほど、それで役者は動けないわけですね。

厚田　まあ、こういうことはあると思うんですよ。『東京物語』の熱海のとこですが、「よう晴れたなあ」と言って、普通だったらこう相手の方を見るでしょうね。ところがあれですよ、あの、東山さんが「へえ」って言っても結局向かないものですから、うまく出来っこありませんね。ふつうだったら「うん」とこうなりますねえ。小津さんの場合は「うーん」と呼吸入れて感じを出す訳ですねえ、やはり。そういうところの錯覚があるかも判りませんね。

——錯覚、なるほどね。台詞がショットとショットをこう、移って繋がることがあまりないんですね。

厚田　いやー、ありゃまあもう、小津さん独特なんですよね。みんな「そう」ってシリーズで、決められたねえ。それはやっぱり、語尾をしっかりさせる為なんですね。僕ァどうもあのー、台詞のエロキューションについては、あまり聞きませんでしたけどねえ。

——普通は一画面にひとつの台詞ですね、小津さんの場合は。あの、「そうかい」と言って、次に変わりますですね。ところが、ショットの変わったのにも繋がって、台詞が言われる場合もありますねえ。めずらしく跨る場合がある。

厚田　はあ、そうですか。

――『麦秋』でしたか、三宅邦子がどうもそれをやってたような気がするんですけれども。

厚田　こう頷いて。

――はい。頷いて喋ってると、今度その台詞のまま、笠智衆が見えてくるっていう。

厚田　こういうことがありますよ。例えばね、「何何何《なになにな》」、「そう。それじゃそれでいきますわ」と、そうすると受ける時に、それはねえ、こうアップに受けるとねえ、これを今度カゲへ、さっきの台詞を追わせるように出て来る。「それ、そうであります」「しますわよ」って言うとする。すると次は「はい」って受けますね。その「はい」って言うのを、スタートする時こっちが言う。それをつなげて向き合ったようにする。だからその間が、ちゃんと取ってる訳ですね。それでねえ、延びたり縮んだりするってとこがありますねえ。

みなさんよく目線の話されますけど、スチール写真見てキャメラの位置がどうだとかこうだとかいわれます。でもあれ、違うんですね。『父ありき』の宿屋で笠さんと佐野周二が食事するとこがありまして、キャメラを引くと、向かいあっているように見えるんですが、実はたがい違いに坐ってるんです。

――子供時代に宿屋で食事するときもそうですね。

厚田　ええ、それでキャメラが寄っていくときは、一人ずつしか見えませんから、二人が同じように顔を傾けてるように見えるんです。それを、スチール写真見ただけで撮り間違いだみたいなことという人がいますが、そうじゃあないんです。向かいあって食べてるんじゃあなく、たがい違いに坐ってるんだから。

——なるほど。あと、セットのことですが、大体小津さんの映画では、部屋が中庭に面しておりますですねえ。で、あの中庭は勿論セットで、上から照らしてる訳ですね。で、その向うに必ず別の家がありますですね。

厚田 ありますねえ。あれはねやっぱり、アパートとか平屋と、それから宿屋みたいなものがありますねえ。ありゃやっぱり、その環境を、その距離とその周りの、こういう環境を出す為じゃないかと思いますがねえ。

——『父ありき』で父親と息子が旅行に行きますですねえ。『秋日和』でも同じように母と娘とが旅行に行って、ほとんどおなじような旅館にとまる場面がありますですねえ。部屋の向うに別の部屋が見える。あれはお撮りになってて、前の映画を思い出される訳ですか。

厚田 そう、思い出しておられるんですね。で、あの、なんてんですか、趣味なんでしょうかねえ。例えば赤いものがとっても好きでしたからね。だからのちのちは赤いもん。だから僕なんて「赤は天才か気違いか」って、冗談で言ったんですけどね。そういったようなのとおんなじで、例えばこういう磯子なり伊香保の宿屋にいたと。それから東京はこういう、片っぽはマンションに片っぽは汚い家に。それからあれなんてのはやっぱりセットに、『晩春』の時は表のこっちに林がありますよねえ。だから、あれはもう二階があって

ともに『父ありき』の撮影風景。笠智衆と佐野周二がたがい違いに坐っている。ここから、小津独特の視線が生まれる。

もバックに空は見えない。だからあの、その感情を、後に見えるものは感情を出す為に立つ建物じゃないかと思いますけどね。距離感ですね、ひとつの。

普通、後に立ってるなんてのは、セットだとただあるだけですけどね、小津組の場合はちゃんと組むんですよ。先生の場合はこの、何ていうんですか、撮られる家の設計ってもんですか、間取りってものも常に長いし、こう完全に自分のものに直して出て来る。

——それからあとひとつ、廊下側から、窓を通して中を撮るってのが案外少ないんですねえ。

厚田　ええありませんね。

——『麦秋』では病院ですか、笠智衆の勤めている大学病院なんでしょうか。あそこを横からずーっと、窓の外を移動して、百葉箱みたいなところに止まるっていうショットがありましたですね。そして窓から、研究している笠智衆を見るってとこがありますですねえ。

厚田　そういうのは、サイレントにもあるんです。

——あ、サイレントありますですね。サイレントの時代はあって、何でしたか『母を恋はずや』のあの、あれ本牧の辺りのホテルでしょうか。

厚田　そうです。

——その後はああいう窓が、小津の映画ではほとんど出て来たことがないんです。

厚田　ええ、窓越しってのは少ないですね。

——あれは何でしたか、『麦秋』ですね。ニコライ堂のショットがぽっとあって、次に二本柳寛が出てくるコーヒー屋の、喫茶店のショットがありますね。

厚田　喫茶店、ええ。

――喫茶店のショットは、外からというのありませんでしたかしら。

厚田　外からはないんです。あれはねえ、今なくなったんですよ。教会堂が見えるとこね。あれどうしてもうまくないんで、もう一回行ったんです、喫茶店へ。それで周りにずーっと人垣できてるんですね。あのインサートが気に入らなくって。うちの監督はインサートってのは絶対にしたことない。ぜんぶ整えて来ちゃうんです。

――そうすると、B班ていうのはない訳ですね。

厚田　ないです。B班あったのは二回ありますけどね、全部NGでした。そのニコライ堂と。私が助手の時にだって、B班撮ったのワン・カットだけですね。「お前行って撮ってこいよ」って言われたんですね。

――あれは『青春の夢いまいづこ』でしたか。

厚田　ええ、そうです。あれだけ撮らしてくれました。あとは全部自分でいらっしゃった。

――そうすると、厚田さんはまさに、B班のない小津組という、日本では非常に特殊なものでございますねえ。まあ、黒澤さんなんかでも、最近はB班使ってらっしゃるようですしねえ。

サイレント時代になりますが、『東京の合唱』の市電は、あれ本物ですね。

厚田　ああ、あの市電。いまの赤坂見附のところに待避線ってのがありまして、そこから空の市電を借りて、新橋まで往復させて撮ったです。でも、外景は横浜なんですよ。横浜の方が街並みがいいっていわれるんで、トラックにキャメラを乗せて、岡田時彦が歩いてるところを撮って、見た目としてつなげたわけです。

――横浜といえば『その夜の妻』なんかも。

厚田　ええ、インド人が住んでる地域にロケしました。細い路地があってね。はじまりは、いまの三越の横ですが。それから、トラックといやあ、『晩春』がやっぱりそうなんです。宇佐美淳とセッちゃんが自転車のるところ。荷台の低いトラックに自転車を固定させて、いったんかけたエンジンを止めちゃって、動き出したところを助手がみんなで押すわけです。揺れないように、ゆっくりゆっくり。

――あ、それであの滑るような感じがでるんですね。すると川又昂さんなんかが押しておられたわけで……。

厚田　でもね、ロケーションてのは面倒なんですよ。いまじゃあ交通量が多くなって、とてもあんな道路で撮影できません。東京ん中は絶対に許してくれません。サイレントのとき、銀座通りでロケしたんですよ。車走らせて。

――あっ、『美人哀愁』の霊柩車。

厚田　ええ、その霊柩車のうしろの扉を開いて、岡田時彦がこっち向いて坐って、花投げるんですよ。ええ、銀座通りにね。それをうしろから行く車で茂原さんがねらって。ええ、尾張町から京橋の方へ、ずーっと走らせました。あたしは、岡田の奥の方にうずくまって

た。あれ、くさいんですよ、霊柩車って。でも霊柩車に乗ると長生きするって小津先生がいわれるもんで。（笑）

——あの、ずーっと小津さんのお撮りになって、どうなんでしょうか、今これだけ若い人達が小津さんの映画を見始めたってこと、見始めるだろうっていうふうに予想なさいました？

厚田　そうねえ、見てくれるのかなと、心配しましたねえ。

——今、フィルムセンターなんかでやっても、町の映画館でやっても、必ず一杯になってしまいますよね。

厚田　私達は、何ていうんですか、ま、そりゃあ贅沢言やあ切りがないけどね。よく私は言われました、師事するなって。又、同じ犬なら大所《おおどこ》の犬になれよとこう言っておられたんですね。「それじゃ私は、一万円持ったつもりで」ああいや失礼、その時分はですねえ「百円持ったつもりで銀座歩いたらいいですね」ってこう言ったら、「そうだよ。それでいいんだ。その気持がね、自然に」。だから、「私はじゃあ一杯、今、灘の銘が入っていませんけど、これもいわば百円の気持で今やってます」。「そうだ。そういう気持にならないと人間てものは飲めないんだ」と、「喜怒哀楽ってものはあるんだ」と、こいつよく言っておられましたですからね。

晩年の小津さんは大変な道化の精神をお持ちになってた。やっぱりこの、なんと言いますかな、人間というものには、場、場ですかね。そういうことが、常にしなきゃならないんじゃないかと思うんです。ですから「俺はお前、厚田、活動屋駄目んなったら、お前、俺トンカツ屋やるからな。お前トンカツの出前持ちになるんだ」。「ああ、俺ン所来い」ってな調子でなんでしたねえ。またね、「おい、厚田お前なあ、贅沢言っちゃ駄目だよ」「どうして」「感心してんだ」「なんで」「映画に出る靴下見て感心したんだ」。だから小津さんは細かいとこ見てんですね。だからこの、第三者が「あいつは贅沢なとこばかり撮ってやがって、あれは」ってことをよく言われますわねえ。それはこのそういう人間の気持の柔らかさをですね、表現してるんじゃないですか。やっぱりね、一杯飲むと、私は飲めませんけども、やっぱりあの、先生飲むんですからね。飲んで話すことが一番楽しみでしょうね。そういうものがああいう芸術に出てくるんじゃないですか。「だから俺はあのー、ねえ、古典嫌いなとこがあるから始まんねえや。メロドラマのワンセットでなきゃそういうものは出来ないよ。だから俺は豆腐屋は豆腐屋だと言うんだ」とね。それよく言っておられましたよ。型を変えるとやっぱり、小津商店の登録商標というものはこういうもんだということがね。それがただ、新しいか旧いかっていう問題ですね。だから僕は今感心してんです。先ほどもお話ししたとおりに、「いやー、まず俺の映画《しゃしん》なんて外国行ったって判んないったってそりゃ無理はないけど、必らず判るよ。日本人は坐ってんだもの。その性格のね、こういうポジションだってことが判ってくるよ」って言ってましたがねえ。

――事実、その通りになった訳ですね。私もよく、外国で小津さんの映画やる時反応を見に行くんですけどもね、もうヒッピーのような髪の長い髯ぼうぼうの若い男がみんな泣いてるんですねえ。やはり判りますね。

厚田　ああ、やっぱり日本に特有の母性愛ってものがあるんで入ってますねえ。

――で、それが十分通じる、普遍的なものを持ってる訳でしょうね。

厚田　何しろ負けてよかったと思えるんだからね。だから今若い方がやっぱり、そういうものを見る。だからああいう、やっぱり気持を持った親の方が少なくなったんじゃないんですかねえ。明大生《めいだいせい》ってよく言いますけど、もう明治、私も満で七十七になりますもんね。

――お元気ですねえ。

厚田　果して大正の人がどういうふうにいくか。映画界の、大正生まれの人が割合に中途半端な人がいますねえ。

――あの、いかがでしょう。今の、まあ厚田さん以後の方でも、最近の日本映画でも、何か面白い人、お好きな作品ありますか。個人的に「この人は面白い」というふうに考えてらっしゃる方、監督でも、それ以外でも、最近の日本映画で面白いものありますか。

厚田　私はねえ、今のところ、何ですかねえこの、余り見てなくて。やっぱり自分は「この人はいい、この人は悪い」ってことはね、ちょっと言い切れないんですよ、自分ってものがひっ付いて来ますからねえ。

――じゃあ、見てて「嬉しいなあ」っというようなのは。

厚田　やっぱりあの、外国映画の方が感じがありますね。

——ああ、そうですか。

厚田　やっぱり僕なんか古いから、ＳＦだのはあんまり好まない。やっぱり昔のものをあれしますけれども、テレビ見ても監督っていえばやっぱり昔の監督の映画《しゃしん》をどうしても見ちゃうですね。例えばジョン・フォードだとか、ワイラーだとか。後はあの……最近では……そういった人の最近は……現役から少し離れましたから僕も、遅れちゃってますね。いまは現役離れましたからねえ、大変遅れてますから映画《しゃしん》の見方も違ってくるし、時々孫の中学生に聞くんですよ、今どういうのが流行ってんのかとかね。テレビ見ておりましても、見たいんですよ本当のドラマをね、しかし、この人真面目にやってないなっていうような感じがするとね、ガクッと来ちゃうんですね。それからもうひとつ、洋画を見ていると思うんですけど、俳優が声変ってますわね、声優のふきかえで、そうすると感じが出ないからってね、ついこう……。

——音を絞る。

厚田　そう、音を絞っちゃって、そのまま寝て見るとか、ね。それで、最近ではやっぱり、若い方ではまあ誰でしょうかねえ。

（1981. 8. 6—1983. 2. 14）

〈付録2〉井上雪子氏インタヴュー

インタヴュアー＝蓮實重彦

――井上雪子さんは、昭和初期の松竹の蒲田時代に活躍された大スターで、お父様がオランダの方とうかがいましたが、当時の混血女優として、私どもには神話的なお名前を持っておられます。私の少年時代にはもう引退されておられたので、現役として主演なさった作品を封切り当時に見てはおりませんが、その後の再上映されたもの、たとえば野村浩将監督の『令嬢と与太者』（一九三一）などの令嬢役で、日本人離れのした美しさを拝見させていただいております。

小津安二郎監督の作品にも二本出演されておられますが、『美人哀愁』（一九三一）も『春は御婦人から』（一九三二）も残念ながらプリントが失われて見ることができません。そこで今日は、私どもの見ることのできない小津作品について、いろいろお話をうかがえればと思うのですが。

井上　『美人哀愁』は茂原さんのキャメラが本当に美しゅうございましてね、雪国から都会へ出てくる田舎娘の話ですから、下町の庶民的な映画ばかりお作りになっていた小津先生が、めずらしくモダンなものをお撮りになったはじめてのもので、あんまり画面にお凝りになって、おかしなものができたようでございますが。プリントがあれば、私もぜひ見てみたいと思いますね。

本当にキャメラが素晴らしくて、小津先生が一所懸命アングルにお凝りになって。

――小津作品では、トーキーとサイレントの両方の中で一番長い作品で、一人の女性をめぐって二人の親友が争いあって自滅するという、恋愛メロドラマとうかがっていますが、雪国の彫刻家のアトリエも、東京のアパートも、西洋風のインテリアでございましょうか。

井上　はい。全部洋風のセットで日本間はなく畳にすわる演技はなかったと思います。はじめは本当の田舎娘でございましたのに、いつのまにか、急に変ってしまったような気がいたしますけど。セットもテーブルと椅子で。ベッドもあって。

――この映画は、井上さんの像をかたどった彫刻が重要な役をはたしておりますね。

井上　はあ、その彫刻って申しますのがね、あの方は何て仰言いましたかしら、安田銀行ってのがございましたわね、その御長男だったと思いますが、その方のお宅にしばらく通いましてね、作っていただきましたのに、それが映画の終りで無残にこわしてしまいますの。それがこわれた瞬間に、せめてその一部でもいただきたいと思いましたのに、それがきれいになくなっちゃったんでございます。誰かがみんな持って行ってしまって。本当に残念でしたわ、それは素晴らしい彫刻でございました。

どこでしたか忘れてしまいましたが、その彫刻家の方のとっても立派なお屋敷がありまして、そのお宅の中にアトリエがございましたの。石膏の本格的な彫刻で、ずい分長いこと通って作っていただきました。

——いま資料として残っておりますスチールによりますと、『美人哀愁』も『春は御婦人から』も、全部、井上さんは真横からのプロフィールで写っております。当時の小津作品の女優さんの写真は、ほとんど正面から撮られておりますが、その点からしても、小津監督が井上さんの横顔に大変執着されていたように思えるのですが。

井上　小津先生は、すごく私のおでこが気に入って下さいましてね、当時の美容師の方がここのところに髪をたらしたがるのですけど、それを見て、すぐにあげてしまわれますの。隠すなって。

——『美人哀愁』にお出になったときは、会社からというより、小津先生が是非というかたちでお使いになったのでしょうか。

井上　きっと、そうして下さったのではないかと思いますが。

——『美人哀愁』もそうですが『春は御婦人から』のスチールもおでこが強調されておりますね。

井上　ほほ、小津先生のお宅にお邪魔したりいたしましてもね、すぐに写真をお撮りになりますのよ。そういうときでも、おでこのところの髪をさげろだのあげろだの仰言ったり、横を向かせてみたり、ここんところにおさわりになりましてね。だいたい、髪の毛がひたいのところにごちゃごちゃあるのがお嫌いで、ひたいむき出しの横顔ばかりお撮りになりました。

『美人哀愁』のときも、まつ毛にマスカラをつけておりました。それを上に向けてそらせろって仰言る。ところがまわりの方々が、田舎娘がそんなマスカラをつけたりするのはおかしいって、みなさんで議論なさって。キャメラの茂原さんが変だというと小津先生は、これでいいんだ、なんてさかんに言い合ってらっしゃいましたけどね。結局、マスカラはつけたまま撮りました。

——照明なども小津監督が指示なさいましたか。

井上 もう、ライトから何から、全部、小津先生が仰言って。カーボンがあったような気がいたしますね。普通の照明ではなく。そしてキャメラの前にデーンとすわって、こうして見たりああして見たり。

とにかくこの映画の撮影は徹夜が多くて。昼間は少ないんです。見学に来る方が多かったりするんで、セットでは夜が多く、ワン・シーンだけで徹夜なんてことばかりでした。私がたしか、ベッドの中で死んでゆくんでしたかしら。その撮影が夜であんまり長いんで、私、そのままベッドの中で寝ちゃったんです。(笑) いい気持にスヤスヤ寝ちゃったりしたことがございました。

（上）『早春』　撮影風景。中央奥にソフト帽の小津監督。手前右手にハンチング姿の厚田キャメラマン。
（下）『美人哀愁』　の井上雪子と岡田時彦。（スチール）

そんなわけで、演技なんか何もできませんの。小津先生が一挙手一投足、いちいちああしろこうしてと仰言います。いま思えば、白痴ですね。自分では何にもできない。『美人哀愁』でなくて『白痴なんとか』の方がいいみたいで、表情も何もないわけで、そのころ私は演技なんか出来ないわけですから。

その後でしたかしら、清水宏さんの『港の日本娘』（一九三三）というのに出たんですけど、そのときもなんか清水先生、小津先生の感化をうけたのかしら、演技全然させないでお前は何もしなくていい、ただつっ立ってればいいんだって仰言るの。横向けとか、こっちこいとか、そこでストップとかいうだけで、笑いもなければなんにもない、ただ無表情だけなんです。あとで映画見ると、どうも自分は馬鹿じゃないかしらと思ったほどです。（笑）その頃、みなさんが私をそんなふうに見せたがるというのがあったみたい。

——それで神秘化するというような意図があったのではないでしょうか。でも、彫刻の冷たさと無表情というのは、その後の小津監督の演技指導の原則になったような気がしますが。

井上　そうなのかしれませんが、結局、こうした無表情な演技は、まったく受けませんの。清水先生の『港の日本娘』の方も当たりませんでした。で、斎藤寅次郎さんの喜劇でキャアキャアやって笑って滅茶苦茶にやってるやつの方が、評判がよかったんですね。例の「与太者トリオ」の喜劇とか。でも、考えてみますと、妙な映画ばかりに出ておりましたものですわ。

——『令嬢と与太者』でも実に楽しそうにニコニコ笑ってらっしゃいましたよ。

井上 まあ、そうですか。でもそれだけにね、『美人哀愁』はいつもとは違っておりましたね。小津先生、笑うな、何もするなっておっしゃるんですから。

——お話をうかがっていると、ますますこの映画が見たくなります。当時の批評はあまりよくなかったし、小津先生も失敗作のように回想しておられますが、そういう作品の中に、いま見て素晴らしいものがあるのですね。私は『非常線の女』が大好きなのですが、これも当時はあまり評判にならなかった。

ところで『美人哀愁』は、セットは非常にバタくさい洋風のものだと仰言いましたが、ロケの方はどうだったのでしょう。

井上 ロケはね、横浜の外人のお宅でしょうか、どこかとても素晴らしいお宅でロケいたしました。岡田時彦さんと何かアーケードの下のような所に一緒に立っている写真がありますが、あれは横浜のロケですね、外人墓地の近くの立派なお家で。私、何か白っぽい繻子のような洋服着ておりますが、あれはそのお家の玄関のところかどこかをお借りしたロケでした。室内はもちろん撮影所のセットでしたが。

——岡田時彦さんが、ヒロインの死後、絶望して葬儀社の車に乗って雨の中を突っ走るなんて場面があったようですが、そんなところ、ご記憶でしょうか。酒場を出てから、なんてありますから、夜の雨と自動車という小津監督としてはめずらしいとり合わせですが。

井上 そんなところがありましたっけねえ。いま、ふっと思い出しますのはね、なんだかはずかしいみたいなことですが、吉川満子さんが出てらっしゃいましたね。どういう役でしたのかしら、岡田時彦さんのお母様でしょうか、とにかく吉川さんがね、玄関のようなところで私のひたいのところに接吻なさる場面がありましたのよ。わあ、外国映画みたい、なんて私ども申しておりましたけど。

——『非常線の女』でも、田中絹代さんが水久保澄子さんに接吻なさるところがありますが、『美人哀愁』の方が二年ほど前になりますね。それ以前にも、そうしたシーンはよくあったのでしょうか。

井上　そういうふうなことは、あのころの映画ではないわけですよね。そんなことを小津先生がおさせになるものですから、まあ、ずいぶんあれねえ（笑）なんて、吉川さんが私のおでこにキスなさるところがありました。

——記録によりますと、吉川さんはバー・モンテのマダムで、前から岡田時彦さんにご執心だったという役柄のようでした。そこで井上さんにちょっと嫉妬するという。

井上　ああ、そうだったんですね。それからね、岡田時彦さんが、後半、私が病身でずっとベッドに横たわっておりましょう、すると岡田さんがそうとう近くまで寄ってきて、顔を近づけてくるシーンなどもございました。そうしたところも、当時としてはかなりめずらしいんじゃあなかったかしら。

——かなり大胆なことまでやっておられるんですね。この映画の小津先生は、井上さんのおでこと横顔にかなりご執心だったようで。

井上 さあ、どうなんでしょうねえ、たぶん玩具みたいにして楽しんでらしたんじゃあないかしら。(笑) 何しろむかしのことで、私など、何もわからず先生の仰言る通りにやっておりました。

でも岡田時彦さん、とっても面白い方でらっしゃいましたよ。ロケなんかに行きましても、とても面白くて。いまでは、みなさん、お子さんの時代になってしまっておりますけれど。

——前半の雪国に住んでいらしたときの衣裳は洋服でしょうか。

井上 いいえ、そのときは着物、和服でございました。頭も、なんかこう、桃割れのような髪に結っていたような気がいたします。そして、東京のアパートに出て来てからは洋服。

——雪国のロケ地はどこでございましたか。

井上 赤倉にね、キャメラの茂原さんのお宅がございましたので、赤倉と妙高が中心で。それから、さびれた駅って申しますかしら。田舎から東京へ出る駅はとんでもない所、まるで関係のない新潟県の小さな駅に立っていたことをおぼえております。雪国のロケとは全然違うところ。

——『若き日』のロケ地が赤倉の茂原さんのお宅を中心にしているとうかがったことがあります。ところで、最後に井上さんをかたどった彫像をめぐって斎藤達雄さんと岡田時彦さんが大変な乱闘を演じると物語に出ておりますが。

井上 はい、そのとき彫刻がこわれるという、小津先生の映画としては、ずい分いつもと変わっておりました。

——それだけに、大変野心的な作品だったに違いないと思うのですが。

井上 で、そのとき、いろいろなファン・レターを頂戴いたしますね。でも、『美人哀愁』が封切られたあとでいただくお手紙の調子が、ちょっと変わりましたね。ああいう映画を見て感動なさる文学青年のような方とか、なにか、普通でない気がいたしました。それまで私は、斎藤寅次郎さんの喜劇のようなものばかりに出ておりましたでしょ。例の（野村浩将監督のシリーズ）「与太者トリオ」ってのがございましたわね。三井弘次さんとか、そんな方々と一緒に出て、いつもすっとぼけたようなことばかりやっておりました。片瀬の海の岩から落ちるなんて撮影があって、こわくてこわくて。それでもキャアキャアワーワーした役をやってばかりいましたので、『美人哀愁』から、見て下さる方々が変わったような気がいたしました。小林桂樹さんていらっしゃいますね、あの方が、『美人哀愁』かどうかわかりませんが、私の出ている作品を見て、映画に入る決心をなさったとか。以前、感激のご対面なんて番組に出させていただいたことありました。

でも、まだ若い時分でございましたから、自分では何をやっているかわからず、ただ、小津先生の仰言る通りいたしておりましたが。

——『美人哀愁』のときはずいぶんお若かったわけですね。

井上 十六、七歳だったと思います。

——鈴木伝明さんの推薦で松竹にお入りになったのですね。

井上 そうなんですの。私は、関西の松竹少女歌劇というのに行っておりまして、そこでどういう事情からでしたか、伝明さんにスカウトしていただいて、東京へ出てまいりましたのですが、十六歳の暮、十一月ごろだったと思います。そのころの松竹の蒲田の撮影所長の城戸さんが可愛がって下さいまして、家庭的に複雑で、妹の面倒みなければいけないというような事情がございましたので、本当にいろいろ世話していただきました。それに、小津先生が口ぞえして、後見人のようになって下さって、蒲田の撮影所におりますときも、ほかに引き抜かれるといったことなどあって、そんなときも、小津先生は、京都に伯父がおりまして、その伯父のところにまで行って親がわりに責任もって引きうけるというふうにいって下さったり。本当に立派な方で、また私、小津先生がこわくて、そのころえらいおじさんみたいに見えました。厳しい方でしたから。本当に映画一筋。本当に、いろいろ申し訳ないことしたと思いますわ。

私が東京に出てまいりましたとき、伊達さんと一緒に下宿しました。

――やはり小津作品の『朗かに歩め』や『淑女と髯』に出ていらっしゃる伊達里子さんですね。

井上 はい、ですからずっと伊達さんとご一緒で、小津先生に可愛がっていただいて、お仕事するといったときも、伊達さんにくっついて歩いておりました。先生、そのころ深川の木場にお住まいでしてね、ええ、お生まれになったお宅で、それがまた素晴らしいお家なんです。遊びにうかがうのがとても楽しみで。また、小津先生のお母様って方が、お立派で素晴らしい方なんです。招んで下さると、伊達さんと大喜びで飛んでいって、ご馳走になったり。

東京発声っていう映画会社ができましてね、どなたかが脱退なさってお作りになったんだと思いますけど、豊田四郎さんなんかがいらしたんですわ、たぶんそのときでしたかしら、俳優たちも引き抜かれるっていうんで、城崎《きのさき》温泉にかくまわれたんです。そのとき、私につきそって下さった方が、厚田雄春さんなんです。全員、まず京都につれて行かれて、そこから城崎へ行きました。まだ若くて事情がよくわからないものですから、私、そのお金を頂戴してしまった。それが引き抜きのお金だったんですけど、そのことを小津先生に申しあげたら、びっくりなさって、たしか弁護士を介してむこうに返す手筈を整えて下さいました。城戸所長にも報告なさって、すぐに会社の方に手をうって、下さいました。さいわい、私、判はついてなかったんです。それからみんな俳優たちが匿まわれることになったのですが、その前に、重宗さんて方がいらっしゃいました。小津先生がずっと助監督でついていらした監督さんで、明電舎の御長男でしたか次男の方でしたか、その重宗和伸（務）さん（一八九六―一九七一）の別荘が伊東にありまして。引き抜かれそうだという何人かが、城崎に行く前に籠城いたしました。一週間か十日ぐらい。そこに小津先生が遊びにいらして、そのときに、庭の木に煙草を立てて、それを空気銃で撃ったりなさった。小津先生が、とってもそれがお上手で、楽しませて下さいました。

でも小津先生の深川のお宅、高輪のお宅もそうでしたけれど、立派なお宅で、調度品なんかも凝りに凝ってらして、塗りの箪笥なんかあって、テーブルは赤い別あつらえのものでした。ランプなんかも凝ったもので。

深川のお宅は、入口のところに、何て申しましたかしら、そう広い帳場があって、その横に長い長い廊下があって、そこを通って小津先生のお部屋の方にまいりますの。二階にあがる階段があちこちにございましてね、それはそれは奥深いお家でした。あまりみなさんはお宅まではあがりませんでね、伊達さんと私だけはよく寄らせていただきましたわ。するとお母様がね、はやく安《やっ》さんがお嫁でも貰ってくれればいいと思うんですよ、なんて仰言って。好きな娘をつれてきたのかな、みたいな調子で私どもをごらんになって。困ってしまいましたわ。（笑）

どなたが本当にお好きだったか、ついにわかりませんでした。お宅に一人でうかがって夕御飯を一緒に頂戴して、夜なんか遅くなっても、例の、あっち向けこっち向けの写真撮影でございましょ。全然、異性って感じがいたしませんでしたの。安心しきっているというのか、男性と一緒にいるような気持にならないんでございますの。いま考えると、おかしい気もいたしますが。たしか、ライカ、ライカって仰言ってましたから、キャメラはライカだったと思いますが、もうお写真ばっかり。

いま思いましても、ちっともお年寄りではなかったんですの、小津先生は。ちょうど、私の一まわりお上で。ですから十二しか離れていなかったのに、私にはすごくおじさんに感じられました。不思議ですわねえ、本当に。

——では、小津監督はまだ二十代でらしたわけですね。井上さんは、いい時期に小津さんにお逢いになったのですね。でも、如何でしょうか、そうしてお宅で楽しんでいらっしゃるときと、撮影所のキャメラの向うで演技指導なさるときと、小津先生の印象はずいぶん違っていたのでしょうか。撮影になると、急にこわくなるとか。

井上　どなったりなさることなんかはありませんでした。あの頃の島津保次郎さんなんか、大監督で撮影中もとてもこわい方でしたが、小津先生は、大変な毒舌家ではありましたが、トゲのあるひどい事なんかは仰言いませんでした。こわいといっても、そういうこわさではなかったのですね。出ている人たちも、スタッフの人たちも、みんな尊敬してましたから、何をいわれても、もっともっともという感じで。みんな、そういう感じでいたと思います。

私も、このお仕事をやめて何年かして、小津先生のところにうかがいたいななんて思うことがあっても、なかなか敷居が高くて行かれなくって。それでも何かことを決めなけりゃいけないってときは、先生にやめろとか、こうしろといっていただかないと何もできないというような、そうした方でした。でも、撮影所の女優としてではなくおたずねすると、あまり相談には乗っていただけませんでした。やっぱり、女優でなきゃいけなかったんです。女優としての私を見てて下さったんですね。だから離れちゃいましたね。それでも、何かいっていただきたいって気持で、よくたずねて行きましたけれど。

——でも、その後の小津先生の映画はごらんになっておられたわけですね。

井上　はい。やっぱり『東京物語』などよかったですね。アメリカから帰られた田中絹代さんを使われた『宗方姉妹』でしたかしら、あれはいつもと違って、どうなさったのかしらって気がいたしましたけど。ちょうど、あのシナリオをお書きになっていらしたとき、熱海でしたかどこでしたかしら、野田高梧さんとご一緒で。そういうときにおたずねすると、何でも気さくに仰言るのですよ。大監督さんなんで、自分で考えていらっしゃることなど、そんなに他人にはお話しにならないと思っていたのに、私なんかにもいろいろ仰言る。どう思う雪子。雪子って呼んで下さったのかしら、雪子、ひとつ卵でもぶつけてやろうかと思うんだけどね、そんなのどうかねって。

――田中絹代さんに卵をですか。

井上　ええ、そんなの、ちょっと乱暴すぎるかね、なんてシナリオ書きながら仰言るんで、絹代さんに卵ぶつけるなんて、あまりイメージ合いませんね、なんて勝手なこと申しましてね。でも、どこかにそんなシーンがあったのかしら、絹代さんがアメリカから帰ってらしたあとだから、『宗方姉妹』だったと思いますけど。

――たぶん、そのシーンは撮られなかったと思うんですが、小津監督の映画で、田中絹代さんが卵をぶつけられるとは意外ですね。『風の中の牝雞』の方ならまだわかりますけど。

井上　ええ、でも私なんかにも、そんなふうにシナリオのことを仰言いますのよ。

それからね、小津先生と親しくしていただいて、よくお宅にあがらしていただいたりすると、先生の映画、年寄りと子供との親子の関係なんかがよく出ておりますでしょ、その感じがとてもよくわかりますの、お母様やご兄弟とのやりとりなんか見ておりますとお母様を思う気持と、またお母様が安《やっ》さん安さんて、子供みたいに大事になさいましてね、その感じが映画にそのまま出ております。私が小さいときから、そうした親子関係を知りませんでしたので、不憫に思って下さったのでしょう、(先生は) 本当にあたたかくて思いやりのある方でした。ですから、一度先生の映画に出さしていただくともうあまえてしまって。スタッフの方々もみなさんよかったですからねえ。厚田雄春さんとは、いまでも年賀状なんか出し合っている仲で、あの方にも本当にお世話になりました。

――『美人哀愁』のあと『春は御婦人から』にもお出になりましたが、これは物語からいうと、学園コメディのようですが。

井上 はあ、城多二郎さんが出てらして。それから、坂本武さんがお父様でしたかしら、私が娘で。

――坂本さんが義理のお兄さんの洋服屋という役のようなのですが、こちらは無表情な演技とは違うモガ、モダンガールといった役どころなのでしょうか。スチールでは煙草なんかくわえてらっしゃいますね。

井上 まあ、本当に喫えたんでしょうかねえ。(笑)

――伊達里子さんも、よく煙草をくわえるモダンガールの役をしてらっしゃいましたね。伊達さんも、どちらかというと、井上さん系統の、目鼻だちのすっきりした派手な顔だちをしておられましたね。

井上　はあ、でも、時代がだんだん戦争になってまいりましたでしょう。世の中が変ってきて、私などは駄目になってきたんです。ちょっとバタくさい顔は駄目になりましてね、みんなと一緒にかり出されて出るといった使われ方になってまいりました。ハイカラなものはうけなくなってまいりました。

いま考えるとまるで嘘のようですけど、だんだん厳しくなってまいりまして、やめましてからあとも、憲兵がついてまわるといったような状態で。

オランダ人の父は、私が十二のときになくなりまして、二つ違いの姉の方は、全然日本人とつき合ってはおりませんでしたけれど、私はね、姉のいる寄宿舎が尼さんの学校でして、頭から妙なものかぶってこわい格好しておりますでしょ、そこで私は泣きわめいていやだって申しまして、この子は日本の小学校へ入れようってことになり、姉と私はまったく別の教育を受けましたの。だからものの考え方から何から、まるで違いましてね。

――お父様とは何語でしゃべっておられましたか。

井上　日本語なんですの。でも、あまり記憶はございません。何語だったのかしら。父は、髭があってこわいばかりでした。八つ違いで妹が生まれて、それがかわいくてかわいくて。私はだかれると髭が痛いんで逃げまわってばかりでした。

でも、本当に可哀そうな人でしたね、父は。日本で死んでしまって、腎臓が悪かったんですが。私たち子供が可愛くて、オランダに帰れなかったんでしょうね。貴族の家庭で、日本人なんかと結婚したもんですから、いけなかったんです。結局、年をとってまいりますと、私もどこか父に似ているんですよね。でも子供のころは、継《ま》っ子《まこ》ではないかとひがんでみたりいたしましてね。いつでもめそめそしていたみたいです。(笑)

戦争中は、姉は中国に行っておりまして、私と妹とは日本で、日本人以上に日本女性としてね、頑張っておりましたの。父は海軍でございましたが、父のおじいさんて人が、ライン総督をしていたとかで、その書斎が博物館だかに残っておりましてね、つい最近、姉がオランダにまいりまして、その子孫だと申しましたらいろいろなものを見せて説明してくれたのだそうです。それが私がまいりましたときには、改築中だとかで、見られませんでしたの。父の祖父にあたる人の写真はもらってまいりましたけれど。いまは、いとこにあたる世代の方たちが残っていておつきあいもございます。

いまではね、こうしてオランダに行くこともできますけど、当時はね、戦時中の憲兵につけられたりで、いまの若い方なんか想像できないような時代でした、はい。

——でも、そんなお父様の血が混じっていらっしゃることで、若き日の小津安二郎監督にとっての女性の美しさの典型として、その美しい横顔を映画史に残され、いつもとは違う『美人哀愁』のような映画を撮らしてしまわれたわけですから。

井上 かぞえで十六だか十七だかのときですから、自分でも何やっているのかわかりませんでしたけど、でも、こうして小津先生に可愛がっていただいて、本当に楽しかったと思いますねえ。私がやっておりましたのは、ほんの三年ほどでございましたが、ずっと続けて、小津先生がご健在のうちは全部の作品に出させていただけるようになっていたら、どんなに素晴らしかったろうにと思います。

(1982. 7. 15)

〈付録3〉『東京物語』『秋日和』撮影記録（厚田雄春）

『東京物語』

〔6月〕

11日　小津ロケハン　来電

12日　大船撮影所、スタフ集合

15日　小津組ロケハン　后1時東京集合
銀座有楽町、日比谷、深川、宮川於テ
昼食、銀座新東宝本社

16日　東京ロケハン　松坂屋、松屋、高島
屋、三越屋上、上野広小路（ホウライ
ヤ）

17日　東京ロケハン　新橋集合　深川東陽
公園、砂町センキ稲荷、福島橋葛西橋、
銀座（トウコウエン）

18日　東京ロケハン　新橋集合　午后1時
雨天ノタメ中止ス

19日　大船撮影所、スタフ集合　打合せ

20日　東京ロケハン　浅草松屋屋上、南千
住、千住大橋、中組北千住、駅附近、
牛田駅、アケボノ町、東武堀切駅、荒
川放水路土手、隅田町、四ツ木橋京成
荒川駅四ツ木橋（土手）、平井町、平
井駅　ホウライ屋、陶裁、築地森氏

22時30分解散
21日 休養
22日 東京ロケハン 新橋駅12時集合 雨天中止
23日 大船集合スタフのみ 小津監督野田氏尾道ロケハン先発 大船発21時50分
24日 監督尾道着 竹村旅館
25日 監督尾道ロケハン
26日 尾道出発21時東京発
27日 后12時45分尾道着 竹村旅館 午后2時ロケハン
28日 午前竹村旅館階上広間 午后1時出発 仲氏案内、久保町横丁、福ゼ寺、千光寺 強雨ノタメ退避 中央波止場 住吉神社 19時帰宿
29日 雨天午前中待機午后出発 千光寺通り 志賀先生の遺跡の家 光明寺 堂上小学校 食 尾道駅北口附近桟橋船より洋上から町を見る 午后6時半終了
30日 午前雨天待機午后出発 尾道町の三宅氏物干台、浄土寺、保ケン病院、練瓦坂、天満宮、福ゼ寺、丹花、米アゲ町

〔7月〕

1日 尾道出発 大坂市 小津監督野田氏倉敷下車、後着宮田屋宿泊
2日 大阪ロケハン 大坂駅大鉄奥山氏訪問 城東線片町駅構内 鉄道病院奥山氏見舞 天王寺駅 淀川操車場 大坂駅々長面接 構内
3日 午前中来客のタメ午后出発 片町、森ノ宮、京橋駅、西野田町、午后10時スイセイ号
4日 帰京 大船着8時20分 東京着9時27分

5～7日　休
8日　東京ロケハン　新宿駅12時集合　五反田駅附近アパート　目蒲線不動駅　横浜平沼町アパート　上野広小路　アメ横町（ホウライヤ）17時終了　清トミ氏（コックドール）22時
9日　東京ロケハン　12時半新橋駅集合　東武線堀切駅、荒川区柳原町、千住大橋、浅草、16時終了、青山「いろは」築地森邸、22時解散
10日　東京ロケハン　正午品川駅集合　品・川駅構内信号所、新橋、深川猿江町、錦糸堀、曳船、カネガフチ、玉の井　17時終了、「東コウエン」築地森家
11日　ストライキ
12日　解除
13日　東京ロケハン　新橋駅集合（自動車使用）築地　砂町　大島町　錦糸堀、台東区役所　鳥越町　金ガフチ、玉の井、上野のホウライ屋、解散
14日　大船　音楽打合せ
15日　東京ロケハン　東京駅前ハトバス遊覧バス　午后1時出発　浅草にて途中下車　南千住方面ロケハン
16日　横浜東京ロケハン　大船撮影所集合ロケバス　横浜平沼同ジュン会アパート　鶴見工場地タイ　品川駅　江東区住吉町　京成荒川駅　千住大橋、終了
17日　「東京物語」本読、后4時
18日　小津監督　湯ヶ原中西　技師会　水口園於
19日　技師会午前中閉会　熱海海岸ロケハン　強風ノタメ中止　中西旅館宿泊
20日　湯ヶ原駅発11時9分大船着12時7分、撮影所、15時衣裳調べ
21日　午前中キャメラテスト　午后東京高

島屋衣裳調べ
22日　正午新橋駅集合高島屋衣裳調べ　東山、杉村、三宅、桜、築地セットデザイン打合せ
23日（撮影開始）東京ロケ　8時集合、雨天ノタメ中止
24日　セット飾り　NO6ステージ
25日　セット　NO6ステージ　代書屋　SN96、笠、十朱、長岡　10時20分―18時20分
26日　公休日
27日　NO6ステージ　敬三の下宿（大坂の家）午前中セット飾り　撮開11時30分　SN116、笠、東山　18時30分終了
28日　セット準備飾り　NO2ステージ　熱海の宿屋
29日　セット　NO2ステージ　熱海の宿　撮開10時　SN76 82 86 81　東山、笠　19時40分終了
30日　セット　NO2ステージ　熱海の宿　廊下情景　午后客の麻雀　開始10時　夜撮21時40分終了
31日　熱海々岸ロケ　旅館情景土用波ノタメ中止　16時清富氏重箱　阿べ旅カン宿泊

〔8月〕
1日　阿部旅館、台風5号警報発令　曇天ノタメ待機、波高ク撮影中止　スタフ帰所　前10時40分熱海発帰路
2日　公休日
3日　東京ロケ　9時大船出発　午前中曇天ノタメ待機　14時厚生館出発　北千住常バン線荒川鉄橋附近　現場天候待機16時中止、スタフ厚生館　ロケハン尾竹橋附近
4日　東京ロケ　雨天ノタメ中止、午前11

時スタフ帰所　14時監督打合セ后解散

5日　NO8ステージ　おでん屋　セット飾り　リーハサール、笠、東野、十朱、桜むつ子　ラシュー試写

6日　SET　NO8ステージ　小料理屋　セット準備飾り

7日　SET　NO8ステージ　おでん屋　SN101　笠、東野、十朱、桜むつ子　撮開10時　終了16時30分　17時30分ラシュー試写

8日　SET　おでん屋　NO101、撮開10時終了15時　NO8ステージ　小料理屋　セット下見　照明設計　17時終了（ニューステージ）

9日　公休日

10日　SET　NO8ステージ（ニューステージ）小料理屋　SN98　撮開10時終了16時50分　尾道ロケ準備　19時SN101ラシュー試写

11日　尾道ロケ出発　19時東興園集合　21時30分東京発

12日　尾道駅着后1時40分　監督竹村旅館、スタフ三絲荘宿

13日　尾道ロケ　前10時出発、ロケハン旅館集合　撮影班、小津組スタフ東京出発

14日　尾道　前9時竹村旅館集合10時出発　浄土寺境内　筒井堂上中学校　正午帰宿　スタフ出迎后1時40分スタフ尾道駅着　香川、笠着、撮影の予定曇天ノタメ中止

15日　尾道　夜明撮影　前4時出発　浄土寺附近民家の夜明ケの情景　曇天待機10時一時中止　午后15時市内の三宅氏物干台　天候不良中止

16日　尾道ロケ　前4時出発　浄土寺境内

ＳＮ150笠、原ライト使用　撮開前5時
浄土寺より情景　浄土寺附近　汽車走
り物干台　午后筒井小学校　浄土寺
附近16時終了
17日　尾道ロケ　前4時出発　浄土寺境内
ライト使用　撮開5時半　ＳＮ149原、
笠　7時終り　朝食后竹村旅館二階
西国寺通り路地香川の歩き　列車浄土
寺下のフミキリ　善光寺の墓地　17時
終了
18日　尾道ロケ　8時出発　情景　住吉神
社附近　米揚町　午后スタフ休養　18
時スタフ島遊覧（慰安宴会船中）
19日　尾道ロケ　前3時出発　中央桟橋夜
明けの太陽　準備完了4時半　撮開5
時―6時　港町附近倉庫　午前8時終
了　尾道ロケ撮影完了　16時50分尾道
発　大阪着21時10分　南町フジ政旅館

20日　大坂ロケ　8時出発　北城見橋附近
情景　天気待機東野田町、大坂城情景
午后桜川、桜島方面ロケハン撮影終了
22時大坂発（スイセイ）帰京
21日　大船着　前8時26分　スタフ撮影所
22日　撮影休　尾道一部ロケラシュー試写
スタフ撮影打合せ、ＮＯ8ステージ美
容院準備
23日　公休日
24日　セット　ＮＯ8ステージ　美容院
午前中セット飾り　撮影準備15時、16
時撮影　情景ＳＮ38　后5時終了
25日　セット　ＮＯ8ステージ　美容院
ＳＮ39　杉村、山村、中村伸　撮開10
時終了17時
26日　セット　ＮＯ8ステージ　美容院
ＳＮ74　撮予9時開始10時　杉村、山
村、中村　終了午后5時

27日　セット　NO8ステージ　美容院
SN104 105 撮予9時開始10時終了18時
30分 笠、杉村、東野、中村　19時尾
道ロケラシュー試写
28日　セット　NO8ステージ　美容院
SN120 124 撮予9時開始10時　午后12
時東山氏病気ノタメ中止（美容院セッ
ト一時中止）
29日　東京ロケ　8時大船出発　雨天ノタ
メ中止
30日　公休日
31日　東京ロケ　前8時大船出発　厚生館
集合　正午出発　南千住、火力電4本
エントツ情景　千住大橋附近土手情景
吾妻橋　上野台東区役所附近（光セン
の関係で中止）16時30分厚生館　全員
宿泊
〔9月〕
1日　東京ロケ　前8時出発予定　天候待
機　降雨ノタメ中止　スタフ大船へ帰
所　大船撮影所14時20分　16時美容院
ラシュー試写
2日　東京ロケ　前9時撮影所出発　厚生
館集合　天候雨トナル　撮影班、大船
帰所　午后2時ラシュー試写
3日　東京ロケ　雨天中止　晴天の場合ロ
ケ
4日　セット　NO8ステージ　美容院
（再開）撮予9時撮開10時　SN58
午后SN92 120 124（笠、東山、杉村、中
村）撮終了后6時30分
5日　セット　NO8ステージ　美容院二
階　予定9時撮開　東山氏病休ノ関係
デ午前中撮影休止　午后1時開始　S
N55 57　東山、中村、笠　終了17時
6日　公休日

7日　セット　NO8ステージ　美容院二階　予定9時開始10時　SN93　東山、杉村、笠　撮終了午后5時　（美容院セット完了）
8日　セット　NO1ステージ　平山医院セット準備　飾り付　リーハサル
9日　セット　NO1ステージ　平山医院部屋　予定9時開始10時半　SN14 15 17 18　三宅　撮終17時
10日　セット　平山医院　9－19時
11日　セット　平山医院部屋SN18 23　診察室29　予定9時撮開11時　山村、原　節子、三宅、東山　撮終17時40分
12日　セット　平山医院部屋、客間　SN31－34　東山、笠、三宅、原、杉村　予定9時撮開10時　終了午后4時
13日　公休日
14日　セット　NO1ステージ　平山医院　予定9時撮開10時　SN128 129　杉村、山村　終了16時
15日　セット　NO1ステージ　料亭（杉村氏公演の都合上変更ス）予定9時　妹尾氏病気のタメ午前待機ス　午后1時開始　SN157　原、山村、杉村、大坂、香川、笠　撮終16時
16日　セット　NO1ステージ　尾道料亭　予定9時撮開11時　SN157　俳優前日と同じ　終了后5時　料亭完了　平山医院二階セット準備
17日　セット　NO1ステージ　平山医院二階　予定10時開始11時20分　SN24 28　笠、原、東山、杉村、山村　16時30分終了　ラシュー試写（杉村氏旅行）
18日　セット　NO1ステージ　平山医院二階（完了）予定9時撮開10時　SN

11 41 49 52（笠、東山、三宅）夜間撮影、終了后8時20分　階下セット移動準備

19日　セット　NO1ステージ　平山医院階下（廊下、診リ室）予定9時撮開10時　SN118 119 山村、三宅　撮終5時　后6時ラシュー（平山医院一部）試写

20日　公休日

21日　セット　NO1ステージ　平山医院階下（部屋）予定9時撮開10時　SN129 42　山村、杉村、三宅、子供　后4時半終了　ラシュー試写

22日　セット　NO1ステージ　平山医院階下待合室　予定9時開始10時　SN129 42 48　三宅、子供、東山、山村　撮終后6時30分　平山医院セット完了

23日　セット　NO6ステージ　紀子のアパート　公休出勤　セット準備飾り

明24日晴天ロケ、曇天の場合セット

24日　セット　NO6ステージ　紀子のアパート（廊下、部屋）予定9時撮開11時　廊下の情景、SN69 71 102 110 午后より部屋、SN68 12 原節子、三谷撮終后6時　ラシュー試写

25日　セット　紀子のアパート部屋　予定9時撮開10時　SN70 73　東山、笠、原　17時30分台風13号警報ノタメ中止スル（夜間の予定）

26日　セット　紀子のアパート部屋　予定9時撮10時　午前SN70午后SN103原、東山、笠　夜間撮影后10時終了

晴天の時は東京ロケ

27日　東京ロケ　大船9時出発　厚生館集合　正午出発　京成電鉄荒川駅、南千住鉄橋情景　SN50 51　17時終了　18時厚生館宿泊　公休出勤

28日　東京ロケ　前8時半出発　銀座松屋デパート屋上　SN64 66　情景SN65　原、東山、笠　14時終り　隅田区アヅマ町クリーニング屋物干、笠　16時―17時2カット終了　午后6時厚生館宿泊

29日　東京ロケ　曇天ノタメ撮影中止　スタフ解散

30日　セット　NO6ステージ　紀子のアパート　予定9時撮開10時30分　SN107　原、東山　停電　撮終17時30分　ラシュー試写

〔10月〕

1日　セット　NO3ステージ　尾道平山家　撮予9時開始10時　SN3（部）4（玄関）笠、東山、香川　撮影終了18時30分　ラシュー試写

2日　セット　尾道平山家　SN1　予定9時撮開午前中停電ノタメ一時中止午后雷雨ノタメ休止　15時開始スル終了18時20分　SN132　香川、笠、東山

3日　セット　尾道平山家　予定9時撮開10時20分　SN161 163　原、香川　撮終了16時50分

4日　公休日

5日　セット　尾道平山家　予定9時撮開10時　SN163　原、香川　キャメラ故障ノタメ午前中止ス　午后12時30分開始16時30分撮終了

6日　セット　尾道平山家　予定9時撮開10時30分　SN164　撮終18時30分

7日　セット　平山家　予定9時撮開10時20分　SN132 142　原、杉村、笠、東山、香川　夜間撮影22時10分終了

8日　セット　尾道平山家　予定9時　ラ

シュー后セット入　撮開9時50分　SN145 146　笠、東山、原、杉村、山村、香川、大坂　終了17時

9日　セット　NO6ステージ　平山家　予定9時30分撮開11時　SN145 146　笠、東山、原、香川、山村、大坂志　撮終18時　SN146 147　笠、山村、東山、原、杉村、香川、大坂

10日　SET　NO3ステージ　鉄道構内控所（晴天の時ロケ、雨天の時セット）午前中セット飾り　午后2時40分撮開　SN115　撮終17時

11日　東京ロケ（晴―ロケ、雨天―セット）前8時大船出発　厚生館10時半　南千住変電所　浅草観音様　台東区役所　上野公園　16時終了　17時半厚生館泊り

12日　東京ロケ　前7時出発　南千住火力電所情景　品川駅構内　9時曇天待機　11時中止　正午厚生館

13日　東京ロケ　8時出発　品川駅構内　SN114　前11時終り　午后ハトバス内丸ノ内銀座情景　開后1時終り16時スタフ厚生館　ロケハン八重州口附近　21時銀映ラシュー試写

14日　東京ロケ　前9時出発　品川駅構内田町客車区　三等車車内撮　SN170　原節子　10時終　午后情景　新橋附近のビル　松屋デパート　撮終15時　スタフ大船帰り

15日　セット　NO3ステージ　商事会社　予定9時撮開10時30分　SN59　終了16時　ラシュー試写　スタフ16時出発熱海へ　19時40分大船発　21時熱海アベ旅館泊り

16日　熱海ロケ　前7時30撮　海岸情景3

カット　天候不良待機　14時中止　スタフ撮影所　17時ラシュー試写

17日　東京ロケ　大船出発　后1時着　15時上野方面ロケブラ　スタフ夜間準備　東京駅八重州口改札口　20時より準備　撮開23時　SN112　徹夜　前4時終了　オールスター

18日　東京横浜ロケ　午前中休養　11時半厚生館出発横浜　横浜同潤会アパート情景　雨天中止　スタフ帰所　セット　NO3ステージ　寺

19日　セット　NO3ステージ　尾道の寺本堂クリ　予9時開始10時　SN151 152 154　夜間21時終了　ラシュー試写

20日　セット　尾道の小学校　予9時撮10時　SN165 168　香川　后1時終了　午后14時出発横浜ロケ　同潤会アパート実写3カット　16時30分大船帰所　セット　宿の前情景ワンカット　17時半終　19時スタフ熱海ロケ出発　19時40分大船発　熱海松木旅館宿泊

21日　熱海ロケ　曇天ノタメ撮影中止　旅館移動　大黒屋藤の屋旅館

22日　熱海ロケ　前8時出発　アタミ防波テ　SN90　撮開9時終了10時30分

23日　音取り　総ラッシュ

25〜27日　ダビング

28日　第一回スタフ試写　前0時

29日　所長試写　午后6時

〔11月〕

3日　封切

撮影実数　セット　47・5日
　　　　　ロケ　　28・5日　76日
　ステージ数　11ステージ
　セット杯数　18杯

タイトル呎数　　　　　　２２０呎
セット呎数　　　　　１０３３０・５呎
ロケ呎数　　　　　　１８８９・５呎
完成呎数↓合計呎数　　１２４４０呎
セット総実働時間　　　　２９２時間
セット1時間平均呎数　　　３５・４呎
セット1日（7時間）平均呎数　２４７・８呎
使用フィルム　　　　　６７３４３呎

『秋日和』

撮影期間　7月12日〜11月1日
使用フィルム　Agfa Color Nega Em
No［10251—1508
　　10251—1533
機材関係
キャメラ　ミッチェルNC

レンズ　A　クックスピード　５０mm
　　F２・０
　B　クックスピード　７５mm
　　F２・０
　７５mmは山の情景1カットのみ使
　用
計測機器A　Photo Research Spectra
　3 Colormeter
　B　Norwood Director Exp.
　　meter
フィルター　ロケーションにWratter
　NO８５を使用
　高原の遠景にはIAを併用
照明機材
　A、機具　ソーラー　10K、５K、
　　2K、1K
　スカイパン　5K、2K
　其他ロケに、アーク　15K、12

K

B、Effect filter

R16、R8、BG4、BG1

OR8、OR4、G4、P1、

B1

C、ディフュージョンフィルター

F1、F2

D、コンバージョンフィルター

B1、B3、B5、B6

Y1、Y2、Y3

フィルム感度ASA32で、セットは殆んどf3.5で撮影して有ります。特に銀座裏路地とか、伊香保の旅館の向いの建物のロングはf2.8迄あけてあります。撮影条件は特に暗い場面の芝居も無い関係で人物の角度を主にした方角から成可く顔の角度を主にKey Lightを与える様にし、その光量比は3：1位の割合に成って居り、露出光量500fcに対してTotal400fcに成って居ります。

Backはその色に依り多少変化は有りますが、明るい所で$\frac{1}{2}$〜$\frac{1}{3}$で外景は殆んど露出光量又は草木はその倍以上与えて有る所もあります。

暗部は室内のランマ等は夜の場合は$\frac{1}{8}$〜$\frac{1}{16}$位の割合で、昼の方が$\frac{1}{5}$〜$\frac{1}{8}$で多少明る目に成って居ます。Backは小津組の場合、フスマ、障子の占める面積が大変多いのでムラのない様に当てたり、角度に依って色が変るのでそれの調節、畳等で大変苦労しました。テーブルの反射の色が顔に影響を与える様な場合は、出来る丈け角度をにげて物体に配光した。

亦今回は名画や陶器等の忠実な発色を求められて居る為、それ等には配光、光量には特に考慮した。

人物光はロウポジションが多い為、上からの配光をきらって平行に近いキーライトを女性の場合特に必要とされた。
日本間のフラットは建具等の為に、洋間に比して小道具等も少ない為に、立体感を出すのにライティングのデテールには気を使った。
メークアップ材料はマックスファクターを使用し、
原節子725B+VC2　司葉子725B（花嫁の時725Aに白粉でてかりを押える）　岡田茉莉子725B　桑野みゆき725B　沢村貞子725C　三宅邦子725C　佐分利信VC5　中村伸郎VC5
北竜二VC6　佐田啓二VC5+725E
三上真一郎VC5
使用ネガ呎数　50000ft

出来上り呎数　10800ft
セット杯数　26杯
オープンセット　1杯
ロケ　東京　浅間高原　伊香保　野田ゴルフ場

監督作品目録

人名表記等は、主に『フィルムセンター』64号〈小津安二郎監督特集〉を参考にした。封切日が資料によって異なるものは、当時の新聞に当って確かめた。出演者の後の項目は封切月日、封切館、長さ（戦前は『検閲時報』、戦後は『キネマ旬報』による）を示す。またSはサイレント、SDはサウンド、無印はトーキーを示す。改訂に際しては目録・年譜ともに田中眞澄氏の御協力を得た。

昭和2年（1927）

『懺悔の刃』（松竹蒲田）原作小津安二郎　脚色野田高梧　撮影青木勇　出演吾妻三郎、小川国松、河原侃二、野寺正一、渥美映子、花柳都、小波初子、河村黎吉　10月14日　電気館　S7巻（1919米）

昭和3年（1928）

『若人の夢』（松竹蒲田）原作・脚色小津安二郎　撮影茂原英雄　出演斎藤達雄、若葉信子、吉谷久雄、松井潤子、阪本武、大山健二　4月29日　電気館　S5巻（1534米）

『女房紛失』（松竹蒲田）原作高野斧之助　脚色吉田百助　撮影茂原英雄　出演斎藤達雄、岡村文子、国島荘一、菅野七郎、阪本武、関時男、松井潤子、小倉繁　6月15日　電気館　S5巻（1502米）

『カボチャ』（松竹蒲田）原作小津安二郎　脚色北村小松　撮影茂原英雄　出演斎藤達雄、日夏百合絵、阪本武、小桜葉子、半田日出丸　8月31日　電気館　S5巻（1175米）

『引越し夫婦』（松竹蒲田）原作菊地一平　潤色・脚色伏見晁　撮影茂原英雄　出演渡辺篤、吉川満子、大国一郎、中浜一三、浪花友子、大山健二　9月28日　電気館　S3巻（1116米）

『肉体美』（松竹蒲田）脚本伏見晁　潤色小津安二郎　撮影茂原英雄　出演斎藤達雄、飯田蝶子、木村健児、大山健二　12月1日　電気館　S5巻（1505米）

昭和4年（1929）

『宝の山』（松竹蒲田）原作小津安二郎　脚色伏見晁　撮影茂原英雄　出演小林十九二、岡村文子、飯田蝶子、日夏百合絵、青山萬里子、浪花友子、若美多喜子、糸川京子　2月22日　観音劇場（2月7日　大阪・朝日座他）S6巻（1824米）

『学生ロマンス　若き日』（『思ひ出』改題）（松竹蒲田）原作・脚色伏見晁　潤色小津安二郎　撮影・編集茂原英雄　監督補助小川二郎、深田修造　撮影補助九里林稔、厚田雄治、山口辰雄　配光中島利光　舞台設計脇田世根一　出演結城一郎、斎藤達雄、松井潤子、飯田蝶子、高松栄子、小藤田正一、大国一郎、坂本武、日守新一、山田房生、笠智衆、小倉繁　4月13日　帝国館（4月10日　大阪・朝日座他）S10巻（2854米）

『和製喧嘩友達』（松竹蒲田）原作・脚色野田高梧　撮影茂原英雄　出演渡辺篤、浪花友子、吉谷久雄、結城一郎、高松栄子、大国一郎、若葉信子　7月5日　帝国館（7月3日　大阪・朝日座他）S7巻（2114米）

『大学は出たけれど』（松竹蒲田）原作清水宏　脚色荒牧芳郎　撮影茂原英雄　出演高田稔、田中絹代、鈴木歌子、大山健二、日守新一、坂本武、飯田蝶子　9月6日　帝国館　S7巻（1916米）

『会社員生活』（松竹蒲田）原作小津安二郎　脚色野田高梧　撮影茂原英雄　出演斎藤達雄、吉川満子、小藤田正一、加藤精一、青木富夫、石渡暉明、阪本武　10月25日　帝国館　S5巻（1552米）

『突貫小僧』（松竹蒲田）　原作野津忠二　脚色池田忠雄　撮影野村昊　出演斎藤達雄、青木富夫、阪本武　11月24日　帝国館　S4巻（1031米）

昭和5年（1930）

『結婚学入門』（松竹蒲田）　原作大隈俊雄　脚色野田高梧　撮影茂原英雄　出演斎藤達雄、栗島すみ子、奈良真養、岡村文子、高田稔、龍田静枝、吉川満子　1月5日　帝国館　S7巻（1943米）

『朗かに歩め』（松竹蒲田）　原作清水宏　脚色池田忠雄　撮影・編集茂原英雄　監督補助小川二郎、佐々木康　撮影補助九里林稔、厚田雄治　配光吉村辰巳　舞台設計水谷浩　出演高田稔、川崎弘子、松園延子、鈴木歌子、吉谷久雄、毛利輝夫、伊達里子、阪本武　3月1日　帝国館　S8巻（2704米）

『落第はしたけれど』（松竹蒲田）　原作小津安二郎　脚色伏見晁　撮影・編集茂原英雄　監督補助小川二郎、佐々木康　撮影補助九里林稔、厚田雄治、山田昇　配光中島利光　舞台設計脇田世根一　出演斎藤達男、二葉かほる、青木富夫、若林広雄、大国一郎、田中絹代、横尾泥海男、関時男、月田一郎、笠智衆、山田房生　4月11日　帝国館　S6巻（1765米）

『その夜の妻』（松竹蒲田）　原作オスカー・シスゴール（博文館発行「新青年」所載『九時から九時まで』）　翻案・脚色野田高梧　撮影・編集茂原英雄　監督補助佐々木康、清輔彰　撮影補助九里林稔、厚田雄治、渡辺健次　配光山本繁、中島利光　舞台設計脇田世根一　出演岡田時彦、八雲恵美子、市村美津子、山本冬郷、斎藤達雄、笠智衆　7月6日　帝国館　S7巻（1809米）

『エロ神の怨霊』（松竹蒲田）　原作石原清三郎　脚色野田高梧　撮影茂原英雄　出演斎藤達雄、星ひかる、伊達里子、月田一郎　7月27日　帝国館　S3巻（750米）

『足に触った幸運』（松竹蒲田）　原作・脚色野田高梧　撮影茂原英雄　出演斎藤達雄、吉川満子、青木富夫、市村美津子、関時男、毛利輝夫、

月田一郎、阪本武、大国一郎　10月3日　帝国館　S7巻（2032米）

『お嬢さん』（松竹蒲田）原作・脚色北村小松　ギャグマン伏見晁、ヂェームス・槇、池田忠雄　撮影茂原英雄　出演栗島すみ子、岡田時彦、斎藤達雄、田中絹代、岡田宗太郎、大国一郎、山本冬郷、小倉繁、龍田静枝、毛利輝夫、浪花友子、若林広雄、堺一二、光喜三子、畑譲治、横尾泥海男　12月12日　帝国館　S12巻（3705米）

昭和6年（1931）

『淑女と髯』（松竹蒲田）原作・脚色北村小松　ギャッグマンヂェームス・槇　撮影・編集茂原英雄、栗林実　監督補助佐々木康、清輔彰　撮影補助厚田雄治　配光中島利光　舞台設計脇田世根一　出演岡田時彦、川崎弘子、飯田蝶子、伊達里子、月田一郎、飯塚敏子、吉川満子、坂本武、斎藤達雄、岡田宗太郎、南條康雄、葛城文子、突貫小僧（青木富夫）　2月7日　帝国館（1月24日　大阪・朝日座他）　S8巻（2051米）

『美人哀愁』（松竹蒲田）原作アンリ・ド・レニエ（『大理石の女』）翻案ジェームス・槇　潤色・脚色池田忠雄　撮影茂原英雄　出演岡田時彦、斎藤達雄、岡田宗太郎、井上雪子、奈良真養、吉川満子、若水照子、飯塚敏子　5月29日　帝国館　S15巻（4327米）

『東京の合唱《コーラス》』（松竹蒲田）原作北村小松　潤色・脚色野田高梧　撮影・編集茂原英朗　助監督清輔彰、原研吉、根岸浜男　撮影補助厚田雄春、藤田英次郎、九里林稔　配光中島利光　舞台設計脇田世根一　出演岡田時彦、八雲恵美子、菅原秀雄、高峰秀子、斎藤達雄、飯田蝶子、阪本武、谷麗光、宮島健一、山口勇　8月15日　帝国劇場　S10巻（2487米）

昭和7年（1932）

『春は御婦人から』（松竹蒲田）原作ジェームス・槇　脚色池田忠雄、柳井隆雄　撮影茂原英朗　出演城多二郎、斎藤達雄、井上雪子、泉博子、阪本武、谷麗光　1月29日　新宿松竹　S

7巻（2021米）

『**大人の見る繪本 生れてはみたけれど**』（松竹蒲田）原作ゼェームス・槇 脚色伏見晁 美術鑑督河野鷹思 潤色燻屋鯨兵衛 撮影・編集茂原英朗 監督補助清輔彰、原研吉 撮影補助厚田雄春、入江政男 撮影事務高山傳 舞台装置角田竹次郎、木村芳郎 配光中島利光 出演斎藤達雄、吉川満子、菅原秀雄、突貫小僧、阪本武、早見照代、加藤清一、小藤田正一、西村青児、飯田善太郎、藤松正太郎、葉山正雄、野村秋生、佐藤三千雄、林國康、石渡輝秋 6月3日 帝国館（4月22日 名古屋・松竹座）S9巻（2507米）

『**青春の夢いまいづこ**』（松竹蒲田）原作・脚色野田高梧 撮影・編集茂原英朗 監督補助清輔彰、原研吉 撮影補助栗林実、厚田雄春、入江政夫 配光中島利光 出演江川宇礼雄、田中絹代、斎藤達雄、武田春郎、水島亮太郎、大山健二、笠智衆、坂本武、飯田蝶子、葛城文子、伊達里子、二葉かほる、花岡菊子 10月13日 帝国館 S9巻（2523米）

『**また逢ふ日まで**』（松竹蒲田）脚色野田高梧 撮影茂原英朗 出演岡田嘉子、岡譲二、奈良真養、川崎弘子、飯田蝶子、伊達里子、吉川満子 11月24日 帝国館 SD10巻（2127米）

昭和8年（1933）

『**東京の女**』（松竹蒲田）原作エルンスト・シュワルツ（『二十六時間』）脚色野田高梧、池田忠雄 撮影茂原英朗 編集石川和雄 美術鑑督金須孝 監督補助清輔彰、原研吉、柏原勝、平塚広雄 撮影補助厚田雄春、入江政男、栗林実 配光中島利光 出演岡田嘉子、江川宇礼雄、田中絹代、奈良真養 2月9日 帝国館 S7巻（1275米）

『**非常線の女**』（松竹蒲田）原作ゼームス・槇 脚色池田忠雄 撮影茂原英朗 編集石川和雄、栗林実 美術脇田世根一 監督補助清輔彰、原研吉、佐野豊臣、平塚広雄 撮影補助厚田雄春、入江政男、入沢良平、広木正幹、木下正吉（恵介）配光中島利光 出演田中絹代、岡譲二、水久保澄子、三井秀夫（弘次）、逢初夢子、高

山義郎、加賀晃二、南條康雄、谷麗光、竹村信夫、鹿島俊作、西村青児、特別応援帝国拳闘会、フロリダ・ダンスホール　4月27日　帝国館（4月15日　大阪・朝日座）　S10巻（2769米）

『出来ごころ』（松竹蒲田）原作ジェームス・槇　脚色池田忠雄　撮影杉本正二郎　編集石川和雄　美術監督脇田世根一　監督補助清輔彰、原研吉　撮影補助長岡博之、星井秀雄　配光中島利光　出演阪本武、伏見信子、大日方伝、飯田蝶子、突貫小僧、谷麗光、西村青児、加藤精一、山田長政　9月7日　帝国館　S10巻（2759米）

昭和9年（1934）

『母を恋はずや』（松竹蒲田）原作小宮周太郎　構成野田高梧　脚色池田忠雄　脚色補助荒田正雄　撮影青木勇　出演岩田祐吉、吉川満子、大日方伝、加藤清一、三井秀男、野村秋生、奈良真養、笠智衆、逢初夢子、松井潤子、飯田蝶子　5月11日　帝国館　S9巻（2559米）

『浮草物語』（松竹蒲田）原作ジェームス・槇　脚色池田忠雄　撮影・編集茂原英朗　美術監督浜田辰雄　監督補助原研吉、根岸浜男、田中時夫、石川和雄　撮影補助厚田雄春、入江政男　配光中島利光　出演坂本武、飯田蝶子、三井秀男、八雲理恵子（恵美子）、坪内美子、突貫小僧、谷麗光、西村青児、山田長正、青野清、油井宗信、平陽光、若宮満、縣秀介、青山万里子、池部光村　11月23日　帝国館　SD10巻（2438米）

昭和10年（1935）

『箱入娘』（松竹蒲田）原作式亭三右　脚色野田高梧、池田忠雄　撮影茂原英朗　出演飯田蝶子、田中絹代、阪本武、突貫小僧、竹内良一、青野清、吉川満子、縣秀介、大山健二　1月20日　帝国館（1月11日　大阪劇場他）　SD8巻（1847米）

『東京の宿』（松竹蒲田）原作ウィンザアト・モネ（without money のもじり）脚色池田忠雄、荒田正男　撮影・編集茂原英朗　監督助手

原研吉、根岸浜男、西川信夫、石川和雄　撮影助手厚田雄春、入江政夫、桜井清寿　録音土橋晴夫　作曲指揮伊藤宣二　演奏松竹蒲田楽団　音楽監督堀内敬三　美術監督浜田辰雄　配光中嶋利光　出演坂本武、突貫小僧、末松孝行、岡田嘉子、小嶋和子、飯田蝶子、笠智衆　11月21日　帝国館　SD10巻（2191米）

昭和11年（1936）

『大学よいとこ』（松竹蒲田）　原作ゼームス・槇　脚色荒田正男　撮影茂原英雄　出演近衛敏明、笠智衆、小林十九二、大山健二、池部鶴彦、日下部章、高杉早苗、斎藤達雄、青野清、飯田蝶子、出雲八重子、阪本武、爆弾小僧　3月19日　帝国館、九の内松竹、新宿松竹館（3月14日　大阪劇場）　SD13巻（2352米）

『菊五郎の鏡獅子』（松竹大船）　撮影茂原英雄　出演六代目尾上菊五郎　謡松永和楓　三味線柏伊三郎　太鼓望月太左衛門　財団法人国際文化振興会の委託作品で一般公開せず　土橋式トーキー2巻（530米）

『一人息子』（松竹大船）　原作ゼームス・槇　脚色池田忠雄、荒田正男　撮影杉本正次郎　録音茂原英雄、長谷川栄一　美術監督浜田辰雄　音楽伊藤宣二　音響効果斎藤六三郎　助監督原研吉、根岸浜男、西川信夫　撮影記録下村直治　撮影事務高山傳　撮影補助厚田雄春、桜井清寿、宇野沢仁　配光中島利光　出演飯田蝶子、日守新一、葉山正雄、坪内美子、吉川満子、笠智衆、浪花友子、爆弾小僧、突貫小僧、高松栄子、加藤清一、小島和子、青野清　9月24日　帝国館　10巻（2387米）

昭和12年（1937）

『淑女は何を忘れたか』（松竹大船）　脚本伏見晁、ゼームス・槇　撮影茂原英雄、厚田雄春　録音土橋武夫、妹尾芳三郎　編集原研吉　美術浜田辰雄　音楽伊藤宣二　配光中島利光　助監督根岸浜男、西川信夫、石川和雄、吉村公三郎　出演栗島すみ子、斎藤達雄、桑野通子、佐野周二、坂本武、飯田蝶子、上原謙、吉川満子、葉山正雄、突貫小僧、鈴木歌子、出雲八重子、立花泰子、大山健二、大塚君代、浪花友子　水島光代、久原良子、小牧和子、東山光子　3月3日　帝国館、九の内松竹、新宿松竹館　8巻（2051米）

昭和15年（1940）

『お茶漬の味』予定スタッフ・キャスト　脚本池田忠雄、小津安二郎　撮影厚田雄春　美術浜田辰雄　音楽伊藤宣二　出演吉川満子、桑野通子、三宅邦子、水戸光子、佐分利信、斎藤達雄、三桝豊、春日英子、出雲八重子

昭和16年（1941）

『戸田家の兄妹』（松竹大船）　脚本池田忠雄、小津安二郎　撮影厚田雄治　美術浜田辰雄　音楽伊藤宣二　録音妹尾芳三郎　現像宮城島文一　編集浜村義康　配光内藤一二　出演藤野秀夫、葛城文子、吉川満子、斎藤達雄、三宅邦子、佐分利信、坪内美子、近衛敏明、高峰三枝子、桑野通子、河村黎吉、飯田蝶子、葉山正雄、岡村文子、笠智衆、坂本武、西村青児、谷麗光、文谷千代子、岡本エイ子、出雲八重子、武田春郎、山口勇　3月1日　松竹系　11巻（2896米）

昭和17年（1942）

『父ありき』（松竹大船）　脚本池田忠雄、柳井隆雄、小津安二郎　撮影厚田雄治　美術監督浜田辰雄　録音妹尾芳三郎　現像宮城島文一　編集浜村義康　演出補助西川信夫、鈴木潔、山本浩三、塚本芳夫　撮影補助斎藤毅、鈴木一男、井上晴二、竹馬義一　配光内藤一二　音楽彩木暁一　出演笠智衆、佐野周二、津田晴彦、佐分利信、坂本武、水戸光子、大塚正義、日守新一、西村青児、谷麗光、河原侃二、倉田勇助、宮島健一、文谷千代子、奈良真養、大山健二、三井秀男、葉山正雄、永井達郎、藤松正太郎、小藤田正一　4月1日　白系　11巻（2588米）

『ビルマ戦線・遥かなり父母の国』予定スタッフ・キャスト　脚本斎藤良輔、秋山耕作、小津安二郎　撮影厚田雄春　美術浜田辰雄　音楽彩木暁一　録音妹尾芳三郎　製作担当磯野利七

郎　出演西村青児、笠智衆、佐野周二、坂本武、長尾寛、油井宗信、志村久、小藤田正一、藤松正太郎

昭和22年（1947）

『長屋紳士録』（松竹大船）脚本池田忠雄、小津安二郎　撮影厚田雄春　製作担当久保光三　録音妹尾芳三郎　照明磯野春雄　美術浜田辰雄　編集杉原よ志　現像林龍次　焼付小林四郎　音楽斎藤一郎　監督部本郷武雄、塚本粧吉、山本浩三、田代幸蔵、武田義晴　撮影部中村喜代治、川又昻、井上晴二、老川元薫　出演飯田蝶子、青木放屁（富宏）、小沢栄太郎、吉川満子、河村黎吉、三村秀子、笠智衆、坂本武、高松栄子、長船フジヨ、河野裕一、谷よしの、殿山泰司、西村青児　5月20日　7巻（1973米）

昭和23年（1948）

『風の中の牝雞』（松竹大船）脚本斎藤良輔、小津安二郎　撮影厚田雄春　製作久保光三　調音妹尾芳三郎　録音宇佐美駿　照明磯野春雄　美術浜田辰雄　音楽伊藤宣二　装置斎藤竹次郎　編集浜村義康　監督助手山本浩三、塚本粧吉、田代幸蔵、中川義信　撮影助手井上晴二、赤松隆司、川又昻、老川元薫、舎川芳次　出演佐野周二、田中絹代、村田知英子、笠智衆、坂本武、高松栄子、水上令子、文谷千代子、長尾敏之助、中川建三、岡村文子、清水一郎、三井弘次、手代木國男、谷よしの、長船フジヨ、青木放屁　9月17日　国際劇場　10巻（2296米）

昭和24年（1949）

『晩春』（松竹大船）原作広津和郎『父と娘』より　脚本野田高梧、小津安二郎　撮影厚田雄春　製作山本武　美術浜田辰雄　調音妹尾芳三郎　録音佐々木秀孝　照明磯野春雄　編集浜村義康　音楽伊藤宣二　監督助手山本浩三、塚本粧吉、田代幸蔵、斎藤武市　撮影助手井上晴二、川又昻、老川元薫、舎川芳次、松田武生　出演笠智衆、原節子、月丘夢路、杉村春子、青木放屁、宇佐美淳、三宅邦子、三島雅夫、坪内美子、桂木洋子、清水一郎、谷崎純、高橋豊子、紅沢

葉子　観世流「杜若」（恋之舞）シテ梅若万三郎、ワキ野島信　9月13日　国際劇場　12巻（2964米）

昭和25年（1950）

『宗方姉妹』（新東宝）原作大佛次郎『宗方姉妹』（朝日新聞連載）より　脚本野田高梧、小津安二郎　撮影小原譲治　照明藤林甲　録音神谷正和　音楽斎藤一郎　美術下河原友雄　助監督内川清一郎　編集後藤敏男　製作主任加島誠哉　製作児井英生、肥後博　出演田中絹代、高峰秀子、上原謙、高杉早苗、笠智衆、山村聰、堀雄二、河村黎吉、斎藤達雄、藤原釜足、坪内美子、一の宮あつ子、堀越節子、千石規子　8月25日　丸の内ピカデリー　12巻（3080米）

昭和26年（1951）

『麦秋』（松竹大船）　脚本野田高梧、小津安二郎　製作山本武　撮影厚田雄春　美術浜田辰雄　録音妹尾芳三郎　照明高下逸男　現像林龍次　編集浜村義康　音楽伊藤宣二　監督助手山本浩三　撮影助手川又昂　出演原節子、笠智衆、淡島千景、三宅邦子、菅井一郎、東山千栄子、杉村春子、二本柳寛、井川邦子、高橋豊子、高堂国典、宮口精二、志賀眞津子、村瀬禅、城沢勇夫、伊藤和代、谷崎純、佐野周二　10月3日　13巻（3410米）

昭和27年（1952）

『お茶漬の味』（松竹大船）脚本野田高梧、小津安二郎　製作山本武　撮影厚田雄春　美術浜田辰雄　録音妹尾芳三郎　照明高下逸男　編集浜村義康　音楽斎藤一郎　監督助手山本浩三　撮影助手川又昂　出演佐分利信、木暮実千代、鶴田浩二、笠智衆、淡島千景、津島恵子、三宅邦子、柳永二郎、十朱久雄、望月優子、設楽幸嗣、北原三枝、長尾敏之助　10月1日　12巻（3156米）

昭和28年（1953）

『東京物語』（松竹大船）脚本野田高梧、小津

安二郎　製作山本武　撮影厚田雄春　美術浜田辰雄　録音妹尾芳三郎　照明高下逸男　音楽斎藤高順　編集浜村義康　監督助手山本浩三　撮影助手川又昂　出演笠智衆、東山千栄子、原節子、杉村春子、山村聰、三宅邦子、香川京子、東野英治郎、中村伸郎、大坂志郎、十朱久雄、長岡輝子、桜むつ子、高橋豊子、安部徹、三谷幸子、村瀬禅、毛利充宏、長尾敏之助　11月3日　14巻（3702米）

昭和31年（1956）

『早春』（松竹大船）　脚本野田高梧、小津安二郎　製作山内静夫　撮影厚田雄春　美術浜田辰雄　録音妹尾芳三郎　照明加藤政雄　音楽斎藤高順　編集浜村義康　監督助手田代幸蔵　撮影助手川又昂　出演淡島千景、池部良、高橋貞二、岸恵子、笠智衆、山村聰、藤乃高子、田浦正巳、杉村春子、浦辺粂子、三宅邦子、東野英治郎、三井弘次、加東大介、須賀不二夫、田中春男、中北千枝子、山本和子、永井達郎、諸角啓二郎、中村伸郎、宮口精二、長岡輝子、増田順二、山田好一、菅原通済、村瀬禅、杉田弘子　1月29日　16巻（3956米）

昭和32年（1957）

『東京暮色』（松竹大船）　脚本野田高梧、小津安二郎　企画山内静夫　撮影厚田雄春　美術浜田辰雄　録音妹尾芳三郎　照明青松明　音楽斎藤高順　編集浜村義康　監督助手山本浩三　撮影助手川又昂　出演原節子、有馬稲子、笠智衆、山田五十鈴、高橋貞二、田浦正巳、杉村春子、山村聰、信欣三、藤原釜足、中村伸郎、宮口精二、須賀不二夫、浦辺粂子、三好栄子、田中春男、山本和子、長岡輝子、桜むつ子、増田順二、山田好一、長谷部朋香、島村俊雄、森教子、石川克二、菅原通済　4月30日　15巻（3841米）

昭和33年（1958）

『彼岸花』（松竹大船）　原作里見弴（「文藝春秋」6月号所載、角川書店刊）　脚本野田高梧、小津安二郎　製作山内静夫　撮影厚田雄春　美

術浜田辰雄　録音妹尾芳三郎　音楽斎藤高順　照明青松明　編集浜村義康　色彩技術老川元薫　監督助手山本浩三　撮影助手川又昂　出演佐分利信、田中絹代、有馬稲子、久我美子、佐田啓二、高橋貞二、桑野みゆき、笠智衆、浪花千栄子、渡辺文雄、中村伸郎、北竜二、高橋とよ、桜むつ子、長岡輝子、十朱久雄、須賀不二夫、江川宇礼雄、菅原通済、竹田法一、小林十九二、山本富士子　9月7日　東京劇場　アグファカラー12巻（3225米）

昭和34年（1959）

『お早よう』（松竹大船）　脚本野田高梧、小津安二郎　製作山内静夫　撮影厚田雄春　美術浜田辰雄　音楽黛敏郎　録音妹尾芳三郎　照明青松明　編集浜村義康　色彩技術老川元薫　監督助手田代幸三　撮影助手舎川芳次　出演佐田啓二、久我美子、笠智衆、三宅邦子、杉村春子、設楽幸嗣、島津雅彦、高橋とよ、沢村貞子、東野英治郎、長岡輝子、三好栄子、泉京子、田中春男、大泉滉、須賀不二夫、殿山泰司、佐竹明夫、諸角啓二郎、桜むつ子、竹田法一、島村俊雄、菅原通済　5月12日　アグファ松竹カラー7巻（2570米）

『浮草』（大映東京）　製作永田雅一　企画松山英夫　脚本野田高梧、小津安二郎　撮影宮川一夫　美術下河原友雄　音楽斎藤高順　録音須田武雄　照明伊藤幸夫　色彩技術田中省三　舞台指導上田吉二郎　助監督中村倍也　編集鈴木東陽　製作主任松本賢夫　現像東京現像所（アグファカラー）　出演中村鴈治郎、京マチ子、若尾文子、川口浩、杉村春子、野添ひとみ、笠智衆、三井弘次、田中春男、入江洋佑、星ひかる、潮万太郎、浦辺粂子、高橋とよ、桜むつ子、賀原夏子、島津雅彦、菅原通済　11月17日　アグファカラー9巻（3259米）

昭和35年（1960）

『秋日和』（松竹大船）　原作里見弴（「文藝春秋」8月号所載、角川書店刊）　脚本野田高梧、小津安二郎　製作山内静夫　撮影厚田雄春　美術浜田辰雄　音楽斎藤高順　録音妹尾芳三郎

照明石渡健蔵　編集浜村義康　録音技術金子盈色彩技術老川元薫　フイルムアグファ松竹カラー　現像東京現像所　監督助手田代幸三　出演原節子、司葉子、岡田茉莉子、佐田啓二、桑野みゆき、三上真一郎、佐分利信、笠智衆、中村伸郎、三宅邦子、沢村貞子、北竜二、渡辺文雄、千之赫子、田代百合子、須賀不二男、高橋とよ、桜むつ子、十朱久雄、南美江、岩下志麻、菅原通済、設楽幸嗣、島津雅彦、竹田法一　11月13日　アグファ松竹カラー11巻（3518米）

昭和36年（1961）

『小早川《こはやかわ》家の秋』（宝塚映画）　製作藤本真澄、金子正且、寺本忠弘　脚本野田高梧、小津安二郎　撮影中井朝一　美術下河原友雄　照明石井長四郎　音楽黛敏郎　録音中川浩一　整音下永尚　助監督竹前重吉　編集岩下広一　出演原節子、司葉子、新珠三千代、小林桂樹、宝田明、加東大介、団令子、白川由美、山茶花究、藤木悠、杉村春子、望月優子、浪花千栄子、笠智衆、東郷晴子、環三千世、島津雅彦、遠藤辰雄、内田朝雄、森繁久弥、中村鴈治郎　10月29日　アグファカラー7巻（2815米）

昭和37年（1962）

『秋刀魚の味』（松竹大船）　脚本野田高梧、小津安二郎　製作山内静夫　撮影厚田雄春　美術浜田辰雄、荻原重夫　音楽斎藤高順　録音妹尾芳三郎　照明石渡健蔵　編集浜村義康　録音技術石井一郎　色彩技術渡辺旦　監督助手田代幸三　撮影助手老川元薫　出演笠智衆、岩下志麻、佐田啓二、岡田茉莉子、吉田輝雄、牧紀子、三上真一郎、中村伸郎、東野英治郎、三宅邦子、岸田今日子、環三千世、北竜二、高橋とよ、浅茅しのぶ、織田政雄、須賀不二男、加東大介、杉村春子、菅原通済、緒方安雄　11月18日　アグファ松竹カラー9巻（3087米）

（関口良一作製）

年譜

本年譜は、『小津安二郎—人と仕事—』所収の年譜を基礎資料として、更に同書所収の日記、記事を参照、引用した。その上で、『小津安二郎を読む』、『キネマ旬報増刊　小津安二郎・人と芸術』（特に「自作を語る」）、佐藤忠男『小津安二郎の芸術』、ドナルド・リチー『小津安二郎の美学』、田中純一郎『日本映画発達史』、『キネマ旬報』（特に時報欄）、『映画史研究』14号（藤田明「代用教員・小津安二郎」）、当時の新聞記事、広告等を参照し、適宜追加、修正を行なった。年間作品本数、配収順位等は、『キネマ旬報』の決算特別号の資料に拠ったので、他の資料と異なる場合がある。

明治36年（1903）
12月12日、東京市深川区万年町、肥料問屋「湯浅屋」に生まれる。父寅之助、母あさゑ、五人兄妹の次男。三歳年上の兄新一がいた。『大列車強盗』（エドウィン・S・ポーター監督）の年。国内では最初の映画常設館、浅草電気館が10月に開場。

明治38年（1905）　2歳
深川区亀住町七番地に転居。

明治42年（1909）　6歳
東京市立深川区明治小学校附属明治幼稚園に入園。

明治43年（1910）　7歳
4月1日、東京市立深川区明治尋常小学校に入学。この頃から絵を描くのが好きだった。

大正2年（1913）　10歳

3月、子供の教育は田舎の方がいいという父の考えで、一家は父の故郷三重県松阪町垣鼻《かいばな》七八五に転居。父だけ東京に残る。4月1日、松阪市立第二尋常小学校四年に転入。

大正5年（1916）　13歳

3月、同尋常小学校卒業。4月8日、三重県立第四中学校（小津の在学中に宇治山田中学校と改名、現宇治山田高校）に入学。寄宿舎に入り、柔道をやる。

大正6年（1917）　14歳

この年公開されたアメリカ映画『シヴィリゼーション』（トマス・H・インス監督）を見て、映画監督になろうと決心。既に、自宅近くの小屋で「松之助のカツドウ」を見て映画が病みつきになり、『クオ・ヴァディス』、『ポンペイ最後の日』などのイタリア歴史映画が名古屋に来た時には、学校を休んで見に行く。ブルーバード映画の女優メリー・マクラレンの表情を戦後になってからも印象深く思い出す。谷崎潤一郎や芥川龍之介を耽読。カメラもこの頃からいじり始める。

大正9年（1920）　17歳

一学期の終り頃、下級生の美少年に付け文をしたという「稚児事件」に連座、停学処分を受け、寄宿舎から追放され、自宅からの汽車通学となる。この時の舎監との同席を、戦後に至っても拒否。

大正10年（1921）　18歳

3月、宇治山田中学校卒業。神戸高商（現神戸大学経済学部）を受験するが落ちる。

大正11年（1922）　19歳

三重県立師範学校を受験して落ちる。3月31日、三重県飯南郡宮之前の尋常高等小学校に代用教員として勤める。松阪から約三十キロの山の中だが、週末には必ず映画を見に山を降りたという。教室でたくみに活劇の筋を語り、子供たちを喜ばせた。12月、安二郎と女学校在学中の妹ときを残し、一家は東京市深川区和倉町に転居、父と暮す。

大正12年（1923）　20歳

3月、ときの女学校卒業を機に代用教員を辞し、共に上京。8月1日、叔父の一人につてがあり、松竹キネマ蒲田撮影所に撮影部助手として入社。父は反対。小原譲治、杉本正二郎、浜村義康、茂原英雄が先輩にいた。9月1日、関東大震災。家は焼けたが一家は無事。被災後、蒲田撮影所の主要スタッフは京都市下加茂の時代劇用スタジオに一時移転して製作を続行。東京には島津保次郎監督の一組だけが残り、臨時所長代理となった城戸四郎のもとで撮影を再開。小津は斎藤寅次郎らと共に居残り組だった。

大正13年（1924）　21歳

一家は深川区亀住町二番地に新居を構え、肥料問屋はやめて「小津地所部」の看板を出す。1月、松竹現代劇部、蒲田撮影所に復帰。7月1日、野村芳亭に代り、城戸四郎が蒲田撮影所長に就任。12月1日、現役の一年志願兵として東京・青山の近衛歩兵第四聯隊に入営。この年、小津が後々まで言及するアメリカ映画『結婚哲学』（エルンスト・ルビッチュ監督）と『巴里《パリー》の女性』（チャールズ・チャップリン監督）公開。

大正14年（1925）　22歳

11月30日、伍長で除隊。

大正15年・昭和元年（1926）　23歳

斎藤寅次郎に頼み、大久保忠素監督のサード助監督となる。この頃、斎藤寅次郎、清水宏、佐々木啓祐、浜村義康と共同で蒲田に家を借りる。成瀬巳喜男、茂原英雄（朗）とも親しくなる。

昭和2年（1927）　24歳

夜間撮影の後、食堂で順番を飛ばされ、「助手は後まわしだ」と言った相手に殴りかかるという「カレー事件」を起こし、所長室に呼ばれたのがきっかけとなって『瓦版かちかち山』の脚本を提出。8月、監督に昇進（但し時代劇部）。9月、第一作『懺悔の刃』撮影。アメリカ映画『文明の破壊』（キック・イン）』（ジョージ・フィッツモーリス監督）と『豪雨の一夜』（アーサー・ロッスン監督）のストーリーをもとにした小津の原案を野田高梧が脚色した唯一の時代劇。同月25日、予備役召集を受け、三重県津市の歩兵第三十三聯隊に入営。前日、津市宿屋町の祖母を訪ね一泊している。『懺悔の刃』はファースト・シーンのみ斎藤寅次郎が撮って完成。10月14日、『懺悔の刃』公開。小津、前日除隊。11月、蒲田撮影所、時代劇部を廃止。

昭和3年（1928）　25歳

城戸所長の方針で、会社はノースターの短編ナンセンス喜劇を量産。第一作のあと会社の出した企画を六、七本断わる。4月29日、『若人の夢』公開。小津のオリジナル脚本。撮影・茂原英雄とのコンビが始まり、撮影助手に厚田雄春（治）がつく。6月15日、『女房紛失』公開。8月31日、『カボチャ』公開。9月28日、『引越し夫婦』公開。原案の菊地一平は筆名。12月1日、『肉体美』公開。このセット撮影で初めてロー・ポジションを使ったと後年述懐している。

昭和4年（1929）　26歳

2月22日、『宝の山』公開。4月13日、『若き日』公開。スキー場面の撮影で赤倉へロケ、茂原英雄の実家の旅館「高田屋」に泊まる。実生活でも毎年滑りに来る。7月5日、『和製喧嘩友達』公開。9月6日、『大学は出たけれど』公開。初めてスター（高田稔、田中絹代）が出る。10月25日、『会社員生活』公開。11月24日、『突貫小僧』公開。原作者の野津忠二は、野田高梧・小津安二郎・池田忠雄・大久保忠素の合成、当時輸入されたドイツ・ビールの飲み代を稼ぐために一同が合作。

昭和5年（1930）　27歳
1月5日、『結婚学入門』公開。松竹のトップ・スター栗島すみ子の正月ものを任される。3月1日、『朗かに歩め』公開。4月11日、『落第はしたけれど』公開。7月6日、『その夜の妻』公開。城戸所長が気に入り、温泉に行かせてくれるが、そこで一本撮らされる。同月27日、その一本『エロ神の怨霊』公開。10月3日、『足に触った幸運』公開。12月12日、『お嬢さん』公開。オールスター・キャストの大作。ギヤグマンとしてジェームス・槇の名が現われる。伏見晁、池田忠雄、北村小松たちと共同で使おうと拵えたペンネームだが、誰も使わないので小津専用となる。初めてキネマ旬報のベスト・テンに選ばれる（三位）。この頃からライカに凝り始める。

昭和6年（1931）　28歳
2月7日、『淑女と髯』公開。岡田時彦とウマが合い、八日間で撮り上げる。この後、清水宏監督『銀河』のスキー場面の撮影を頼まれ、赤倉へ出かける（同月14日公開）。5月29日、『美人哀愁』公開。完成後、岡田時彦と京都旅行。大久保忠素が製作部長に転じていた下加茂撮影所の井上金太郎監督と意気投合する。8月1日、国産初の本格トーキー『マダムと女房』（五所平之助監督・松竹・土橋式）公開。同月15日、『東京の合唱』公開。ベスト・テン三位。9月2日、鈴木伝明、岡田時彦、高田稔の松竹三スター連名退社、不二映画を設立。小津は清水宏とともに引き留めに動いたというが失敗。11月から『生れてはみたけれど』、12月から『春は御婦人から』を交互に撮り進める。

昭和7年（1932）　29歳
1月29日、『春は御婦人から』公開。6月3日、『生れてはみたけれど』公開。内容が暗いと、東京では二カ月近くオクラにされていた。初めて意識的にフェイド・イン、フェイド・アウトを止め、カットで終らせてみた。潤色の燻屋鯨兵衛は小津のペンネーム。5～11月、『また逢ふ日まで』撮影。その間に『青春の夢いまいづこ』を一カ月で撮る。10月13日、『青春の夢いまいづこ』公開。11月24日、『また逢ふ日まで』公開。初のサウンド版。

昭和8年（1933）　30歳

1月1日、信州の温泉で過ごす。同月9日、『非常線の女』脚本の相談で池田忠雄と湯河原へ行く。湯河原へは、脚本の相談や週末を過しに頻繁に通った。定宿「中西」は志賀直哉の定宿でもあり、後に知遇を得る。2月9日、『東京の女』公開。会社から急かされ九日間で撮る。画面のポジションがこの頃から決まってくる。原作者のエルンスト・シュワルツは小津・野田・池田の合作名。3月7日、キネマ旬報推薦名画鑑賞会で挨拶、『生れてはみたけれど』で1932年度ベスト・ワンの賞杯を受ける。20日、MGMの試写室で『犯罪都市』（ルイス・マイルストン監督）を見る。4月27日、『非常線の女』公開。伊豆へ旅に出る。6月3〜5日、会津若松、猪苗代湖、福島方面を旅行。6日、水久保澄子、逢初夢子と夜の銀座で食事。22日、試みに百メートル疾走、$14\frac{4}{5}$秒。7月2〜5日、『出来ごころ』脚本相談で池田忠雄と湯河原滞在。久米正雄と同宿になり話し込む。18日、『出来ごころ』撮影開始。浮世絵を銅版画で見せようと狙う。喜八物の第一作。9月7日、『出来ごころ』公開。16日、後備役の演習で津市の歩兵第三十三聯隊に入営。この時毒ガスの特殊教育を受けた。10月1日、除隊。松阪で中学時代の級友と会う。3〜7日、京都へ行き、大久保忠素や井上金太郎、秋山耕作、荒井良平らと交歓。井上を介して当時日活の山中貞雄と会い、映画を語りつつ飲み明かす。山中は『非常線の女』が大好きで撮影中よくその字幕を愛誦していた。『河内山宗俊』の原節子、市川扇升の姉弟には『非常線の女』の水久保澄子、三井秀男（弘次）姉弟の投影が見られるともいう。この頃より時々睡眠薬ヂャール（Dial）を服用している。11月、『瓦版かちかち山』を井上金太郎に譲ると新聞に報道（昭和9年10月3日、ジェームス・槇原作、荒田正男脚本により公開）。

昭和9年（1934）　31歳

1月8日、上京した山中貞雄と湯河原行き。清水宏、井上金太郎、岸松雄が同行。山中は18日迄滞在、銀座・浅草・横浜本牧のチャブ屋などを案内する。14〜19日、小津演出によるアトラクション『春は朗かに！』帝劇で公演。併映はドイツ映画『狂乱のモンテカルロ』（ハンス・シュワルツ監督）と米RKOの『世界大洪水』。16日、岡田時彦、肺結核で死去、三十二歳。病床に斎藤達雄たちと寄せ書きをした。20日、『春は朗かに！』好評につき三越ホールで再演。2月7日、海軍の遠洋航海撮影のためドイツへ行く茂原英雄の送別会。9日、眼の血管がやぶれ、眼医者から禁酒を言い渡される。3〜5月、『母を恋はずや』撮影。美術の浜田辰雄と初めて組む。原案の小宮周太郎は小津のペンネーム。3月3日、岸松雄と『風流活人剣』（山中貞雄監督）を見る。18日、上京した山中と歌舞伎座へ『京鹿子娘道成寺』を見に行き、深川の小津家に泊める。19日、青木富夫（突貫小僧）、坂本武を伴いキネマ旬報推薦名画鑑賞会で講演、『出来ごころ』で1933年度のベスト・ワン。4月2日、父寅之助死去。六十九歳。狭心症による急な死。5月11日、『母を恋はずや』公開。題名をめぐり池田忠雄と伊丹万作が論争。城戸所長、次回作に明朗なものを希望。22〜28日、母あさゑ、弟信三と父の遺骨を高野山に納めに行く。帰路大阪で中学の級友と、京都で山中たちと会う。6月2〜5日、野田高梧、池田忠雄、北村小松、柳井隆雄、清水宏、斎藤良輔、佐々木康と旅行。下呂温泉、飛騨の高山から日本ライン下り。11日、池田忠雄と野田高梧を訪れ次回作のストーリーを相談。16日、PCL（東宝の前身）に移る成瀬巳喜男と語り明かす。20日、東劇で、もと松竹の仲木貞一監督による六代目菊五郎の『鏡獅子』のテスト撮影に立ち会う（未完成）。翌日、初めて六代目の楽屋を訪問。7月26日、午前五時に起きて、横須賀入港の茂原英雄を迎える。8月5〜12日、『浮草物語』信州ロケハン。14〜16日、母、弟と熱海滞在。17〜19日、弟と木曾旅行。27日、野村芳亭の告別式に参列。31日、帝劇で『或る夜の出来事』（フランク・キャプラ監督）を見る。9月2日、日劇で『愛憎峠』（溝口健二監督）『唄祭三度笠』（伊藤大輔監督）を見る。6日、箱根で脚本、宣伝、庶務各部長と監督たちの会議。江川宇礼雄、岡譲二、逢初夢子が退社、協同映画社に参加の件について。7日、小津一人蒲田に戻り『浮草物語』の撮影を続ける。30日、上京の山中貞雄を自宅に泊める。折から大久保忠素も上京、同宿。この頃、鎌倉への転居を考える。10月13日、城戸所長、野田高梧、池田忠雄、清水宏とトーキーをめぐり論戦。15日、『その夜の女』（島津保次郎監督）を見る。11月19日、『浮草物語』夕方から音入れ。22日、『浮草物語』公開。検閲で三カ所切られる。12月、『箱入娘』撮影。原案の式亭三右は小津のペンネーム、もしくは小津・野田・池田の合作名。年内完成の予定がキャメラ故障のため越年、元日アップとなる。

昭和10年（1935）　32歳

1月4日、『箱入娘』試写。9日、検閲で三十メートル切られる。同日、JOAKで放送の映画劇『箱入娘』を演出。10～13日、出演者たちと湯河原、熱海行き。15日、スタッフと湯ヶ島行き。17日、城戸所長、野田高梧と湯河原行き。20日、『箱入娘』公開。シリーズ化の予定だったが一作止まり。21日、池田忠雄と大相撲千秋楽を見物。23日、ルネ・クレールについての座談会に出席。25日、新築の六代目菊五郎邸を訪問。芸談を聞きに楽屋へはよく通う。27日、双葉山以下の関取衆を芝浦の「雅叙園」に招待、清水宏、坂本武、飯田蝶子、吉川満子らが同席。2月、脚本の相談などで何度か湯河原行き。その際、小田原まで飲みに出かけ「清風楼」の芸者森栄と知り合う。以後、関係が深まる。3月8日、清水宏、斎藤良輔と『国定忠治』（山中貞雄監督）を見る。16日、『東京よいとこ』の脚本出来る。21日、『麦秋《むぎのあき》』（キング・ヴィダー監督）公開。23日、大日方伝の東京発声入りで主役が日守新一に変る。30日、飯田蝶子、坂本武とキネマ旬報推薦名画鑑賞会に出席し講演、

『浮草物語』で三年連続ベスト・ワン受賞。4月9日、『東京よいとこ』撮影開始。飯田蝶子大幹部昇進記念映画となる予定。20日、飯田蝶子の胃痛で撮影一時中止。後、胆石で入院。22～24日、信州ロケハン。27日、浅草松屋ロケハンの後、順天堂病院に飯田蝶子を見舞う。5月17日、キネマ旬報社と野球の試合をして勝つ。18～20日、清水宏、伏見晁ら監督・脚本部の面々十二名と東北旅行。同月30日～6月3日、池田忠雄と湯河原滞在。新たな脚本を考える。13日、城戸所長より『鏡獅子』の話。15日、『東京の宿』脚本完成。原作者ウィンザアト・モネは小津・池田・荒田の合作名。土橋式トーキーでとの声が出るが「茂原氏とは年来の口約あり、口約を果さんとせバ監督廃業にしかず」(日記)。16日、夜、城戸所長を自宅に訪ね、茂原式トーキーについて話す。18日、所長室に茂原英雄を伴い話す。20日、『東京の宿』撮影開始。並行して『鏡獅子』打ち合わせ、テスト。25日、打ち出し後の歌舞伎座で『鏡獅子』徹夜で撮影。初のトーキー。パン、俯瞰も使用。27日、『東京の宿』セット撮影の後、『鏡獅子』の整理、徹夜となる。28日、丸の内松竹で試写。六代目邸でシャンパンで祝盃。7月10日、演習召集で青山の近衛歩兵第四聯隊に入営。31日、除隊。その日のうちに清水宏、池田忠雄と箱根行き。小田原にも寄る。8月12日、上京の井上金太郎、清水宏と鬼怒川行き。山中貞雄、滝沢英輔、八尋不二らと合流する。28日、MGM試写室で『結婚の夜』(キング・ヴィダー監督)を見る。9月7日、徐廷権対クリス・ピネダの拳闘試合を見てから、池田忠雄、荒田正男(雄)と箱根行き。28日、『東京の宿』の残り全部撮り終る。10月5日、次回作『大学よいとこ』に決まる。内容の暗さゆえに、二年前、保留になっていた。蒲田の脚本研究所で講義。11月～翌年1月、『大学よいとこ』撮影。11月21日、『東京の宿』公開。25日、劇団「笑ひの王国」が『出来ごころ』を上演することになり、原作料をもらう。30日、日大芸術科の映画座談会に出席。12月11日、自宅で『大学よいとこ』の作詞をする。31日、丸の内松竹で茂原式トーキーのテスト。銀座から深川まで飲みながら越年。

昭和11年（1936）　33歳

1月16日、大船撮影所開所式。2月4日、芝区高輪南町二十八番地に家を借り、母、弟と共に転居。3月1日、日本映画監督協会発会式。協会の関係で内田吐夢、田坂具隆と会食するようになる。運営には積極的に関わり、協会のマークもデザインする。19日、『大学よいとこ』公開。4～9月、『一人息子』撮影。『東京よいとこ』をトーキー用に書き直した、茂原式によるトーキー劇映画第一作。大船作品となっているが、システムが異なるため、無人の蒲田で夜間撮影された。茂原式トーキーでの撮影をめぐっては、土橋式と一騒動あった。5月14日、歌舞伎座の楽屋で小姓と獅子の精の扮装の様子を撮り足して『鏡獅子』を完成。6月29日、『鏡獅子』帝国ホテル演芸場で国際文化振興会主催の試写会。9月23日、『一人息子』、丸の内松竹にて講演付きの深夜プレミア公開。10月、溝口健二が京都の第一映画から東京の新興キネマに移ったのを機に、内田、田坂と四人で会食が定例化する。12月、『淑女は何を忘れたか』脚本書きあげる。

昭和12年（1937）　34歳

1月3日、山中貞雄よりPCL入りする旨の手紙。6日、仕事はじめ、俳優部と野球。13日、『淑女は何を忘れたか』撮影開始。これは土橋式で撮り、妹尾芳三郎が付く。18日、撮影所本館二階に監督個室出来る。撮影中泊ってみるがよく眠れず。20日、内田吐夢来所、『裸の町』の脚本の相談。28日、母堂の逝去で帰郷する茂原英雄を早朝の上野駅に送る。厚田雄春が交代。2月4日、茂原戻る。7日、監督協会府中刑務所を見学、多摩川の日活撮影所で『蒼氓』（熊谷久虎監督）の試写を見る。13～14日、茂原英雄、胃痙攣で休む。3月1日、『淑女は何を忘れたか』試写に川端康成、林房雄が来る。3日、『淑女は何を忘れたか』公開。12日、スタッフと熱海行き。18日、『森の石松』（山中貞雄監督）と『我等の仲間』（ジュリアン・デュヴィヴィエ監督）を見る。4月7日、『裸の町』（内田吐夢監督・日活）試写。のち画家・監督・脚本家混成の「悪童会」。15〜21日、内田吐夢、八木保太郎、伏見晁と古奈行き。『限りなき前進』の原作となる『愉しき哉　保吉君』を内田吐夢に譲る（11月18日公開）。25日、『朱と緑』（島津保次郎監督）を見てから、城戸所長、野田高梧、伏見晁たちと「香風園」行き。30日、伏見晁と『失はれた地平線』（フランク・キャプラ監督）を見る。6月9日、山中貞雄、岩田専太郎と会い、『愛怨峡』（溝口健二監督）を見る。21日、シナリオ作家協会と監督協会の合同会議、上演放送料など取り決め。25日、荒田正男、中西文吾と新宿に劇場を建てる相談（中西は新宿に舶来品店を出していたモダンな地主の息子、スポーツマンでプレイボーイのインテリ、後の銀座・田屋主人。小津は誘われてゴルフや赤坂に付き合った）。26日、丸善に劇場の本を見に行く。同日、村田実死去。山中貞雄、滝沢英輔、成瀬巳喜男と弔問。29日、映画人葬。井上金太郎が上京、棺を担う。7月1日、浅草で国際劇場の開場式に出席の後、監督協会で連日の会議。12日、清水宏、斎藤良輔の車に便乗して池田忠雄と小田原行き。7月17日、池田忠雄、柳井隆雄と自宅で脚本の相談を始める。後の『父ありき』。8月3日、小田原より電報で呼び戻され出社。時局柄ネガフィルム高騰のため、節約せよとのこと。原研吉の戦争映画の撮影を見学。23日、脚本を書き始める。25日、『人情紙風船』（山中貞雄監督）公開。26日、脚本の相談中、山中貞雄が岸松雄、滝沢英輔と訪れ、前日召集令状を受け取ったことを告げる。庭の鶏頭が真赤だった。8月30日〜9月5日まで、「茅ヶ崎館」にて脚本執筆。9月9日、小津にも召集令状が来る。10日、東京・竹橋の近衛歩兵第二聯隊に入る。24日、大阪より出航。ライカを持って行く。映画人ということで特に許可された。27日、上海に上陸。配属された部隊は毒ガスを扱う。以後各地を転戦。12月20日、滁県入城、翌年1月末まで警備につく。前日の戦闘では戦友を包囲から救う。

昭和13年（1938）　35歳
1月12日、公用で上海に出張の帰路、南京から九里の句蓉に山中貞雄を訪問。三十分程の出会い。清水宏に寄せ書き。6月1日、軍曹に進級。同月26日〜9月6日、南京に駐留。出発前に佐野周二を訪ねる。9月17日、山中貞雄戦病死。新聞で知った小津はそのまま数日間口をきかなかったという。12月20日、「中央公論」十二月号の山中貞雄の遺書と「撮影に関するノート」を手帳に書き写す。26〜29日、部隊長たちと漢口滞在。佐野周二を訪ねる。従軍中、「監督伍長」として何度か新聞に取り上げられ、ニュースにも撮られた。又、隊のマスコットとして二人の中国人孤児の面倒を見る。この間『五人の斥候兵』（田坂具隆監督）、『螢の光』（佐々木康監督）などを見ている。

昭和14年（1939）　36歳
1月26日、里見弴『鶴亀』を読む。30日、南昌攻略戦のため漢口に集結。佐野周二を訪ねる。2月1日、佐野と飲む。3月20日、修水河渡河、雨中の激戦。22〜31日、南昌南方まで進撃、強行軍。歩兵だった山中貞雄の供養と思って頑張る。行軍中、死体の傍で無心に遊ぶ赤ん坊にグリフィスの『世界の心』を思う。4月18日、五所平之助から谷崎源氏と日本小説代表作全集が届く。5月2日、通信兵と野球、三打席三安打。9日、『暗夜行路』後編を初めて読み、何年もなかった感動を受ける。15日、南京出張の途中、九江で、負傷療養中の長岡博之松竹キャメラマンと出会う。何度か見舞いに行き、帰路も寄る。20〜28日、南京滞在。『土と兵隊』撮影で中国に来ている田坂具隆に、何とか都合して会えないかと手紙を出すが、配達が遅れて会えず。名所廻り、玄武湖で釣、映画（『女の友愛』深田修造監督）、支那芝居など見る。帰路、悪寒に襲われてマラリヤかと思う。6月26日、帰還命令下り、半月後に神戸に上陸。級友と会う。7月14日、竹橋の原隊に復帰。16日、召集解除。帰宅。8月8日、京都の山中貞雄の墓に参る。12月、池田忠雄と『彼氏南京へ行く』の脚本を執筆。

昭和15年（1940）　37歳

1〜2月、『お茶漬の味』（『彼氏南京へ行く』改題）製作準備するも、脚本が内務省の事前検閲で全面改訂を申し渡され、製作中止。肥厚性鼻炎の手術と称して、しばらく入院する。2月20日、『山中貞雄シナリオ集』（上巻）竹村書房刊。下巻は9月20日刊、いずれも装幀小津。5〜7月、池田忠雄と『戸田家の兄妹』（当初『兄弟』）の脚本を執筆。10月、『戸田家の兄妹』撮影開始。同月18日、山中貞雄追悼会（於銀座「なごや」）。この年京都に建てられた山中の碑は小津の揮毫による。

昭和16年（1941）　38歳

1〜2月、『戸田家の兄妹』撮影。会社から完成を急がされながら撮影を楽しむ。編集に転向した浜村義康と初コンビ。3月1日、『戸田家の兄妹』公開。小津は当らないという定評を破って大入り。ベスト・ワン入選。5月、召集前に書いた脚本『父ありき』を池田忠雄、柳井隆雄と「茅ヶ崎館」などで訂正。11月、『父ありき』撮影開始。

昭和17年（1942）　39歳

1〜3月、『父ありき』撮影。1月1〜5日、大阪劇場で伏見晁作のアトラクション『健児生まる』を演出。盛況。4月1日、『父ありき』公開。この週より全国の映画館は紅白二系統に分類され、統制配給が始まる。『父ありき』は白系第一作で、紅系の『緑の大地』（島津保次郎監督・東宝）に圧勝。また、前年よりの企業統制で劇映画製作は松竹、東宝、大映の三社に限られる。5月、日本映画監督協会、大日本映画協会に吸収解散。6月、陸軍報道部企画〝大東亜映画〟の内、「ビルマ戦記」の監督に指名され（他の二本は東宝・阿部豊監督『あの旗を撃て』と大映・島耕二監督『シンガポール総攻撃』）、斎藤良輔、秋山耕作と『ビルマ作戦・遥かなり父母の国』の脚本を書くが、佐野周二の再度の出征など諸般の事情により中断。航空機を主題とする『未だ帰還せざるもの一機』、『戸田家の兄妹』続編、満鉄発達史、曾我兄弟裾野の仇討などの構想を雑誌で語る。

昭和18～20年（1943～45） 40～42歳

2～5月、城戸専務南方視察。帰国後所長を辞す。3月10日、『戸田家の兄妹・他』（池田忠雄との共著）青山書院刊。6月、軍報道部映画班員として、斎藤良輔、秋山耕作とシンガポール行き。当時の映画雑誌の消息欄には単に「新作準備中」としか出ていない。十日遅れで厚田雄春も来る。光機関（対インド工作機関）の協力のもとに、インド独立運動を扱った記録映画ふうの『オン・ツウ・デイリー（デリーへ、デリーへ）』を構想、ペナンまでチャンドラ・ボースに会いに行ったり、ジャワへロケハンしたりするが、戦局は映画どころではなく、仕事にならない。後続スタッフに中止の電報を打つが間に合わず、浜田辰雄以下三十数名はすでに出港。船団は戦局の悪化でフィリピンに避難し、日映支社にいた山本武の尽力でようやくシンガポールまでたどり着く。その後、いくらか実景を撮ったが、全然やる気はなかったという。終戦まで一年程の間は全くすることがなく、午前中は読書、午後はテニス、夜は軍報道部で接収したアメリカ映画を見て過す。特にオースン・ウェルズの『市民ケーン』については後年まで印象深く語っている。宿舎は市一番の高層建築「キャセイ・ビル」の五階にあり、小津は海に面した眺望の良い個室で、眼下のチャイナタウンの克明な俯瞰図を描いたり、床に緋毛氈を敷いて「湯豆腐の会」を催したりする。そうした席に在留邦人の美女が姿を見せる。20年8月15日の敗戦以後は軍属を解かれて民間人収容所に入り、ゴム林での労働に従事。暇をみてはスタッフと連句をやり、モンタージュのカンを養う。抑留ジャーナリストたちとガリ版の新聞を発行。撮影ずみのフィルムと脚本は終戦時に焼く。12月、第一次引き揚げ船のクジに当たるがスタッフに譲り、映画班の責任者として最後まで残留。

昭和21年（1946） 43歳

2月12日、広島県大竹に上陸。14日、千葉県野田町山下平兵衛方（次妹とくの嫁ぎ先、キノヱネ醬油山下家の本店）に疎開していた母のもとに帰る。18日、大船撮影所に出社。同月下旬、京都の清水宏、井上金太郎と熱海で落ち合い四日ほど滞在。3月、野田町清水一六三に転居。

昭和22年（1947）　44歳

この頃、監督陣のリーダー格となって会社（専属制から契約制に切り替えていた）との折衝に尽力、新しい契約条件を決める。3～4月、『長屋紳士録』撮影。脚本は十二日間で仕上げた。これより、撮影中は大船撮影所本館二階の監督個室で寝泊まりするようになる。5月20日、『長屋紳士録』公開。完成を待って志賀直哉と対談（「映画春秋」6月号）。この頃一カ月ほど京都に滞在、清水宏、井上金太郎、溝口健二らと交歓。大船撮影所前の食堂「月ヶ瀬」の主人の姪で京都生まれの杉戸益子を連れて行き、婚約者かと騒がれる。彼女は以後、小津の私設秘書的存在となる。京都で『長屋紳士録』のポスターに自分の似顔絵が使われているのを見つけ修正させる。9～10月、斎藤良輔との脚本による『月は上りぬ』、準備に入るが延期。「茅ヶ崎館」が脚本執筆の定宿となる。10～12月、城戸四郎ら三十一名の映画人、戦犯として製作関係から追放。

昭和23年（1948）　45歳

4月、大争議（4～10月）渦中の東宝の監督たちから、職能組合としての監督協会設立の呼びかけが出る。これを受けて各社の監督たちにより日本映画監督協会再建準備委員会が持たれ、5月以降会合が重ねられる。小津は各社毎に代表を選んで準備委員会を結成し、東宝問題とは切り離すべきだと主張、その線に沿った展開となる。5～9月、『風の中の牝雞』撮影。9月17日、『風の中の牝雞』公開。この年公開された松竹映画四十二本中第六位の配給収入。ソフト・エフェクト絶無の撮影技術の評あり。10月8日、松竹本社での日本映画監督協会再結成準備会に出席、規約草案を検討する。同月、準備中の『月は上りぬ』再度延期。11月3日、箱根で監督協会設立準備総会。

昭和24年（1949）　46歳

5月4日、毎日ホールで日本映画監督協会発会式。会員七十余名、会長・溝口健二、副会長・牛原虚彦。小津は事業製作委員長、機関誌「映画監督」編集委員。再び協会のマークをデザインした。5〜9月、『晩春』撮影。この作品以降、脚本執筆は全て野田高梧（『風の中の牝雞』に批判的だった）との共同作業となる。9月13日、『晩春』公開。この年の松竹映画四十四本中配収九位。9〜10月、『月は上りぬ』三度企画に上るも延期となる。

昭和25年（1950）　47歳

2月14日、監督協会、総会で事業協同組合に改組。理事長・溝口健二、専務理事・牛原虚彦。小津は理事、事業融資委員。同月、『晩春』キネマ旬報ベスト・テンで一位。3月4日、『晩春』毎日映画コンクールで日本映画賞、監督賞、脚本賞受賞。5月8日、『宗方姉妹』薬師寺ロケ、スタート。志賀直哉が見に来る。初の他社（新東宝）製作に松竹から助監督二人を伴い、成城の新東宝寮を宿舎とする。関西のロケハンでは清水、井上、溝口らと会う。アメリカ帰りの田中絹代と息が合わず、撮影中緊張した関係が続く。8月25日、『宗方姉妹』公開。この年の日本映画二百十五本中興収二位。9月17日、山中貞雄十三回忌（於銀座「園枝」）。10月13日、戦犯追放の映画人、全員追放解除。

昭和26年（1951）　48歳

3月7日、監督協会臨時総会で財政確立の為に事業活動を活発化する方針が決まり、製作事業委員会（小津委員長）で具体策を協議。21日、フジカラーによる日本最初の総天然色長編劇映画『カルメン故郷に帰る』（木下恵介監督・日本映画監督協会企画）公開。6〜9月、『麦秋』撮影。脚本完成まで半年を要した。関西ロケの時、監督陣頭指揮の小津組と大映京都撮影所チームが野球の試合、溝口健二が観戦。10月

3日、『麦秋』公開。この年の松竹映画五十四本中配収六位。12月17日、『麦秋』芸術祭文部大臣賞受賞。『めし』(成瀬巳喜男監督)と同点、決選投票の結果。

昭和27年(1952)　49歳

1月16日、大船撮影所本館、失火により全焼。小津が撮影中寝泊まりしていた監督個室も焼け、書籍、骨董類が全部灰になった。同月、『麦秋』キネマ旬報ベスト・テンで一位。ブルーリボン監督賞受賞。2月16日、『麦秋』毎日映画コンクールで日本映画賞(『めし』と同点受賞)。2~4月、『お茶漬の味』改訂版脚本執筆。3月22日、熱海でのシンガポールの会に出席。5月2日、北鎌倉、山ノ内一四四五に母と転居。野田高梧、里見弴との交際深まる。6~9月、『お茶漬の味』撮影。ロング、アップ等の区別をカット毎に塗り分けた「色分けコンテ」を使いだしたのはこの頃という。9月29日、鎌倉松竹で『お茶漬の味』ペン・クラブ試写会。10月1日、『お茶漬の味』公開。20日、『お茶漬の味・他』(野田高梧との共著)青山書院刊。24日、カラーフィルムの工場を見学。この月は『輪舞』(マックス・オフュルス監督)、『欲望という名の電車』(エリア・カザン監督)、『巴里のアメリカ人』(ヴィンセント・ミネリ監督)等の映画や、『若き日の信長』(菊五郎劇団)、『娘道成寺』等の舞台、巨人・南海戦(日本シリーズ)、巨人・毎日戦(オープン戦)等のプロ野球、鎌倉近代美術館のイサム・ノグチ展などを見ている。11月10~21日、京都・奈良旅行。往きは清水・溝口と、帰りは里見弴と同道。27日、『戸田家の兄妹』以来の山本浩三助監督第一回監督作品(『妻の青春』)のセットを見学。この頃より野田高梧周辺の若者グループと意識的に付き合い始め、一緒にハイキングに出かけたりする。

昭和28年(1953)　50歳

2~5月、『東京物語』脚本執筆。7~10月、『東京物語』撮影。佐田啓二出演の話あるもスケジュール合わず。10月23日、田中絹代初の監督作品『恋文』（新東宝）、クランク・イン。小津も木下恵介と共に応援出演。11月3日、『東京物語』公開。8日、山中貞雄十七回忌、ゆかりの面々と京都大雄寺に墓参。10日、中国より帰国の内田吐夢を京都駅頭に出迎える。12月8日、『東京物語』芸術祭文部大臣賞受賞。『にごりえ』（今井正監督）との決選投票だった。13日、『恋文』公開。

昭和29年（1954）　51歳

1月7～10日、清水宏邸「蜂の巣」に滞在。10～24日、大相撲初場所、ほとんど全部通う。後年、小津は佐田啓二と二人だけのルールを作って場所毎に賭けるようになり、毎日電話で連絡を取り合って楽しむ。29日、井上金太郎、脳溢血で療養中のところ、京都の自宅で死去。五十二歳。前夜、白装束の井上が夢枕に立ったという。同月30日～2月2日、京都行き。3月4日、野田高梧と『想い出』（アナトール・リトヴァーク監督）東劇試写を見る。4～6月、監督協会第二回企画作品となった『月は上りぬ』の脚本を、斎藤良輔、野田高梧と共に改訂。脚本料を協会の財政資金とするという目的があった。4月12日、『月は上りぬ』のスポンサー電電公社と懇談会。28日、熱海で野田高梧、マキノ光雄、三村伸太郎、清水宏、八尋不二、民門敏雄らと『道中悲記』（昭和二年、井上金太郎監督）再映画化の相談。5月24日、『月は上りぬ』を製作する日活撮影所見学と、協会の推薦で監督に決まった田中絹代の激励会。6月1～3日、野田高梧、児井英生プロデューサーと共に京都に行き、溝口健二、田中絹代と会う（当時田中絹代は日活の製作再開にもっとも強硬に反対していた大映と女優としての契約があり、そのことを気にした溝口が監督反対に廻っていたが、監督協会を代表して、小津が説得した）。12日、『晩春』以来の山本武プロデューサー日活行きの送別会。8月18日～9月3日、野田高梧の蓼科の別荘「雲呼荘」に初めて滞在、次回作『早春』の構想まとまる。7日、『月は上りぬ』の配役が五社協定絡みで難航、一カ月近く製作準備停止の状態に対して、監督協会があくまで田中監督を応援する旨の声明を発表。連日日活側と交渉。製作も協会が行ない、配給のみ日活に委託。8日、高村潔大船撮影所長、城戸四郎松竹副社長との会談でフリーとなる。田中監督を推薦した責任上からも彼女と同じ立場に身を置いたもの。『早春』の松竹での製作は変わらず。10月4日、成瀬巳喜男、牛原虚彦両監督と共に五社側代表のマキノ光雄東映常務と会談。俳優の出演は個々の会社との折衝に任される。6~8日、『月は上りぬ』への高橋貞二の出演を求めて撮影中の京都を訪れるが、契約上の問題により結局断念。山内静夫プロデューサーが同道した。代役には新人の四方正夫が抜擢され、役名の安井昌二を名乗る。16日、『月は上りぬ』クランク・イン。25日、鎌倉市民座で『狂熱の孤独』(イヴ・アレグレ監督)の試写、野田高梧と見る。27日、俳優座の『かもめ』を観る。30日、城戸四郎、松竹社長に就任。11月4日、彼岸花を庭に植える。この頃、谷崎潤一郎を読む。12日、『月は上りぬ』撮影とラッシュを見る。18日、横須賀で『陽気なドン・カミロ』(ジュリアン・デュヴィヴィエ監督)と『若い人たち』(吉村公三郎監督)を野田高梧と見る。24~29日、野田高梧、里見弴と伊勢、志摩、大阪、京都を旅行。溝口健二、吉井勇などと会い、大徳寺で石仏を貰う。12月9日、『月は上りぬ』試写。22日、『月は上りぬ』丸ノ内日活で三日間の特別公開(翌年1月8日一般公開)。26日、『道中悲記』、『血槍富士』と改題、内田吐夢監督の帰国第一作として東映京都撮影所でクランク・イン。監督協会から小津、伊藤大輔、清水宏三監督が企画に協力(翌年2月27日公開)。

昭和30年(1955)　52歳

1月14日、『早春』の脚本構想のため、「茅ヶ崎館」に入る。題材は三年前から付き合っている若者たち(『お茶漬の味』の鶴田浩二のモデルでもあった)。脱稿には6月の下旬までかかる。2月3日、参考のため林芙美子の『めし』を読み始める。9日、野田高梧、笠智衆と小田原東宝にて『浮雲』(成瀬巳喜男監督)を見る。「大変感心する」（日記）。11日、シナリオ『めし』を読む。説明が多くて「感心しない」（日記）。3月18日、監督協会理事会で役員改選、溝口健二に代って理事長と決定。26日、高峰秀子、松山善三の結婚披露パーティーに出席、於メーゾン・シド。4月11日、野田高梧と茅ヶ崎新生にて『血槍富士』を見る。「佳作」（日記）。18日、休暇で来日したウイリアム・ワイラーと帝国ホテルのパーティーで会う。「ナイロンのワイシャツを着てたんでガッカリしたよ」。5月4日、『シナリオ』誌の対談で『浮雲』を「今迄の日本映画の最高のレベル」と激賞、「あれを見たんで今年の仕事が延び」たと語る。6月28日、鎌倉松竹のナイトショーで『東京物語』を野田高梧夫妻、山内静夫夫妻と見る。29日、ラジオ東京が朝の「名作アルバム」で『戸田家の兄妹』を27日から放送、作者の了解を得ておらず「著作権の重要性を啓発するために」打ち切らせる。7月、『早春』ロケハン。8～12月、『早春』撮影。この頃より鎌倉在住の文化人たちとの交際が多くなる。酒量も増加。

昭和31年（1956）　53歳

1月26日、『早春』東劇試写に志賀直哉来る。1月29日、『早春』公開。この年の松竹映画八十六本中配収三位。2月1日、松竹と年一本の再契約。以後も毎年更新。次回作に『夕暮』（戦前の『限りなき前進』のリメイク）を予定するが、内容の暗さの故に中止となる。「『東京物語』を完成した時は当分映画を撮りたくなかった。今度は早く撮りたい」。20日、『日本シナリオ文学全集・小津安二郎・野田高梧集』理論社刊。21日、大船オデヲンで『驟雨』（成瀬巳喜男監督）を見る。「感心せず」（日記）。3月11～22日、野田高梧、笠智衆、里見弴、那須良輔と九州食べ歩きの旅。帰途京都で、溝口健二、吉井勇などと会食。24～26日、中学のクラス会で伊勢市（前年宇治山田から改称）行き。二十数名集まる。鳥羽経由で帰宅するが、さすがに「大いに草疲（ママ）れる」（日記）。4月9日、日比谷公会堂にてウィーン・フィルを聴く。5月17日、都内で『赤線地帯』（溝口健二監督）

を見る。30日、里見弴と歌舞伎座にて京劇の梅蘭芳を見る。6月3～7日、志賀直哉、里見弴と三人旅。浜名湖、蒲群を経て京都に至り吉井勇や谷崎潤一郎を訪ねる。小津は溝口も見舞う。帰路は寝台車。6月23日～8月9日、短い中断を挟んで蓼科に滞在。里見弴を招いたり、製作の佐々木孟と梅崎春生『砂時計』の打ち合わせをしたりするが、肥厚性鼻炎が悪化し、鎌倉の病院で手術のため下山。21～23日、溝口健二の病状悪化の報に、蓼科行きを中止して京都へ行き、翌日府立病院に見舞う。24日、溝口健二、単核細胞白血症で死去。五十八歳。25日、京都市右京区の溝口邸での密葬に伊藤大輔、清水宏と共に友人代表として参列。30日、東京・青山斎場の大映社葬に参列。監督協会を代表して弔詞を読む。9月6日、蓼科行き。7日、題名『東京暮色』と決まる。13日、監督協会の「溝口健二を偲ぶ会」(於青山「いろは」)。17～28日、蓼科滞在。『東京暮色』の脚本にかかり、『エデンの東』を読んだりする。小津も片倉製糸の旧別荘を借り「無藝荘」と名づける。10月1日、城戸四郎の『日本映画傳』出版記念会に出席。この頃、魯迅二十年祭で中国に招かれたが、『東京暮色』準備のため辞退。10～12月、断続的に蓼科に滞在、『東京暮色』の脚本を書きあげる。当時の新聞には『エデンの東』女性版と紹介。有馬稲子の役は当初岸恵子に予定されていたが結婚のため『雪国』(豊田四郎監督・東宝)との調整がつかず、「にんじん・くらぶ」の誼みで代役となった。大船調の正統をこの映画で示そうとするが、野田高梧と意見合わず。

昭和32年(1957)　54歳

1～4月、『東京暮色』撮影。1月25日、昭和31年度キネマ旬報ベスト・テン表彰式(於東劇)。この年は旬報ベスト・テン三十回記念を兼ね、過去三十回に亘り入賞した六十監督を代表して小津が賞状を受ける。2月28日、「月ヶ瀬」の益子が佐田啓二と結婚。木下恵介と共に仲人をつとめる。4月30日、『東京暮色』公開。封切り日に追われ、アップ前一週間は夜間撮影の連続。6月16日、京都での監督協会総会に出席、しばらく滞在。中学の級友、奥山正次郎京都駅長を訪ね、「俺にも一日駅長をさせろ」とねだる。同月29日〜7月17日、蓼科滞在。19日、後楽園球場で里見弴の古稀と大佛次郎の還暦を祝う野球大会が開かれ、出場するが左足のアキレス腱を切る。21日、鎌倉の片山医院で手術。術後は香風園ホテルで静養。8〜11月、短い中断を挟んで蓼科に滞在、『浮草物語』の改稿『大根役者』の脚本を執筆する。

昭和33年（1958）　55歳

1月、『大根役者』のため佐渡、新潟にロケハン。雪が足りず製作延期。里見弴の小説と併行して『彼岸花』の脚本を書きすすめる。2月22〜27日、新東宝が旧作を無断で改題、再編集して公開（『西鶴一代女』百四十八分が『花ごよみ女一代』五十八分になるが如し）している問題に対して、監督協会はシナリオ作家協会、菊五郎劇団と共に、日本映画製作者連盟（邦画六社で構成）に対し強く善処を要望。5〜8月、『彼岸花』撮影。山本富士子を三十五日間の契約で大映から借りる。初のカラー。9月7日、『彼岸花』公開。この年の松竹映画八十五本中配収一位。9〜11月、短い中断を挟んで蓼科に滞在、『お早よう』の脚本を執筆。戦前からあたためていたアイデア。10月14日、『東京物語』ロンドン映画祭で第一回サザランド杯《カップ》受賞（過去一年間にロンドンの国立映画劇場で上映された映画のうち、最高の作品に与えられる）。26日、「椿山荘」で日本映画監督協会再建十周年記念祝賀会。小津理事長以下五十余名の監督が来客を接待し、盛会。11月15日、首相官邸で衣笠貞之助監督と共に紫綬褒章を受ける。12月12日、誕生日を佐田啓二夫妻と過す。『彼岸花』芸術祭文部大臣賞受賞。16日、赤坂で紫綬褒章受章と誕生祝いの会。

昭和34年（1959）　56歳

1〜4月、『お早よう』撮影。1月2日、鎌倉の自宅で田中絹代と対談、NHKが放送。2月25日、昭和三十三年度の芸術院賞に決定。映画人としては初めて。27日、帝国ホテルでの高橋貞二の結婚式に出席。3月21日、新橋演舞場に新派の『彼岸花』を見に行き、花柳章太郎に会う。4月5日、常盤山の菅原通済邸で芸術院賞受賞祝賀会、出席者百名を超す。15日、皇太子御成婚の宮中祝宴第三日に招かれる。23日、大船で『お早よう』音楽ダビング、のち日比谷に黛敏郎の『涅槃交響曲』を聴きに行き、黛と会う。5月2日、東劇の『お早よう』試写に志賀直哉、里見弴が来る。夜は日活ファミリー・クラブで芸術院賞受賞祝賀パーティー。12日、『お早よう』公開。この年の松竹映画九十四本中配収四位。15日、大船撮影所見学のソ連映画観光団と会う。16日、菅原通済夫人が縁談を持って来る。21日、大映から『大根役者』映画化の申し込み。23日、母堂誕生日、一族で湯河原に一泊。26日、上野で芸術院賞授賞式。27日、芸術院会員たちと参内して御陪食、続いて箱根での監督協会総会に行く。30日、『浮草』(『大根役者』改題)大映での製作決まる。年一本の松竹での製作が早くあがったので、故溝口健二との約束を果すことになった。6月3〜4日、九州から出て来た一ファンに付き合う。7〜13日、シナリオ・ハンティングのため、野田高梧夫妻と伊勢、志摩に旅行。同月20日〜7月10日、蓼科滞在。『浮草』脚本訂正。6月22日、「無藝荘」で山中会。三村伸太郎、岸松雄、林文三郎、宮内義治が出席。7月17日、多摩川の大映撮影所でスタッフと顔合わせ。宿舎は河畔の「芭蕉園」。22〜26日、『浮草』鳥羽、波切ロケハン。30日、都内の芝居小屋を見てまわる。8〜11月、『浮草』撮影。今回の参考のために旧作『浮草物語』を試写させる。8月1日、多摩川の花火大会に知人たちを招待。11月3日、里見弴、文化勲章を受章。高橋貞二、交通事故で死亡。4日、通夜に行き、未亡人を励ます。6日、青山斎場での高橋貞二の葬儀に参列。撮影追い込み中でピケ帽、白シャツのまま。16日、『浮草』大映本社で招待試写、里見弴、志賀直哉見に来る。のち鶴巻温泉でスタッフと完成祝い。17日、『浮草』公開。12月1日、第四回映画の日。『お早よう』『浮草』により、円谷英二他五氏と共に特別功労者として表彰される。22日、急性感冒の為発熱、四十度に達しマラリヤの再発かと疑う。この風邪は年を越し、恒例の大晦日の外出も出来ず。

昭和35年（1960）　57歳

1月14〜19日、野田高梧、里見弴と湯河原、熱海に滞在、次回作の相談。29日、監督四作目を発表した田中絹代を激励する会に出席。30日、産経ホールにて第三回溝口賞を受ける。前夜に続き佐田邸泊。2月4〜12日、野田高梧と鶴巻温泉に滞在して次回作の相談。13日、野田高梧と里見弴を訪問して打ち合わせ。司葉子主演の線が出る。同月22日〜6月3日、短い中断を挟んで蓼科に滞在、『秋日和』の脚本を執筆。3月3日、八ヶ岳の見える土地を借りる。4月2日、父寅之助二十七回忌。一族で墓参。10日、松竹無配転落で城戸社長辞任。12日、皇居園遊会に参加。6月3日、『青春残酷物語』（大島渚監督）公開。この年の松竹映画の配収三位。企画混迷の松竹はこれより先、製作陣の若返りを図って助監督クラスの有望な新人を監督に登用。このヒットに力を得て彼等の作品が矢継早に公開され、従来の大船調とは異質な「松竹ヌーヴェル・ヴァーグ」としてジャーナリズムに持て囃される。この昂揚は10月9日公開『日本の夜と霧』（大島渚監督）『血は乾いてる』（吉田喜重監督）二本立の興行的惨敗を理由とした上映中止という形で断ち切られる。19日、鶴巻温泉で監督協会総会。21〜24日、『秋日和』ロケハン、伊香保、草津、軽井沢など。25日、一族で湯河原に一泊。7〜11月、『秋日和』撮影。この間、日記で疲労を訴えること多し。8月2日、司葉子出演の件で東宝とこじれ、撮影ストップ。4日、月森仙之助大船撮影所長と東宝の藤本真澄製作担当重役の話し合いで解決と電話連絡あり。交換に東宝で一本撮ることになる。15日、十五回目の終戦記念日。中村伸郎が衣裳を間違えてセット入りする「背広事件」。29日、里見弴、大佛次郎が見学に来る。10月7日、喫茶店のセットでの撮影が三日目に入り、一日で43カット撮る。近年では最高のペース。29日、野田高梧、紫綬褒章に決まる。11月13日、『秋日和』公開。この年スタンダードで製作された日本の長篇劇映画は松竹の『秋日和』と『銀嶺の王者』(トニー・ザイラー主演)の他には新東宝の『性と人間』の三本のみ。14日、東宝で撮る件で藤本真澄と会う。12月6日、『おとうと』(市川崑監督・大映)を見に行って上映館を間違え、『第六の容疑者』(井上梅次監督・東宝)を見る。7日、NHKテレビの出演交渉を断る。15～18日、東宝・藤本、金子正且と大阪行。野田夫妻同行。関係者と会い、東宝傍系の宝塚映画製作所のスタジオを見て、京都に一泊。同月28日～1月11日、蓼科滞在。次回作の題名決まる。

昭和36年(1961)　58歳

1月16～18日、親しい画家たちと伊豆旅行、前年に続き二度目。23日、フィルム・ライブラリー協議会の理事会に出席ののち、東宝行き。31日、義歯を入れる。2月8日～3月22日、蓼科滞在。『小早川家の秋』脚本執筆。3月8日、野田高梧と共に昭和三十五年度の芸術選奨に選ばれる。11日、マニラの第八回アジア映画祭で『秋日和』により最優秀監督賞受賞。24日、演出料の問題で監督協会と製作者連盟の会談。のち東宝行き。26日、熱海で監督協会総会。28日蓼科行き。ひきつづき脚本執筆。4月7日、野田高梧不調のため一人で帰京、佐田啓二邸に泊る。8日、文部省の芸術選奨授与式に出席。その日のうちに蓼科に戻り、ひきつづき脚本執筆。5月9日、帰京。11日、築地でスタッフ会議。24～28日、美術監督の下河原友雄と京、伏見ロケハン。京都で清水宏と会う。6～9月、『小早川家の秋』宝塚映画で撮影。宿舎は武庫川沿いの「門樋」。撮影中は宝塚歌劇を休日毎に見に行き、宝塚のスターたちと会食したりする。大映の宮川一夫や小津組の厚田雄春、山内静夫、清水富二(進行担当)が訪れ、次回作の題名も決定。9月29日、大阪でのクラス会に出席。10月2日、有馬温泉で送別会。3日、帰宅。4日、砧の東宝撮影所で総ラッシュ。帰途、電車の中で脳貧血を起こし倒れる。7～12日、東宝撮影所で音楽ダビング。砧の宿に泊る。20日、日比谷スカラ座で有料試写会、志賀直哉が見に来る。続いて完成祝いの会。23日、鎌倉市民座で「『小早川家の秋』を見る会」。里見弴、高見順、伏見晁その他文士多数が観賞。29日、『小早川家の秋』公開。11月1日、日展に行く。宝塚歌劇の稽古を見る。3日、高橋貞二三周忌で墓参。8日、東京宝塚劇場で『火の島』を見る。11～26日、蓼科行き。12月17～22日、野田夫妻と大阪・京都旅行。宝塚映画にも挨拶に行く。同月26日～1月10日、蓼科滞在。下河原友雄と新築予定の別荘の設計の相談。

昭和37年（1962）　59歳

1月4日、自画像を描く。22日、松竹本社で『東京の合唱』を見る。31日、次回作準備のため蓼科行き。2月4日、母堂、急性肺炎のため逝去。八十六歳。車で鎌倉に向う。5日、午前四時帰宅。7日、北鎌倉・浄智寺で告別式。10日、初七日。深川・陽岳寺に埋葬。23日、NHKの『戸田家の兄妹』テレビ化申し込みを承諾。

3月5～8日、野田夫妻と湯河原に行き、次回作の相談。同月12日～7月27日、短い中断を挟んで蓼科に滞在。『秋刀魚の味』の脚本を構成、執筆。この期間に〝五十肩〟の痛みを訴える。ニューヨークの女性教師から、『お早よう』に感動して公開したいとの国際電話。別荘新築の準備進む。4月9日、邦画五社、月例の社長会議で専属スター貸し借り禁止の申し合わせ。このため、小津は『秋刀魚の味』の腹案を変更。5月27日、南湯河原での監督協会総会に出席。7月22日、テレビで『キクとイサム』（今井正監督）を見る。8～11月、『秋刀魚の味』撮影。11月18日、『秋刀魚の味』公開。この年の松竹映画五十五本中配収四位。27日、映画人として初の芸術院会員に選ばれ、文士劇の稽古を見に行った東京宝塚劇場で、インタヴューを受ける。12月2～7日、母堂の遺骨を納めるため、一族で高野山に登る。帰途、京都で清水宏、宮川一夫らと会い、松阪に回って帰る。12日、誕生日。赤坂で還暦の祝い。同月26日～1月10日、蓼科滞在。

昭和38年（1963）　60歳

1月2日、「無藝荘」の宴会で女学生とツイストを踊る。14日、築地でシンガポールの会。23日、「小津、市川、今井三監督ジャパン・ユナイテッド・アーチスツ結成」の記事出る。25日、鎌倉「華正楼」で大船監督会。前年の「シナリオ」11月号で『秋刀魚の味』を批評した吉田喜重に小津が真向から絡む「監督会事件」が起きる。26日、浅草で「扇友会」（中国出征時の戦友会）。27日、高輪プリンス・ホテルの俳優協会総会でスピーチ。28日、山中会。30日、小津組の芸術院会員祝賀会。2月1日、歌舞伎座で『徳川家康』（二世松緑・十七世勘三郎）を見る。2日、いすゞ自動車の工場を見学。監督協会は1月に「株式会社日本映画監督協会プロダクション」を設立、初仕事はいすゞ自動車の新車PR用劇映画（大島渚監督『私のベレット』）の製作で、小津はシナリオ（瀬川昌治）を監修。13日、芸術院会員祝賀会（於ホテル・オークラ）。盛会。14日、里見弴とNHKテレビのためのシナリオの審査。15日、岡田茉莉子の受賞記念パーティーで内田吐夢と会い飲みに行く。帰宅朝の四時。20日、次回作の題名『大根と人参』と決まる。脚本に池田忠雄が久方ぶりで参加。22～25日、里見弴とNHKテレビ・ドラマ『青春放課後』のため湯河原滞在。3月10～13日、『青春放課後』シナリオ、連日の徹夜で書きあげる（21日放送。二年後、中村登脚本・監督『暖春』の原作となる）。14～27日、蓼科滞在。次回作のノートを取ったり、テレビを購入して『青春放課後』を見たりするうち、右頸に腫物ができ悪寒がする。（大雪のため）「日本芸術院に出京叶ハざる旨電話する。昼風呂まことに快、岡先生春宵十話をよむ」との日記（25日記）を遺して下山。4月10日、頸部悪性腫瘍手術のため、築地がんセンターに入院。17日、手術。のちコバルト照射、ラジウム針による放射線療法を受ける。非常な苦痛を伴った。6月27日、第十三回ベルリン映画祭で、小津の回顧展が組まれ『生れてはみたけれど』、『晩春』、『東京物語』、『早春』、『お早よう』、『秋日和』が上映される。パンフレットに「日本映画監督の老大家（65歳）」と紹介。その後欧州各都市を巡り、D・リチーが講演。翌年アメリカへ渡る。また、この夏のパリ・シネマテーク「日本映画回顧展」でも『東京の合唱』、『生れてはみたけれど』、『東京物語』、『出来ごころ』、『浮草物語』、『一人息子』、『戸田家の兄妹』、『晩春』、『彼岸花』、『秋日和』が上映され、事務局長アンリ・ラングロワは病床の小津に私信を寄せ、その芸術を讃えた。7月1日、退院。5日、湯河原行き、下旬まで療養。右手がしびれ始め、痛みに変わる。8～9月、自宅で寝たきりの生活。痛み増す。9月5日、がんセンターより佐田啓二ら周囲の人々に癌の告知。10月12日、東京医科歯科大学附属病院に入院。11月7日、岡田茉莉子・吉田喜重、婚約の報告に来る。22日、呼吸困難のため気管支を切開、発声不能となる。28日、壁に文字を張り、付添いの者が指差して会話を試みる。12月12日、十二時四十分、腮源性癌腫により死亡。六十回目の誕生日であった。遺体は解剖後、北鎌倉に帰る。13日、通夜。15日、荼毗に付される。16日、築地の東本願寺で松竹、日本映画監督協会による合同葬。遺骨は本人の希望により、北鎌倉・円覚寺に母と共に眠る。黒大理石の墓標には「無」と一字のみ刻まれている。

（関口良一作製）

参考文献

小津安二郎関係の文献は、『フィルムセンター』64号〈小津安二郎監督特集〉東京国立近代美術館一九八一年刊、及び『小津安二郎を読む』フィルムアート社 一九八二年刊、の巻末に詳しいので参照されたい。なお、外国語文献に関してはボードウェル『小津安二郎――映画の詩学』の巻末に詳しい。また、以下のウェブサイト http://www.ozuyasujiro.com も参考になるかもしれない。ここでは、本文中に言及されたもののみ記しておくにとどめる。（翻訳の引用については、必ずしも訳文通りではない。）

『小津安二郎―人と仕事―』蛮友社 一九七二年刊

佐藤忠男『小津安二郎の芸術』（上下）朝日選書126、127 朝日新聞社 一九七八年刊

ドナルド・リチー『小津安二郎の美学――映画のなかの日本』（山本喜久男訳）フィルムアート社 一九七八年刊 Richie, Donald: *OZU*, University of California Press, 1974.

山田宏一・蓮實重彥『トリュフォーそして映画』話の特集 一九八〇年刊

ポール・シュレイダー『聖なる映画――小津／ブレッソン／ドライヤー』（山本喜久男訳）フィルムアート社 一九八一年刊 Schrader, Paul: *Transcendental Style in Film: OZU, BRESSON, DREYER*, The Regents of the University of California, 1972.

厚田雄春・蓮實重彥『小津安二郎物語』リュミエール叢書1 筑摩書房 一九八九年刊

デヴィッド・ボードウェル『小津安二郎――映画の詩学』（杉山昭夫訳）青土社 一九九二年刊

Bordwell, David : *Ozu and the Poetics of Cinema*, London, British Film Institute, 1988.
吉田喜重『小津安二郎の反映画』岩波書店　一九九八年刊
ノエル・バーチ「小津安二郎論　戦前作品にみるシステムとコード」（西嶋憲生・杉山昭夫訳）、『ユリイカ』〈特集＝小津安二郎〉一九八一年六月号（以下の書物の一部　Burch, Noël : *To the Distant Observer : Form and Meaning in the Japanese Cinema*, The Scolar Press Ltd, London, 1979.）
クリスティン・トンプソン＋デヴィッド・ボードウェル「小津作品における空間と説話」（出口丈人訳）、『ユリイカ』一九八一年六月、八月、九月号　Thompson, Kristin and Bordwell, David : *Space and Narrative in the Films of* OZU in《Screen》summer 1976, vol. 17. no. 2.
四方田犬彦「死者たちの招喚」、『ユリイカ』一九八一年六月号
岡島尚志「まなざしの過剰と身体の確認」、『ユリイカ』一九八一年六月号

あとがき

『監督 小津安二郎』は、できればいつかそれを書いてみたいと久しい以前から夢みられていた数少い書物である。その意味で、著者のこれまでの執筆活動の中にあってはきわだって異質なものだ。いわば偶然の突発事故のようなかたちで書かれてしまった『反＝日本語論』や『夏目漱石論』などはいうに及ばず、『映像の詩学』などの映画論集とも、生きられた夢の長さが決定的に違っている。実際の執筆に費されたのは最近の数年にすぎないが、構想は二十年前にさかのぼる。その事実が書物の質を保証するわけではもちろんないが、愛着という点でなら、いまなお書き終えずにいる『「ボヴァリー夫人」論』に匹敵する。その間、直接的、あるいは間接的に多くの刺激を与えてくださった方々への感謝の気持が、おそらくはそれと明示されることはなくとも、さまざまなページに反映しているはずである。あえてお名前を記すことはしないが、その心を読みとっていただきたい。多くの、そして思いがけない出会いが、この書物の言葉を支えているのである。

封切当時の新聞雑誌に詳しくあたりながら年譜と作品目録づくりを助けてくれた若い友人の関口良一氏には深く感謝したい。索引づくりにも協力を得た関口氏は、著者が大学ではじめて映画の授業を試みた時期から教室に出没していた映画好きの青年で、自分より若い世代の人間に小津がわかるとは考えてもみなかっただけに、心強い味方を得た思いがしたものだ。彼と写真の選択の仕事を進めていた喫茶店の隣の席に、たまたまシンガポール滞在中の小津と親しくつきあわれた落合時典氏が坐っておられたことには感動した。まったくの偶然でお会いできた氏の証言を年譜に生かしえたのは何とも幸運だったというほかはない。

なお厚田雄春氏とのインタヴューは、かつて雑誌『モノンクル』に部分的に発表されたものだが、その後、厚田氏に詳細に補足していただくことができた。度かさなる質問にお答え下さった厚田氏にはいかなる言葉で感謝を表明すべきだろうか。厚田氏の存在そのものが、あらゆる瞬間に著者の心を小津安二郎につなぎとめていたのである。氏から拝借することができた貴重な思いもかけぬ資料が、この書物をどれほど豊かなものにしたかは、読者の方々にも感じとっていただけると思う。お目にかかる度ごとに新たにしえた興奮が、本書の付録の部分には汪溢しているはずである。井上雪子氏のインタヴューはまったくの未発表のもので、この神話的なスターのお言葉を収録しえたことは望外の倖せというほかはない。いまなおお美しい井上さんが拙宅の目と鼻のさきに住んでおられたのは、たんなる偶然だろうか。無躾なお願いに快く応じて下さった井上さんに深く感謝せずにはいられない。

全篇は新たな構成のもとに全面的に書き改められたものだとはいえ、この論文の軸となる幾つかの文章が発表された雑誌（『カイエ』一九七八年九月号、『フィルムセンター』64

号一九八一年一月、『映像学』21号一九八一年六月、『ユリイカ』一九八一年六、七、八月号）の編集にたずさわった方々に感謝したい。写真や資料等にも、フィルムセンターや堀切保郎氏をはじめ、多くの方々の無言の暖い協力を得た。編集を担当された筑摩書房の淡谷淳一、間宮幹彦の両氏ならびに装幀の中島かほる氏の助力には、いつものことながら、心からの感謝の気持を捧げたいと思う。いま、こうして最後の言葉をしたためながら、二十年前の冬の公園の鉄製ベンチの冷たさが、改めて腰の下からよみがえってくる。小津安二郎は、わたくしにとって、決して死んではいない。

一九八三年二月

著　者

文庫版あとがき（一九九二年）

パリで小津安二郎の死を伝える小さな新聞記事を読んだ数日後に最初の構想が素描され、それから十数年後に執筆が始められ、小津の没後二〇周年にあたる一九八三年に出版された『監督 小津安二郎』が文庫に収められるにあたって、新たにつけ加えるべきことは何もない。従って、テクストは、大筋において初版のものを踏襲しており、訂正はごく小さな語句にとどめ、大幅な修正は施されてはおらず、写真の大きさと量とがやや減少している点を除けば目立った変化はない。

『監督 小津安二郎』の執筆の過程で多くの助言を下さった厚田雄春さんとは、その後、ヴィム・ヴェンダースの『東京画』や『小津安二郎物語』などでたて続けに仕事をさせて頂いたし、インタヴューで貴重な証言をお聞かせ下さった井上雪子さんとも、その後、近所つきあいをさせて頂いている。文庫版収録にあたって、サイレント期いらいの小津組の「戦友」たるお二人に、改めて感謝の気持ちを捧げたい。

小津安二郎をめぐる状況の変化としては、一昨年、山根貞男氏の執念によって『突貫小僧』のプリントが発見されたことにつきている。発見されたものは9.5ミリのパテベビー版でそれを16ミリにブローアップしたものがすでに上映されており、いまは香港国際映画祭の外国の観客に向けての公開を待っているところだ。厚田さんの証言によれば、冒頭の数カットを除くとほぼオリジナルに近いとのことだが、ネガが失われているので、それを確かめる手段はもはや存在せず、あとはただ、これを機にほかの作品が不意にわれわれの前に姿を見せるのを待つのみである。

一九九二年四月

蓮實重彦

増補決定版あとがき

すべては原著の「あとがき」にいいつくされており、〔増補決定版〕の刊行にあたって新たに書き加えるべきことはごくわずかなことがらにつきている。その間、厚田雄春さんを失った悲しみについては「二十年後に、ふたたび」にも触れたが、それに劣らぬ喪失として、『監督 小津安二郎』の執筆を陰で支えてくれた淡谷淳一氏がすでに筑摩書房を退職しておられるということがある。前回同様、この〔増補決定版〕の編集も間宮幹彦氏の手をわずらわせ、装幀に同じ中島かほる氏のお力を拝借することができたのは幸運だった。ここに御礼申し上げる次第だが、その思いが淡谷氏にもとどけばと念じている。

『監督 小津安二郎』とその〔増補決定版〕とを大きくへだてるものがあるとするなら、それは、映画を消費する状況の変化である。一九八〇年代にくらべて、現在、小津安二郎の作品は、ヴィデオやDVDで、当時より遥かに見やすくなっているのである。ことによると、原著は、ヴィデオを使わずに書かれた映画作家論の、世界的に見ても最後の試みだったかもしれない。〔増補決定版〕の執筆にあたっては、ヴィデオによる細部の確認をもちろん行いはしたが、新たに書き加えられた三つの章の発想は、いずれもスクリーンで小津に接したときの刺激からきている。何度でもくり返して見られるヴィデオやDVDに注がれる安全な視線は、映画館の暗がりでのサスペンス豊かな体験と明らかに異なっているからだ。

映画はあくまで映画館で見られるべきだなどと、ここで改めて主張したいのではない。ただ、スクリーンへと投影された場合とモニター上での放映とでは、映画は、まぎれもなく異なる生きものに変貌する。にもかかわらず、それが生きものとしてどのように異なっているのか、いまだ、誰ひとり正確には知らずにいる。『監督　小津安二郎〔増補決定版〕』は、ことによると、その「未知」を究明すべく書かれているのかも知れない。おそらく、二十一世紀においては、小津をスクリーンで見ることは、途方もなく贅沢な体験となるのだろう。だが、それを回避する理由などどこにもないという断言を、著者の特権として最後に書き記しておきたい。

二〇〇三年八月一日

蓮實重彦

文庫版〔増補決定版〕あとがき

小津安二郎監督の生誕百年にあたり、同時に没後四〇年でもあった二〇〇三年に『監督 小津安二郎』の「増補決定版」を刊行していらい、十数年にわたって、彼の作品を意図的に見直すことはしてきませんでした。しかし、たまたま彼の作品がテレビで放映されているのにふと立ちあったりするとき、そのショットの連鎖をすっかり暗記していたつもりの何度も見たはずの作品にさえ、思ってもみない未知の画面がまぎれこんでおり、驚かされることがしばしばありました。「未知」のといいましたが、もとより「未知」であるはずもない。見ていたつもりなのに、すっかり忘れていたというのが正確でしょう。そんなとき、「見ること」はつくづく難しいとつぶやかざるをえません。

そう、「見ること」は、見た瞬間から「忘れること」にほかなりません。その便利な忘却は、初期のサイレント作品から後期の傑作にまで見られるもので、思わずはっとして、どうしてこの画面について語らなかったのかとしばしば考えこんでしまいました。とりわけ驚かされたのは、『お茶漬の味』。この作品にこれほど多くの前進移動や後退移動のショットが含まれていたとは思ってもいませんでした。しかも、最後のショットがゆるやかな前進移動で撮られていることさえ、すっかり忘れていたのです。

「増補決定版」と銘うっていながら、この書物が「決定的」なものであるかは大いに疑わしい。そもそも、数えきれないほどのショットからなる映画に、「決定的」な見方など存在しようもないからです。にもかかわらず、この書物が「増補決定版」と名付けられているのは、著者たるわたくしが、八十歳を超えるという年齢的な限界からして、小津安二郎を総合的に論じることはまずあるまいからにほかなりません。それ故、この「決定版」という言葉は、著者にとってのとりあえずのものでしかありません。小津はなおも論じられねばならず、そのかぎりにおいて、とりあえずの「決定版」を上梓したにすぎず、真の「決定版」に向けてのほんの一歩を踏み出したまでのことです。

『監督 小津安二郎〔増補決定版〕』が文庫化されるにあたって、細部をかなり詳しく書きなおしております。それが、未来において誰かが「決定的」な小津安二郎論を書く場合の礎となりうればと願っております。文庫化にあたっては、筑摩書房第三編集室の北村善洋氏のお世話になりました。「増補決定版」の刊行に尽力された元筑摩書房編集部の間宮幹彦氏とともに、氏には深甚なる感謝の念を表明させていただきます。

二〇一六年十月

著者

II. 映画作品名，書名

マ

ミ

モ

ヤ

ユ

ヨ

ラ

リ

ル

索　引

I．人名（姓・名のみの場合もフルネームを記載）
II．映画作品名，書名
III．図版部分と〈付録〉の項目は記載していない

I．人名

この作品は二〇〇三年十月十日、筑摩書房より刊行された。

エクリチュールの零度
ロラン・バルト
森本和夫／林好雄訳註

哲学・文学・言語学など、現代思想の幅広い分野に怖るべき影響を与え続けているバルトの理論的主著。詳註を付した新訳決定版。（林好雄）

映像の修辞学
ロラン・バルト
蓮實重彥／杉本紀子訳

イメージは意味の極限である。広告写真や報道写真、そして映画におけるメッセージの記号を読み解き、意味を探り、自在に語る魅惑の映像論集。

ロラン・バルト 中国旅行ノート
ロラン・バルト
桑田光平訳

一九七四年、毛沢東政権下の中国を訪れたバルトの旅行の記録。それは書かれなかった中国版「記号の国」への覚書だった。新草稿、本邦初訳。（小林康夫）

ロラン・バルト モード論集
ロラン・バルト
山田登世子編訳

エスプリの弾けるエッセイから、初期の金字塔『モードの体系』に至る記号学的モード研究まで。初期のバルトの才気が光るモード論考集。オリジナル編集・新訳。

エロスの涙
ジョルジュ・バタイユ
森本和夫訳

エロティシズムは禁忌と侵犯の中にこそあり、それは死と切り離すことができない。二百数十点の図版で構成されたバタイユの遺著。（林好雄）

呪われた部分 有用性の限界
ジョルジュ・バタイユ
中山元訳

『呪われた部分』草稿、アフォリズム、ノートなど15年にわたり書き残した断片。バタイユの思想体系の全体像と精髄を浮き彫りにする待望の新訳。

エロティシズム
ジョルジュ・バタイユ
酒井健訳

人間存在の根源的な謎を、鋭角で明晰な論理で解き明かす、バタイユ思想の核心。禁忌とは、侵犯とは何か？ 待望久しかった新訳決定版。

純然たる幸福
ジョルジュ・バタイユ
酒井健編訳

著者の思想の核心をなす重要論考20篇を収録。文庫化にあたり「クレー」「ヘーゲル弁証法の基底への批判」「シャプサルによるインタビュー」を増補。

エロティシズムの歴史
ジョルジュ・バタイユ
湯浅博雄／中地義和訳

三部作として構想された『呪われた部分』の第二部。荒々しい力〈性〉の禁忌に迫り、エロティシズムの本質を暴く、バタイユの真骨頂たる一冊。（吉本隆明）

名画とは何か　ケネス・クラーク　富士川義之訳

西洋美術の碩学が厳選した約40点を紹介。なぜそれらは時代を超えて感動を呼ぶのか。アートの本当の読み方がわかる極上の手引。（岡田温司）

官能美術史　池上英洋

西洋美術に溢れるエロティックな裸体たち。そこにはどんな謎が秘められているのか？ カラー多数！200点以上の魅惑的な図版から読む珠玉の美術案内。

残酷美術史　池上英洋

魔女狩り、子殺し、拷問、処刑——美術作品に描かれた身の毛もよだつ事件の数々。カラー多数。200点以上の図版が人間の裏面を抉り出す！

美少年美術史　池上英洋　川口清香

神々や英雄たちを狂わせためくるめく同性愛の世界。芸術家を虜にしたその裸体。カラー含む200点以上の美しい図版から学ぶ、もう一つの西洋史。

グレン・グールドは語る　グレン・グールド／ジョナサン・コット　宮澤淳一訳

独創的な曲解釈やレパートリー、数々のこだわりにより神話化された天才ピアニストが、最高の聞き手を相手に自らの音楽や思想を語る。新訳。

造形思考（上）　パウル・クレー　土方定一／菊盛英夫／坂崎乙郎訳

クレーの遺した膨大なスケッチ、草稿のなかからバウハウス時代のものを集成。独創的な作品はいかにして生まれたのか、その全容を明らかにする。

造形思考（下）　パウル・クレー　土方定一／菊盛英夫／坂崎乙郎訳

運動・有機体・秩序。見えないものに形を与え、目に見えるようにするのが芸術の本質だ。ベンヤミンをも虜にした彼の思想とは。（岡田温司）

ジョン・ケージ著作選　ジョン・ケージ　小沼純一編

卓越した聴感を駆使し、音楽に革命を起こしたケージ。本書は彼の音楽論、自作品の解説、実験的な文章作品を収録したオリジナル編集。

ゴダール映画史（全）　ジャン＝リュック・ゴダール　奥村昭夫訳

空前の映像作品「映画史 Histoire(s) du cinéma」のルーツがここに！一九七八年に行われた連続講義の記録を全一冊で文庫化。（青山真治）

肉体の迷宮　谷川渥

あらゆる芸術表現を横断しながら、捩れ、歪み、時には傷つき、さらけ出される身体と格闘した美術作品を論じる著者渾身の肉体表象論。（安藤礼二）

武満徹エッセイ選　小沼純一編

稀代の作曲家が遺した珠玉の言葉。作曲秘話、評論、文化論など幅広いジャンルを網羅したオリジナル編集。武満の創造の深遠を窺える一冊。

高橋悠治　対談選　高橋悠治　小沼純一編

現代音楽の世界的ピアニストである高橋悠治。その演奏のような研ぎ澄まされた言葉と、しなやかな姿が味わえる一冊。学芸文庫オリジナル編集。

オペラの終焉　岡田暁生

芸術か娯楽か、前衛か古典か——。この亀裂を鮮やかに乗り越えて、オペラ黄金時代の最後を飾った作曲家が、のちの音楽世界にもたらしたものとは。

モーツァルト　礒山雅

彼は単なる天才なのか？　最新資料をもとに知られざる真実を掘り起こし、人物像と作品に新たな光をあてる。これからのモーツァルト入門決定版。

限界芸術論　鶴見俊輔

盆栽、民謡、言葉遊び……芸術と暮らしの境界に広がる「限界芸術」。その理念と経験を論じる表題作ほか、芸術に関する業績をまとめる。（四方田犬彦）

ダダ・シュルレアリスムの時代　塚原史

人間存在が変化してしまった時代の〈意識〉を先導する芸術家たち。二十世紀思想史として捉えなおす、衝撃的なダダ・シュルレアリスム論。（巖谷國士）

奇想の系譜　辻惟雄

若冲、蕭白、国芳……奇矯で幻想的な画家たちの大胆な再評価で絵画史を書き換えた名著。度肝を抜かれる奇想の世界へようこそ！（服部幸雄）

奇想の図譜　辻惟雄

北斎、若冲、写楽、白隠、そして日本美術を貫く奔放な「あそび」の精神と「かざり」への情熱。奇想から花開く鮮烈で不思議な美の世界。（池内紀）

幽霊名画集　辻惟雄監修

怪談噺で有名な幕末明治の噺家・三遊亭円朝が遺した鬼気迫る幽霊画コレクション50幅をカラー掲載。美術史、文化史からの充実した解説を付す。

あそぶ神仏　辻惟雄

白隠、円空、若冲、北斎……。彼らの生んだ異形でかわいい神仏とは。「奇想」で美術の常識を塗り替えた大家がもう一つの宗教美術史に迫る。（矢島新）

デュシャンは語る　マルセル・デュシャン　聞き手ピエール・カバンヌ　岩佐鉄男／小林康夫訳

現代芸術において最も魅惑的な発明家デュシャン。謎に満ちたこの稀代の芸術家の生涯と思考・創造活動に向かって深く、広く開かれた異色の対話。

プラド美術館の三時間　エウヘーニオ・ドールス　神吉敬三訳

20世紀スペインの碩学が特に愛したプラド美術館を借りて披瀝した絵画論。「展覧会を訪れる人々への忠告」併収の美の案内書。（大高保二郎）

土門拳　写真論集　土門拳　田沼武能編

戦後を代表する写真家、土門拳の書いた写真選評やエッセイを精選。巨匠のテクニックや思想を余すところなく盛り込んだ文庫オリジナル新編集。

なぜ、植物図鑑か　中平卓馬

映像に情緒性・人間性は不要だ。図鑑のような客観的視線を獲得せよ！　日本写真の'60〜'70年代を牽引した著者の幻の評論集。（八角聡仁）

映像の詩学　蓮實重彥

フォード、ブニュエル、フェリーニ、ゴダール、ペッキンパー……。たぐい稀な感性が読んだスリリングなフィルム体験。著者初の海外映画作家論。

美術で読み解く　新約聖書の真実　秦剛平

西洋名画からキリスト教を読む楽しい3冊シリーズ。新約聖書篇は、受胎告知や最後の晩餐などのエピソードが満載。カラー口絵付オリジナル。

美術で読み解く　旧約聖書の真実　秦剛平

名画から聖書を読む「旧約聖書」篇。天地創造、アダムとエバ、洪水物語。人類創始から族長・王達の物語を美術はどのように描いてきたのか。

美術で読み解く 聖母マリアとキリスト教伝説
秦 剛平
キリスト教美術の多くは捏造された物語に基づいていた！ マリア信仰の成立、反ユダヤ主義の台頭など、西洋名画に隠された衝撃の歴史を読む。

美術で読み解く 聖人伝説
秦 剛平
聖人100人以上の逸話を収録する『黄金伝説』は、中世以降のキリスト教美術の典拠になった。絵画・彫刻と対照させつつ聖人伝説を読み解く。

イコノロジー研究（上）
E・パノフスキー
浅野徹ほか訳
芸術作品を読み解き、その背後の意味と歴史的意識を探求する図像解釈学。人文諸学に汎用されるこの方法論の出発点となった記念碑的名著。

イコノロジー研究（下）
E・パノフスキー
浅野徹ほか訳
上巻の、図像解釈学の基礎論的「序論」と「盲目のクピド」等各論に続き、下巻は新プラトン主義と芸術作品の相関に係る論考に詳細な索引を収録。

〈象徴《シンボル》形式〉としての遠近法
エルヴィン・パノフスキー
木田元監訳
川戸れい子／上村清雄訳
透視図法は視覚とは必ずしも一致しない。それはいわばシンボル的な形式なのだ——。世界表象のシステムから解き明かされる、人間の精神史。

見るということ
ジョン・バージャー
飯沢耕太郎監修
笠原美智子訳
写真の登場で、人間は膨大なイメージに取り囲まれ、歴史や経験との対峙を余儀なくされた。見るという行為そのものに肉迫した革新的美術論集。

イメージ
ジョン・バージャー
伊藤俊治訳
イメージが氾濫する現代、「ものを見る」とはどういう意味をもつか。美術史上の名画と広告とを等価に扱い、見ること自体の再検討を迫る名著。

新編 脳の中の美術館
布施英利
「見る」に徹する視覚と共感覚に訴える視覚。ヒトの二つの視知覚形式から美術作品を考察する、芸術論へのまったく新しい視座。
（中村桂子）

秘密の動物誌
フォンクベルタ／フォルミゲーラ
荒俣宏監修
管啓次郎訳
光る象、多足蛇、水面直立魚——謎の失踪を遂げた動物学者によって発見された「新種の動物」とは。世界を騒然とさせた驚愕の書。
（茂木健一郎）

ちくま学芸文庫

監督《かんとく》 小《お》津《づ》安二《やすじ》郎《ろう》〔増補決定版〕

二〇一六年十二月十日 第一刷発行

著者 蓮實重彦（はすみ・しげひこ）

発行者 山野浩一

発行所 株式会社 筑摩書房
東京都台東区蔵前二―五―三 〒一一一―八七五五
振替〇〇一六〇―八―四一二三

装幀者 安野光雅
印刷所 三松堂印刷株式会社
製本所 三松堂印刷株式会社

乱丁・落丁本の場合は、左記宛にご送付ください。
送料小社負担でお取り替えいたします。
ご注文・お問い合わせも左記へお願いします。
筑摩書房サービスセンター
埼玉県さいたま市北区櫛引町二―六〇四 〒三三一―八五〇七
電話番号 〇四八―六五一―〇〇五三

ISBN4-480-09766-8 C0174